DIGITAL LAW REVIEW

数字法律评论
DIGITAL LAW REVIEW

主　　编　汪习根
执行主编　陈起行　李雅男

第1辑　第1卷
（总第1卷）
Vol.1，2022

华中科技大学出版社
http://press.hust.edu.cn
中国·武汉

内 容 提 要

《数字法律评论》(第1辑·第1卷·总第1卷)立足中国现实和实践需要,面向全球和未来发展,聚焦国内外数字法学领域的前沿研究,关注数字法学的跨学科发展,致力于展现数字时代的最新法学理论和法治实践成果,在收录2021年"人工智能与司法大数据"国际研讨会多篇优秀论文的基础上,特邀名家专论,吸纳国际热点,研究主题涵盖人工智能与区块链司法、算法与数据治理、数字技术与部门法、数字恐怖主义与医疗人工智能治理等多方面内容,彰显国际性、前沿性、创新性和交叉性的特征,以期为智慧司法理论与实践两个面向提供更多建设性思考,构建世界领先、中国特色的现代智慧司法新模式。

图书在版编目(CIP)数据

数字法律评论.第1辑.第1卷:总第1卷/汪习根主编.—武汉:华中科技大学出版社,2022.12
ISBN 978-7-5680-9097-1

Ⅰ.①数… Ⅱ.①汪… Ⅲ.①数字技术-应用-法律-研究-中国 Ⅳ.①D92-39

中国国家版本馆CIP数据核字(2023)第033914号

数字法律评论(第1辑·第1卷·总第1卷) 汪习根 主编
Shuzi Falü Pinglun (Di 1 Ji · Di 1 Juan · Zong Di 1 Juan)

策划编辑:	周晓方 张馨芳
责任编辑:	林珍珍
封面设计:	原色设计
责任校对:	张汇娟
责任监印:	周治超
出版发行:	华中科技大学出版社(中国·武汉) 电话:(027)81321913
	武汉市东湖新技术开发区华工科技园 邮编:430223
录　排:	孙雅丽
印　刷:	武汉科源印刷设计有限公司
开　本:	787mm×1092mm 1/16
印　张:	22 插页:2
字　数:	428千字
版　次:	2022年12月第1版第1次印刷
定　价:	98.00元

本书若有印装质量问题,请向出版社营销中心调换
全国免费服务热线:400-6679-118　竭诚为您服务
版权所有　侵权必究

学术委员会

学术委员会主任

张文显　中国法学会党组成员、副会长、学术委员会主任，吉林大学哲学社会科学资深教授

学术委员会委员

国内委员（按姓氏笔画由低至高排列）

于俊清　华中科技大学副校长、智能媒体计算与网络安全研究团队负责人、教授，CERNET华中地区网络中心主任

马长山　华东政法大学数字法治研究院院长、教授，《华东政法大学学报》主编

王　轶　中国人民大学副校长、教授

王　琦　海南大学法学院院长、教授

王敬波　对外经济贸易大学副校长、教授

王锡锌　北京大学法学院教授，《中外法学》主编

王禄生　东南大学社会科学处处长、教授

左卫民　四川大学法学院院长、教授

付子堂　西南政法大学校长、教授

龙卫球　北京航天航空大学法学院院长、教授

申卫星　清华大学智能法治研究院院长、教授

丛立先　华东政法大学知识产权学院院长、教授

冯　丹　华中科技大学计算机学院院长、教授

皮　勇　同济大学上海国际知识产权学院教授，中国犯罪学学会副会长暨信息犯罪防控专业委员会主任

刘艳红　中国政法大学刑事司法学院院长、教授，《政法论坛》主编

孙佑海　天津大学法学院院长、教授，中国智慧法治研究院执行院长

杨　松　沈阳师范大学校长、教授

杨建军　西北政法大学法治学院教授，《法律科学》主编

时建中　中国政法大学副校长、教授，教育部数据法治实验室主任

余　翔	华中科技大学中欧知识产权研究院院长、教授，欧洲科学院院士
汪习根	华中科技大学法学院院长、教授，人权研究院院长
陈起行	华中科技大学法学院教授
郑少华	上海政法学院副校长、教授
黄文艺	《中国法学》主编，中国人民大学法学院院长、教授
梁　新	中国司法大数据研究院院长
彭诚信	上海交通大学凯原法学院院长、教授
曾志刚	华中科技大学人工智能与自动化学院院长、教授
蔡立东	吉林大学副校长、教授

国际委员（按英文姓名首字母顺序排列）

Burkhard Schafer	英国爱丁堡大学法学院计算法律理论教授、苏格兰知识产权和技术法研究中心主任
Erik P. M. Vermeulen	荷兰蒂尔堡大学商业与金融法教授
Jenifer Sunrise Winter	美国夏威夷大学马诺阿分校传播学院教授，传播与信息科学跨学科博士项目主席
Shinto Teramoto	日本九州大学法学院教授

创刊词

随着互联网、大数据、云计算、区块链、人工智能技术的迅猛发展，数字经济、数字社会、数字政府建设被提上议事日程，数字化转型驱动着生产方式、生活方式和治理方式发生巨大变革，人类社会的交往模式与法律结构正在发生深刻变化，数字与法律之间的合力与张力并存，数字的法治化与法治的数字化进程日益加快。基于数字创新与产业实践的驱动，作为上层建筑的法律及法学研究必须直面数字技术革命带来的严峻挑战，因应数字时代发展的新特征新要求新方向，揭示数字治理的新理念新模式新路径，探索数字治理与法律治理的兼容性整合性与融贯性，构建中国特色、世界领先的数字法学学科体系、学术体系和话语体系。

在探索数字技术与法律发展的理论创新之路上，法学界、法律界和数字技术界开始携手并进，展现出良好的互动合作前景。其中，华中科技大学法学院是全国最早也是迄今为止唯一一个设置科技法学学位点的单位，目前开设了计算机与数字法学硕士、博士研究生培养方向。2019年9月，华中科技大学法学院与兄弟高校在清华大学主持下共同发起成立中国计算法学发展联盟；2020年8月，与湖北省高级人民法院在最高人民法院的指导下联合成立湖北司法大数据研究中心；2021年5月，与来自欧美亚洲的国际顶级专家联合创立"人工智能与司法大数据"国际研讨会这一学术平台，每年举办一届；2021年10月，最高人民法院院长周强莅临华中科技大学法学院检查指导，对学院实现法学与科技及人文学科全面深度交叉融合发展的办学理念给予高度肯定；2022年11月，参与由中国人民大学发起成立的全国高校"数字法学"联盟。以此为基础，为了在理论上超前引导数字社会的革命性发展、全面回应数字法治的实践性挑战，展现全球不同区域的专业研究成果，在国内外高校、研究机构著名专家学者的鼎力支持下，经过反复酝酿，创设了学术辑刊——《数字法律评论》。《数字法律评论》是由华中科技大学法学院、湖北司法大数据研究中心联合主办的以数字法学前沿发展为主题的、面向全球的专业学术辑刊。其主要学术旨归在于研究数字法学、数字法治、数字法律三个层面的基础理论和实践前沿问题。

《数字法律评论》聚焦于研究数字中国的法治建构。数治中国与法治中国的互治共进，催生出数字法治的理想愿景。人类是数字技术的创造者和受益者，人类也可能是数字技术的受制者和受害者。而后者恰恰是数字中国所可能面对且必须避免的。在法治轨道上实现数字治理体系和治理能力的现代化，是规训数字技术的非理性进而起到抑恶扬善之作用的必由之路。惟有法治才能最为强有效地解决如下数字之"恶"或数字之"乱"：一是数字失序。数字世界似乎是一块飞地，数字垄断、数字侵权、数字犯罪以至数字霸权主义、数字恐怖主义正在威胁着人类。数字法治的当务之急在于有效调整和规制数字行为和数字关系，明确数字法律权利与数字法律义务，强化数字法律责任，以明确、肯定和可预期的法律规范确保数字向善向上。二是数字失范。法治是使人类服从规则治理的事业。数字关系若缺少法治规则的调整，人类势必陷入无序、混乱乃至动荡。人究竟是数字法律关系的主体还是客体？人工智能可否或应否成为法律关系的主体？亟待在法治体系中加以确切地规范而不能仅仅躺在数字伦理的摇篮里沉睡。三是数字失衡。数字技术的前沿性和引领性在技术保护主义甚至数字殖民主义的驱使之下，在全球范围形成数字鸿沟、数字赤字、数字不公，制造出数字弱势群体。数字中心与数字边缘、数字原住民与数字移民之间的发展差距正在加大，数字技术所带来的社会非正义和社会不平等与歧视正在侵蚀着数字自身的价值意义。为了遏制这些乱象，还原良法善治的数字意义，人类社会已经开始反思与检视。在这方面的中国经验和中国方案及其世界意义值得在学术体系和话语体系上进行全面提炼和共同分享。四是数字失能。法治的治理向度和治理价值，制约着数字技术的应用与发展前景。面对人工智能可能带来的巨大威胁和严峻挑战，是否应当像当年通过立法禁止克隆人一样来严格禁止人工智能的研发和应用？例如超级人工智能的迅速发展，导致了人类的恐慌，于是禁止之声不绝于耳。对于人工智能，究竟是释放其超级效能还是使其失去效能，究竟是禁止还是开放、限制抑或激励，法治的重心立足于防范、惩罚还是鼓励、保护？实际上，应当在价值和逻辑两个面向齐头并进，在伦理化和责任化的同时，促进和激励数字技术创新，成为人类推进科技进步的急需，研究人工智能产业促进法和技术创新法，值得引起足够重视。而其间的法理基础、价值定位、法律原则和运行机制诸方面的问题值得引起法治理论研究上的深层次反思和持续性关注。在数字中国与法治中国的宏大叙事和话语架构下，探讨数字政府与法治政府、数字社会与法治社会、数字经济与法治经济、数字文化与法治文化问题，是数字法律理论研究应当关注的首要议题。

《数字法律评论》聚焦于探讨数字法学的学科创新。实现数字技术与法律科学之间的互通互融，创设数字法学这一新型交叉学科，成为数字时代法学教育和法学理论发展的神圣使命。完善法学学科专业体系，构建自主设置和引导设置相结合的学科专业建设新机制，是新时代法学学科发展的必然选择。2023年2月，中共中央办公厅、国务院办公厅印发的《关于加强新时代法学教育和法学理论研究的意见》明确指出："加快完善法学教育体系"，重点是"优化法学学科体系"，"适应法治建设新要求，……加快发展社会治理法学、科技法学、数字法学、气候法学、海洋法学等新兴学科"，"推进法学和……网络工程以及自然科学等学科交叉融合发展，培养高质量复合型法治人才"。而在"健全法学教学体系"中，强调应当"适应'互联网+教育'新形态新要求，创新教育教学方法手段"。数字法学学科体系之构建，应当解决好数字法学的学科定位、学术支撑、知识体系以及作为载体的课程体系诸方面的关键问题。衡量一门学科是否成立的标准可归纳为三个主要方面：第一，是否具备固有的调整对象、调整范围和调整方法；第二，是否具有特定的概念、范畴和原理，即知识体系；第三，学科在理论和实践价值上是否具有独特性。数字法学通过知识的聚合、规整、再造，正在逐步形成专门性的知识体系和理论构造，从而为学科构建奠定了基础。应从法对数字技术的功能和数字技术对法的功能两个方面对数字法学的调整对象进行凝炼，并在此基础上实现数字与法律的全面深度融合而成为一体化的数字法学，也就是在法的数字化面向和数字化的法面向两个向度进行对称性研究，由此出发而融会贯通为一个相对独立的学科。该学科具有以下鲜明的特质：首先是交叉性。在互联网、大数据、云计算、区块链、算法与人工智能技术和法学之间进行全面的学科互动、学科集聚、学科整合和学科再造，不断消解学科壁垒、淡化学科界限、克服学科局限，防止出现学科本位主义和机械连带主义，从而真正创设出一个在两者之间有机连带的新型交叉学科。其次是创新性。数字技术正处于知识裂变、分化升级的迅猛发展期，从数字技术到数字科学尚有漫长的路程要走，数字学尚未形成为一个学科，那么究竟如何去实现正在快速生长的数字学科与已经相当成熟的法学学科之间的交叉融合呢？是坐等数字学科成熟之后再进行学科创新还是未雨绸缪、及时跟进？这是应当引起学界足够重视的重大问题。《数字法律评论》在关注学术研究热点难点的同时，亦致力于提供回应和回答上述学科前沿问题的研究平台。

《数字法律评论》聚焦于阐释数字关系的法律调整。在一般的常识意义上，法是一个由行为模式和法律后果所组成的逻辑规范系统。无论是数字法学还是数字法治，都依存于特定的法律制度和法律规范。当法律的逻辑规范与数字的技术范式相辅相成而共同融入文明社会应然的内在理性和外在价值时，才能有效保障数字技术始终行进在人类文明的轨道之上。技术规范的自治性和伦理准则的内部性，制约着其功能的强效释放。如果说道德是内心的法律，那么，法律便是外在的道德。而惟有赋予强力支撑和规范效能的法律体系，才能为数字时代人类的生存和发展供给确定无疑的关系模式、必须坚守的行为规则和无可推卸的法定责任。所以，型构数字法律的规范体系成为数字法治体系构建的第一要务。可见，究竟采取何种立法进路来规制和保障人类的数字化生存方式，成为数字法律发展的首要目标。而数字立法的整体性和协调性从纵向和横向两个截面制约着数字立法的水平和质量。而数字法律的实施和执行，是数字关系法律化、规范化、体系化必须关注的焦点议题。从广义上讲，就数字法律的调整内容而言，可以归结为三大方面：一是基于数字技术的法律。也就是要以技术发展促进法律发展，通过大数据、云计算、区块链、人工智能为法律赋能。构建完备的法律规范体系有赖于数字技术，在法的立改废释纂过程中应当广泛采用大数据、算法技术和人工智能，实现智慧立法、提升立法效能。人工智能对提升法律效能具有革命性的意义，如何发挥人工智能技术在实现法律正义中的价值功能是法律与信息技术深度融合必须思考的重点。有必要逐步实现从小数据到中数据直至大数据，从人工立法到智能立法再到智慧立法的变革。二是基于法律的数字技术。法律对数字技术具有引导、规制、保障与救济作用。数字技术本身是中性的，而法律具有明确的导向性和规范性，防止数字技术的负面效应，在本质上呼唤法律关系的重组和进化，确立数字权利与数字义务的关系模式并加以适时的优化是数字法律的根本任务。三是基于人的法律数字技术。数字法律的终极价值，即人的主体性、以人为本、以人民为中心，旨在实现人的解放和人的全面自由发展。那么，究竟是数字技术为人类的法律赋能还是法律的理性为数字技术赋能？这是一个极其复杂的问题。但无论如何，数字技术必须把对人的关怀、尊重人格尊严和保障数字人权放在首位，始终遵循以人为本的数字法律运行路线，只有这样才能实现逻辑与理性，法治与德治，良法与善治的统一。总之，从法律实证方法、规范分析方法、案例分析方法、价值分析方法、历史主义方法之不同视角出发，对数字法律的生成与实践进行法理、机理和机制上的研究，揭示数字法律的实体规范与程序规范及其实践理性与价值优化，成为数字法律理论研究的一大趣旨。

立足数字时代发展最新动态，聚焦国内外数字法学研究前沿，紧跟数字法学的跨学科创新，致力展现数字时代法治实践成果，凝结并传播具有本土性与全球性、时代性与反思性的数字法学知识，《数字法律评论》将成为一本回应数字时代之需、数字实践之要而生的法学理论研究辑刊，充分彰显国际性、前沿性、学术性和交叉性的特征。

　　我们深感荣幸的是，来自欧洲、美洲、亚洲以及其他地区在数字法学领域卓有成就的顶级专家和杰出学者允诺参加组成了阵容强大的编辑委员会。同时，十分荣幸地邀请到数字法学界著名专家和数字产业界知名人士加入作者行列。令人欣慰的是，本刊云集了一批思想活跃、敢于创新、锐意开拓数字法律研究前沿的中青年学人。俗话说，众人拾柴火焰高，正是在学术界和实务界的关心厚爱之下，本刊才得以诞生。在此，衷心地感谢在数字法律领域的各位大家、专家、行家的无私奉献和鼎力支持！

　　我们相信，在国际国内学术界专家同仁的共同努力下，这一新生事物会不断成长壮大。我们真诚地期待，对于这一新生事物，学术界和产业界给予持续关心和倾情襄助，不断注入新鲜血液，共同为推进数字法学学术繁荣和数字法治事业发展发光发热、献计献策。

2022.12

前言

本辑刊由2021年"人工智能与司法大数据"国际研讨会的优秀论文结集而成。为了珍惜这笔财富，也为了让更多的人得惠于此，更是出于为司法赋能提供理论依据、探索诉讼制度体系在信息时代跨越发展新路，大会组委会组织专家对会议论文进行匿名评审，评选出一、二、三等奖，由主办方华中科技大学颁发奖金，并筛选部分优秀论文结集出版，以飨读者。在此，感谢各位专家学者的积极与会和不吝赐稿。本研究主题涵盖了司法裁判数据及文本探勘理论与实践、人工智能辅助在线争端解决理论与实践、人工智能提升人民司法意识的理论价值与实践价值、人工智能辅助司法裁判量化与质性研究的理论与实践、人工智能与司法大数据实践——以智能健康治理为核心等多方面的内容。然而，由于时间仓促，加之篇幅有限，还有许多优秀学者的论文未及收录，是为憾！第1期《数字法律评论》共包括名家特稿、国际热点、人工智能司法与区块链司法、算法治理、数字技术与部门法、学术综述共六部分。

第一部分为名家特稿。特约华中科技大学司法大数据研究中心首席科学家、美国加州伯克利分校法学博士（SJD)和计算机硕士陈起行教授和同济大学皮勇教授（中国犯罪学会副会长暨信息犯罪防控专业委员会主任）对数字法学的发展发表了深刻而独到的见解。陈起行教授探讨了大数据与人工智能对未来立法影响，阐释了"众包"和"大数据"这两种助推公众参与和理解立法的方式，并探讨《欧洲人工智能法案》的提案如何应对互联网空间正在出现的问题。皮勇教授探讨了数字恐怖主义及其法律对策，数字恐怖主义是与互联网、人工智能等新技术应用相关的恐怖活动，是网络恐怖主义在智能社会环境下的新样态。皮勇教授从国际、国内两个方面探讨了有效遏制数字恐怖主义的对策，为我国相关法律制度的完善提供了真知灼见。

第二部分为国际热点。特邀约了爱丁堡大学法学院计算法学理论教授布克哈德·舍费尔（Burkhard Schafer）、美国夏威夷大学马诺阿分校传播与信息学院教授珍妮弗·松里泽·温特（Jenifer Sunrise Winter）等国际著名专家论述数字法学发展前沿动态。爱丁堡大学法学院计算法学理论教授布克哈德·舍费尔（Burkhard Schafer）、得克萨斯科技大学法学院教授杰米·贝克（Jamie Baker）共六位国际学者为规制人工智能技术的道德风险，明确了使用人工智能的法律和道德基础，并提出一系列人工智能在法律中发展和使用的原则；同时，在技术的推广和应用层面，针对公共部门、法院系统和法律服务实践分别提出了一套具体的应用原则。珍妮弗·松里泽·温特（Jenifer Sunrise Winter）教授则围绕健康数据的有效治理这一命题，从数据的范围和种类、数据链接以及数据处理方面对医疗人工智能数据治理面临的挑战进行了梳理，并对此提出了相应的应对方案，认为医疗人工智能数据治理需要将这些大数据资源视为一种新的社会资源，同时需要加强监管，推进技术化和组织化创新，以实现结果的最优化。

第三部分为人工智能司法与区块链司法。主要聚焦于人工智能及区块链技术在司法中的各类应用问题。在新兴技术快速发展的时代背景下，人工智能技术为司法裁判带来了新的机遇与挑战，学者们基于此提供了应对措施。在司法实务方面，该部分探讨了智慧法院建设背景下对于疑案裁判的立场、法源及其功用。在模型建构方面，有学者基于机制主义的智能生长理论，采用新的智能生成路径，为实现辅助量刑目标提出新的概念模型；同时提出了构建司法人工智能以扫除"网络黑社会"的三要线模型。该部分的文献为当下人工智能在司法领域的运用提供了可借鉴的范式。

第四部分着眼于算法治理问题。人工智能时代的算法在运行的过程中或多或少折射出社会的歧视与偏见，基于此，该部分对算法歧视和算法偏见的发生机制、治理方法等进行梳理，并提供算法解释权的构建路径。同时，在算法的司法应用领域，分类算法作为智能司法中法律和伦理的规范重点，其建构和设计应当加以规范。

第五部分主要探讨的是数字技术与部门法。学者们就不同领域各个部门法与人工智能的交互作用提出了颇具代表性的观点。有学者阐释了如何对脑机接口引发的风险进行法律控制，有学者对电子诉讼所带来的冲击进行了审视，还有学者对刑民交叉视野下网络虚拟财产的权利性质问题进行了富有新意的思考。

第六部分是"2021年人工智能与司法大数据"国际研讨会的综述。该部分从价值观和伦理角度出发，通过推动人工智能与司法、法治之间的对话与交流，深入探讨人工智能在司法领域的发展及应用。随着互联网、云计算和人工智能等科技的快速发展，大数据时代的到来对传统的人类社会治理机制和模式带来了巨大的冲击，这也催生了对司法和法治模式的重大变革。尽管人工智能有望为人类带来巨大的福祉，但由于其发展缺乏足够理性的政策取向和伦理规制，加之法律法规不完善，人类面临着巨大的不确定性和风险。这些问题将会导致社会价值冲突和伦理困境，甚至会对社会造成破坏性影响。本部分的学术综述为深入探讨人工智能在司法领域的应用，审慎制定适当的法律法规和伦理规则提供了重要的学术支撑。

毋庸讳言，大数据、区块链、人工智能与司法问题的研究正处于起步阶段，正在接受技术与理性的双重挑战。我国的智慧司法建设尚处于探索阶段，数字法学研究也处于萌芽状态，本研究成果可能存在诸多不足之处。但是，我们的脚步不会停歇。本辑刊的创办仅是万里长征第一步，我们相信经过法学界、科技界理论研究工作者和实务工作者的不断努力，中国特色、世界领先的智慧司法新模式必将指日可待！

本辑刊的创办蕴含着许多人的努力，在此表示诚挚的感谢！衷心感谢华中科技大学党委书记李元元院士、梁茜副校长、于俊清副校长对法学院计算法学学科建设的大力支持！感谢湖北省高级人民法院以及游劝荣院长、李小菊巡视员对湖北司法大数据研究中心以及科技法庭建设的支持！感谢华中科技大学计算机学院院长冯丹教授、人工智能学院院长曾志刚教授、网络信息化办公室主任王士贤！感谢华中科技大学出版社人文分社周晓方社长、张馨芳编辑、林珍珍编辑的辛勤付出，使得此辑刊付梓出版！感谢华中科技大学法学院的姜芳书记、盛媛副院长、王欢欢副书记、李岩老师、唐柳老师对论坛举行的辛苦付出！感谢段昀、彭艺璇、王文静同学认真负责的会务工作！感谢梁晓同学在收录、整理论文中做出的贡献！感谢方路锦博士在整理资料、联络作者等方面为辑刊出版做出的努力！感谢王钰玥、方路锦、任君、刘智健、孙博弈、李姵卢、余腾飞、汪可意、罗雪、祝紫欣、袁榛、戚雨晗、熊书颉在本书编辑过程中的无私奉献！

目 录

一、名家特稿

大数据与人工智能对未来立法影响之探究
　　［美］陈起行 ··· 3

数字恐怖主义及其法律对策
　　皮　勇 ··· 18

二、国际热点

负责任的法律人工智能和法律服务行业
　　［英］布克哈德·舍费尔；［美］杰米·贝克；［荷兰］米雷尔·希尔德布兰特；
　　［爱尔兰］罗南·肯尼迪；［丹麦］雅各布·利文斯顿·斯洛瑟；
　　［奥地利］伊丽莎白·施陶德格 ·· 47
　　宋　奕　译 ··· 47

医疗人工智能数据治理的新挑战
　　［美］珍妮弗·松里泽·温特　祝紫欣　译 ·· 80

三、人工智能司法与区块链司法

人工智能辅助量刑的概念模型技术路径研究
　　宋丁博男 ··· 93

构建司法人工智能扫除"网络黑社会"的三要线模型
　　许　健 ·· 109

疑案裁判的立场、法源及其功用——以智慧法院建设为背景
　　韩振文 ·· 136

区块链技术视角下司法证明的"参与式"验证
　　孙梦龙 ·· 147

区块链技术证明的三重限度
　　王　超 ·· 165

四、算法治理

司法算法类案推荐的风险与治理
　　李　飞……183

智能决策算法歧视的发生机制、监管困境与治理路径
　　李　让……199

人工智能时代算法偏见的违法性治理与防控探究
　　苗　越……223

人工智能时代算法解释权的构建路径
　　徐敬文……234

五、数字技术与部门法

论脑机接口引致风险的法律控制
　　余　涛……249

在线庭审对诉讼程序的冲击及反思
　　胡昌明……275

刑民交叉视野下网络虚拟财产的权利性质及其展开
　　沈　娜……291

六、学术综述

2021年"人工智能与司法大数据"国际研讨会综述
　　汪习根　王文静……309

征稿函……327

Contents

1. Expert Contribution

On Artificial Intelligence and Future Legislation ··· 3
Digital Terrorism and Its Legal Countermeasures ··· 18

2. International Hotspot

Responsible Legal Artificial Intelligence and Legal Services Industries ················ 47
New Challenges for Data Governance of Healthcare AI··································· 80

3. Artificial Intelligence Justice & Blockchain Justice

Research on the Technical Path of Conceptual Model of Artificial
 Intelligence-assisted Sentencing ··· 93
Constructing a Model for Judicial Artificial Intelligence to Eliminate
 "Cyber Underworld" ·· 109
On the Position, Legal Source and Function of the Judgment of Hard Cases ········· 136
"Participatory" Verification of Judicial Proof from the Perspective of Blockchain
 Technology ··· 147
Triple Limits of Blockchain Technology Certification ····································· 165

4. Algorithm Governance

Risk and Governance of Judicial Algorithm Case Recommendation ···················· 183
On the Algorithmic Discrimination: Causes, Regulatory Dilemma and
 Comprehensive Governance ·· 199
Illegal Governance and Prevention of Algorithmic Bias in the Era of
 Artificial Intelligence ·· 223
The Construction Path of Algorithm Interpretation Right in the Era of
 Artificial Intelligence ·· 234

5. Digital Technology and Sector Law

Layered Legal Response to the Risks Elicited by Brain-Computer Interface ············ 249
The Impact and Reflection of Electronic of Online Trial on Litigation Procedure ········ 275

The Right Attribute and Expansion of Network Virtual Property from the
Criminal and Civil Perspective ··291

6.Academic Review ··309

Call for paper ···331

一、名家特稿

1. Expert Contribution

大数据与人工智能对未来立法影响之探究

［美］陈起行*

（华中科技大学法学院，湖北武汉，430074）

摘 要：随着互联网的出现，人类社会间的互动模式日益多元与复杂，科技驱动的活动模式进一步增加了立法者的理解负担。但由于科技具有两面性，其带来负担的同时也孕育着新契机。本文介绍众包和大数据这两种助推公众参与和理解立法的方式，并探讨《欧盟人工智能法案》的提案如何应对作为公共领域的互联网空间正在出现的问题。

关键词：立法 大数据 人工智能 众包 操纵

On Artificial Intelligence and Future Legislation

Abstract: Internet opens up a society of unprecedented human interaction; technology driven productions and business models also bring new challenges to legislation. Thanks to new ways of data centric legislative law making, more legislative issues can be dealt with as never before. This article introduces crowdsourcing and big data as ways to empower and understand better civil participation in the legislative processes. It also discusses how the proposal of the European Artificial Intelligence Act reacts to the emerging manipulation problem of the Internet as a public sphere; hopefully, more related scholarly research and discussion will be further developed in the future.

Key Words: legislation, big data, Artificial Intelligence, crowdsourcing, manipulation

---

*基金项目：教育部哲学社会科学研究重大专项项目"坚持建设中国特色社会主义法治体系，深入推进全面依法治国实践研究"（项目编号：2022JZDZ002），"中央高校基本科研业务费"资助，华中科技大学2021年度自主创新重大交叉项目"人工智能行政及司法适用趋势及问题研究"（2021WKZDJC008）。

作者简介：陈起行，华中科技大学法学院教授，湖北司法大数据首席专家，美国加州伯克利大学法学博士(SJD)，计算机硕士，曾任美国著名法律数据库科学家。

立法属于跨领域研究，相较其他司法与行政等法律形成模式的相关研究而言，立法研究数量较少，回应新兴科技带来冲击的新型立法模式的研究更不多见，本文期待能在此新兴议题上尽绵薄之力。

本文第一部分首先从带动人民参与立法及修宪方面，介绍法国及冰岛运用新兴方式——众包（crowdsourcing）的相关研究，同时探讨美国国会如何以类似模式改善国会议员理解立法的科技议题。第二部分除简述大数据科技进展以及欧盟强化该方面竞争力的重要措施外，还介绍了运用大数据分析冰岛宪政以及苏格兰独立公投的相关研究。之后提出了在大数据立法环境下面临的挑战，主要涉及运用大数据建立个人数据形象，进行轻推（nudge）等操纵个人意向行为。第三部分介绍欧盟于2021年提出的《人工智能法案》（The Proposal for Artificial Intelligence Act, AIA），以及经由欧盟成员国讨论后的修订版本，同时还介绍该法案对操纵的规范方式及学界的相关批判与讨论，进而提出本文初步思考以响应操纵行为的研究方向。第四部分则为本文结语。

一、带动人民参与立法的新兴方式及其大数据分析

（一）众包

众包（crowdsourcing）又称群众外包，是将工作外包给群众的做法。[1]台湾地区莫拉克台风救援过程，曾被民间用于协助救灾。[2]近年来，不少国家陆续出现运用众包改善民众参与立法或修宪的例子，虽然发展仍不成熟，但值得了解。这里介绍法国、冰岛和美国的个案。

1.法国公民通过"国会与公民"电子网络平台在线参与立法活动

法国电子化政府的建设名列全球前茅，[3]"国会与公民"（Parlement & Citoyens 或 Parliament and Citizens；本文简称P&C）是一个2015年由民间出资建构的网络平台，该网络平台为法国公民提供电子请愿（e-petition）服务，但目前来看并没有充分发挥其本身作为电子请愿服务有关网络平台的效能。另外，该网络平台还提供人

---

1. 其起源请参考 Howe, J. (2006). The rise of crowdsourcing. Wired Magazine, 14(6): 1-4.
2. 王圣铭：《群众外包灾情资讯之评估与检证——以莫拉克台风为例》，《灾害防救科技与管理学刊》，2015年第1期，第31-48页。
3. 2020年出版的联合国全球电子化政府调查，法国列于全球第19；列于亚洲前三的国家分别是韩国、新加坡和日本，排名均优于法国。UN, DESA (2020). E-Government Survey 2020: Digital Government in the Decade of Action for Sustainable Development, UN: 6-7.

民与立法者在线交流的服务，以协助立法者改善立法草案。[4]针对立法者在在线平台提出的草案或意见，人民可以投票并附上论证；经过可匿名的人民个体、民间组织与立法者之间相互辩论与投票后，立法者制作一份综合报告，并将草案带入立法程序。整体而言，P&C在立法及修法的功能上，成效并不显著。虽然制度设计上，其包含为对立意见提供辩论的功能，但很少使用。[5]以上现象反映出，整体上法国人民在线参与立法的发展仍处于起步阶段。

2.冰岛立法机构运用网络平台收集群众修宪意见

冰岛的个案则涉及修宪。2011年冰岛宪政委员会（Icelandic Constitutional Council）委员们陆续在网络及脸书（Facebook）上推出12个版本的宪法草案，人们通过电子邮件和社交媒体一共提供了1.6万个建议。委员们采纳了部分建议并更新草案，使得最终版本反映了民众意向。这项草案虽然获得了三分之二的多数人通过，得到了无拘束力的公投（non-binding referendum）支持，但最终未被国会接受。[6]

兰德摩尔（Landemore）指出，上述由2010年发展至2013年的修宪众包个案，是2008年金融海啸引起的严重民生经济问题所致。[7]金融海啸两年后，冰岛国会于2010年6月16日通过宪政立法启动修宪程序。由国会任命的宪政委员会（Constitutional Committee）[8]组织了一个全国论坛（National Forum），该论坛由随机选出的950人组成，被赋予确立组织政府与宪法的主要观点与重点的职责。[9]全国论坛提出的修宪重点随后交给25位民选的宪政委员会委员，委员们经过4个月的时间，提出一份宪法草案。如前所述，这项草案虽于2012年10月20日通过无拘束力的公投，但未被国会接受。[10]这里值得进一步分析的是全国论坛及宪政委员会的组织与运作情况。

经济危机爆发后，冰岛民间组织"蚁丘（Anthill）"就曾组织过全国论坛。鉴

---

4. Defacqz S. and Dupuy, C. (2022). Parlement & Citoyens in France: An E-participation platform connecting legislators and citizens for collaborative policy design. Engaging Citizens in Policy Making, Edward Elgar Publishing.
5. Ibid., pp. 45-50.
6. Seep. 235, Bernal, C. (2019). How constitutional crowdsourcing can enhance legitimacy in constitution making. Comparative Constitution Making, Edward Elgar Publishing.
7. Landemore, H. (2020). Let the people in! Lessons from a modern viking saga. Open Democracy, Princeton University Press, pp. 152-178.
8. Landemore, H. Let the people in! Lessons from a modern viking saga. Open Democracy, Princeton University Press, (2020). p 155.
9. 本来称作宪政议会，但被冰岛最高法院因违反程序认定无效，冰岛国会继续推动，改称宪政委员会。
10. Landemore, H.(2020). Let the people in! Lessons from a modern viking saga. Open Democracy, Princeton University Press, pp. 155-156.

于该论坛的成功举办，冰岛国会决定举办第二次全国论坛。2010年，"蚁丘"与冰岛盖洛普（Gallup Iceland）合作完成抽样，以确保最终选出参与全国论坛的950人具备年龄、性别及地域上的代表性。这个由950人组成的全国论坛在2010年11月6日启动，紧凑的议程由精通众包的Agora[11]公司设计。参与者被分为每8人一桌，上午通过头脑风暴，全体成员整理出8项宪政主题。下午改依主题分组，讨论具体议题；随后每个参与者又回到原先的8人一桌，交换心得后每桌列出5项建议，再经过投票选出其中3项建议。随后每桌被要求提出新宪法最重要的主题，并由全桌讨论得出这项主题下最重要的一句话。最后，针对各桌先前选出的3项建议，再选出其中一项提交给下一步接力完成新宪法草案的宪法委员会。最终，全国论坛提交了一份200页的报告。[12]

由于现任专业政治工作者被排除，25人组成的冰岛宪政委员会多为政治上的业余人士。宪政委员会共在网络上提出12个完成度不一的宪法草案，得到约3600条评论，每个评论开启不同长度的对话，累计共360个建议。和多数在线参与相同，参与者主要集中于年长且受过教育的白人男性，通过传统国会咨商得到的评论只有90个，是在线评论的四分之一。即使在线众包没有做到代表性上的平等，但扩大参与程度的优点是明显的。此外，约10%的在线建议影响了最终版本的宪法草案。[13]这解释了为何冰岛宪法众包个案广受学界重视。

博比斯邱（Popescu）等进一步为冰岛宪法众包的在线讨论进行学理分析。[14]他们认为冰岛人口少、人民同构型高、政治参与度以及投票率也都较高，使得冰岛宪法众包成为一个值得研究的审议（deliberation）个案。此外，冰岛宪法众包过程重视程序与方法，[15]使得其结果更值得进一步分析。2011年4月至6月，冰岛宪政委员会主导的审议期间，网站上一共有311项寻求进一步讨论的发言，博比斯邱等选取其中三个最长的讨论进一步分析。这些讨论是在主持人高度审核（heavily moderated）下进行的，主持人经常打断与会者的发言，要求发言简短及注意礼仪，并及

---

11. 古希腊语，意思是市场。苏格拉底与人对话，相互检验的地方。

12. Landemore, H. (2020). Let the people in! Lessons from a modern viking saga. Open Democracy, Princeton University Press, pp. 158-160.

13. Landemore, H.(2020). Let the people in! Lessons from a modern viking saga. Open Democracy, Princeton University Press, pp. 160-162.

14. Popescu, D. and Loveland, M. (2022). Judging deliberation: An assessment of the crowdsourced icelandic constitutional project. Journal of Deliberative Democracy, 18(1): 1-14.

15. 博比斯邱等认为冰岛宪法众包十分符合费希金(Fishkin)这本书的讨论：Fishkin, J. S. (2018). Democracy when the people are thinking: Revitalizing our politics through public deliberation, Oxford University Press.

时制止攻击性言论。[16]

博比斯邱等用十一个变项[17]衡量在线最长的讨论，主要分析在线个别发言性质：是寻求信息还是提出论证（argumentation）；若某项发言与其他发言相呼应，其语气是正面的、中性的还是负面的。[18]除了发言本身，发言所引起的讨论线层次（thread level），则可以衡量整体呈现的互动状况（例如是赞赏还是人身攻击等）。[19]整体而言，博比斯邱等认为冰岛宪法外包多个步骤中的在线审议部分，是算成功的。整体讨论态度属于中性到正面之间，虽然一些讨论属于批判性回应，但其属于内容上的批判而非人身攻击。[20]

3.美国立法机构应对新兴科技命题的方式

除了上述两项完整的宪法和法律众包个案外，立法众包也可以发挥重要的辅助功能。立法者并不能掌握所有立法相关知识，尤其在发展快速的科学技术领域专业知识方面，立法者往往难以掌握全盘状况，而新兴科技知识是科技相关法案的核心内容。美国国会科学政策倡议（Congressional Science Policy Initiative，CSPI）为打破这种困境，不断发展科技专业的顾问委员会，并且运用科技知识众包方式，为国会讨论科技议题提供所需要的科技知识。[21]自2019年以来，CSPI已组织科技社群参与超过80场国会听证，并为参与听证的国会议员助理们准备约930份具实证基础的问题。CSPI成功之道在于维系和科技社群的交流，它寄发电子邮件报导国会听证重点议题给1500位愿意接收信息的科技人士，并将通讯放在社群媒体上，让更多的人能收到。此外，CSPI还通过重点整理前一周国会听证涉及的5至10项科技政策，提供给科技界以及其他非政党组织，作为活化与外界交流的另外一个通道。当然，要进一步深入与科技界专家的交流，持续提升国会科技知识众包，必须解决诱因的问题。科技学者为国会政策辩论提供专业知识基础，并不会算入他们的学术成果或教学成果，这是未来需要解决的困难。

---

16. 参考注14, pp. 4-5.
17. 11个变项为：seed(讨论种子), response(响应), valence(语气态度), argument(论证), seeking(寻求), information(信息), personal attack(人身攻击), personal praise(赞许个人), inflammatory(煽动), contradiction(矛盾), agreement(同意)。
18. 称为valent。
19. 参考注14, p. 6.
20. Ibid., p. 10.
21. 这篇文章刚接受刊登，https://doi.org/10.1145/3524065，2022年8月16日最后访问。Fisher, M. A. and Milliken, L. K. (2022). Crowdsourcing Science and Technology Expertise to Empower Legislative Branch Oversight and Policymaking. Digital Government: Research and Practice.

立法众包仍处于起步阶段，未来各地会涌现更多运用多样化科技形式的立法众包实践。鉴于现今立法功能面临来自高科技社会的严峻挑战，跨领域深入研究立法众议题包值得重视。

（二）大数据

大数据从数据本身进行观察，除了数量大之外，内容上也具备丰富性，这是因为大数据一般还隐含着数据分析（data analytic）的部分。数据分析使得大数据在社会各层面得以发挥预测及协助判断等功能，从而产生一定价值。数据分析也要求大数据必须具备完整性，使得数据分析的结果能充分发挥预测功效，这样判断者才能在完整事实分析的基础上，做出适当判断。

大数据的出现是信息科技发展新的里程碑。从公司的信息科技应用视角观察，公司的信息科技管理发展的进程也是大数据时代出现并快速发展的一项生动形象的时代侧写：从最早的个别数据处理应用（data processing application），整合成以数据库（data base）为基础的公司管理信息系统（management information system），再经由因特网及云计算的开展，进一步由公司对客户（business to customer, b2c）、公司对公司（business to business, b2b），演进到公司为建立完整的生产及销售大数据，尽可能除去生产及销售的上中下游，直接（direct）涵盖生产及销售两端，使得公司决策可以以完整的大数据分析为基础。

在2010年代早期，欧盟为强化竞争力，便发展出以欧洲大数据价值生态系统（European Big Data Value Ecosystem）为中心的清楚策略。[22]它以大数据价值公私协力组织（Big Data Value Public-Private Partnership）以及大数据价值协会（Big Data Value Association）两个组织作为大数据价值生态核心，携手打造具有竞争力的欧洲大数据产业。[23]

建构大数据生态系统的重要工作之一，就是协调发挥价值的各环节：数据所有权人、数据分析公司、数据专业工作者、云端服务提供商、使用大数据各产业的公司、创投公司、企业家以及研究中心与大学。大数据价值公私协力组织设定具体目标，提升大数据产业竞争力；大数据价值协会则是产业导向的国际非营利组织，主旨在于提升欧洲大数据创新能力。[24]大数据价值协会设有卓越中心（Center of Excellence），在个别研究中心与学校研发成果上，累积并形成大数据及人工智能共通实

---

22. Curry, E., et al. (2021). The European big data value ecosystem. The Elements of Big Data Value. Cham, Springer, pp. 3-19.
23. Ibid., p. 4.
24. Ibid., pp. 10-12.

践（common practices）。[25]

这一部分内容的重心除说明大数据与人工智能是国际重点发展的科技外，更重要的是期望学界更重视这项科技对于未来立法可能带来的机遇。与前一部分从立法者角度探讨如何运用众包增进人民参与立宪与立法的讨论不同，这里介绍如何运用大数据分析技术进一步了解因特网上人们在立法过程中的讨论，以及如何以大数据改善法律解释的研究。同样地，这一部分无法穷尽这方面的研究，只期望能引起重视。

帕金森（Parkinson）等运用结构主题模型（Structural Topic Modelling）试图以归纳方式整理出相同主题在不同对话场域呈现出的各种不同语汇，以呈现审议过程中针对特定议题的全部观点库（pool of perspectives）。他们的研究对象是2012年至2014年间进行的苏格兰独立公投辩论。[26]

2015年10月在爱丁堡大学政府学院，由新闻记者、学者、非营利组织资深人员以及在公投期间负责沟通及程序管理的政府官员共15人举行了一场工作会议。随后进行了11场非正式的访谈，对象是主要城市及各区域的草根运动成员，还包括两位苏格兰国会议员（Members of the Scottish Parliament），使反对方的观点也有较好的呈现机会。研究团队接着建构了一个数据库，收录从2012年9月18日至2014年12月18日，也就是苏格兰独立公投前两年到公投3个月后的在线讨论。[27]

帕金森等研究发现在线讨论参与者无论在大型论坛或是小型对话都重视遵守讨论规则。赞成与反对方的意见分歧并不在议题本身，而主要表现为某项事实应赞成或是反对某一议题。此外，非正式讨论往往会接续正式讨论的议题，关切经济与社会福利所受影响等内容；官方组织（formal institutions）则无视非正式讨论，甚至欠缺人民的视角。[28]这项研究的意义在于，其证明了因特网上的对话可以在一定程度上完整获得；不同的研究旨趣以及不同的方法可以对数据进行分析，并公开了研究结论以供进一步检验。公共意见的形成，通过互联网所记录的实证分析与理解，立法法理（legisprudence）[29]除了传统理论建构与论证之外，增添了实证分析与检验的

---

25. Ibid., pp. 14-15. 该中心网址：https://www.big-data-value.eu/european-network-of-nationalbig-data-centers-of-excellence-website/#:~:text=The%20European%20Network%20of%20National%20Big%20Data%20Centers,goal%20of%20defining%20the%20data-driven%20future%20of%20Europe. 2022年8月17日最后访问。
26. Parkinson, J., et al. (2020). Mapping deliberative systems with big data: The case of the Scottish independence referendum. Political Studies：1-23.
27. Ibid., p. 6. 建构数据库的详细说明，见 pp. 6-7.
28. Ibid., p. 19.
29. Wintgens, L. (2002).Legisprudence: A new theoretical approach to legislation，Bloomsbury Publishing. Wintgens, L. J. (2016). Legisprudence: Practical reason in legislation. Routledg.

利器[30],值得重视。

类似的突破也可能发生在法条解释上。史洛肯(Slocum)质疑现存的法条解释过于修辞化(rhetoric-centric)。他主张在数字时代更重视数据导向(data driven)的实证作用和语料库语言学(corpus linguistics)可以做出的贡献。法条用语的解释应当将该用语和语料库中的相同用语比对后,再确定该法条用语的法律意义。语料库的建立与维护,在现今数字时代,可以通过系统地归纳整理网络、报纸、杂志、小说以及书籍等达成。这并不意味着法条解释完全成为一项实证工作,而是指在做出规范性法条解释前,应当将所涉及的用语和语料库中相同用语的多重使用方式做实证比对,从而进一步确定该用语在法条上的意义。这个做法使得用语使用的客观性和可遵从性均得以提升。[31]

当然,我们可以进一步设想,立法机关在今后立法过程中,应当针对一些内容进行系统的搜集和分析:一是网络上相关讨论的用语;二是执法各部门过去讨论相关议题的用语;三是各部门执法过程对拟立法条文实际上使用的相关语言。搜集分析以上用语之后再决定所订法条的具体用语。这样的司法解释将会有更清楚的用于法条解释的立法历史。司法解释与法律续造,或许也会因此有更清晰的文本与脉络意义上的差别而得到明确的区分。

二、大数据对立法带来的挑战

大数据与人工智能算法开启的各式深度学习与数据分析,为未来立法及法律各个环节带来更有效率的运作、研究和检验模式。本文前一节只讨论少数具有启发意义的研究,日后此研究领域的发展和它对立法制度创新的影响是值得期待的。但同样值得注意的是操纵大数据,侵害个人自主权并且间接影响立法及法律形成的问题。这一部分介绍学界对这项课题的研究,下一部分会讨论《欧盟人工智能法案》(Proposal to Artificial Intelligence Act,AIA)及由此引起的学术上的讨论及建议,最后提出本文初步见解。

大数据分析无论在数量还是质量上,都大幅度提升了我们的知识认知水平;但与此同时,人们已经日益感受到大数据所带来的"知识"内容也并非所想象的那般客观。葛林(Green)指出,数据科学(data science)应当认识到自身的政治意涵;

---

30. Ferraro, F. and Zorzetto, S. (2022). Exploring the province of legislation: Theoretical and practical perspectives in legisprudence. Springer Nature.
31. Slocum, B. G. (2020). Big data and accuracy in statutory interpretation. Brook. L. Rev., 86: 357.

数据学家要理解其工作有建构社会规范的意涵，同时对于人们的生活有后续影响。³²麦可尼许（Macnish）认为，近期对民主最大的挑战在于我们是否能发展出新的能力及保护方式，使得对于大数据的拓展及利用得以在适当管理下进行。大数据不仅增加了知识的数量，而且在质量方面创新了知识挖掘方式，增加了我们对世界及社会的理解，而在这里，伦理议题就不能忽视了。³³

大数据为政治组织锁定特定人群，依据该特定人群偏好的议题提供有利于政治组织的论述，并以有利于政治组织的方式传递讯息给锁定的特定人群。单就这一点而言，这项做法是合乎经济效率的，但问题在于政治组织欲达到目的，会传递有利于说服个别被锁定人群的讯息，但政治组织所传递的讯息就整体而言缺乏一致性，因而不具诚信，容易伤害维系社会的基本信赖关系。³⁴由此可见，进步的大数据与人工智能社会是否也是一个值得信赖（trustworthy）的社会，是问题的关键。

杨（Yeung）引述了认知心理学实验来阐述轻推（nudge）理论。他指出微观经济学一般预设的理性经济决定者被认知心理实验推翻，他发现人们普遍运用认知上的快捷方式和直觉（heuristic）做决定。通过轻推，人们的决定会受到预测方向的影响。由于受影响的人的选择及诱因并未受限，轻推算是一种软性设计的控制手段。运用大数据分析的轻推之所以威力特别强大，是因为它具有相链接、不断更新、动态与无所不在（pervasive）的特质，由此它可以被称为"超轻推（hypernudge）"。从法³⁵治的角度观察，如何正当地运用法律、伦理和技术规范以维护大数据环境下立法的可信赖度，是法律人面临的重要课题。

一定程度上，在公开的数字环境大量搜集个人资料建立个人数字形象（profile）已经不足为奇，人工智能与大数据也由此可以具体面向不同的个人特质，针对性地提供各式各样的个性化、个人化（personalized）服务。³⁶海尔宾（Helbing）

---

32. Green, B. (2021). Data science as political action: Grounding data science in a politics of justice. Journal of Social Computing，2(3): 249-265.

33. 见 p. 1, Macnish, K. (2020). Big data and democracy. Edinburgh University Press.

34. Ibid., p. 3.

35. Yeung, K. (2017). "Hypernudge": Big Data as a mode of regulation by design. Information, Communication & Society，20(1): 118-136.

36. 包括个人化法律的思考，见 Casey, A. J. and Niblett, A. (2019).Framework for the new personalization of law. The University of Chicago Law Review，86(2): 333-358.Ben-Shahar, O. (2020). Personalized elder law. The Elder Law Journal，28: 281. Misostishkhov, T. Z. (2020). Personalized law and fundamental rights. Digital Law Journal，1(4): 56-73.Ben-Shahar, O. and Porat, A. (2021). Personalized law: Different rules for different people, Oxford University Press.

认为，为个人量身打造的信息过滤器（filter），就像在我们周遭打造数字监狱，钳制人们的思想。群体智慧需要个别差异性，前述轻推的消极作用就是会让群体思考僵化。若要反制，应当让人们有权利获得一份搜集我们个人资料的清单。数据的质量应有考核机制及分类标准，以改善我们选择的基础；人们也应当有便捷的提出争议的相关渠道；违反规则应当受到有效的处罚。此外，教育要能回应时代课题，一般民众也更需要被赋能，例如在城镇一些小区设置试验中心，使这些小区得以形成数字社群，共同开发及试验新的数据运用模式。[37]在这方面，以西班牙巴塞罗那为核心，已经有相当多城市加盟，发展方式是由城市提供软件系统，供民众开发组织市民互动合作的系统。[38]

三、《欧盟人工智能法草案》对操纵（manipulation）问题的规范

《欧盟人工智能法案》（The Proposal for Artificial Intelligence Act，AIA）[39]于2021年4月提出，是欧盟第一个体系完整的AI法案。[40]该法案界定AI为一项产品，因而适用新法令框架（New Legislative Framework，NLF），大部分AI产品依据协调标准（harmonized standard）决定能否进入市场；AI有其特殊性，例如AI整个生命周期均须合规，AIA特别增加上市后监控（post-market monitoring）规定。低风险AI产品原则上由提供者自行评估（assess），高风险AI（列于AIA附件三）则必须通过第三方指定机构（Notified Bodies）评估才能上市。运用个人资料的AI须符合《欧盟一般数据保护条例》（General Data Protection Regulation，GDPR）相关规

---

37. Helbing, D., et al. (2019). Will democracy survive big data and artificial intelligence? Towards digital enlightenment . Springer, pp. 73-98.
38. 参考Decidim Barcelona的讨论，Smith, A. and Martín, P. P. (2021). Going beyond the smart city? Implementing technopolitical platforms for urban democracy in Madrid and Barcelona. Journal of Urban Technology, 28(1-2): 311-330.
39. Artificial Intelligence Act. (21 April 2021). "Proposal for a regulation of the European Parliament and the Council laying down harmonized rules on Artificial Intelligence (Artificial Intelligence Act) and amending certain Union legislative acts." EUR-Lex-52021PC0206, https:// eur-lex. europa. eu/ legalcontent/ EN/ TXT/? uri = CELLAR: e0649 735- a372- 11eb- 9585- 01aa7 5ed71 a1, 2022/08/23最后访问。
40. 美国国会也陆续提出算法问责法案，规范仅及于年营业额高于5000万美元的提供者，涉及100万人以上的算法，见Algorithmic Accountability Act of 2022. 117th Congress 2D Session. https://doi.org/10.1016/S0140-6736(02)37657-8。

定。[41]此外，为鼓励创新，AIA也订立监理沙盒条款。[42]虽评论者批判目的不明确[43]，但在对于高风险AI有极严厉监督的情况下，监理沙盒确实在落实人权保障的同时，为AI产业的创新发展保留了重要的窗口。[44]

AI规制涉及技术、伦理及法律三个层面。[45]AIA将规范重心放在伦理层面，除多次由利害相关组织及个人提出意见外，欧盟执委会（European Commission）还任命52位专家组成AI高级专家组（High-Level Expert Group on AI, AI HLEG），于2019年提出可信赖AI伦理准则（Ethics Guidelines for Trustworthy AI）。AI HLEG成员之一的福罗瑞第（Floridi）[46]认为AIA接受高级专家组的建议，以伦理规范移除或降低AI风险。[47]由于AI系统开发，涉及软件工程以及由需求分析、系统分析、数据需求及操控、程序设计、系统开发与测试一直到系统改良和维护等全部软件生命周期，必须针对AI生命周期各个阶段，持续进行伦理稽核（ethics-based auditing），才能确保落实人权保障。[48]当然，福罗瑞第认为AIA仍有很多需要厘清的问题，如高风险AI与低风险AI的区分：前者有严格上市要求及入市后的持续监督；后者则只鼓励像高风险AI一样，进行自我评估与稽核。参照GDPR立法进程，由草案出台到完成立法一共历经四年时间，到2025年以前AIA可能还有时间改善。[49]

---

41. 因讨论AIA的论文大多是2022年上网，有待进一步正式出版，所以日后会完整索引或发生一些变化；基于文章有参考价值，本文仍然引用。如此处参考Mazzini, G. and Scalzo, S. (2022). The Proposal for the Artificial Intelligence Act: Considerations around Some Key Concepts. Forthcoming in Università Ca'Foscari di Venezia-Dipartimento di Economia-Collana Centro Studi Giuridici-Wolters Kluwer-CEDAM，http://dx.doi.org/10.2139/ssrn.4098809, 2022年8月24日最后访问。

42. AIA第52及53条。

43. Ranchordas, S. (2021). Experimental regulations and regulatory sandboxes: Law without order? Law & Method. https://doi.org/10.5553/REM/.000064, 2022年7月28日最后访问。

44. Truby, J. et al. (2022). A sandbox approach to regulating high-risk artificial intelligence applications. European Journal of Risk Regulation, 13(2)：270-294. Yordanova, K. (2022). The EU AI Act-Balancing Human Rights and Innovation Through Regulatory Sandboxes and Standardization.TechREG Chronicle，https://www.competitionpolicyinternational.com/，2022年7月22日最后访问。

45. 陈起行：《论人工智能时代争议咨询及调解——由富勒裁判理论出发》，《月旦法学杂志》2022年第325期，第107-114页。

46. Floridi, L. (2021). The European legislation on AI：A brief analysis of its philosophical approach. Philosophy & Technology，34(2): 215-222.

47. Ibid., p. 218. 这并不表示AIA单纯依赖伦理及业界标准规范AI应用，AIA第56至58条就欧盟人工智能委员会执掌、结构与工作有清楚的规定。

48. Mökander, J. and Axente, M. (2021). Ethics-based auditing of automated decision-making systems: Intervention points and policy implications. AI & SOCIETY，https://doi.org/10.1007/s00146-021-01286-x, 2023年1月11日最后访问。

49. 前揭注46, pp. 216, 219.

有关操纵（manipulation）问题，AIA确实十分重视。不过"操纵"一词，如今已经富有负面评价意味，与技术上将数据形态转变成可进一步分析利用的处理程序宜做出区别：后者被称为数据操控（data manipulation），并无任何负面意义。对于运用AI侵害个人自主权（autonomy）的操纵行为，AIA依据不同类型与情境，做出了不同规定。

操纵的界定并不容易。AIA于2021年4月公布界定标准后，多次与欧盟成员国咨商与审议，2021年11月，欧盟理事会（Council of the European Union）公布了妥协版AIA。[50]妥协版AIA试图进一步厘清操纵的意义。[51]卡辛（Kazim）认为妥协版AIA考虑到了学术上重视的轻推[52]等政治操纵行为会伤害民主与法治，但在缺乏案例累积以及充分实证与概念化研究之前，要明确界定操纵确实不容易。[53]

比较明确的是，妥协版AIA第5（a）条与AIA相同，都禁止运用浅意识技术（subliminal techniques）扭曲人们行为；同样没有修改的是针对揭露（disclosure）改造的规定，第52.3条规定运用操纵AI令人误信为真者，应当揭露经操纵的事实；第1（c）条规范特定AI系统透明性（transparency）的部分，则删除了产生或操纵（manipulate）图像（image）、声音（audio）或影音（video）内容的AI系统相关规定。妥协版AIA第16号前言（recital）对于操纵的说明，被大幅修改，卡辛认为即使妥协版加上合理（reasonable）等判断依据，似乎也只是徒增不确定性，根本问题仍在于需要实证及理论分析。[54]

在线操纵（online manipulation）的哲学讨论并不算少，但仍属起步阶段，[55]技术上侦测操纵的研究，也有很大的发展空间。[56]金（King）认为，政治上运用算法可以设定微标靶（microtargeting），依据个人特性与偏好，直接传递刺激（stimuli）影响选民意向。相较于欧洲而言，美国因为个资法较为松散，两党政治竞争激烈，以及

---

50. 简称总统妥协文本(Presidency compromise text)。见 Council of the European Union: Proposal for a Regulation of the European Parliament and of the Council Laying down Harmonised Rules on Artificial Intelligence (Artificial Intelligence Act) and Amending Certain Union Legislative Acts——Presidency Compromise Text. (2021). https://data.consilium.europa.eu/doc/document/ST-14278-2021-INIT/en/pdf. 2022年8月25日最后访问。

51. Kazim, E., et al. (2022). Proposed EU AI Act-presidency compromise text-select overview and comment on the changes to the proposed regulation.SSNR，https://ssrn.com/abstract=4060220，2022年8月26日最后访问。

52. 参考本文前一节有关轻推的讨论。

53. 同前注51, p. 9.

54. Ibid.

55. Jongepier, F. and Klenk, M. (2022). The Philosophy of Online Manipulation, Taylor & Francis.

56. Assenmacher,D., et al. (2020). A two-phase framework for detecting manipulation campaigns in social media. International Conference on Human-Computer Interaction, Springer.

欠缺在线政治广告透明性的规则，在规范AI操纵上会面临更多问题。[57]美国高强度的言论自由保障又使得限制操纵的法律尚须通过违宪审查，这似乎说明欲规范AI操纵，除了事实认定外，还须面对原则论证价值衡量上的挑战。[58]

整个AIA的解读与适用的一项核心问题是"什么是AI"。[59]福罗瑞第特别强调，AIA避免任何科幻联想，他和高级专家组的一些成员极力删除了人工意识（artificial consciousness）以及具备主观经验（subjective experience）的AI。[60]莱恩（Ryan）则仍然批判高级专家组将可信赖（trustworthy）AI列为核心观念，因为信赖是重要的人际关系，而AI本身无论执行上多么稳定、多么可预测，只应视之为可靠（reliable）；用可信赖的AI作为主轴会危及人际间信赖的重要价值，也让开发及使用AI的人得以转移责任。[61]

莉萨（Liza）的批判则聚焦AIA第10条数据及其治理。或许因为其专业是计算机科技，而对于法律解释上的弹性不能掌握，她认为基本上无法满足条文的要求。无论模型（model）还是数据（data）方面，都是在尝试错误的过程中有所进展。人们追求的目标并非训练数据完全对应模型，这会造成过拟合（overfitting），从而无法提供实际应用时需要的人工智能。[62]人工智能是高度跨领域团队合作的成果，领域专家（domain experts）看到人工智能系统表现后，与数据及直觉策略（heuristic strategy）等专家们讨论，并在模型与数据等层面做出调整后，继续尝试才有可能发现有用的模型或数据。

法学者柯尼安尼斯（Coglianese）等或许指出了较好的理解方式。[63]他认为人做决定的过程其实也运用了算法，这与机器运用算法并无本质上的不同，如果人得出的决定较好，就用人的算法，否则就用机器的算法。在人与机器这个"天平"的两

---

57. King, J. M. (2022). Microtargeted political ads: An intractable problem. Boston University Law Review，102(3): 1129-1167.

58. King, J. M. (2022). Microtargeted Political Ads: An Intractable Problem. Boston University Law Review，102(3):1135.

59. AIA界定AI于第3(1)条，妥协版作了不少修订，但附件一所列三种AI基本技术：机器学习、知识表示以及统计等方法，则维持一致。

60. Floridi, L.(2021). The European legislation on AI：A brief analysis of its philosophical approach. Philosophy & Technology，34(2): 218-219.

61. Ryan, M. (2020). In AI we trust:Ethics, artificial intelligence, and reliability. Science and Engineering Ethics，26(5): 2749-2767.

62. Liza, F. F.(2022). Challenges of enforcing regulations in Artificial Intelligence Act——Analyzing quantity requirement in data and data governance. 1st International Workshop on Imagining the AI Landscape after the AI Act Amsterdam.

63. Coglianese, C. and Lai, A.(2022). Algorithm vs. Algorithm. Duke Law Journal，72: 1281-1340.

端，福罗瑞第、莱恩和柯尼安尼斯似乎将重心向人的这个方向移动，其中或许是法学特性使然，柯尼安尼斯站在最靠近人的这一边。在规范层面平等接纳人工智能，将社会实践领域视为公平竞争平台；由一组运用人的思维方式的团队和另一组运用算法的人工智能团队相互辩证、持续竞争，在双方持续创新下，永远由表现好的一方做出决定——这或许为法律人思考人工智能规范问题提供了一个合理的视野。

以本节讨论的操纵问题为例，AIA目前以伦理规范为手段，落实在AI生命周期的持续稽核，已经比众多只用原则性要求作为伦理规范的方式进步很多。[64]哈根道夫（Hagendorff）注意到这个由纯原则向务实AI伦理规范发展的趋势，但他认为这项发展基本上仍未脱离原则规范的框架。[65]哈根道夫认为1960年以来，由安丝康（Anscombe）提出的日益受重视的德行伦理（virtue ethics）应该与AI原则规范互补，共同提供AI伦理的完整规范。[66]

本文认为德行伦理在AI永续发展上发挥着重要作用。与检视行为是否符合伦理规则不同，德行伦理要求做到内化伦理规范，使其成为个人个性与态度（character dispositions）的一部分。德行伦理引导我们聚焦于较好的模式或者较好的讨论者与讨论脉络。AIA及其妥协版第52.3条都规定运用操纵AI令人误信为真者，应当揭露作为提醒。本文认为立法上，AIA要求揭露等规定以规范可能的操纵行为已经足够，至于是非对错好坏，可以留给大众评判。与一时的判断不同，德行伦理更重视长期的观察——将一时的发言放在长期累积的发言中，将一次的操控放在长期的行为模式中，从整体上做出评价。

在探讨众包一节中，博比斯邱等为冰岛宪法众包的在线讨论所进行的学理分析，可以印证这一点。在一共311项寻求进一步讨论的发言中，博比斯邱等只选取了其中3个较长的讨论做进一步分析。分析的标准注重发言内容知识性以及发言态度；而冰岛宪法众包的在线讨论主持人积极维护讨论环境，也说明在线的言行表现有评价依据。长期而言，人们会赞许有参考价值的立法讨论。帕金森等也在一定程度上搜集并分析了苏格兰独立公投的在线辩论。可以预见，类似的研究与分析，无论在数量还是质量上都会持续进步；较好的立法讨论环境和实践，也会逐步出现。

---

64. 许多伦理规范只有原则欠缺操作上检验机制，最近公布的150个AI原则中，仅四分之一揭露了具体实施方案，见 Gutierrez, C. I., et al. (2021). Effective and trustworthy implementation of AI soft law governance. IEEE Transactions on Technology and Society，2(4): 168-170.

65. Hagendorff, T. (2022). A virtue-based framework to support putting AI ethics into practice. Philosophy & Technology，35(3): 1-24.

66. Ibid., p. 4.

四、结　论

立法可以反映一个国家的法律文化，一个国家要实现进一步发展，就要了解自身文化特点及其与其他法律文化的差异。希克斯（Hix）分析过爱尔兰民主立法特点，[67]他特别指出了高度信任这项特质。他认为这项特质由一系列适当制度设计所致，这些制度辅助代议，而非取而代之。爱尔兰公投数量相当多，仅次于瑞士，而爱尔兰公投并没有被少数强大利益团体绑架。希克斯指出爱尔兰成功的原因之一就是具有迷你审议公众（deliberative mini-publics）[68]特性的各式市民集会（citizens' assemblies）。这些集会视需要以随机方式选出地方、区域或全国市民代表；在充分的信息提供基础上，参与者持开放态度细心讨论，最终做出结论。[69]

未来在大数据及人工智能推动下，立法环境的改善相当可期。人工智能与大数据这两项由科技带动的立法辅助发展都强调生命周期，政府相关大数据，宜带领建立立法、行政与司法大数据合乎生命周期的发展方式。较旧的在线大数据有序移转至研究机构典藏，增进现行电子化政府数据在线使用效率的同时，研究机构也能够获得进行长期分析的研究内容与依据来源，社会也从而保存了来自政府治理视角的重要历史记忆。政府大数据与民间学术研究、企业研发、社群媒体以及网络上各项正式与非正式讨论网站结合，通过公私合作共构全民立法的数字环境，值得及早规划。

如果AIA确实于2025年实施，那一年出生的婴儿，会是1995年因特网普及应用后的网络二世代。将视野拉长拉远，未来人们在网络上可以留下的数字内容，随着人的一生岁月同步累积，已经可以实现。生命周期记载的个人所思所学，以及与他人互动、参与社群以及公共讨论留下的点滴，是个人学习成长的记录，也是国家教育环境与法治建设的轨迹。这项全民永续发展的大数据计划，或许是21世纪最有意义的大立法。

---

[67] Hix, S. (2020). Remaking democracy: Ireland as a role-model the 2019 Peter Mair lecture. Irish Political Studies，35(4): 585-601.

[68] Ibid., p. 597. 此处希克斯所使用"迷你审议公众"一词，系引用 Farrell, D. M., et al. (2019). Deliberative mini publics: Core design features. The Centre for Deliberative Democracy & Global Governance Working Paper Series，2019(5).

[69] 参考前注67。

数字恐怖主义及其法律对策

皮 勇[*]

(同济大学,上海,200092)

摘　要：数字恐怖主义是与互联网、人工智能等新技术应用相关的恐怖活动,是网络恐怖主义在智能社会环境下的新样态,在世界各地造成严重危害,对国际社会和各国安全带来严峻挑战。联合国和欧洲国际组织致力于推进国际合作共同应对数字恐怖主义,在数字恐怖主义的预防与控制、刑事程序和犯罪立法方面制定了若干国际条约。由于恐怖主义立法的复杂性和数字恐怖主义的迅速演变,联合国制定相关国际公约较为滞后,欧洲国际组织发挥其区域性国际组织的优势,制定了较为全面的打击数字恐怖主义的相关国际条约。我国打击网络犯罪和恐怖活动犯罪立法较为完善,二者结合能够较好地防治数字恐怖主义犯罪,但是,相关刑事程序立法及预防与控制法需要继续完善,既要有效遏制数字恐怖主义,也要充分保障公民权利。

关键词：数字恐怖主义　国际条约　比较研究　法律对策

Digital Terrorism and Its Legal Countermeasures

Abstract: Digital terrorism is a terrorist activity related to the application of new technologies such as the Internet and artificial intelligence. It is a new form of cyber terrorism in the environment of intelligent society. It has caused serious harm around the world and posed severe challenges to the security of the international community and all countries. The United Nations and European international organizations are committed

---

[*] 基金项目：本文是国家社科基金重点项目"新发展理念与总体国家安全观视域下我国网络安全的刑法保障体系研究"(项目号：21AZD082)和教育部规划项目"新发展理念视域下人工智能安全发展的刑法保障研究"(项目号21YJA820017)阶段性成果。

作者简介：皮勇,同济大学上海国际知识产权学院教授、中国犯罪学学会副会长,兼信息犯罪防控专业委员会主任。

to promoting international cooperation in tackling digital terrorism, and have formulated a number of international treaties on the prevention and control of digital terrorism, criminal procedures and criminal legislation. Due to the complexity of terrorism legislation and the rapid evolution of digital terrorism, the United Nations lags behind in formulating relevant international conventions, while European international organizations have made full use of their advantages as regional international organizations and formulated relatively comprehensive international treaties on combating digital terrorism. Chinese legislation on cyber crimes and terrorist crimes has been developing rapidly. The combination of the two can effectively prevent and control digital terrorism crimes. However, relevant legislation on criminal procedure and laws of prevention and control need to be improved, so as to effectively control digital terrorism and fully guarantee citizens' rights.

Key Words: digital terrorism, international treaties, comparative study, legal response

---

恐怖主义是一种社会现象，在人类社会不同时期出现过多种恐怖主义。[1] 21世纪人类文明进入数字时代，互联网、大数据、人工智能应用塑型数字社会，数字恐怖主义（Digital Terror）在数字社会环境中逐渐形成，借助互联网、人工智能等新兴技术演变为超越地域限制的、进入虚拟和现实社会的、人工和智能体相融合的新恐怖主义形态，通过网络空间和利用无人机（体）将暴恐袭击、恐怖主义宣传、恐怖活动募资和恐怖活动联络等多种恐怖活动结合在一起，是当前社会环境下影响最广泛、威胁最大的恐怖活动类型，给国际社会和各国安全带来严峻挑战。[2] 数字恐怖主义引起联合国的高度关注，继2021年12月联合国安理会通过最新的反恐第2617号决议后，2022年10月28日至29日联合国安理会反恐怖主义委员会召开特别会议，重点关注新兴技术对全球安全构成的日益增加的威胁，支持通过创新技术打击数字恐怖主义。[3] 数字恐怖主义给我国造成了严重的危害，为了有效应对数字恐怖主义的威胁，有必要研究数字恐怖主义的特点并制定有效的法律对策。

---

1. 王逸舟：《恐怖主义溯源》，社会科学文献出版社2010年版，第11页以下。
2. Ulrich, S. (2005). The threat of cybercrime. In: Council of Europe.(ed.), Organized Crime in Europe, Strasbourg, pp. 212-218.
3. 《联合国反恐委员会支持通过创新打击数字恐怖主义》，https://news.un.org/zh/story/2022/10/1111872，2022年11月1日最后访问。

一、数字恐怖主义的界定

恐怖主义活动是极为严重的犯罪,国际社会和各国都制定了严厉打击恐怖主义的立法,研究数字恐怖活动首先应界定其范围,以免不当扩大打击范围。界定数字恐怖主义,必须确定其上位概念"恐怖主义"的内涵。从文义上看,恐怖主义(terrorism)是一种意识形态或者思想理论,而国际上恐怖主义相关立法中的"恐怖主义"既包括恐怖主义思想,也包括各种恐怖活动类型。欧洲理事会《关于打击恐怖主义的框架决议》规定了恐怖主义和恐怖活动犯罪的范围[4],但是,在联合国成员国范围内未能就"恐怖主义"的定义采取一致的立场。[5]早在1934年,国际联盟已经在讨论防止和惩罚恐怖活动的公约草案,该公约虽然在1937年获得通过,但未正式生效。此后,联合国反恐立法转向打击特定领域的具体恐怖活动,1963—2005年之间共通过了13份打击恐怖行为的国际公约,[6]2006年、2008年、2010年联合国大会先后通过了三份《联合国全球反恐战略》决议,要求各成员国保证考虑加入现有的国际反恐文书并执行其规定。目前联合国成员国正在协商制定打击恐怖主义的全面公约,由于成员国在恐怖主义的定义等基础性问题上不能达成一致,至今未能通过该全面性反恐主义公约,仅在前述13个公约的范围内对恐怖主义行为的定义达成基本一致。不同地区、国家对本地区、本国范围内的恐怖活动制定不同的法律,如欧盟、美国、俄罗斯和我国都制定反恐主义立法,但是,对恐怖活动的定义有同有别。

---

[4]. 欧洲理事会《关于打击恐怖主义的框架决议》第1条规定:"各缔约国应当采取必要措施,以确保将下列故意实施的行为规定为恐怖活动犯罪。这些犯罪根据其本质或所处环境,可能严重危及一个国家或一个国际组织的安全,并且该行为须出于以下目的(之一):严重恐吓民众;或者不正当地强迫政府或国际组织实施或放弃实施某个行为;或者严重动摇或损害国家或国际组织的基础政治、宪法、经济或社会结构。恐怖主义的行为方式包括:……(d)严重破坏政府或公共设施、交通系统、基础设施(包括信息系统)、大陆架固定作业平台,甚至威胁到人身安全或者造成重大的经济损失的……(i)威胁实施任何前述(a)至(h)款所列行为。"

[5]. 《关于联合国反对恐怖主义立法的历史和现状》,http://www.un.org/chinese/terrorism/instruments.shtml,2022年11月5日最后访问。

[6]. 这13份联合国反恐公约分别是《飞机公约》(1963年)、《非法劫持公约》(1970年)、《民航公约》(1971年)、《外交代表公约》(1973年)、《劫持人质公约》(1979年)、《核材料公约》(1980年)、《机场议定书》(1988年)、《海事公约》(1988年)、《固定平台议定书》(1988年)、《可塑炸药公约》(1991年)、《制止恐怖主义爆炸事件的国际公约》(1997年)、《制止向恐怖主义提供资助的国际公约》(1999年)、《制止核恐怖主义行为的国际公约》(2005年)。2005年国际社会对其中三份通用文书做了实质性修改,将恐怖主义威胁纳入其中。

国际社会界定恐怖活动的"同"与"异"源于对恐怖活动目的的不同立场。一般的有组织暴力犯罪谋求的是经济利益或者其他非政治上的目的,不希望改变现行社会政治经济结构和秩序,而是希望在现行社会体系中实现其活动目的。而恐怖活动组织主要不是为了经济利益,虽然近年来有些恐怖活动也谋取经济利益,如利用毒品交易、绑架、抢劫,直接或者间接参与黑社会性质组织犯罪募集活动经费、与毒品犯罪集团等实现"共生"以获取经费等,但其以暴力恐怖手段实现政治或社会目的的特征从未消除,反而有扩大化、极端化趋势。恐怖活动不仅不避免破坏社会秩序,如造成公众恐慌、正常经济社会活动瘫痪等,反而主动追求这一结果,以实现其政治目的或其他社会目的。[7]在恐怖活动组织的目的行为被规定为犯罪(如危害国家安全罪、危害公共安全罪、种族清洗犯罪、反人类犯罪等)时,暴力恐怖及其关联活动只是这些犯罪的手段和方法。由于当前世界各国的恐怖活动种类繁多,其目的、动机多种多样,在复杂的国际政治关系格局背景下,国际社会没有也不可能将前述所有目的行为犯罪化,如国际上对民族分裂、仇外活动和种族歧视活动的犯罪化就没有达成一致,各国也不可能将各种恐怖活动都按照其目的行为定罪,由此造成了国际社会上对恐怖主义界定上的"异"。而之所以能实现部分恐怖活动立法的"同",是因为作为手段行为的暴力恐怖活动及其关联活动本身就具有直接的、严重的社会危害性,可以被"独立"规定为犯罪,这种将手段行为规定为犯罪的立法不仅可行而且必要,是联合国、欧盟以及包括我国在内的众多国家解决恐怖活动犯罪化的共同选择。但是,如果只关注恐怖活动的手段行为,必然会将恐怖活动犯罪与一般的有组织暴力犯罪混淆,恐怖活动的政治目的或其他社会目的不仅是其区别于后者犯罪的重要特征,也是其具有更大社会危害性的重要原因,即能给社会公众造成恐惧心理,从而在暴力恐怖活动结束之后继续破坏社会稳定。因此,虽然国际社会普遍按手段行为设立恐怖活动犯罪,也不应割裂暴力恐怖活动及其关联活动与恐怖活动整体之间的手段与目的关系。

数字恐怖主义是与互联网、人工智能等新兴技术应用相关的多种恐怖活动,是网络恐怖主义(cyberterrorism)在智能社会环境下的新样态,不仅包括网络恐怖主义,还包括新出现的智能恐怖主义。关于网络恐怖主义和数字恐怖主义的内涵与外延,国际社会未达成一致,不仅因为国际社会对界定恐怖主义存在分歧,也因为不同国家和国际组织对网络恐怖主义和数字恐怖主义的范围有不同的看法。

美国联邦调查局官员认为,网络恐怖活动是非政府团体或者秘密组织实施的有预谋的、有政治动机的针对信息、计算机系统、计算机程序和数据的袭击,引起对

---

7. 刘玉雁:《中国政府恐怖主义危机管理问题研究》,北京师范大学出版社,2011年版,第1页。

非战斗目标的暴力活动。[8]他将网络恐怖活动限定在网络恐怖袭击的范围内，并将其与暴力型恐怖活动直接联系。德国教授乌尔里希·齐白（Ulrich Sieber）认为，对"网络恐怖主义"可以采取两种界定方法：一种是看恐怖活动分子利用互联网实现了什么；另一种是看互联网给了恐怖活动分子什么特别的能力。[9]齐白教授采取了前一种界定方法，将网络恐怖活动界定为出于恐怖主义目的使用互联网的三类行为，包括利用互联网对计算机系统实施破坏性攻击、通过互联网向公众传播非法内容，以及以计算机为基础进行策划与支援恐怖活动的其他行为。[10]联合国反恐任务实施力量工作组（Counter-Terrorism Implementation Task Force，CTITF）则采取了后一种界定方法，将网络恐怖主义界定为基于恐怖主义的目的使用互联网，包括四类行为：一是利用互联网通过远程改变计算机系统上的信息或者干扰计算机系统之间的数据通信以实施恐怖袭击；二是为了恐怖活动的目的将互联网作为其信息资源进行使用；三是将使用互联网作为散布与恐怖活动目的发展相关信息的手段；四是为了支持用于追求或支持恐怖活动目的的联络和组织网络而使用互联网。[11]关于数字恐怖主义，联合国安理会反恐怖主义委员会主席鲁奇拉·坎博伊（Ruchira Kamboj）认为其包括使用社交媒体进行恐怖主义宣传、招募成员、筹集资金，利用人工智能、机器人技术和合成生物学实施恐怖主义活动，而安理会第2617号决议也提到恐怖分子滥用无人机系统开展袭击。[12]

笔者认为，数字恐怖主义的界定应能够反映其基本特征并符合法律规定。前述第一种观点实际是将网络犯罪和暴力恐怖活动犯罪进行组合，袭击信息、计算机系统、计算机程序和数据是暴力恐怖活动犯罪的犯罪手段，这种观点不符合当前国际社会的反恐立法。虽然目前国际社会没有对恐怖主义的定义形成统一的认识，但国际社会广泛认同恐怖主义不是一种意识观念，而是一种对公众传达信息的活动方式，即以暴力活动为主要行为方式来实现特定的政治或社会目的，恐怖活动组织和人员的终极目的不是暴力行为本身造成的结果，而是通过暴力活动向广大公众传递

---

8. Mark，M. P. (1997). Cyberterrorism: Fact or Fancy? Proceedings of the 20th National Information Systems Security Conference, pp. 285-289.
9. Sieber, U. (2008). Cyber-terrorism——The use of the Internet for terrorist purposes，Council of Europe.
10. Sieber U. (2006). International cooperation against terrorist use of Internet. Revue Internationale de Droit Penal, 3-4，pp.395-449.
11. United Nations Counter-Terrorism Implementation Task Force Working Group Report, Countering the Use of the Internet for Terrorist Purposes, 2009, p. 5.
12. 《联合国反恐委员会支持通过创新打击数字恐怖主义》，https://news.un.org/zh/story/2022/10/1111872，2022年11月1日最后访问。

恐吓信息来实现其目的。[13]把恐怖活动限定为暴力活动，不符合国际社会对恐怖主义的共识和相关立法，前述国际公约规定的恐怖活动犯罪没有止于暴力恐怖活动的范围内。[14]随着社会数字化、网络化、智能化发展，恐怖分子能够通过袭击网络系统对人们造成物理伤害，网络恐怖袭击是暴力恐怖活动在网络时代的新发展，但是，包括网络恐怖袭击在内的暴力恐怖活动只是恐怖活动的一部分而不是全部，在暴力恐怖活动的前后，会有一系列社会性的，而不只是物理意义上的事件或者活动，[15]如宣传或者美化恐怖活动、招募恐怖活动分子等，这些活动也可以通过互联网来实施。因此，数字恐怖主义不应局限在网络恐怖袭击的范围内。齐白教授和联合国CTITF从犯罪立法和犯罪对策两个角度对网络恐怖主义进行界定，分别满足网络恐怖主义犯罪立法和犯罪防控的需要。联合国安理会反恐怖主义委员会要打击的数字恐怖主义不仅包括前述网络恐怖主义，还包括扩展出的利用人工智能技术等其他新兴技术特性的其他恐怖主义类型，尤其是无人机恐怖袭击。恐怖主义不同于普通刑事犯罪，事后的惩罚不能遏制恐怖主义，事前和事中的防控对策对阻断和降低恐怖主义的蔓延和危害更为有效。本文不仅研究数字恐怖主义犯罪立法，而且对数字恐怖活动进行犯罪学研究，探寻有效的对策，因此，本文采纳犯罪学意义上的界定，将数字恐怖活动界定为基于恐怖活动目的使用互联网、人工智能等新兴技术特性实施恐怖主义活动，包括数字恐怖袭击、利用互联网传播恐怖活动相关非法信息、利用互联网进行恐怖活动联络和资助恐怖活动、利用互联网收集信息和获取技术支持四类活动。

二、数字恐怖主义类型及其应对困境

传统恐怖主义奉行"冤有头，债有主"，只袭击特定的人和场所，而现代意义上的恐怖活动则转向"既让更多的人死，也让更多的人看"的扩大化、极端化方式，同时现代社会全球化、数字化发展为其演变为全球性数字恐怖主义创造了条

---

13. United Nations Counter-Terrorism Implementation Task Force Working Group Report, Countering the Use of the Internet for Terrorist Purposes, 2009, p. 2.
14. 前述国际公约中的外交代表公约、劫持人质公约、核材料公约、海事公约、制止核恐怖主义行为的国家公约都要求缔约国将威胁行为规定为恐怖活动犯罪，外交代表公约和制止核恐怖主义行为的国家公约还将企图实施暴力恐怖活动的行为规定为犯罪，制止向恐怖主义提供资助的国际公约将为恐怖主义募集经费的行为规定为犯罪，这些行为都不是暴力恐怖主义行为，但同样被规定为恐怖活动犯罪。
15. Taylor, M. and Horgan, J. (2006). A conceptual framework for addressing psychological process in the development of the terrorist. Terrorism and Political Violence, 18.

件。"传统意义上的恐怖主义如今借助于现代化环境的孕育,已经由一种边缘性或是低层次的社会反抗,一下子成为具有能主导社会安全与稳定的一种不可小视的能量。"[16]数字恐怖主义在全球化数字化社会环境下演变出多种恐怖活动类型,国际社会和各国在应对其挑战时遇到极大的困难。

(一) 数字恐怖袭击

数字恐怖袭击是指利用计算机、网络、人工智能等技术特性对计算机系统、数据进行破坏性攻击[17],以及利用人工控制或自主控制的无人机等智能设备实施的恐怖袭击。当前数字社会的正常运作深度依赖计算机、互联网系统,利用计算机、互联网特性造成互联网大范围中断、关键信息基础设施受到攻击,造成严重后果或危险的,即为网络恐怖袭击。近年来智能恐怖主义逐渐发展起来,世界多地发生过利用无人机恐怖袭击事件,其实施方便、成本低廉、隐蔽性强、贴近普通民众生活,因此引起广泛的社会恐慌,对公共安全构成了严重的威胁。

计算机、互联网技术应用时间长,网络恐怖袭击存在的时间较久,主要表现为两类活动。一类是针对关系国计民生的关键信息基础设施的网络恐怖袭击活动,如对高速铁路、金融中心、核电站核设施、水坝等计算机控制系统的网络恐怖袭击。它们一旦发生,会直接给国家安全、社会公众安全造成严重危害。在2007年爱沙尼亚事件中,网络袭击影响了爱沙尼亚的新闻网站和金融服务,在爱沙尼亚社会上引起广泛的恐慌。[18]在2010年的Stuxnet "震网"网络蠕虫病毒事件中,美国和以色列为了破坏伊朗铀浓缩离心机,制作和施放了该种病毒,该病毒扩散到伊朗Natanz核工厂以外,对伊朗工业造成了严重破坏。[19]之后比Stuxnet病毒智能性更高的病毒Flame "火焰"扩散到中东国家,给中东国家尤其是伊朗的石油工业造成严重危

---

16. 李湛军:《恐怖主义与国际治理》,中国经济出版社2006年版,第2页。
17. 关于网络恐怖袭击的方式,参见 Brunst, P. (2007). Cyberterrorism and other use of the Internet for terrorist purposes. Council of Europe, pp. 12-21; Foltz, C. (2004). Cyberterrorism, computer crime, and reality. Information Management & Computer Security, 12, pp. 154-166; Sieber, U. (2005). The threat of cybercrime. In Council of Europe (ed.), Organized Crime in Europe, Strasbourg, pp. 173-175.
18. Tikk, E. Kaska, K. and Vihul, L. (2010). International cyber incidents: Legal considerations. NATO CCD COE, p. 18; Ashmore, W. C. (2009). Impact of alleged russia cyber attacks. Baltic Security & Defence Review, 11, p. 8.
19. 《最新历史版本:Stuxnet内幕》,http://www.techcn.com.cn/index.php?edition-view-186770-2.html,2022年11月3日最后访问。

害。[20]另一类是对大范围的网络系统进行网络恐怖袭击，有的袭击域名服务器造成广大用户无法访问网站，有的利用网络病毒破坏大范围的联网计算机信息系统。1998年发生的CIH病毒事件，造成全球各地大量计算机信息系统被破坏。2015年法国《查理周刊》引发的巴黎恐怖袭击事件后，发生了关联的网络恐怖袭击，黑客利用拒绝访问程序发动阻断服务式攻击，造成法国近19000个网站瘫痪。[21]

在这些网络恐怖袭击中，黑客技术和计算机病毒技术起着关键作用。有些恐怖活动分子使用与黑客同样的非法侵入工具包，侵入目标计算机系统后以其为工具攻击关键信息基础设施。1997年美国曼彻斯特机场通信系统被非法侵入，塔台控制系统遭到破坏，导致跑道灯不能正常工作。[22]网络恐怖袭击常使用的另一种方法是使用"僵尸"病毒发动网络攻击，即利用"僵尸"病毒程序感染并控制数量巨大的联网计算机系统，利用其发动拒绝服务攻击，在前述爱沙尼亚和法国恐怖袭击事件中恐怖分子使用的就是这种攻击手段。由于发起攻击的是受控制的计算机系统，且难以追踪其控制者，发现和处罚网络恐怖袭击者存在较大困难。当前利用"僵尸"病毒控制计算机信息系统已经地下黑产业化，有不法者专门出租"僵尸"网络，恐怖分子不需要自己建立"僵尸"网络，向其支付低廉的费用后就可以用来发动对特定目标的网络恐怖袭击，大大降低了网络恐怖袭击的犯罪成本、技术门槛和被发现的风险。[23]

近年来无人机等智能设备广泛应用于军事和民用领域，无人机成为恐怖活动组织发动袭击的新方式。自2013年起极端组织"伊斯兰国"（IS）开始使用民用无人机实施恐怖袭击，先后在2013年、2016年多次策划或实施无人机恐怖袭击，2018年8月委内瑞拉总统马杜罗在首都出席庆祝活动时遭到2架无人机炸弹袭击，2022年3月恐怖分子利用无人机袭击沙特南部省份吉赞的海水淡化设施和石油设施。由于成本低、隐蔽性和突然性强、袭击方式多样化、成功率高，利用无人机袭击逐渐成为恐怖活动组织常用方式，可以预见未来利用各种无人机等智能设备实施的恐怖活动会越来越多，这给全球反恐斗争带来新的严峻挑战。

人们努力寻找有效遏制数字恐怖袭击的对策时，发现其与传统暴力犯罪的网络

---

20. 《Flame病毒：可攻击任何国家　全面了解需10年》，http://tech.qq.com/a/20120529/000213.html，2022年11月3日最后访问。
21. 《法国遭到大规模赛博袭击　涉及约19000个网站》，http://news.voc.com.cn/article/201501/201501191437505242.html，2022年11月3日最后访问。
22. http://www.justice.gov/criminal/cybercrime/juvenilepld.htm，2022年11月4日最后访问。
23. Botnets, Cybercrime, and Cyberterrorism: Vulnerabilities and Policy Issues for Congress., http://www.fas.org/sgp/crs/terror/RL32114.pdf，2022年11月4日最后访问。

化、智能化的界限越来越模糊，差别仅在于前者在选择袭击目标时带有政治目的，后者多出于谋取经济利益或其他普通刑事犯罪目的。当数字恐怖袭击发生在国内时，将其适用传统犯罪立法进行处罚没有法律障碍，但是，在处理跨国数字恐怖袭击案件过程中有时会遇到国际司法协作困难，如政治犯不引渡等。

（二）利用互联网传播恐怖活动相关非法信息

恐怖主义的本质是信息传递，相比于利用有形媒体的传统信息传递方式，利用互联网传递信息具有传播迅捷、影响广泛、直接影响受众、双向交流等优势，因此在互联网应用后不久，其就被恐怖活动分子用于传递恐怖主义信息。目前利用互联网传播恐怖活动相关非法信息主要表现为实施以下六类行为：一是威胁实施恐怖活动犯罪；二是煽动、宣传、美化以及合法化恐怖主义；三是发布训练恐怖分子资料；四是招募恐怖分子；五是为恐怖主义活动募资与融资；六是散布种族主义和仇外主义材料，否认、支持或者为种族灭绝寻找正当借口。[24]虽然以上行为只是散布信息，但是由于信息传播范围广，对潜在恐怖分子蛊惑力大，其危害不亚于暴力形式恐怖活动，有的是暴力恐怖行为的准备、动员和组织，甚至本身（如威胁行为）就是恐怖活动，能引发公众的恐慌心理。

从利用互联网传播非法信息的发展规模和组织方式看，从20世纪90年代末期"基地"组织建立第一个宣扬恐怖主义的网站，恐怖组织的网站数量迅速增加，所有大的恐怖组织都建立了网站。不仅网站数量迅速增加，这些网站上所发布信息的质量和复杂程度也在提升，2002年"基地"组织的媒体发布网站上还只有6个音视频文件，到2007年就增加到近百个，宣传效果大有提升。在信息交流方式上，这些网站由单一的信息推送转变为信息交流互动，许多恐怖组织网站不仅对一般公众建立了发布信息、提问与回答、建议和讨论等信息交流空间，还建立了精心设计的逐级强化控制的金字塔公告栏论坛系统，有的还建立了"暗网"系统等动态发布信息，以躲避各国对互联网上恐怖活动组织网站的封控或监视。恐怖组织对网上交流者进行审查筛选，被选中的人转入更高层次的、更具保密性的交流空间，如互联网论坛、移动电话聊谈，然后进行招募或者怂恿其实施恐怖活动。另外，广泛应用的社交网络如Facebook、YouTube、Myspace、Twitter等也引起恐怖组织的关注，有些恐怖组织试图利用这些会员众多的社交网络平台发布恐怖主义信息。虽然各国都在强化互联网信息管理，但互联网上的恐怖活动相关非法信息并没有得到有效的控

---

24. Sieber, U. (2006). International cooperation against terrorist use of Internet. Revue Internationale de Droit Penal, 3e/4e trimesters, S. 413.

制，其原因是互联网的特性有利于隐藏信息发布者的身份，司法人员追踪信息来源时，往往只能查出信息发出的 IP 地址，而查不到具体发布人。利用这一特性，恐怖分子可以利用匿名的网络咖啡店、不安全的无线接入点、通过被侵入的计算机系统来隐藏真实 IP 地址，还可以利用代理服务器、移动网络服务以及"暗网"系统等来隐匿发布者的真实身份。

在应对互联网上的恐怖活动相关非法信息上，移除非法信息或者拦截对其的访问是包括我国在内的一些国家的做法，在国家法域范围内采用这种做法是可行的，但这种方式难以拦阻跨国非法信息，且容易引起国际争端。我国建立了"防火长城"系统拦截包括恐怖活动相关的非法信息，同时，要求网络服务提供者协助管理网络上的非法信息，这些措施对于拦截不法信息发挥了积极作用，但是，由于互联网具有抵御控制的技术特性，以上措施并不能彻底消除网络上的恐怖主义相关信息。例如，恐怖活动组织可以使用公众可用的代理服务器和匿名服务器绕过"防火长城"系统，快速变动网络主机技术的使用使得彻底拦截访问恐怖活动相关信息变得几乎不可能[25]，而主动攻击恐怖组织网站存在跨国法律问题，并缺乏可行的技术条件。国家在拦截和过滤内容信息上投入巨大，网络服务提供者的负担沉重，同时严重限制了公众正常使用互联网，并带来侵犯个人隐私和其他侵犯人权问题，对比防控数字恐怖活动犯罪所取得的效果，以上措施不是适当的对策。因此，许多国家更愿意采用监视恐怖分子在线活动的方法，并将其用于情报收集和司法活动。[26]

（三）利用互联网进行恐怖活动联络和资助恐怖活动

互联网是信息交互的平台，也被恐怖活动分子用于恐怖活动联络。为了进行恐怖活动而组建的网络社区，包括论坛、网站、社交网络系统中的通信群等，就属于恐怖活动组织的网络联络平台。互联网的特性使其犯罪成本更低、使用更便利，对实施恐怖活动有较大的支持帮助作用。由于恐怖活动的严重社会危害性，各国都严

---

25. 快速变动网络主机技术是一种不断将网址、邮件地址或者域名服务器从一台计算机转到另一台计算机的技术，它能使信息防火墙系统中的违法网址的黑名单失效，以隐藏相关活动或者使侦测工作变得困难。双重变动技术能更好地进行网址隐藏，它使域名服务器能够迅速地从一个服务器转向另一个服务器，网络服务者能够看到希望看到的内容，而中间代理服务器则防止访问者知道托管内容的真实网络服务器。如果再对应用中的各种系统进行加密，国家机关想要拦截或者限制访问这些网站将更加困难。
26. 2007 年 5 月，欧洲警察组织设立了一个网络安全门户"网络检查"，它使得警方可以共享发现的恐怖分子个人和组织相关的网络信息。2009 年，国际警察组织设立"监控评估和合作"机构来监视恐怖组织网站，并向各国的警察机关披露相关信息等。

厉打击利用互联网进行恐怖活动联络行为,为了躲避反恐部门的打击,恐怖活动分子使用诸如密码技术等隐藏其网络联络活动。近年来恐怖活动分子使用的密码技术越来越复杂和先进,使用了高级加密技术的信息几乎没有破解的现实可能性,恐怖活动分子一般不使用商业加密软件,而使用可以检查其中是否存在"后门"的开放数据源的加密程序,有些恐怖活动组织甚至自制加密软件。除了加密技术外,信息隐藏技术也被恐怖活动分子用于隐藏网络联络,它可以将袭击计划隐藏在各种加密的计算机文件中,使侦查机关难以找到隐藏文件来解密。信息隐藏技术与加密技术不同,侦查机关可以调用资源来解密加密信息,而目前没有适当的技术来破解信息隐藏技术。此外,互联网上存在海量的信息和通信联络,恐怖活动分子有足够大的空间来隐匿信息,而侦查机关搜索、发现恐怖分子的藏密处犹如"大海捞针",难以取得实际成效。由于技术对抗措施效能低下,各国在努力寻找其他方法,如强迫公开所使用的技术秘密(如密钥)、使用新的调查技术以及发动社会力量参与调查等,但是,从整体上看这些反恐措施的实际效果非常有限,遏制利用互联网进行恐怖活动联络处于困境。

利用互联网为恐怖活动募集和转移资金对恐怖活动整体起重要作用。在互联网应用之前,恐怖活动组织已经形成了系统的筹集、使用和藏匿资金的方法和体系,各国也建立了相应的反制措施。互联网应用为恐怖分子筹集、使用和藏匿资金提供了新的方法,恐怖活动分子不仅从电子商务中赚取资金,也在其商业网站上设立接受捐赠的链接,如许多恐怖组织发动所谓的"慈善组织募集资金",在Facebook等社交网络平台上以慈善机构名义募集资金。智能电话的APP软件服务也成为恐怖组织募集资金的新方法,许多所谓的"慈善程序"可供移动电话用户下载或者植入社交网站中,利用庞大的移动电话客户群和手机金融服务隐秘地获取大量资金。网络犯罪也成为恐怖活动组织筹资的方式,恐怖活动分子利用网络信用卡诈骗、身份诈骗和电信网络诈骗来获取资金。网络金融系统为恐怖活动分子洗钱和资金转移提供了极大的便利,如利用网络赌博洗钱、使用不记名的全球范围内可用的储值卡、使用手机支付系统等。这些新的资金筹集和流传方式对侦查机关既是挑战也是机遇,一方面侦查机关可以从互联网中获取更多的恐怖活动组织的资金活动线索,另一方面有些新的资金支付和流转方式不在正常的金融网络系统内,导致侦查机关难以发现恐怖活动相关资金流动。

(四)利用互联网收集信息和获取技术支持

互联网是信息的海洋,为恐怖活动分子收集信息提供了便利。阿富汗的"基地"组织训练手册中曾建议恐怖分子利用公共资源而不是采取非法手段收集信息，因其至少可以获得80％的所需信息，[27]如从互联网上能收集到诸如大使及其家属的私人背景资料、居住地址、家庭关系和社交关系等，可以为其为制订恐怖袭击计划提供关键信息。互联网还是恐怖活动分子收集犯罪方法的资料库，能收集到有关制造毒物毒气、爆炸物、使用枪械、地雷进行暗杀等方面的信息，有些恐怖活动组织网站还为恐怖袭击者提供训练资料，教他们如何制订实施破坏活动、绑架人质和杀人的计划，堪称"虚拟的恐怖活动分子训练营"或"恐怖活动分子大学"。互联网上的信息和技术应用为恐怖活动分子实施恐怖活动提供了技术支持。在多起恐怖袭击中恐怖活动分子使用了谷歌地图，如2008年印度孟买恐怖袭击案等。[28]互联网上的地下信用卡信息交易市场也成为恐怖活动分子青睐的场所，恐怖活动分子从中购买信用卡信息或购买恐怖活动所需装备，如2007年英国人Tariq al-Daour从网络黑市购买信用卡信息并提供给恐怖组织。[29]

前述互联网上的合法信息、技术应用可以为包括恐怖活动分子在内的所有人获取，对其不可能采取限制性措施，不仅因为缺乏法律依据，而且因为以上技术应用很容易被其他互联网应用所替代，限制使用难以取得实际的控制效果。反恐部门唯有适应互联网应用的发展，提升自身技术能力，发展更强大的侦查能力来应对。但是，网络信用卡信息黑市、病毒等破坏性程序工具市场等本身是违法的，为了避免为恐怖活动所利用，执法机关应对其进行取缔，对相应行为人依法惩处，这有助于遏制包括网络恐怖活动犯罪在内的各类网络犯罪。

数字恐怖主义因计算机、互联网技术的发展和应用而产生，并随着互联网、人工智能技术的发展演变出新的犯罪形式，防控数字恐怖主义面临着不断出现的新挑战。未来人工智能将赋能各领域社会活动，数字恐怖主义的智能化程度将会更高，从而在现实社会和虚拟社会中造成严重危害。面对数字恐怖主义的智能化发展，反恐部门应当未雨绸缪，尽快调整反恐对策，确保能够有效遏制智慧社会环境下的数字恐怖主义。

---

27. Dot-Com Terrorism，http://www.thenewatlantis.com/publications/dot-com-terrorism，2022年11月4日最后访问。
28. Google Earth accused of aiding Mumbai terror attacks. The Times, December 10, 2008.
29. Peretti, K. K. (2008). Data breaches: What the underground world of "Carding" reveals. Santa Clara Computer and High Technology Law Journal, 25.

三、数字恐怖主义的法律对策

数字恐怖主义的根源与传统恐怖主义相同，都是国际或地区政治、民族、宗教等方面的矛盾冲突，根除恐怖主义的前提是消除或者缓和这些矛盾，而在短时间内不可能改变这一状况。在恐怖主义根源没有被消灭，反恐战略、社会政策尚未发挥作用前，反恐对策只能治标而不能治本，[30]打击数字恐怖主义的对策只能遏制其快速滋生蔓延。防控数字恐怖主义的对策不应是单纯的法律对策或技术对抗，而应当是包含技术、法律、思想宣传、公共政策等在内的综合性对策。首先，技术对抗是遏制数字恐怖主义的物质技术基础，没有强有力的技术措施，就不能有效预防、发现和阻止数字恐怖活动。但是，仅靠技术措施不能遏制数字恐怖主义，技术措施应当置于适当的法律框架内，如果其脱离法律对策体系，如将网络监听和通信拦截扩大为对整个互联网，则不仅不能有效遏制数字恐怖主义，还会出现负面结果。其次，恐怖主义实质上是以恐怖手段来表达需求，数字恐怖主义在传播信息和交流联络方面的能力更强，因此揭露、批驳恐怖组织宣扬的恐怖主义思想，进行反制性思想和舆论宣传，对削弱数字恐怖主义的消极影响具有重要作用。再次，由于互联网的技术特性，试图以行政手段控制互联网以期遏制数字恐怖活动，将付出极大的代价且效果不佳。目前大部分网络信息基础设施由网络服务提供商实际管控，使之承担协助管理信息网络安全的法律责任，能够对防控数字恐怖主义产生重要作用。最后，广大网络用户不仅是网络信息的接收者，也是各种网络社区的参与者，汇集网络社会中公众、非政府组织、研究机构等各方面力量来发现、报告数字恐怖活动，对有力打击数字恐怖活动能起到积极作用。[31]在综合防控数字恐怖主义的前提下，法律对策居于重要地位，并为其他方面对策提供保障，下文重点研究防控数字恐怖主义的法律对策。

打击数字恐怖活动的法律对策至少应包括预防与控制立法、相关刑事程序立法和相关犯罪立法三个部分。暴力恐怖活动犯罪一旦发生就难以控制，影响深远，后果极为严重，而且，恐怖活动犯罪不同于普通刑事犯罪，事后刑事处罚的效果不佳，反而有利于恐怖活动犯罪人扩大影响。因此，应在恐怖活动初期及时发现、尽早介入，破坏其犯罪实施的环境条件，将恐怖活动拦阻在形成初期。数字恐怖主义

---

30. 王逸舟：《恐怖主义溯源》，社会科学文献出版社2010年版，第15页。
31. United Nations Counter-Terrorism Implementation Task Force Working Group 2009 Report on Countering the Use of the Internet for Terrorist Purposes, 2009, pp. 21-22.

利用了互联网等信息技术特性,隐蔽性和反侦查能力更强,社会危害性更大,事前预防与事中控制比事后处罚的效果更好。数字恐怖主义包括利用互联网实施恐怖袭击、宣传煽动、组织联络、帮助支持等活动,后三者是暴力恐怖活动的预备、组织和帮助行为,控制三者行为就是预防暴力恐怖活动,而且它们本身也是恐怖活动犯罪,也需要进行防控。数字恐怖活动犯罪具有跨国性,同时与网络犯罪有密切联系,研究数字恐怖活动的法律对策,不能局限于一国立法的视野,应与国际打击网络恐怖主义立法接轨,并处理好与网络犯罪立法的关系,构建协调、有效的打击数字恐怖主义的法律体系。

(一)数字恐怖主义的预防与控制立法

这里研究的数字恐怖主义预防与控制立法主要是与甄别、发现、介入干预和阻断、阻止数字恐怖活动措施相关的立法,联合国还没有制定相关国际公约,但是,欧洲国际组织制定了和预防与控制数字恐怖主义相关的国际公约。欧洲理事会《防止恐怖犯罪公约》规定了与前述13个国际公约规定的恐怖主义犯罪相关的四类行为,即公然煽动实施恐怖主义、招募恐怖活动分子、训练恐怖活动分子和附属犯罪。由于前述13个国际公约主要针对暴力恐怖活动,欧洲理事会《防止恐怖犯罪公约》规定以上四罪行为可以起到预防和制止暴力恐怖活动的作用。欧洲理事会《关于打击恐怖主义的框架决议》将以上四罪规定为恐怖活动犯罪,没有再使用预防或者防止恐怖主义的表述。联合国反恐委员会在推动制定预防和控制数字恐怖主义相关规定方面发挥着作用,如提出通过制定国际法为互联网提供商设定识别其托管的网站所有者的义务,并要求网络服务商不向被认定为参与了恐怖活动的个人和组织提供网络服务。[32]有些国家已经制定了相关规定,如英国《恐怖主义法》规定,英国警察可以向那些为恐怖活动相关非法信息提供主机服务的人提出披露通知,要求其在两周内移除或者改变内容,如果不遵守该通知,在后者被以赞同或者支持恐怖活动罪起诉时,将不能使用无背书的法律辩护理由。其他国家也对网络服务提供者规定了类似的义务,但不要求其主动过滤恐怖活动相关非法信息,原因是存在法律障碍,并使网络服务提供商负担过重。甄别、发现数字恐怖主义等措施限于国家有权机关依职权行使,这是欧洲理事会相关决议的基本立场。此外,国外还有保留数据的规定,如欧洲议会和欧盟理事会通过的《关于公共电信服务提供商和公共网络服务提供商留存在提供服务过程中产生或处理的数据并修改〈欧盟2002/58号指令〉

---

32. United Nations Counter-Terrorism Implementation Task Force Working Group Report, Countering the Use of the Internet for Terrorist Purposes, 2009, p.12.

的指令》(以下简称欧盟指令2006/24),规定了欧盟范围内公共电子通信服务中数据的保留措施,该措施对侦查机关发现犯罪证据、侦破罪案有关键作用。

我国很早就制定了互联网管理法规,要求提供网络服务者不得传播有害信息,承担记录和保留通信往来数据和内容信息的义务,[33]其中《网络安全法》《反恐怖主义法》都规定了网络服务提供者发现了违法信息后有停止传输、删除和保存记录的法律义务。[34]我国的《网络安全法》与英国的《反恐怖主义法》相关规定类似,都是为了阻止恐怖活动相关非法信息在网络上传播,要求网络服务提供者协助防控数字恐怖活动。为了保障以上行政法律法规的实施,《刑法》第286条规定了网络服务提供者履行信息网络安全管理的刑法义务,拒不履行信息网络安全管理义务导致违法信息大量传播的,将被依法追究刑事责任。以上立法及其适用仍有不足之处,由于网络通信和网络信息量巨大,网络接入服务和平台服务提供者实际上难以保留全部数据,同时,大规模审查、保留网络通信数据和网络信息也会严重侵犯公众的合法权益,影响互联网的发展应用,而如果宽松地或有选择地履行前述信息网络安全管理义务,将难以发现、有效拦阻恐怖主义相关信息的传播。因此,需要完善我国数字恐怖主义预防与控制相关立法,平衡好防控数字恐怖主义和保障其他方面利益之间的关系。

网络服务提供者记录和保存通信往来数据或内容信息的义务不由刑事诉讼法规定,却对调查数字恐怖主义犯罪至关重要。前述法律法规对不同种类的网络服务者规定了不同的协助管理义务,如网络信息服务提供者被要求记录、保存发布的信息内容、发布时间、互联网地址或者域名等信息,网络连接服务提供者被要求记录和保存上网用户的上网时间、用户账号、互联网地址或者域名、主叫电话号码等往来信息,被记录、保存的信息需保留一定时间,并在国家有关机关依法查询时提供。以上记录和保留信息规定与前述欧盟指令2006/24相似,二者的差别主要是:其一,我国的规定仅针对网络服务提供单位,而不包括个人,而前述欧盟指令2006/24规定的数据保留令的适用范围为单位和个人;其二,我国的规定要求记录、保存网络服务过程中产生的往来数据和内容数据,前述欧盟指令2006/24要求保留的电子数据限于"成员国管辖范围内的公共电子通信服务或公共通信网络的提供者在其提供通信服务过程中所产生或者处理的数据"[35],"披露通信内容的数据不可以被保

---

[33]. 参见《互联网信息服务管理办法》第14条、第15条。

[34]. 参见我国《网络安全法》第47条、《反恐怖主义法》第19条。

[35]. See Directive 2006/24/EC of European Parliament and of the Council of 15 March 2006 on the retention of data generated or processed in connection with the provision of publicly available electronic communications services or of public communications networks and amending Directive 2002/58/EC, Article 3.

留"[36]。我国的规定使网络服务提供者的负担更重,同时,公众的通信和网络活动信息被记录和保留,却缺乏充分的保护和救济措施,存在不法监控公众网络活动、侵犯公众通信自由和通信秘密的危险。

打击数字恐怖主义的预防和控制法引起人们对人权保障的担忧。美国《爱国者法案》、英国《反恐怖主义法》等实施以来,人权主义者一直在反对其中有关监控、扣押方面的特别规定。如何处理好打击数字恐怖主义和保障人权的关系,是我国制定实施打击数字恐怖主义的预防与控制立法时必须考虑的问题,需要平衡好维护社会安全和保障公民权利两方面需要。在恐怖主义的严重威胁下,反恐怖主义立法应优先保护社会公共安全,兼顾保障公民人权和自由,不能想象没有安全保障下公众能充分享受权利,同时,也不能想象不保障公民权利的社会安全有何意义。因此,前述打击数字恐怖主义的预防和控制法是必要的,但是,前述规定的措施在使用上应体现保护社会安全和保障人权的平衡,并非凡是对反恐有积极作用的措施都可以不加选择、不分情况地使用。网络监控等措施可能严重侵犯公众权利,其使用必须考虑公众权益受损的代价与反恐效率效果的平衡,遵循效率优先原则和不同情况下区别对待原则:在常态防控情形下,如果有多种反恐措施可以选择,不得选择效率低下和严重侵犯公民权利的措施;在紧急情况下,如暴力恐怖活动迫在眉睫、为发现和控制恐怖活动组织的关键人员和重要活动所必需等,允许使用包括强制性反恐措施在内的各类措施。

(二)打击数字恐怖主义相关刑事程序立法

数字恐怖活动犯罪兼有网络犯罪和恐怖活动犯罪的特征,给犯罪侦查、追诉、引渡等提出了新挑战。相关国际立法分为两类,第一类是打击网络犯罪国际立法中的刑事程序规定,第二类是打击恐怖活动犯罪国际立法中的刑事程序规定。

关于第一类刑事程序立法,在联合国层面上还没有相关国际条约,欧洲国际组织走到了前面。欧洲理事会《网络犯罪公约》规定了适用于网络犯罪的电子证据特别调查程序,包括快速保护静态的计算机数据、提供令、搜查和扣押静态计算机数据以及实时收集计算机数据四种调查措施,[37]欧洲议会和欧盟理事会还通过了前述

---

36. See Directive 2006/24/EC of European Parliament and of the Council of 15 March 2006 on the retention of data generated or processed in connection with the provision of publicly available electronic communications services or of public communications networks and amending Directive 2002/58/EC, Article 5.

37. 皮勇:《〈网络犯罪公约〉中的证据调查制度与我国相关刑事程序法比较》,《中国法学》2003年第4期,第150页以下。

欧盟指令2006/24，规定了公共电子通信服务中数据保留措施。我国《刑事诉讼法》关于网络犯罪的特殊规定较少，2012年修正的《刑事诉讼法》明确了电子数据的证据地位，将技术侦查规定为刑事侦查措施，其包括网络监控、电子通信拦截等。2014年、2022年最高人民法院、最高人民检察院、公安部先后联合发布了《关于办理网络犯罪案件适用刑事诉讼程序若干问题的意见》《关于办理信息网络犯罪案件适用刑事诉讼程序若干问题的意见》，对网络犯罪的侦查、取证、认证进行较全面的规定，包括电子数据调取通知、采取技术侦查措施收集视听资料和电子数据及其认证相关规定，较好地解决了信息网络犯罪的侦查取证和认证问题。前述法律规定和司法解释与欧洲理事会《网络犯罪公约》及前述欧盟指令2006/24的相关规定具有相似性，尤其是在电子数据证据提交令、实时收集计算机数据证据、扣押电子数据证据等方面，只在电子数据证据的快速保护方面有一定差别。但是，我国相关规定重视打击信息网络犯罪，对公众和嫌疑人的合法权利保障不足，有必要借鉴国外相关立法，继续完善相关刑事程序立法。[38]

关于第二类刑事程序立法，联合国和欧洲国际组织都有相关的规定。联合国《制止向恐怖主义提供资助的国际公约》第8条规定，缔约国应根据其本国法律原则，采取适当措施，以便识别、侦查、冻结、扣押、没收用于实施或调拨以实施该公约第2条规定的罪行的任何资金以及犯罪所得收益。联合国《打击跨国有组织犯罪公约》也有相似的规定。欧洲理事会《关于清洗、搜查、扣押、没收犯罪收益和为恐怖主义提供资金的公约》规定了包括没收、调查、冻结、扣押在内的措施。关于恐怖活动犯罪的引渡，联合国和欧洲国际组织的反恐公约都有所涉及。以上国际公约规定的刑事程序立法不限定恐怖活动犯罪的犯罪手段，故其可以适用于数字恐怖主义。我国《刑事诉讼法》规定了五个方面针对恐怖活动犯罪的法条，这些规定可以适用于数字恐怖活动犯罪。其一，案件管辖方面。《刑事诉讼法》第21条规定，由中级人民法院管辖恐怖活动第一审刑事案件，提升恐怖活动犯罪的管辖级别能更准确、有力地打击此类犯罪，保障嫌疑人权利。其二，证据调查方面。《刑事诉讼法》第64条规定了对于危害国家安全犯罪、恐怖活动犯罪、黑社会性质的组织犯罪、毒品犯罪等案件，证人、鉴定人、被害人因在诉讼中作证，本人或者其近亲属的人身安全面临危险的，人民法院、人民检察院和公安机关应当采取以下一项或者多项保护措施。其三，强制措施方面。《刑事诉讼法》第75条规定，对涉嫌恐怖活动犯罪的犯罪人，即使其有固定住处，也可以在指定的居所执行监视居住。《刑事

---

38. 皮勇：《新刑事诉讼法实施后我国网络犯罪相关刑事程序立法的新发展》，《法学评论》2012年第6期，第116页以下。

诉讼法》第85条规定，对涉嫌恐怖活动犯罪的犯罪嫌疑人采取刑事拘留措施后，可以在有碍侦查的情形消失以后再通知其家属。其四，技术侦查措施方面。《刑事诉讼法》第150—154条规定了对恐怖活动犯罪可以依法采取技术侦查措施，取得的材料在刑事诉讼中可以作为证据使用，这为打击恐怖活动犯罪提供了强有力的法律武器。其五，没收违法所得方面。《刑事诉讼法》第298条规定了没收逃匿、死亡的涉嫌恐怖活动犯罪的犯罪嫌疑人的违法所得及其他涉案财产的特别程序，为处理恐怖活动犯罪案件违法所得等财产的处理提供法律依据。以上规定大多将恐怖活动犯罪与危害国家安全犯罪并列规定，反映了恐怖活动犯罪的严重危害性和与国家安全联系紧密的特点，表明了我国《刑事诉讼法》在打击恐怖活动犯罪时采取前文分析的打击犯罪与保障人权并重的新平衡点，[39]这是完全正当和必要的。

为了应对数字恐怖主义的新变化，联合国和其他国际组织如欧洲理事会已在研究设立新的特殊刑事调查措施如秘密在线搜查措施等，我国相关刑事程序立法也应跟随新兴技术的发展应用和数字恐怖主义的演变及时完善。

（三）数字恐怖活动相关犯罪立法

打击数字恐怖活动犯罪立法由恐怖活动犯罪立法和网络犯罪立法两部分组成。恐怖活动犯罪立法没有限制恐怖活动犯罪的犯罪方法和形式，无论是否利用互联网、人工智能等新兴技术实施，都可以适用恐怖活动犯罪相关法律。网络犯罪立法通过描述犯罪手段行为来设立罪状，没有限定其主观意图和危害后果，也可以适用于网络恐怖活动犯罪。那么，这两方面立法是否可以规制全部类型的数字恐怖活动行为，并处理得合理、恰当呢？这是存在疑问的。第三种做法是制定打击数字恐怖活动的专门立法，如联合国国际电信联盟制定的网络犯罪立法储备库第4f部分[40]，就规定了几种特殊的恐怖活动犯罪行为。[41]如何协调这三种立法成为新的法律问题。下面分析数字恐怖活动犯罪相关的国际立法和我国相关规定。

1.打击数字恐怖袭击的犯罪立法

针对数字恐怖袭击的国际立法分为两类，一类是关于网络犯罪的国际立法，主

---

39. 陈光中：《再谈刑事诉讼法之修改》，《中国检察官》2012年第1期，第18页。

40. 联合国国际电信联盟制定的网络犯罪立法储备库，是给成员国发展本国的网络犯罪立法提供范例语言和参考材料，以协助"一致化的网络犯罪立法和程序规则的建立"。

41. See Sec. 2 (d) "Unauthorized Access for Purposes of Terrorism", Sec. 3 (f) "Unauthorized Access to or Acquisition of Computer Programs or Data for Purposes of Terrorism", Sec. 4 (f) "Intent to Cause Interference or Disruption for Purposes of Terrorism", Sec. 6 (h) "Intent to Furtherance of Terrorism".

要是欧洲理事会《网络犯罪公约》，另一类是关于恐怖活动犯罪的国际立法，既有欧洲社会的反恐公约，也有联合国反恐公约。由于当前无人机尚不具有自主意识，利用无人机实施恐怖袭击属于暴力恐怖袭击在犯罪手段上的变化，现有恐怖活动犯罪立法可以适用于此类恐怖袭击犯罪，以下主要讨论网络恐怖活动犯罪相关立法。

欧洲理事会《网络犯罪公约》中与网络恐怖袭击相关的规定是第4条（干扰数据）[42]和第5条（干扰系统）[43]，该公约第2条（非法侵入）[44]和第3条（非法拦截）[45]规定的犯罪往往是前两条规定之罪的手段行为或者中间行为，第6条（滥用设备）将非法侵入犯罪的预备行为独立犯罪化[46]，以上犯罪不要求造成物理损害，也不要求具有特殊犯罪目的，恐怖活动分子利用互联网实施网络恐怖袭击或者为恐怖活动分子实施恐怖袭击提供程序、密码的，可以适用第2条、第3条、第6条的规定，在其实施初期行为时追究刑事责任。另外，该公约第11条、第12条还规定了前述犯罪的未遂犯、帮助犯、教唆犯、法人犯罪，可以处罚恐怖袭击犯罪的未遂、帮助、教唆及组织体犯罪行为。

---

42. 该公约第4条规定，"各缔约方应在国内法律中建立这样的立法或者采取其他必要的措施，把故意实施的非授权破坏、删除、损坏、修改或者压缩计算机数据的行为规定为犯罪。缔约方可以保留要求前述行为导致了严重损害后果的权利"。

43. 该公约第5条规定，"各缔约方应在国内法律中建立这样的立法或者采取其他必要的措施，把故意实施的输入、传输、破坏、删除、削弱、修改或者压缩计算机数据，严重妨碍计算机系统功能而未经授权的行为规定为犯罪"。

44. 该公约第2条规定，"各缔约方应在国内法律中建立这样的立法或者采取其他必要的措施，把故意实施的非授权侵入一个计算机系统的全部或者部分的行为规定为犯罪。该方可以要求犯罪是通过侵犯了安全措施方式实施的，并且具有获取计算机数据或者其他不诚实的意图，或者是与另一计算机系统相连的计算机系统相关"。

45. 该公约第3条规定，"各缔约方应在国内法律中建立这样的立法或者采取其他必要的措施，把利用技术手段、故意实施的非授权拦截计算机数据的非公开传输的行为规定为犯罪，这些数据的目的地、发出地是一个计算机系统，或者是在计算机系统内部，还包括承载这些计算机数据的计算机系统的电磁辐射。该方可以要求犯罪具有不诚实的意图，或者与另一计算机系统相连的计算机系统相关"。

46. 该公约第6条规定，"1 各缔约方应在国内法律中建立这样的立法或者采取其他必要的措施，把未经授权故意实施的以下的行为规定为犯罪：a 为使用、进口、分发或者其他使之投入使用的生产、销售、提供：i 该设备包括了计算机程序，主要为实施任何犯罪目的而设计或者改变，这些行为是以上第2条至第5条规定的犯罪行为。ii 计算机密码、访问代码或者类似数据，通过这些数据，计算机系统的所有部分或者某一部分可以被访问。以上行为是具有实施第2条至第5条规定的任何犯罪行为的目的的意图，而且，b 持有以上a款第i或者ii项规定的物品，并且是出于用于实施第2条至第5条犯罪行为的目的。缔约方可以在法律中要求承担相关刑事责任必须持有一定数量的以上物品。2 本条不应被解释为对没有用于实施本公约第2条至第5条犯罪行为的目的，而为使用、进口、分发或者其他使之投入使用目的的生产、销售、提供本条第1款的物品的行为规定刑事责任，比如为了合法检验或者保护计算机系统的目的。3 各方可以保留不实施本条第1款的权利，假若该保留权利不涉及本条第1款第a项ii规定的物品的销售、分发或者进行其他使用"。

欧盟理事会《关于惩治攻击信息系统行为的框架决议》根据欧洲理事会《网络犯罪公约》制定[47]，该框架决议要求缔约国确保非法侵入信息系统（第2条）、非法干扰信息系统（第3条）以及非法干扰数据（第4条）等行为被规定为犯罪行为，还规定了处罚以上犯罪的教唆犯、帮助犯、未遂犯。由于以上犯罪不限定犯罪目的，该决议也可适用于网络恐怖袭击犯罪。欧盟理事会《关于打击恐怖主义的框架决议》针对恐怖分子规定了暴力恐怖犯罪[48]，同时，该决议在其事实陈述部分的第3条、第4条、第8条和第11条特别规定了利用互联网实施的大规模恐怖袭击及其引发的危险，明确了该决议既适用于传统的暴力袭击，也适用于利用互联网实施袭击。[49]根据这些规定可以处罚网络恐怖袭击活动。

前述联合国13个反恐公约中的10个公约采取与欧盟理事会《关于打击恐怖主义的框架决议》相同的犯罪立法模式[50]，规定了典型的暴力恐怖行为及其造成的严重后果，不同的是前者没有把实现恐怖主义的政治目的作为主观要件。联合国上述公约未限定恐怖活动行为的犯罪手段，无论是以传统方式还是使用互联网实施都可以适用这些规定，可以适用于处罚大多数网络恐怖活动犯罪，如对信息基础设施实施网络恐怖袭击。2022年2月28日至3月11日联合国打击网络犯罪公约特委会第一次谈判会议通过了联合国打击网络犯罪公约的框架和谈判安排。[51]未来将有联合国

---

47. See EU Council Framework Decision 2005/222/JHA of 24. 2. 2005 on attacks against information systems (OJ L 69/67 of 16.3. 2005).

48. 该框架决议第1条规定如下："各缔约国应当采取必要措施，以确保将下列故意实施的行为规定为恐怖犯罪。这些犯罪根据其本质或所处环境，可能严重危及一个国家或一个国际组织的安全，并且该行为需出于以下目的或者其中之一：严重恐吓民众；或者不正当地强迫政府或国际组织实施或放弃实施某个行为；或者严重动摇或损害国家或国际组织的基础政治、宪法、经济或社会结构。恐怖犯罪的行为方式包括：……（d）严重破坏政府或公共设施，交通系统，基础设施（包括信息系统），大陆架固定作业平台，甚至威胁到人身安全或者造成重大的经济损失的……（i）威胁实施任何前述（a）至（h）款所列之行为。"另外，第2条和第4条包括了关于参与行为（包括提供信息支持、物资帮助或提供资金）与未遂行为的规定。

49. 该决议的事实陈述第11条第2款规定，这些行为方式在所有成员国都应平等受罚，无论其是否通过互联网实施与否。

50. 这10个联合国反恐怖主义公约是《非法劫持公约》（1970年）、《民航公约》（1971年）、《外交代表公约》（1973年）、《劫持人质公约》（1979年）、《核材料公约》（1980年）、《机场议定书》（1988年）、《海事公约》（1988年）、《固定平台议定书》（1988年）、《制止恐怖主义爆炸事件的国际公约》（1997年）、《制止核恐怖主义行为国际公约》（2005年）。

51. 起草中的联合国打击网络犯罪公约分为8个章节，包括一般规定、刑事定罪、程序规定和执法、国际合作、技术援助、预防措施、实施机制和最后条款。参见"联合国打击网络犯罪公约特委会第一次谈判会议"，中国国际法前沿，https://mp. weixin. qq. com/s?__biz=MzIzNTQ2NzE1OA==&mid=2247487897&idx=1&sn=655a141e6024f0e4206beaadbf058bdc&chksm=e8e7e960df90607657b460dab00ca3cc9fc321c3c04e0bc48105864d7a71b224a0ad65590d47&scene=27，2022年11月6日最后访问。

层面的打击网络犯罪公约,该公约可以用于打击网络恐怖袭击。

我国打击网络恐怖袭击的犯罪立法包括网络犯罪立法和恐怖活动犯罪立法。前者是《刑法》第285条和第286条规定的五种犯罪,即非法侵入计算机系统罪,非法获取计算机数据罪,非法控制计算机系统罪,提供非法侵入、控制计算机信息系统的程序、工具罪,破坏计算机信息系统罪。以上五种犯罪规定可以适用于网络恐怖袭击及相关行为。我国刑法中没有规定专门的暴力恐怖犯罪,暴力恐怖犯罪通常被认为属于危害公共安全罪,如劫持航空器罪、爆炸罪、放火罪,有少量犯罪被规定在其他章节中如绑架罪等。我国刑法分则规定的大部分犯罪不限定犯罪方法,现有犯罪规定可以适用于多数恐怖活动犯罪,包括网络恐怖活动犯罪,少数侵犯计算机信息系统安全的网络恐怖活动犯罪可以按照网络犯罪定罪处罚。总之,我国刑法中有关网络犯罪和恐怖活动犯罪的规定可以适用于网络恐怖袭击犯罪。

2.打击利用互联网传播恐怖活动相关信息的犯罪立法

目前利用互联网传播恐怖活动相关信息主要是六类行为,包括威胁实施恐怖活动犯罪,煽动、宣传、美化以及合法化恐怖主义,发布训练恐怖分子相关信息,招募恐怖分子,恐怖主义募资与融资,散布种族主义和仇外主义材料并否认、支持或者为种族灭绝找借口。与之相关的国际立法和我国相关立法主要有以下几方面。

(1)威胁实施恐怖活动犯罪

与威胁实施恐怖活动犯罪相关的立法有很多。联合国反恐公约有《外交代表公约》(1973年)第2条[52]、《核材料实物保护公约》(1980年)第7条[53]、《制止危及海上航行安全非法行为公约》(1988年)第3条[54]、《制止危及大陆架固定平台安全非法

---

52. 该公约第2条规定,"1.每一缔约国应将下列罪行定为其国内法上的罪行,即故意:(a)对应受国际保护人员进行谋杀、绑架或侵害其人身或自由的行为;(b)对应受国际保护人员的公用馆舍、私人寓所或交通工具进行暴力攻击,因而可能危及其人身或自由;(c)威胁进行任何这类攻击;……"。

53. 该公约第7条规定,"1每一缔约国应于其国家法律内规定,蓄意犯以下行为,为应予惩处的罪行:……(b)偷窃或抢劫核材料;……(d)以武力威胁或使用武力或任何其他恐吓手段勒索核材料;(e)威胁:(一)使用核材料引起任何人死亡或重伤或重大财产损害,或(二)犯(b)项所称罪行以迫使一个自然人或法人、国际组织或国家作或不作某种行为;……"。

54. 该公约第3条规定,"1任何人如非法并故意从事下列活动,则构成犯罪:(a)以武力或武力威胁或任何其他恐吓形式夺取或控制船舶;或(b)对船上人员施用暴力,而该行为有可能危及船舶的航行安全;或(c)毁坏船舶或对船舶或其货物造成有可能危及船舶航行安全的损坏;……(e)毁坏或严重损坏海上导航设施或严重干扰其运行,而此种行为有可能危及船舶的航行安全;……2任何人如从事下列活动,亦构成犯罪:……(c)无论国内法对威胁是否规定了条件,以从事第1款(b)项(c)项和(e)项所述任何罪行相威胁,旨在迫使某自然人或法人从事或不从事任何行为,而该威胁有可能危及船舶的航行安全"。

行为议定书》(1988年)第2条[55]、《制止核恐怖主义行为国际公约》(2005年)第2条[56]。《关于制止非法劫持航空器的公约》(1970年)、《关于制止危害民用航空安全的非法行为的公约》(1971年)、《反对劫持人质国际公约》(1979年)、《制止恐怖主义爆炸事件的国际公约》(1997年)没有将相关威胁行为规定为犯罪。以上联合国公约规定的恐怖活动犯罪的威胁行为在社会危害性上没有显著差别，有的公约将其规定为犯罪，有的公约则没有规定，说明联合国反恐公约在对恐怖活动犯罪行为的犯罪化问题上缺乏一致性。与前述联合国反恐公约的差别化对待不同，欧洲理事会《关于打击恐怖主义的框架决议》第1条就明确规定，"恐怖犯罪的行为方式包括：……威胁实施任何前述（a）至（h）款所列行为"，把出于恐怖活动犯罪目的实施的威胁，比如攻击人身安全、身体完整性，绑架劫持人质，造成某些基础设施的大面积破坏，攻击航空器、船舶或其他公共交通工具和货物运输工具，使用武器，释放危险物质等行为都规定为犯罪。这些公约和议定书并没有限定威胁行为的实施方法，利用互联网威胁实施恐怖活动的也可以构成犯罪。

我国刑法对威胁实施恐怖活动犯罪没有特别的规定。刑法条款中规定有"威胁"或者"胁迫"实施暴力行为的，往往必须到场实施或者以暴力相威胁，如劫持航空器罪等。仅有《治安管理处罚法》第42条规定了"写恐吓信或者以其他方法威胁他人人身安全的"，可处拘留或罚款。因此，利用互联网威胁实施恐怖活动犯罪的，不能以犯罪论处。当然，如果恐怖活动分子的威胁行为构成相应犯罪的预备或者未遂行为，可以按照分则个罪的规定和总则中预备犯或未遂犯的规定进行定罪处罚。对比联合国、欧洲理事会等国际组织相关反恐公约，我国有必要完善对威胁实施恐怖活动犯罪的行为的立法，与联合国、欧洲国际组织相关公约接轨。

---

55. 该议定书第2条规定，"1.任何人如非法并故意从事下列活动，则构成犯罪：(a)以武力或武力威胁或任何其他恐吓形式夺取或控制固定平台；或(b)对固定平台上的人员施用暴力，而该行为有可能危及固定平台的安全；或(c)毁坏固定平台或对固定平台造成可能危及其安全的损坏；……2.任何人如从事下列活动，亦构成犯罪：……(c)无论国内法对威胁是否规定了条件，以从事第1款(b)项和(c)项所述的任何罪行相威胁，旨在迫使某自然人或法人从事或不从事某种行为，而该威胁有可能危及该固定平台的安全"。

56. 该公约第2条规定，"一、本公约所称的犯罪是指任何人非法和故意：……（二）以任何方式利用放射性材料或装置，或以致使放射性材料外泄或有外泄危险的方式利用或破坏核设施；1.目的是致使死亡或人体受到严重伤害；或2.目的是致使财产或环境受到重大损害；或3.目的是迫使某一自然人或法人、某一国际组织或某一国家实施或不实施某一行为。二、任何人实施以下行为也构成犯罪：（一）在显示威胁确实可信的情况下，威胁实施本条第一款第（二）项所述犯罪；或（二）在显示威胁确实可信的情况下通过威胁，或使用武力，非法和故意索要放射性材料、装置或核设施"。

（2）煽动实施恐怖活动犯罪，招募、训练恐怖活动分子

对于煽动实施恐怖活动犯罪，招募、训练恐怖活动分子的行为，联合国安理会1624号决议第1款（a）规定，"吁请所有国家根据它们依国际法承担的义务，采取必要和适当的措施……在法律上禁止煽动实施一种或多种恐怖行为"，该规定没有限定煽动行为的方式方法，可以涵盖利用互联网实施的煽动实施恐怖活动犯罪的行为。欧洲理事会《防止恐怖主义公约》明确将以上三种行为规定为犯罪，该公约第5条规定了"公然煽动实施恐怖主义罪"[57]，第6条规定了"招募恐怖分子罪"[58]，第7条规定了"训练恐怖分子罪"[59]。欧盟理事会《关于打击恐怖主义的框架决议》采纳了欧洲理事会《防止恐怖主义公约》的规定，其第3条第2款（a）至（c）项将"煽动实施恐怖活动犯罪""招募恐怖分子""训练恐怖分子"的行为规定为犯罪，其表述与欧洲理事会《防止恐怖主义公约》的相关犯罪的定义基本相同。[60]以上两个公约都没有限定以上三种行为的犯罪方式方法，可以适用于利用互联网实施的情形。

我国刑法明确将煽动实施恐怖活动、招募、训练恐怖活动分子规定为犯罪。《刑法》第120条之三规定了对"以制作、散发宣扬恐怖主义、极端主义的图书、音频视频资料或者其他物品，或者通过讲授、发布信息等方式宣扬恐怖主义、极端主义的，或者煽动实施恐怖活动的"处罚。如果行为人利用互联网怂恿、鼓动特定的个人或者群体实施一起或者多起恐怖活动犯罪，应当按照相应犯罪的教唆犯处罚。需要注意的是，要将该罪行为与在公共场所包括在网络论坛中发表个人看法的行为区分开来，避免不当地扩大刑法的打击范围。对于招募、训练恐怖分子的行为，《刑法》第120条规定了组织、领导和积极参加恐怖活动组织罪，该罪的组织、领导行为可以表现为招募、训练恐怖活动分子的行为，同时，该罪不限定犯罪方法，利用互联网招募、训练恐怖分子的也可以构成该罪。除此之外，《刑法》第120条之二将组织恐怖活动培训规定为犯罪行为，行为人利用互联网组织恐怖活动培训，

---

57. 该公约第5条规定，"公然煽动实施恐怖主义罪"，是指"以煽动他人实施一项恐怖活动犯罪为目的，向公众传播一项消息或者采用其他手段使公众获悉该消息，该煽动行为无论是否直接指向恐怖活动犯罪，均会引发实施一种或数种此类犯罪的危险"。

58. 该公约第6条规定，"招募恐怖分子罪"，是指"教唆他人实施或者参与一项恐怖活动犯罪，或者出于帮助某一社团或组织实施一项或多项恐怖活动犯罪的目的而加入该社团或组织"。

59. 该公约第7条规定，"训练恐怖分子罪"，是指"以实施或帮助实施一项恐怖活动犯罪为目的，教授他人制造或使用爆炸物、枪支或其他武器，或者有毒或危险物质，或者其他特殊方法或技巧，且行为人明知这些技术将被用于实现此目的"。

60. See EU Council Framework Decision 2002/475/JHA of 13. 6. 2002 On combating terrorism (OJ L 164/3 of 22. 6. 2002), as amended by Council Framework Decision 2008/919/JHA of 28. 11. 2008 (OJ L 330/21 of 9. 12. 2008).

或者为了培训恐怖活动分子而发送恐怖活动相关资料、信息的，应当按照该条定罪处罚。

（3）为恐怖活动募资、融资

对于为恐怖活动募资、融资的行为，联合国《制止向恐怖主义提供资助的国际公约》第2条明确将其规定为犯罪，"本公约所称的犯罪，是指任何人以任何手段，直接或间接地非法和故意地提供或募集资金，其意图是将全部或部分资金用于，或者明知全部或部分资金将用于实施：（a）属附件所列条约之一的范围并经其定义为犯罪的一项行为；（b）意图致使平民或在武装冲突情势中未积极参与敌对行动的任何其他人死亡或重伤的任何其他行为，如果这些行为因其性质或相关情况旨在恐吓人口，或迫使一国政府或一个国际组织采取或不采取任何行动。"该条的第2、3、4、5款还将企图实施、组织或指使、协助前者犯罪或者与之构成共犯关系的行为也规定为犯罪。2001年"9·11"恐怖袭击发生后，联合国通过了安理会第1373号决议，不同于前述联合国安理会1624号决议的"吁请式"表述，而是"决定所有国家应：（a）防止和制止资助恐怖主义行为；（b）将下述行为定为犯罪：本国国民或在本国领土内，以任何手段直接间接和故意提供或筹集资金，意图将这些资金用于恐怖主义行为或知晓资金将用于此种行为……"该决议第2条（e）还规定"所有国家应……确保把参与资助、计划、筹备或犯下恐怖主义行为或参与支持恐怖主义行为的任何人绳之以法，确保除其他惩治措施以外，在国内法规中确定此种恐怖主义行为是严重刑事罪行，并确保惩罚充分反映此种恐怖主义行为的严重性"[61]。欧洲理事会《关于清洗、搜查、扣押、没收犯罪收益和为恐怖主义提供资金的公约》也把为恐怖主义募资、融资的行为规定为犯罪，该公约第6条规定的洗钱犯罪涵盖了各种改变、转移犯罪所得、隐瞒或掩饰犯罪所得的真实性质、获取犯罪收益的行为以及参与此类活动的行为。以上公约和决议对为恐怖主义募资、融资的行为都没有规定其犯罪方法，利用互联网实施以上行为的属于以上国际条约规定的为恐怖主义募资、融资犯罪。

我国刑法规定的多个罪名可以处罚资助恐怖活动的行为。《刑法》第120条之一第1款规定，资助恐怖活动组织、实施恐怖活动的个人的，或者资助恐怖活动培训的，依照该款定罪处罚。《刑法》第191条规定为掩饰、隐瞒毒品犯罪、黑社会性质的组织犯罪、恐怖活动犯罪、走私犯罪、贪污贿赂犯罪、破坏金融管理秩序犯罪、金融诈骗犯罪的所得及其产生的收益的来源和性质而实施法定类型的行为，按照该

---

61. 参见《联合国安理会1373号决议》第1、2条，http://www.un.org/chinese/aboutun/prinorgs/sc/sres/01/s1373.htm，2022年11月5日最后访问。

条规定定罪处罚。以上两罪的行为都不限定犯罪手段,利用互联网实施这两罪行为的,可以按其规定定罪处罚。资助恐怖活动罪和洗钱罪都是重罪,最高法定刑均超过5年,且二罪都规定了单位犯罪。此外,按照我国《刑法》第66条的规定,恐怖活动犯罪是特殊累犯,为恐怖活动募资、融资构成以上二罪的,要按照特殊累犯处罚。因此,我国刑法关于为恐怖活动募资、融资规定满足联合国前述公约的要求。

(4) 散布种族主义和仇外主义材料

关于散布种族主义和仇外主义材料的行为,联合国层面没有生效的相关法律文件,欧洲理事会《网络犯罪公约》的附加议定书规定了相关内容。欧洲理事会《网络犯罪公约》的附加议定书"关于将通过计算机系统实施的种族主义和仇外性质的行为犯罪化"要求缔约国将通过计算机系统实施的种族主义和仇外性质的行为犯罪化,该议定书第3、4、5条规定了三种犯罪,即通过计算机系统传播种族主义和仇外材料罪、基于种族主义和仇外动机的威胁罪、基于种族主义和仇外动机的侮辱罪。[62] 根据该议定书第2条规定,这里的"种族主义和仇外材料"是指"任何以写作的材料、图片或者任何其他思想或理论方式的表示,这些材料提倡、促进、煽动基于种族、肤色、血统、国家或民族的针对个人或者团体的仇恨、歧视或者暴力,如宗教通常是这种因素的托词"。该条描述的材料包括宣扬暴力恐怖内容信息的材料。此外,该议定书第6条还要求成员国将通过计算机系统向公众传播或使公众知悉有关否认、过分淡化、批准或者为种族灭绝或反人类罪进行辩护等信息的行为规定为反人类罪,还要求将以上犯罪的帮助和教唆行为规定为犯罪。欧盟理事会《反种族主义和仇外的框架决议》缩小了打击范围,规定成员国可以对仅实施前述附加议定书第3、4、5条的行为不予处罚,而仅作为量刑加重情节,但是,该框架决议第9条规定,对公开煽动暴力或仇恨和通过向公众散布或分发包含此类内容的小册子、图片或其他此类的行为,应按犯罪处罚。对比联合国和欧洲国际组织的相关国际立法,在打击利用互联网散布种族主义和仇外主义材料行为方面,国际社会没有形成一致的立场。

我国与之相关的规定是《刑法》第249条规定的煽动民族仇恨、民族歧视罪和第120条之三规定的恐怖主义、宣扬极端主义罪。在民族聚居区煽动民族仇恨、民族歧视,极可能引发暴力恐怖活动犯罪,该行为与恐怖活动犯罪有着密切的关系,如果行为人本身就是恐怖活动分子,其行为应作为实行行为的一部分或者预备行

---

62. Additional Protocol to the Convention on Cybercrime, Concerning The Criminalisation Of Acts Of a Racist And Xenophobic Nature Committed Through Computer Systems (ETS No. 189), See http://conventions.coe.int/treaty/en/Treaties/Html/189.htm,2022年11月5日最后访问。

为，按照吸收犯的处理原则处理，否则，可能单独构成煽动民族仇恨、民族歧视罪。"种族主义和仇外材料"通常是恐怖主义、极端主义资料或物品，通过计算机系统实施的种族主义和仇外性质的行为实质上是宣扬种族主义、极端主义、恐怖主义的行为，我国《刑法》第120条之三规定的宣扬极端主义、恐怖主义罪可以处罚以上行为，该罪行为是"以制作、散发宣扬恐怖主义、极端主义的图书、音频视频资料或者其他物品，或者通过讲授、发布信息等方式宣扬恐怖主义、极端主义"。由于以上两罪都不限定犯罪手段，行为人利用计算机、互联网散布种族主义和仇外主义材料的，可以按照以上两罪定罪处罚。

3. 打击利用互联网进行恐怖活动联络的犯罪立法

利用互联网进行恐怖活动联络往往是为了实施具体恐怖活动犯罪，如暴力恐怖活动犯罪、资助恐怖活动犯罪等，可以认定为下游犯罪的预备犯。但是，如果下游犯罪没有查实或者无法追究刑事责任，如行为人利用互联网为实施恐怖活动进行"谋议"、商量活动计划或者联络加入恐怖活动组织的，在下游犯罪尚未实施或者不确定实施何种性质的恐怖活动犯罪时，为了阻断恐怖活动犯罪的发展，有必要考虑对前述联络行为独立追究刑事责任。

与利用互联网联络参加恐怖活动组织的行为相关的是联合国《打击跨国有组织犯罪公约》第5条的规定。该条是关于"参加有组织犯罪集团的犯罪化"的规定。[63]对恐怖活动组织适用该条规定时，其必须满足该公约规定的"有组织犯罪集团"的条件[64]，即要求恐怖活动组织除了实施破坏活动外，还要出于实施政治犯罪筹措资金的目的来实施获取金钱或其他物质利益的犯罪活动。这一限制使得该条规定仅能适用于较少的恐怖活动组织。与之相似的是，欧盟理事会《关于打击有组织犯罪的框架决议》也只能适用于部分恐怖活动组织。欧盟理事会《关于打击恐怖主义的框架决议》规定处罚参加恐怖活动犯罪集团的行为。[65]该决议第2条将"明知其参与行为将为恐怖主义集团的犯罪活动提供帮助，仍然参加恐怖主义集团实施的活动，包括提供信息或物质，或者以任何形式为其活动提供资助"的行为规定为犯罪，而不再要求有谋利的目的。由于该决议不限制参与恐怖活动集团的方法，利用互联网联

---

63. See United Nations Convention Against Transnational Organized Crime of 8. 1. 2001.

64. 该公约第2条(a)规定的有组织犯罪集团是指，"由三人或三人以上所组成的、在一定时期内存在的、为了实施一项或多项严重犯罪或根据本公约确立的犯罪，以直接或间接获得金钱或其他物质利益为目的而一致行动的有组织结构的集团"。

65. See EU Council Framework Decision 2002/475/JHA of 13. 6. 2002 on combating terrorism (OJ L 164/3 of 22. 6. 2002), as amended by Framework Decision 2008/919/JHA of 28. 11. 2008.

络并参加恐怖活动集团并在其中从事一定恐怖活动的，可以适用该决议的规定。

我国刑法规定的组织、领导、参加恐怖组织罪和准备实施恐怖活动罪可以适用于利用互联网进行恐怖活动联络的行为。《刑法》第120条规定了组织、领导、参加恐怖组织罪，该罪处罚组织、领导、积极参加恐怖活动组织的行为，行为人犯该款罪并实施杀人、爆炸、绑架等犯罪的，依照数罪并罚的规定处罚。因此，行为人利用互联网进行恐怖活动联络行为，如果该行为属于组织、领导、积极参加恐怖组织的行为，应当按照该罪定罪处罚。《刑法》第120条之二规定了准备实施恐怖活动罪，该罪处罚的行为包括为实施恐怖活动与境外恐怖活动组织或者人员联络、为实施恐怖活动进行策划或者其他准备行为，由于该罪不限定犯罪手段、方法，行为人利用互联网实施前述联络行为的，按照该罪定罪处罚。

综合上述，联合国与欧洲国际组织在打击数字恐怖主义上立场不完全相同，后者的规定更加全面。我国刑法关于网络犯罪和恐怖活动犯罪立法都不限定犯罪方法和手段，二者结合在一起能够全面规制数字恐怖活动犯罪，犯罪立法的严密程度超过了联合国相关立法的要求，与欧洲国际组织相关立法基本相当。

四、结语

随着计算机、互联网、人工智能等新兴技术的发展应用，数字恐怖主义迅速演变，在世界各地造成严重危害，对国际社会和各国安全带来严峻挑战。几十年以来，联合国和欧洲国际组织一直致力于通过国际合作共同应对数字恐怖主义，在数字恐怖主义的预防与控制、刑事程序和犯罪立法方面制定了若干国际条约。由于恐怖主义立法的复杂性和数字恐怖主义的迅速演变，联合国制定相关国际公约较为滞后，而欧洲国际组织则发挥了区域国际组织的优势，在打击网络犯罪和反恐怖主义方面制定了较为全面的国际条约。我国打击网络犯罪和恐怖活动犯罪立法较为完善，能够较好地惩治数字恐怖主义犯罪，但是，在打击数字恐怖主义的刑事程序立法以及预防与控制法方面需要继续完善，既要有效遏制数字恐怖主义，也要充分保障公民合法权益。

二、国际热点

2. International Hotspot

负责任的法律人工智能和法律服务行业

[英] 布克哈德·舍费尔;[美] 杰米·贝克;[荷兰] 米雷尔·希尔德布兰特;
[爱尔兰] 罗南·肯尼迪;[丹麦] 雅各布·利文斯顿·斯洛瑟;
[奥地利] 伊丽莎白·施陶德格

宋 奕 译*

摘 要：人工智能工具在法律领域的每一次使用都会对法律框架和法治实践产生重要影响。尽管人工智能在解决司法系统和法律服务行业已知的缺陷方面创造了重要机会，但也为公民个人权利和社会法治理念带来潜在的危险。技术从来不是中立的，任何针对司法系统和法律服务行业的人工智能的开发、部署和后续监测必须探寻一种道德上负责任的方法。因此，本文在宏观层面明确使用人工智能的法律和道德基础，并提出一系列人工智能在法律中发展和使用的原则；同时，在技术的推广和应用层面，针对公共部门、法院系统和法律服务实践分别提出了一套具体的应用原则。

关键词：人工智能 伦理原则 法律技术 风险评估

Responsible Legal Artificial Intelligence and Legal Services Industries

Abstract: Every use of artificial intelligence tools in the legal field has a significant impact on the legal framework and the practice of the rule of law. While AI creates important opportunities to address known deficiencies in the justice system and the legal services industry, it also poses dangers for the rights of individual citizens and the concept of rule of law in society. Technology is never neutral, and any development, deployment

---

* 作者简介：[英] 布克哈德·舍费尔（Burkhard Schafer），爱丁堡大学法学院计算法学理论教授；[美] 杰米·贝克（Jamie Baker），得克萨斯科技大学法学院教授；[荷兰] 米雷尔·希尔德布兰特（Mireille Hildebrandt），布鲁塞尔自由大学终身研究教授，奈梅亨大学计算和信息科学研究所教授；[爱尔兰] 罗南·肯尼迪（Rónán Kennedy），伦敦大学法学院法学博士；[丹麦] 雅各布·利文斯顿·斯洛瑟（Jacob Livingston Slosser），哥本哈根大学法律系国际法庭卓越中心助理教授；[奥地利] 伊丽莎白·施陶德格（Elisabeth Staudegger），格拉茨大学基础法律研究学院法律和信息技术系教授。宋奕，湖北司法大数据研究中心研究员，硕士研究生。

and subsequent monitoring of AI for the justice system and legal services industry must establish an ethically responsible approach. This paper therefore identifies the legal and ethical basis for the use of AI at a macro level and proposes a set of principles for the development and use of AI in law; while at the level of the diffusion and application of technology, a set of specific application principles is proposed for the public sector, the court system and legal services practice respectively.

Key Words: artificial intelligence, ethical principles, legal technology, risk assessment

一、导言：报告的范畴和职权范围

（一）方法论和术语的预演

本报告的目的是提炼出一些伦理原则来帮助"法律技术"的开发者和委托使用该技术的用户（如公共行政决策者和法律界）。我们讨论的是一种特定的人工智能驱动的技术，旨在为法律部门的"人工智能"提供一个广义上的解释，具体包括符号人工智能和基于规则的系统，以及法律本体、法律信息检索或数据驱动的方法，如机器学习和神经网络。由于"法律科技"和"法律技术"这两个术语现在已被普遍使用，我们将用它们来指代那些与提供法律服务和司法系统相关的人工智能。需要注意的是，人工智能不包括那些仅仅协助律师完成任务的"通用"技术，如开票和其他后台活动。我们关注的重点是人工智能的使用，即把法律规范转化为计算机代码的符号逻辑，以及为法律搜索或电子证据开发的机器学习。我们使用带引号的"法律技术"来强调所指的是在法律领域的使用，而不是数字人工制品的评价属性（即合法与非法或道德与不道德）。

这样的项目面临的一个挑战是：人工智能在司法系统中的应用范围非常广，从智能信息检索工具到判决中的决策支持系统，从业务流程的自动合规性（"代码即法律"）到帮助审判中证据可视化的人工智能工具，从帮助公民投诉或生成文件的聊天机器人到为诉讼风险评估预测案件结果的工具，都可以归入"法律搜索"的范畴，并已被纳入法律实践中。在不要求全面概述的情况下，我们引导读者参考Westlaw Edge、Lexis-Nexis以及许多与欧洲特别相关的例子。虽然下面的一些建议对某些应用来说比其他应用更有意义，但对所有这些应用来说，负责任的使用都需要明确关注法律和法治的道德基础。这就是为什么我们的关注重点是广义的司法系统（包括立法、司法、公共行政、检察官、警察和专业法律咨询），通过它们的相互依存关系，法律和法治获得了具体的形式。

在技术方面，广泛的应用意味着使用了各种各样的人工智能方法，从聊天机器人中的"老式人工智能"（GOFAI）到基于预测的机器学习，每一种方法都有其自身的风险状况和道德挑战。在应用方面，这意味着人工智能对个人的利害关系可能有很大的不同，从确定监狱判决到错过为一个小的产品缺陷提出成功赔偿的机会，或自动检查业务流程中使用的所有数据是否有适当的同意书与之相关。虽然在评估对法律和法治的影响时，必须考虑影响的严重程度，但有两件事必须谨记。第一，在司法系统中，没有固定的和独立于环境的"严重性"模型。举个例子，对于那些收入较低的人来说，获得小额索赔诉讼的法律援助可能是一个大问题，这对他们产生的影响与资源丰富的商业诉讼可能产生的影响相似。在这两种情况下，伤害可能超出了经济上有形的范围，剥夺了他们作为公民和人类应有的尊严。第二，伦理评估不能停留在对单一交易或使用事件的评估上。当这种错失的机会累积，或者小的不利因素成为系统性和地方性特征时，法律技术特有的一些最成问题的伦理后果就会累积起来。

人工智能在法律领域的广泛应用也带来了所有人工智能伦理的核心问题——"现有的权力不平衡、不公正和偏见是如何被延续、放大或挑战的，以及由于新的参与者进入该领域会出现哪些新的权力关系"。这在不同的背景下可能有相当不同的答案，例如，在交易法中，律师使用软件工具为资源丰富的当事人起草合同，并提供独立的高质量的法律咨询，显然，这与确定贫困申请人是否有资格获得法律援助或社会保障金的程序，或支持刑事审判决策的程序，构成了截然相反的伦理问题。

技术从来不是中立的。人工智能工具在法律领域的每一次使用都会产生影响法律和法治的后果。法律信息检索系统可能会导致某些群体失去诉诸法律的机会，或者如通常所说的——导致诉诸司法的机会总体增加。它可以使令人产生不适但必要的少数人意见边缘化，也可以将它们放大。刑事审判中的计算决策支持可以加深或降低决策中的人为偏见。文件汇编系统可以降低贫困诉讼当事人的成本，但也可以鼓励琐碎的诉讼，增加对法律解决方案的需求，从而增加法院的成本，或者被用来作为政府进一步减少法律援助的借口。我们在下文中提出的一个关键原则是对这些不同敏感因素的"法治风险评估"。

如上所述，本报告侧重于那些将法律区别于其他应用领域的问题，因此，它应该与AI4People制定的关于负责任的人工智能开发和使用的一般准则一起阅读。这些准则规定了任何在道德上健全的人工智能发展应该遵守的原则，而本文将重点关注法律领域特有的责任，并承担提出超越前两份AI4People报告中确定的适用于所有人工智能用途的道德问题的义务。

这里同样重要的是，重申道德方面的考虑始于法律合规性实现之后。以下所述的任何伦理原则都不应被误解为遵守适用法律的替代方案，或先发制人的进一步监管。只有在真正关心他人福祉的情况下，才有可能追求道德上的卓越，而不是通过民主合法的监管机构，在制裁的支持下，将其作为工具来阻止适当的控制。这对于那些可能会对公民的基本权利产生严重影响的应用尤其重要。在可以预见这种侵犯的情况下，有必要制定适当的法律和制度保障，而不是要求遵守道德准则。

最后，我们需要时刻警惕技术决定论和解决主义的危险。正如我们将在下面看到的，目前围绕人工智能的道德使用的一些辩论有着悠久的历史，这段历史也可以追溯到通过仅仅改进技术来解决困难的公平问题的失败尝试。因此，我们不应该从这样的假设出发——采用拟议的"法律技术"是一个既定的事实，唯一关心的是以较少的有损伦理的方式塑造它们。相反，引入这些技术的问题时，人们需要敏锐地关注初步的问题——它们应该解决什么问题，同时考虑它们不会解决什么问题，以及它们可能造成什么问题。部署不应该是默认的。斯皮克曼-霍夫（Spiekermann-Hoff）在这方面谈到了"省略的艺术"，即审慎地决定现在不开发或根本不开发某种技术的应用。

（二）法律中的人工智能是对人工智能伦理学的独特挑战

人工智能在司法系统中的使用为解决司法管理中已知的缺点和不足创造了重要机会，但也对公民个人，而且对更普遍的法治理想构成了独特而严重的危险。因此，任何试图为司法系统和法律服务行业的人工智能的开发、部署和部署后监测建立道德上负责任的方法，都面临着法律领域特有的一些挑战。这种"快速行动，打破常规"的精神与几个世纪以来缓慢发展的司法和法治概念格格不入，这些概念扎根于对法律、正义及其在民主社会中的作用的复杂社会理解。同时，一些事件也使人们清醒地认识到，并不是所有的法律传统都值得保留，许多法律传统延续了深刻的不公正。

技术可以在解决这些问题方面发挥积极的作用。这不仅限于那些没有按预期运作或变得腐败的法律机构，也涉及那些按预期运作并被赋予特殊道德意义的法律机构。有时，现有做法的规范性理由被反推到由完全不同的历史原因而产生的法律机构上；有时，实践和制度的产生是由于其创建时有效的伦理关切，但现在已经过时了。这意味着，并不是每一个"法律技术"与法律机构的内部逻辑或其运作之间的冲突都必然是错误的。任何实践或制度为正义服务的说法都值得仔细审查和批评。即使是像"法律面前人人平等"这样神圣而核心的主张，如果应用得过于形式化，也会导致实质性的不公正——比如著名的禁止富人和穷人在桥下睡觉的规定，或者禁止男性和女性在公共场合哺乳的规定。同时，民主社会的法律机构确实反映了崇高的道德承诺和以共同价值观为中心的社区实践。因此，对法律中的人工智能进行适当的伦理评估需要同时具备这两点——愿意批判需要改变的既定法律特征和制度，以及尊重这些实践和制度中所包含的价值观和伦理承诺。

世界各地的法律体系都在与高额的诉讼费用和有效的权利执行做斗争，并且在司法行政中经常出现不合情理的拖延，因此，延迟的正义确实经常成为"拒绝的正义"。即使在发达国家，大部分人口也常常被排除在可负担的法律咨询之外。如果没有现实的能力来挑战歧视性或其他错误的法律应用，针对弱势公民的虐待行为就会变得制度化。

在这里，技术可以成为一种善的力量，而不充分使用其潜力本身就成为一种道德失败。法律经常与处于特别弱势的公民打交道，并受到严重的权力和信息不平衡的影响。在法律中使用人工智能可以通过使信息变得易获取来减少这些不平衡，但也可能扩大和巩固这些不平衡，使其进一步成为司法管理的基础结构，使其更难对社会需求做出反应，更难通过政治或司法程序进行改变。

法律制度的形成还需要调和人们对正义根深蒂固而又相互冲突的直觉。应用以自然语言表达的一般法律规范不可避免地需要解释和或多或少的自由裁量权，而这种自由裁量权本身是由法治的基本原则指导的。"法律面前人人平等"和"公正对待具体事物"的双重要求既要遵守规则，又要在适当的时候表现出仁慈和同情，因此需要进一步平衡，确保法律的适应性和可争议性。这种双重要求的反规范性是一个特点，而不是一个错误，我们必须注意这样一种危险——就其本身而言，道德上合理的法律技术的成功即使是有益的，也有可能通过压制或排挤关于公正社会的竞争性直觉来"解决"这种反规范性，并扼杀更实质性的社会变革。最后，虽然其他领域的人工智能应用可以将法律视为控制滥用的外部手段，但对法律本身的变革性影响使其更加困难，并大大增加了风险。如果人工智能系统破坏了法律，其控制应用的能力就会丧失。

公众对新技术的兴奋感有可能使过去的教训被轻易遗忘。相比之下，法律体系无论好坏，都是过去经验和解决问题的集体记忆的储存库。虽然人们最近对法律人工智能的兴趣大增，但这个想法由来已久，早期的系统开发始于20世纪七十八年代。虽然它们中的大多数是专家系统,侧重于规则的明确、符号表示和推理,但从20世纪90年代开始出现了机器学习的应用,例如泽勒兹尼科开发的Split-Up系统。1996年,英国成为第一个在《社会保障法》中为完全自动化的决策立法的国家。重新审视当时的一些伦理辩论是很有启发意义的,既可以看到当时和现在提出的伦理问题的连续性,也可以提醒我们在当前的辩论中隐含的问题。

纵观议会的辩论,我们可以发现三种不同类型的担忧。

第一,立法机关或行政机关如何确定计算机程序忠实地复制了法律,它所做出的决定是否正确?

第二,如果不正确,公民如何知道,他们可以采取什么补救措施?

第三,即使这些决定在所有情况下都是正确的,并且可以充分地传达给公民,但将其用于社会福利申请人,并且只用于这些申请人的决定,不是发出了一个象征性的信息,即社会上一些最弱势的成员并不重要,国家已经放弃了他们,现在只通过一个冷冰冰的机器来管理他们,在这种情况下,应该如何接纳、融入他们?

尤其是法律技术的第三个方面,这在当代的辩论中往往是缺失的,它集中于技术正确性、算法的贬值和可解释的人工智能问题。它提醒我们这样一个事实:仅靠简单的技术解决方案无法解决复杂的社会问题。虽然我们在"获得正确结果"的能力方面的改进当然是值得欢迎且十分重要的,而且履行了使用最佳可用工具的道德义务,但仍然存在一个非常真实的危险,即它们将扩大和巩固现有的偏见和不公正。因此,这些原则试图对"法律技术"进行更全面的评估。"法律技术"的价值在"被同行评判"或者"被同胞评判",这种情况敦促我们谨慎对其进行使用。

尽管在20世纪八九十年代,人们对"法律技术"的变革潜力抱有很大期望,并且在一些应用中,如税法中对其进行了大量的吸收,但第一波"法律人工智能"并没有像一些人预期的那样,给司法部门带来实质性的转变(例如Susskind的有关文献)。目前的许多技术都具有这些早期尝试的特征。法律聊天机器人代表知识的方式与早期的专家系统、法院判决中的数据驱动模式分析以及早期的自由裁量法律决策建模的想法非常相似。毋庸置疑,在软件和算法方面,以及在以越来越快的速度处理大型数据集所需的硬件方面,开发人员可用的技术工具箱有了很大的改进。然而,这一次我们可能会看到对司法系统产生更大影响的一些原因,它们与法律知识的表现和计算方式的变化关系不大,而与更广泛的社会和技术发展关系更大,其中一些具有伦理上的显著性。更多的数据是"天生的数字",包括由司法系统产生的数据。商业人工智能系统创造出"有围墙"的数据园地,这为诉诸司法创造了新的机会,但也带来了风险。编码变得更加容易,特别是支持"无代码自动化"的平台使更多人能够建立简单的法律应用程序。早期系统的开发通常发生在大学环境中，或者是特别大且资源丰富的律师事务所或公共管理部门，而现在，小型初创企业、个人从业者或公民活动家也可以这样做。像Josef这样的平台承诺为每个人提供法律自动化服务，并有很大的潜力来支持非政府组织和其他活动家的工作，试图解决当前司法系统的缺陷。虽然这种"法律技术"的民主化在促进良好的人工智能社会方面有着巨大的潜力，但它也意味着"守门人"的消失，带来了质量控制和"流氓使用者"的问题。这些原则通过风险评估框架显示出来，该框架将潜在的危险与一系列质量保证的责任相匹配。最后，智能手机的普及和网上银行的发展使我们更愿意也更期望在我们选择的时间内完成更复杂的任务，而这些任务的完成以前需要专家的帮助。这改变了关于数字排斥和数字鸿沟的讨论格局，但没有完全消除它。我们必须非常小心，以确保法律技术的基础架构不会扩大不平等，或增加排斥感，这一点至少与算法本身的公平性一样重要，并与之密不可分。

二、在法律中负责任的人工智能的基本原则

在这部分内容中，我们制定了一系列原则，将具体的伦理问题具体化，这些原则应在适用于所有技术和用例的高度抽象层面上为法律中人工智能的发展和使用提供信息。由于这些原则涉及法律和法治的基础而不能被简化为伦理学，事实上，它们涉及由法治告知的现代实在法的性质。

（一）尊重法律体系的完整性和法治的原则

我们认为尊重法治是将法律与其他领域的人工智能应用区分开来的关键伦理问题。它创造了一种思维方式或内部逻辑，是法律推理的核心，但它并不总是与人工智能开发者对世界的概念化方式保持一致。对于"法律体系的完整性"，我们指的是尊重法律作为一种独立的话语，不能使它被其他思维模式取代或接管。因此，我们必须首先澄清对这一概念的核心定义，以及它的动态性和经常引发争议的性质。

不同的技术以不同的方式"适应"相互竞争的正义概念和相互竞争的法律哲学。相对简单的基于规则的专家系统和类似的技术在20世纪八九十年代首次出现，这些技术如今通过法律聊天机器人和"合规支持工具"面临复苏和广泛采用，这似乎可以加强形式上的平等，但可能会使平衡转向形式主义，这是因为它们无法容纳更细微的自由裁量的推理。这可能导致在不符合其预先定义的类别的情况下出现不公正现象。相比之下，数据驱动的方法在理论上可以让法官或公共部门的行政人员

等决策者做到"对细节的公正",并在他们的决策中考虑比目前更细微的更多的因素,例如,使制裁更符合案件的个别情况。然而,个性化的法律如果走到极端,就会与法律面前人人平等的承诺相冲突,可能会破坏社会纽带,并允许外在因素影响结果。

每个法律体系都试图通过对规则的遵守和对个体差异与背景的回应来平衡两者的矛盾性、平等性可预测性。"法律技术"的一个首要风险是,关于正义的本质和如何实现正义的实质性社会辩论与民主讨论被技术上的可能性所取代,即使其结果看起来是良性的。这可以从"机械化"法律和行政决策的建议中看出来,这并不是因为社会希望更统一地应用通过公众辩论和审查的规则,而是因为这是目前技术上唯一可行的事情,或者更糟糕的是,考虑到成本限制,这是可行的。

此外,一旦以巨大的成本建立起计算基础设施,这些基础设施可能会抵制与社会态度一致的变化,再次使民主决策过程旁落。这也指出了,合法性作为法治的道德支柱的一部分,既与法律的可论证性质密切相关,又为法律提供了确定性,以及在基于规则和数据驱动的人工智能的法律背景下出现的计算法律主义的区别。

就本报告而言,法律技术导致的民主决策过程旁落是在评估一项拟议技术的伦理影响时需要考虑的多重挑战之一。维护法律体系的完整性,其内部逻辑和价值观是重要的考虑因素。同时,破坏延续不公正的结构可以是道德上的要求,尽管如果由软件开发者或他们的客户来做,会反过来引起民主合法性和问责制的问题。

任何人工智能的使用都必须尊重法律体系的完整性,尊重其中的价值观,并坚持切实有效地尊重法治。除非有压倒性的道德任务,否则对法律内部逻辑的破坏是不被允许的。

(二)目的性原则

由于在司法系统中使用和不使用人工智能都可能给个人和社会带来风险,对潜在影响的预期性评估是法律中人工智能发展的伦理健全的核心。由此,我们可以推导出预期影响评估的总体要求。任何关于人工智能在法律中的发展和部署的决定都需要从评估司法系统的价值、可能受到不利影响的群体的潜在风险开始,并在适用的情况下,评估那些将与技术互动的人的人权,无论他们是决定的主体、用户、数据引擎还是法律知识专家。作为民主法治国家的要求,这种影响评估应该是公开的,以允许社会进行监督。

我们不主张创新现有形式,即举证责任仍在反对引入"法律技术"的人身上。我们建议,对导言中涉及的三个问题做出明确的可理解的回答,并评估可能带来的影响。我们将其命名为目的性原则，并认为该原则应被纳入预期的影响评估中。

目的性原则，即任何拟议的法律技术都应该明确地预先说明它应该解决什么问题、它不会解决什么问题，以及它可能产生什么问题。

只有在项目的初始阶段具有这种程度的透明度，才能进行有意义的道德评估。这种评估除了确定技术对实现这些目标的效用外，还必须确定以下内容：一是该技术在短期内将如何影响所有利益相关者的性格，他们的角色和自我理解将如何改变；二是哪些人类、社会、经济等方面的价值会受到积极或消极的影响；三是哪些基本的社会价值和优先事项需要从这种发展中得到保护。

（三）尊重法治的地域性原则

这一原则不可避免地提出了进行这种影响评估所应遵循的标准问题。即使在欧洲内部，由于历史原因，人们在法律体系如何运作以及如何最好地服务于正义方面也存在巨大的分歧。

举个例子，在一些法律体系中，陪审团不仅被视为高效决策的必要条件，而且被视为正义的要求。随机选择的公民可以在不担心后果的情况下做出决定，并且不需要公布理由，这被认为是限制行政部门行使任意权力的唯一途径，培养了公众对司法系统的可接受度和信任，并且通过让他们至少有机会作为其同龄人的个体对被审判者的背景、价值观和生活决定进行评判，确保对个人的公平。对于没有陪审团审判传统的法律体系，或者对司法实践中因滥用"民众声音"而产生前车之鉴的法律体系，陪审团所起的作用可能是相反的。他们选择的随机性、他们推理的"黑箱"性质，以及对操纵情绪反应或偏见的恐惧，造成了与那些针对（某些形式的）人工智能非常相似的恐惧。

拟议的未来人工智能在法律方面的应用是否会引起伦理问题、是否符合法律原则，也将取决于这些概念和对正义的理解。在那些将陪审员审议的匿名性和保密性赋予规范性的系统中，对陪审员进行剖析以确定他们最容易接受的论点的人工智能将是一个严重的伦理问题，但在那些遵循不同轨迹、铭刻不同历史经验并将陪审团审议的黑箱特性视为伦理问题的系统中，同样的情况则是中性的（不相关）甚至有益于增加透明度。

相反，在那些将法律形式主义也视为道德任务的大陆体系中，对法官及其偏好进行剖析的系统可能会被视为特别有问题，因为它可能会将法律以外的考虑引入律师辩护的方式。这可能解释了法国最近对这种制度的禁止——但从那些认为法学现实主义不仅是对法律运作的描述性说明，而且是律师对其客户所提供的健全和合格的法律建议的一个方面的法律制度的角度来看，这可能在道德上是有益的。同样，即使在一个重视正式的理性决策作为正义体现的体系中，如果能显示出司法中不合理的偏见，对法官进行剖析也是有益的——不是为了利用这些偏见为个别客户谋利，而是为了批评和纠正这些偏见。

因此，法律技术中的人工智能伦理并没有普遍的戒律，相反，民主和法治的原则需要针对具体的管辖范围，对特定环境予以具体化分析。然而，欧洲人权框架，特别是公平审判权、行政决定的司法审查权，以及隐私权、信息自由和非歧视权，为国家司法机关将法律保护具体化的自由裁量权提供了不可谈判的界限。这使我们能够制定一个尊重法治的地域性原则。

尊重法治的地域性原则，即人工智能在法律中的使用应该考虑到历史上形成的、社会和文化上的裁决实践，以及欧洲基本权利框架范围内的不同的司法概念。

法律协调当然会有好处，但是，使法律实践跨越国界的决定必须由民主合法的决定来推动，而不是考虑跨国经营的"法律技术"公司在不同的法律市场和传统中推广单一产品的便利。

（四）在个人和社会层面公平分配风险和利益的原则

法律人工智能并不整齐地划分为两方面：一方面是有助于解决道德上合理应用的已知缺陷；另一方面是不合理的有害应用。通常情况下，"法律技术"引起的长期的社会和道德后果将难以预料，因为法律专业人士、政府和公民反过来会适应新技术。

举例说明，乍一看，开发一种工具为得不到服务的群体提供可靠、快速和免费的法律咨询，似乎是上一段所述的有益用途的明显案例，然而，这种工具的可用性反过来可能被用来证明进一步减少法律援助的合理性，这也可能影响到那些由于其复杂性而不太适合这种技术的案件，并可能威胁到法治来之不易的成就，即获得律师帮助的权利。从长远来看，这可能会导致贫穷的索赔者获得高质量的法律支持的机会全面减少，对他们来说，即使是低劣的软件产品也被认为是"足够好"的。

相反，更快、更便宜地获得促进诉讼的工具，一方面可以使人们有能力获得以前被排除在外的补救；然而，另一方面也可能导致一个更多诉讼的社会，不仅没有减少法律系统的负担，反而造成了需求的增加。

社会上至少要有一种明确的适用于开发者和那些委托此类工具的人的道德责任。如果"法律技术"的发展主要或完全是由降低成本的动机驱动的，那么就有一个特别强烈的责任，即透明地、明确地和诚实地传达任何在质量、准确性、全面性和适用于专业法律意见的类似质量标准方面的权衡。

特别是在效率有可能压倒质量的情况下,影响评估应该标明谁将从成本降低中受益,谁将在法律保护方面付出代价。这样的评估应该包括对潜在的缓解策略的评估,这些策略可以将风险从已经脆弱或处境不利的群体身上移开。承担风险不能意味着拿别人的权利和利益去冒险,特别是在法律服务行业。这一点可以通过以下内容进一步具体化。

公平分配风险和利益的原则为:"法律技术"是在具有重大权力差异的背景下形成的;负责任地开发和使用人工智能反映了这些结构性条件,并防止风险和利益的不公平再分配;更加雄心勃勃的是,法律中的人工智能应旨在减少现有的权力不平衡,并将风险重新分配给最有能力减轻风险的人。

这一原则的应用将高度依赖于环境。然而,如果明确地将其与人权框架联系起来,我们可以确保对"尴尬的少数人"的保护,或者用计算的术语来说,可以总是把"困难的边缘案例"放在前面。

人权框架的基本原理是保护个人和少数群体免受"多数人的独裁"和私营企业的剥削性商业模式的影响。正义是一种公共物品,不能像经济市场逻辑的一部分那样进行交易。对于基于统计模式识别和分析的人工智能工具来说,这是一个特别的挑战,因为数学优化的影响可能会掩盖异常值并导致"随机多数"的"暴政"。负责任的人工智能在法律上将需要更精细的分析,以确保在设计过程的每一步对每个公民个人的平等尊重和关注。

当历史上的弱势群体或非典型个人被置于风险之中时,如果不能提供有效的保障和补救措施,就应该重新考虑引进"法律技术"。社区参与在这里至关重要,它使那些将遭受"法律技术"后果的人能够表达他们的关切,并贡献他们的生活经验——也就是说"法律技术"要与他们一起设计,而不仅仅是为了他们而设计。

这让我们想到一个问题:有时候,当个别律师为了个别客户的利益而使用人工智能工具时,它在道德上是中立的,甚至是有益的,但是一旦这个系统的使用变得广泛或普遍,就会造成重大的伤害。在这些情况下,人工智能没有遵守康德绝对命令(乔纳斯将这一原则延伸到技术—社会系统),即除非一个行动可以被普及,否则它在伦理上是不健全的。

为了说明这一点,请考虑一个系统,该系统可以根据过去的法庭裁决预测一个法庭案件的可能结果。使用这种系统的律师可以用它来阻止客户提起诉讼,或在没有足够可能胜诉的情况下对案件提出异议。这可以保护客户免受不必要的开支或更糟的情况。它还可以减轻司法系统的压力,使其可以将稀缺的资源用于更有价值的案件，并因此而使其他人受益。尽管有这些明显的有益特征，但普遍使用同一算法可能会给司法系统和法治带来非常不理想的后果。一些事实组合将变得不太可能到达法院，这一切仅仅是因为类似的案件在过去是不成功的。结果会是法律体系僵化，变得对社会变化毫无反应。

这意味着我们需要用横向影响评估的原则来扩展风险和利益的公平分配原则，即为实际有效的法律保护的共同利益预测风险。

法治和合法性的概念超越了个人与国家，或律师与客户之间的二元关系，构成了一种共同利益。因此，评估在法律中使用人工智能的道德风险必须考虑其对第三方的长期不利影响以及对我们合法生活能力的累积影响。

三、在法律中负责任地发展人工智能的原则

"法律技术"不只是在应用上引发伦理问题，它在开发方式上也容易引发问题。与自然法则不同（包括诸如如何诊断疾病的规则就是最早的专家系统之一），法律规则不是真的或假的，而是权威的或不权威的。它的权威性，尤其是在民主社会，又与它在规则管理的立法过程中产生的方式密切相关。当程序开发者缩短或篡改这一立法过程时，就会出现道德问题。

特别是在作为"合规工具"的应用程序中，无论是严格执行还是至少促使个人和企业的行为符合法律规定，当软件开发者将法律规则转化为代码时，就会产生道德问题。"通过软件架构进行监管"作为一种用法律技术进行治理的新形式，提出了它自己的一系列伦理问题，我们现在就来讨论一下。

（一）程序透明的原则

正如"代码即法律"这一表述所表明的，我们可以把某些形式的"法律技术"视为一种新的监管形式。然而，将自然语言翻译成计算机代码的过程不可避免地涉及每一次翻译就要解释和可能改变法律意义。含糊不清的法律短语可能必须要被消除掉歧义，必须决定有多少原始意义需要被操作化，又有多少必须留在参数中分析。如果文本中隐含的逻辑联系应该在代码中被明确，则必须做出选择。这里的问题并不在于代码可能是错误的（这个问题将在其他地方讨论），而是程序员必须承担过去留给立法者（例如通过法定文书或实践守则澄清法律）或法院（解释和废止法律）的任务。

这就提出了一些新的问题：私人行为者制定法律的合法性及它对立法和行政权

力的民主控制过程构成的危险，以及公民参与协商民主的可能性。因此，我们认为，以法典的方式立法本身就会产生道德风险，并可能与民主和法治的核心原则不兼容。首先，它可能违反了良好的法律制定的程序性戒律，而这些戒律确保了公共辩论和问责制。其次，它可能会给法律的使用带来新的障碍。现在需要特殊的技能来理解法律的内容，并确定某一特定的应用是否是对法律的真实表述。在自然语言的法律制定中使用神秘和复杂的语言，已经被诸如英语纯化运动（Plain English Campaign）这样的倡议所认可。开放的司法和平等的法律使用权的价值，推动了这一发展，使法律语言更容易被理解。但是如果这些工具不能提供自然语言的询问，就有可能被基于代码的合规工具破坏。

尽管在这个意义上说，每一种形式的自动化决策都有很高的风险，但我们提出了一套原则——只要通过政策规则的方式行使授权的法律权力，并且其应用可能是自动化的，就应该适用。

哈特（Hart）在《法律的概念》中区分了主要的行为规则和次要的规则，它们规范了主要规则的创建、执行和赋予合法性的方式。"法律技术"，特别是自动决定和遵守系统形式的"法律技术"，往往只包含初级规则，这有可能切断法律与确保其合法性的条件之间的联系。相比之下，负责任的"法律技术"的发展意识到了赋予法律合法性的更广泛的宪法和社会规则，尊重宪法规定的价值，并遵守和控制普通法律制定的程序规则和保障措施。

我们在此特别关注哈特的两条规则，即"承认规则"和"变革规则"。哈特将承认规则描述为"说某一规则是有效的，就是承认它通过了承认规则所规定的所有检验，因此是系统的规则。我们可以简单地认为，说一个特定的规则是有效的，意味着它满足了承认规则所提供的所有标准"。

在民主社会中，这尤其意味着法律最终来自立法机构和当选官员，尽管在某些情况下，法律是通过宪法赋予的权力间接产生的。同时这也意味着公众参与的程序得到了遵守，而且法律制定者可以通过民主程序和司法审查来承担责任。

（二）尊重立法程序的原则

与透明度概念相关的是我们提出的下一个原则——尊重立法程序的原则，它是谨慎的数字法律制定的新理论的一个关键方面。尊重立法程序的原则旨在反映我们在传统法律制定中发现的程序性保障、对权力行使的限制以及公民对立法过程的贡献权。

这可能意味着在未来的某个时间点会建立一个新的立法起草的特殊系统，包括立法者"以代码立法"的可能性以及类似的正式规则，这将改变现代国家产生法律的方式。在没有这些规则的情况下，可以确定一些道德约束，这些约束来自"承认规则"、民主问责制和人民主权的原则。

尊重立法程序的原则为：委托法律技术的公共部门组织不得将其新的立法起草特殊系统作为阻止民主规则制定、审查和问责的方式，也不得限制公众在立法过程中的既定参与权和发言权；它们仍然要对"法律技术"在形式和功能上与其所实施的法律相匹配负最终责任。

这旨在防止公共机构经常出现的倾向，即把问题的性质从需要公开辩论的问题变成由专家闭门解决的技术编码问题。这也是为了避免将立法权下放给商业软件开发商的越权行为，并确保规范制定过程的透明度和公众监督。

（三）不受约束的公众参与原则

不受约束的公众参与原则是指，公众在规范制定过程中有做出贡献的权利，以及社区在影响公共部门规则制定中有发表意见的权利，这些权利绝不能被建立法律技术和排除不服从的"法律设计"环境的过程所削弱或规避。

由社区主导的参与性的设计过程，对于实现符合人权和民主原则的负责任的"法律技术"来说，往往更有优势。在大多数公共部门的"法律技术"项目中，这是一个道德上的要求。但在法律领域的大多数其他人工智能计划中，这通常是可取的。负责任的"法律技术"开发的伦理不能像软件规范手册那样被简化为一套规则，相反，负责任的"法律技术"从根本上说是一套流程，它能确保所有受影响的个人和团体的声音都能被听到，并得到认真的倾听。

1.透明和充分补偿的原则

参与式设计过程可能是资源密集型的，也可能给试图参与的社区和群体带来巨大的负担。最弱势的社区在有效的政治参与和贡献方面通常也面临着经济和其他方面的障碍，这就使问题更加严重了。在道德上强调社区主导的设计实践和其他形式的受影响方的实质性参与不应该进一步增加社区的负担。让社区参与不仅仅停留在愿望层面，而是变成一个现实，还需要为这些群体的劳动提供足够的资源、补偿和认可。现代民主国家的一个关键成就是引入了议员的报酬机制。这提供了社区参与所需的基础设施，使主动投票和被动投票在实践中也保持一致。从这个历史经验中，我们可以得出透明和充分补偿的原则。

透明和充分补偿的原则是指，法律中人工智能的发展和应用不仅仅是被动地听取所有受"法律技术"运作影响的个人和团体的声音,而是积极地寻求和参与这些声音。通过这些发声者的劳动,这些社区为最终的产品增加了价值,这些价值和劳动必须得到充分的承认和补偿。

2.多样性和代表性原则

在某些情况下,大量的社区参与是不可能或没有必要的,例如在风险很低的应用中。即使如此,在可能的情况下也应该有独立的伦理审查和建议。虽然具有多样性和代表性的伦理监督是所有人工智能发展的要求,但它对法律领域的人工智能应用具有特别的重要作用。代表性、非歧视性、包容性和实质性以及程序性公平的原则也是民主社会中法治的核心要求。

多样性和代表性的原则为:用劳动和专业知识为"法律技术"的发展提供信息的团体和个人,这些团体和个人同时也通过道德咨询委员会和其他管理结构,代表该技术所服务的社会,并反映社会多样性。

(四) 非歧视原则

虽然前面的原则侧重于创造"法律技术"的过程,但多样性、歧视和偏见的问题在法律背景下显得尤为重要。我们没有突出地处理这个问题,首先是因为它对所有人工智能应用领域而不仅仅是法律领域具有重要影响,而且这已经在以前的AI4People报告中得到了解决。其次,之前要求决策透明的原则,以及要求在设计过程中听取不同声音的原则,应该已经将可能导致用户做出有偏见或歧视性决策的产品的风险降到最低。然而,在此明确重申是因为歧视和偏见在法治中处于核心地位且可能存在不同形式,有偏见和歧视性的法律实践威胁到了法律体系的基础。

非歧视原则是指,有偏见的和歧视性的做法与法治的理想及其对所有人的正义的承诺不兼容。"法律技术"必须通过选择适当的设计方法(如审查输入数据)、选择技术(可解释的算法和/或已去掉偏见的算法)、测试(在设计期间和部署后),以及分析其他对社区的不同形式的影响,以他们的生活经验为依据,明确保证它们不会对个人和社区造成歧视。

这一原则可以减少有偏见的决策,除了在侦查犯罪或实施刑事制裁方面依赖的编码具有社会偏见的数据,我们还存在其他形式的潜在歧视性做法。例如,出于技术方面的原因,残疾人无法使用数字法律信息而被排除在外。该原则同样涵盖图形设计的选择,例如,目前法律聊天机器人的头像更多的是反映了对性别角色的刻板印象("助理"往往有女性的声音、图像和动画,而"法律专家AI",如ROSS呈现男性的声音和外观等），身体吸引力或从主要民族群体中选择。这种对现有社会偏见的技术放大是不可取的，即使在私营部门使用时也是如此，但当公共部门使用"法律技术"时，它就成了一个前沿的道德问题。默认情况下，应避免或尽量减少"法律技术"的拟人化，使其与它们互动的公民进行批判性判断。

归根结底，法律面前的实质性平等原则来自人的尊严这一首要的人权原则。在所有的人权理念中，这是最难具体化的，正如我们在前述介绍中提到的，"法律技术"中最持久的担忧之一是由成本理论驱动的。

（五）时间上的可竞争性原则

最后，我们转向哈特所确定的第二条规则，即变革规则。变革规则确保法律体系不会保持静止，而是对变化做出反应。尽管欧洲各国有不同的做法，尤其是涉及宪法的时候，但它们都限制了现任立法者对其继任者的约束程度和期限。变革规则描述了影响变革的必要过程和授予不同行动者的权力。

作为基础设施的一部分，"法律技术"的危险在于，它可能会抵制变化，创造出笨重的遗留系统，即使在民主进程中或法院的司法审查使之成为必要时，也很难或不可能改变、修改或放弃。近来，这个问题最突出的例子是区块链技术和它们带来的链上规则的不可更改程度。这给我们带来了时间上的可竞争性原则：所有的"法律技术"项目都应该预见到，法律会随着社会规范的变化而变化。"法律技术"不能锁定或限制未来的立法者，必须允许通过民主程序或司法审查对现行法律进行挑战和修改。

"为变化而设计"意味着要避免影响议会主权的设计决定，并至少在与传统法律相同的程度上保持适应性和灵活性。

四、在法律中负责任地使用人工智能的原则

下一套原则着眼于"法律技术"生命周期中的一点，即技术的推广和使用。现在，潜在的错误意见、决定或建议变得重要。第一组原则着眼于"法律技术"在公共管理中的使用，第二组原则侧重于法院系统的使用。持续实证评估的原则也适用于法律从业者，并在集体责任原则中得到体现和具体化。

尽管一些原则更适用于特定的应用领域，并以这种主题方式提出，但它们对人工智能在法律中的所有实际部署都是有效的。公共部门对人工智能的使用负责，并且必须确保这种使用具有可诉性。执业律师对他们采用的工具负有道德责任，必须

确保他们支持诉诸司法。司法机构的工作人员必须牢记,他们有责任监督自己对法院采用人工智能的责任和问责,并确保公共和私人部门意识到这方面的道德期望。以下类别之间的界限是有漏洞的,所列举的道德责任适用于所有参与"法律技术"应用的人,但有些责任在特定情况下可能更为紧迫。

(一)问责制——公共管理中负责任地开发和使用人工智能的原则

前面的原则涉及"法律技术"的道德问题,即使在假设技术运作完美的情况下,也必须考虑这些问题。下一组原则与之相反,涉及最明显的问题之一,即一个特定的程序可能得出不正确的结果,并因此造成伤害,包括但不限于剥夺决策主体的权利。

1.持续实证/经验验证的原则

法律与其他人工智能的应用不同的特点之一是,在法律环境中,什么算作"正确"的答案可能会有根本性的争议。我们如何知道系统的表现是正确的,至少在它自己的条件下是如此?如果一个公民因使用技术造成的错误决定而受到伤害,他如何能够知道?假设没有一个系统是完美的,那么什么时候好处大到可以让人冒着偶尔犯错的风险在道德上接受它?使用一个在大多数情况下优于人类决策者的系统,但在处理一小部分人的索赔时却程序性地犯错误,这样的做法可以接受吗?我们将在下面重新审视这些问题,但我们注意到,作为一项一般原则,持续实证/经验验证的原则在法律中合乎道德地使用需要在部署前和部署后进行严格和现实的测试,并采用可靠的方法在用户之间以及用户和监管机构之间分享关于问题的发现。

这个原则的最后一部分,即分享调查结果,也将在我们下面要讨论的集体责任原则中发挥作用。但我们在此要指出的是,这一原则及其推论长期以来一直成功地应用于医学研发,一旦有了适当的制度,就不会给行业带来无法承受的负担。在医学研究中,测试的预先登记和通过Cochrane审查对共享结果的汇总分析,以及报告药物不良反应的部署后系统都已经建立起来。至少对于司法系统中那些具有较高风险的数据驱动的人工智能应用,也需要类似的机制来分享经验。"高风险"的应用包括所有人工智能系统直接协助法官等决策者的应用。

虽然对法律中的人工智能系统的准确性的要求在不同的情况下会有所不同(我们可以也应该以不同的方式判断对法律信息检索系统、判决支持系统以及指导公民填写表格的聊天机器人),但需要建立基准,让那些使用和委托法律技术的人,以及受到法律技术不利影响的人,从现实世界的可靠性(而不是数据的准确性)来评估"法律技术"的可靠性。对于那些对基本权利和自由构成风险的应用,这种基准应该由独立机构来进行。

2.可竞争性原则

如上所述,在法律上,对于什么算作"正确答案"的问题存在争议。这意味着,仅仅证明人工智能具有某些理想的形式属性是不够的,相反,必须以一种允许对其进行争论的方式来解释决定。对于受到人工智能系统使用影响的公民,我们应该做出什么样的解释或说明,还有什么其他的传播责任?

在当代的辩论中,这些问题往往被概念化为决策正确性的一个方面,并被视为一种可以通过可解释或可说明的人工智能来解决的技术挑战。如果自动决策的主体或法律技术的使用者能够得到对其决策的解释,那么错误就可以被发现,并且在理论上可以得到解决和纠正。

在法律领域,这种想法与许多法律环境的对抗性密切相关,特别是当它们被嵌入司法审查和上诉的分级系统中时。在许多情况下,法律决策是围绕"可竞争性"的双重概念进行的。横向的可竞争性意味着在一个对抗性的环境中,双方都应该被倾听,把他们的观点放到台面上,审查和挑战对方的立场。纵向的可争议性意味着法律决定可以定期受到挑战,并提交给更高的权威机构。这可以采取行政决定中的司法审查,或审判情况下的上诉形式。法律中的人工智能,特别是在"黑箱"机器学习系统的情况下,有可能破坏这一中心概念。为了应对这种情况,我们提出了可竞争性原则,作为尊重法律体系内部完整性和法治理想原则的具体化。

可竞争性原则是指,人工智能的使用不得限制对法律制度规定的决定提出异议的权利。争论通常要求对一项决定给出适当的理由。

3.正当理由和充分解释的原则

法律中"可解释的人工智能"是支持质疑权的一个方面。"可解释的人工智能"通常使决定的达成变得透明。然而,在法律领域,我们不只是对一个决定是如何达成的感兴趣。相反,我们希望有一个符合某些标准和准则的理由。在认识论中,这有时被表述为发现的语境和正当性的语境之间的差异。我们既不期待也不希望人类法官以他们的个人背景、社会化或生活史来解释一项决定(尽管这对达成一项决定的方式可能很重要),也不要求用法官在做决定时的大脑神经学数据来解释。相反,我们要求的是符合某些法律标准的理由,例如通过参考适用法律和适用案例。由此,我们得到正当理由的原则:为了使人工智能在法律中的应用在伦理上站得住脚,仅仅对决定做出"一个解释"是不够的。相反,为了使结果有效,解释必须尊重有关法律制度的内部逻辑，并给出适当的理由，与我们目前强加于法官或公共行政人员等人类决策者的决定责任相匹配。

然而，在某些情况下，我们也可以允许对一个可以以这种方式证明的决定提出异议，但达成该决定的程序存在不可挽回的缺陷。一个法官在与其中一方有关系的情况下也没有回避的决定就是一个典型的例子。在这样的情况下，对决定的结果进行"反向工程"的形式上的有效辩解是不够的，这不足以补救决策过程中的缺陷。同样地，我们应该期望人工智能也是可解释的，即有缺陷的推理过程可以被识别，并在适当的时候被补救，即使在结果（偶然）是正确的情况下。

充分解释的原则即法律中的人工智能必须有足够的解释，以便能够充分分配责任，在出现错误或不当行为时能够进行制裁和补救，并在人工智能的应用可能造成不合理伤害的情况下，维护提供补救的责任。在特殊情况下，如果不可能做出这样的解释，则需要全面的无过错赔偿或类似的保障措施。

这一原则的目的是防止任何"责任差距"，确保受人工智能伤害的各方不会面临他们无法履行的举证责任。

4.实际和有效的补救原则

上述正当理由和充分解释本身都不足以解决人们对错误决定的担忧。知道人工智能的决定是错误的，以及它为什么是错误的本身并不能纠正所犯的错误。有一种危险是，"透明度"被当作武器，将责任从软件开发者转移到客户、用户或受自主决策影响的人身上。特别是在法律背景下，由于权力、物质和智力资源以及社会资本的差异，如果没有切实有效的手段来进行补偿，仅仅知道有不公正的行为是不够的。由此出现了实际和有效的补救原则：任何对"法律技术"项目的道德健全性的评估都需要确定将为挑战决策提供的补救措施，确保可以发现不正确的决定，确保这些补救措施足以提供补救并作为对疏忽或不当行为的威慑，同时确保受伤害的人得到适当的信息和支持，以有效行使他们的权利。

（二）可诉性——司法机构中负责任地使用人工智能的原则

人工智能在司法中一个特别敏感的使用是在法院和司法机构的使用。这不仅是因为这对公民来说事关重大，还因为"看到正义得到伸张"的社会和象征价值。因此，接下来的原则增加了一些专门针对法庭上的人工智能的原则。

1.公共正义/公诉的原则

将可解释的人工智能问题简化为对错误的检测和纠正是一个错误。即使在假设中，可以正式证明法律领域的某个人工智能应用总是100%正确的，在许多情况下仍然需要为其决定提供理由。

尤其是审判是一个"公开追究责任"的过程。在为一项决定提供公开理由时，法官或公共机构的类似决策者并不仅仅是将决定的理由传达给直接受影响的当事人，让他们能够对决定提出异议。审判也是为了让他们理解，并在某种程度上接受为什么司法需要这样的结果。

此外，通过给出公开的理由，审判使对司法系统的控制成为所有公民的集体责任和可能性，尤其是这样更容易发现腐败、偏见的情况下。审判还公开重申了社会的价值观，并以这种方式允许对法律进行批评和演变，以应对不断变化的社会态度。"经被统治者同意的政府"要求让公众参与到对特定案件法律规则应用的审查中，并根据其应用所导致的结果对法律规则的可接受性进行审查。因此，公开审判的理念不仅是法治的核心，它还将民主参与和公民权交织在一起。

"法律技术"会以多种方式破坏这一原则。它可以削弱实施国家行为者解释和证明其决定的义务，例如，当他们使用由私营部门企业拥有和控制的软件，并以商业秘密或版权法为掩护。上述原则就是要解决这个问题。它还可以通过使用公民无法使用的通信工具，剥夺公民作为司法系统观察员的角色。但某些情况下，人工智能又可以作为一种辅助技术，支持公民参与，例如通过自动翻译，或作为患有视觉或听觉障碍的公民的辅助技术。同时，它可以限制对审判的访问和宣传——例如，为了评估证据，法官或陪审员在他们的虚拟现实头盔中"看到"犯罪现场重演，这是观察者无法复制的体验。

最后，通过依赖这些法律文件的知识产权的商业模式获取法律信息可能会造成经济障碍。由此，我们得出了公共正义原则：公共正义，特别是审判的公开性，是公平审判的基石。如果"法律技术"的使用增加了公众参与和了解司法系统的障碍，那么它在道德上是有害的。相比之下，负责任的法律技术旨在降低这些障碍，同时保护参与诉讼的人的合法隐私利益。

2.平等诉诸司法的原则

如上所述，公共司法理念的一个重要方面是对法律材料的获取。朗·L.富勒（Lon Fuller）在其开创性的"法律的道德"中提出的"雷克斯国王"未能建立起一个法律体系，原因之一就是阻止公民获得统治他们的法律文本。在我们的生活中，这些主要是公共部门产生的，如法规和条例、法院判决、政策文件，或者是各方产生的文件，如提交的文件、诉状和简报。公民最起码需要能够确定法律是什么，也就是能够获得主要的法律文本来源，这些途径亟待完善，对许多人来说是负担不起的，并且在实践中受到许多障碍。技术在缓解这一问题上有很大的潜力。许多法律系统在公布法规方面有了很大的改进，同时也在不同程度上在网上公布了法院的判决。人工智能和以用户为中心的信息检索系统甚至可以帮助那些经验不足的人找到与他们相关的材料。自动翻译工具可以让新移民和讲少数民族语言的人接触到法律资源。

然而，技术也可以创造新的障碍，并增加诉诸司法的不平等。这些障碍可能是由技术的设计特点造成的，例如，没有充分考虑到各种残疾用户的需求、数字技能和不平等的计算机使用权，造成了无障碍问题。它们也可以通过商业模式和知识产权法的结合，为法律信息建立"围墙"。因此，上述公开原则可以被强化为平等获取法律的原则。

平等获取法律的原则是指，"法律技术"应努力使所有人都最大限度地获得法律资源。它尤其应该被应用于那些在历史上面临严重的获取障碍的群体，扩大他们的获取机会。它绝不能导致新的障碍，包括技术和经济障碍。在与受影响社区密切协商的情况下，为广泛的障碍因素进行无障碍设计，是道德"法律技术"的核心。该原则要求法律必须为那些无法以这种方式被接纳的人保留其他的访问模式。

因为对法律的使用是以语言为媒介的，所以这一原则也与我们前面介绍的尊重当地传统的原则有关。法律和语言是密切相关的，语言和文化的表达方式也是如此。在欧洲范围内，《欧洲区域或少数民族语言宪章》、《欧盟基本权利宪章》中禁止基于语言的歧视的第22条以及欧洲语言平等网络等机构都承认这一点。正如"法律技术"有可能将只适用于某些（通常是较大的）法律体系的概念和解决方案强加给其他法律体系，人们担心多数语言的使用者在自然语言识别等领域会得到更好的服务。至少，被认可的少数民族语言的使用者不能因为"法律技术"的引入而处于不利地位。

在与国家、法律系统和公共当局互动时，能够说自己的语言，并反过来获得自己语言的服务，是被认可的少数民族和地区语言使用者充分进行民主参与的一个重要方面。为了达成我们的目的，它将"法律技术"的问题更广泛地与参与民主进程、公民和立法机构之间的关系以及充分而积极的公民权理想联系起来。

（三）责任——法律实践中负责任地使用人工智能的原则

除了公共部门外，法律界是"法律技术"的主要使用者。法律行业的独特特点构成了另一个因素，使法律领域的人工智能与许多其他领域不同。这需要在一个合适的道德框架中加以考虑。

在大多数司法管辖区，执业律师是受监管的行业成员，这必然也意味着他们要遵守各自依法设立的监管机构的道德和专业规则。这些规则又可以通过制裁来执行，并且必须被限定为法律规范（在相关议会法案中授权）。本文件中的一些原则可以成为这些规则的一部分，并以这种方式获得法律地位。这突出了法律领域中职业道德的特殊性，它是"有牙齿的道德规则"，这模糊了道德规则和强制执行的监管标准之间的界限。由于监管机构和专业协会必须在确保人工智能的有益使用方面发挥关键作用，一些原则直接针对监管机构，因为它们必须在法律实践中开发、使用和监测人工智能方面发挥核心作用。

1.职业道德规则的同等适用原则

这一原则不仅反映了法律和法治在民主社会的核心地位，以及由此可能产生的特别严重的风险，而且反映了律师作为受监管的职业在社会中发挥的特殊功能，以及他们在许多司法管辖区具有的双重私人/公共身份，他们既是当事人的代表，也是法院的官员。这种功能一直被理解为产生了一套"职业道德"的标准和相应的义务，超越了普通公民或不受监管的企业的义务。例如，律师对其客户负有保密义务，这种义务超越了所有企业根据数据保护法所承担的义务。在法律领域使用人工智能产生的一个特别的道德问题是，虽然法律是一个受监管的行业，但计算机不是，或者至少目前不是。这给"法律技术"的用户带来了风险，因为这些技术不是由受监管的律师操作的，而是由商业实体创造和提供的，目前没有提供类似水平的保护和补救措施。由此，我们得到职业道德规则的同等适用原则：当"法律技术"承担了传统上由律师作为受监管的职业成员执行的角色时，对受影响公民的保护不应允许任何对管理执业律师职业行为的核心原则的规避，特别是（但不限于）国际律师协会制定的关于以下方面的规范——独立、诚实、正直和公平、利益冲突、保密和职业秘密、客户利益、律师承诺、客户自由、客户和第三方的财产、能力和收费。

这还将包括，例如，是否有赔偿保险，以及是否有独立的投诉机制，正如律师协会和类似专业组织经常提供的那种。必须严格避免将与"法律技术"的互动歪曲为特权法律建议，如使用法律符号、带有律师徽章的头像等。这一原则不应该被误解为支持律师对法律服务的垄断。然而，它确实要求为通过机器接受法律咨询的人提供同等的保护，无论该程序的拥有者和操作者是谁。

2.最终责任的原则

受监管的行业是以其成员享有的自主权来区分的。专业人员是自主的,因为他们可以"对自己的工作做出独立判断"。这尤其意味着他们有行使专业判断的自由。然而,这种自主权不是无限制的,也不是自我服务的,只有当该行业的成员"将他们的活动和决定置于该行业其他成员的批判性评价之下",才能以符合伦理的方式行使专业自主权。从对法律作为一种受监管的职业的理解中,我们可以得出另外两个原则——最终责任的原则和集体责任原则。

最终责任的原则是指,选择使用或不使用特定的人工智能作为工具是一种行业判断;作为一个行业的成员,律师对他们为履行职责所选择的工具负有特殊的道德责任。

这包括有义务进行充分的培训,并保持更新,以了解与他们使用的人工智能工具相关的潜力、局限性和风险。如果律师依赖第三方认证,他们有责任了解这些方面的限制,包括认证机构的独立性。

3.集体责任原则

上述原则并不意味着人工智能软件的开发者可以摆脱其道德义务,相反,他们的义务和使用人工智能的律师的义务都是平行存在的。这也并不意味着律师对人工智能的理解需要与构建该系统的专家一样。然而,这确实意味着对人工智能工具的选择具有道德和专业上的重要性,并产生了一种不能简单地转移给开发者或供应商的责任。在实践中,这意味着使用人工智能的律师需要对他们正在使用的系统有适当的和最新的知识、培训和理解,例如通过持续的专业发展活动来证明。对于律师协会和类似的监管机构来说,这意味着人工智能能力必须成为律师专业能力要求的一个要素。这种能力的一部分也必须是对自己知识局限性的理解,包括在什么情况下尽管有这些限制,仍然可以安全地使用技术,以及如何和在哪里获得正确类型的支持。律师协会和其他此类机构的独立性得到了法规的保障,它们也有能力开发认证系统,帮助其成员决定、使用适当和安全的工具,以促进而不是削弱法律和法治。专业机构的核心作用还体现在集体责任的原则:在法律领域,安全和道德地使用人工智能是律师和他们的专业机构的集体责任。这意味着律师和他们的专业机构有责任分享经验,特别是在遇到问题和错误的时候。

这一原则来自这样的要求(如上所述),即一个行业的成员应该"将他们的活动和决定交由该行业的其他成员进行严格的评估"。医学领域的药品上市后的问题报告也可以成为这种分享的模式,可以由专业机构管理。这些机构也最有资格决定这一过程的透明度和公开性与必要的保密性之间的正确平衡,以实现"坦率的披露"。

4.技术中立的原则

受监管职业的成员并不仅仅是对自己的客户产生额外的职业责任。欧盟关于专业资格认可的指令(2005/36/EC)将专业定义为"那些为了客户和公众的利益而提供智力和概念服务的人,以个人、负责和专业独立的身份基于相关的专业资格而从事的职业"。这里最关键的是最后一部分,它强调了对公众的责任。作为法院官员的律师和作为国家承认的监管者的专业组织,他们的责任超越了他们与客户之间的关系。他们对整个法律体系的完整性负有责任。特别是当对客户的道德和专业责任与对公众的责任之间存在潜在冲突时,就会出现道德问题。由此,我们得出技术中立的原则:如果律师或政府官员采用"法律技术"来提供法律服务或做出法律相关的决定,他们作为专业律师的职责仍然是无条件的,并没有转移到系统开发者身上;技术的使用并不改变那些受法律约束的人可能对法律专业人员的期望。

这一原则并不是说,技术在道德上是中立的。在我们看来,"法律技术"从来不是中立的,相反,它反映了互联网法律中的技术中立原则,即线下的非法行为在网上仍然是非法的。连同上面介绍的尊重民主进程的原则和职业道德规则的同等适用原则,它确保人工智能在法律中的使用始终保持至少与我们期望人类决策者相同的标准和保护措施。此外,它承认"法律技术"可能需要比线下世界更多和不同的法律保护。这意味着技术中立性可能需要补偿性措施来确保同等的保护。

五、结论性意见

人工智能的大多数"全球人工智能框架"都是根据人工智能高级别专家组(HLEGAI)提出的值得信赖的人工智能的七个关键要求构建的:①人类机构和监督;②技术稳健性和安全性;③隐私和数据治理;④透明度;⑤多样性、非歧视和公平性;⑥环境和社会福祉;⑦问责制。在法律中发展和使用人工智能的框架在结构上没有遵循这一线索,以兼顾法律领域人工智能的多样性。尽管如此,每项原则最终都与这个主要框架有关。它们强调了律师及其监管机构的专业责任(HLEAGAI 1),提出了一个评估和部署后审查的系统(HLEAGAI 2),强调了对可解释性的具体法律要求(HLEAGAI 4),强调了法律在促进平等公民权愿景中的作用(HLEAGAI 5),讨论了在发生伤害时需要一个强大的"补偿"系统

（HLEAGAI 7）。它们共同保护作为民主社会基石的法治，因此最终都为其服务（HLEAGAI 7）。由于正常运作的司法系统和民主理想之间的这种核心联系，这些原则并不只是针对狭义的"法律服务行业"，而是针对所有形式的法律实践（律师事务所、司法机构和检察官办公室、立法机构和公共管理部门）、法律领域的软件开发商和数字出版商，以及那些受司法管辖从而有权获得法律保护以防止其人权被侵犯的人。

这种抵制将法律技术的伦理原则局限于开发者或商业法律实践的原因应该很清楚：将人工智能引入法律实践不能局限于法律服务行业，法律保护是一种商品化的服务，其价格应取决于竞争性经济市场的谈判的基本假设是错误的。公平、透明和有效的经济市场本身取决于建立、维持和发展其构成约束的法律体系（如合同和财产，但也包括公法义务和能够决定和执行这些约束的独立司法机构）。因此，法律界定了经济市场的轮廓和内部运作，而不应被框定为商品本身，依赖于旨在决定其命运的市场的随意性。

应该明确的是，这既适用于使用或开发一项建议的"法律技术"的决定，也适用于不使用或不开发一项建议的"法律技术"的决定。全球的司法系统存在一定的危机。2008年金融危机后多年的资金不足，以及对系统性和历史性不公正的认识的提高，都导致了公众信任的削弱。适当的技术在增加诉诸司法的机会，减少获得法律咨询的经济、教育、地理和文化障碍方面有很大的潜力，它们可以帮助监测和评估关键利益相关者的表现，使公众参与司法系统的新形式成为可能，并使获取法律资源的途径民主化，成为公民参与的助推器。使用/开发或不使用/不开发"法律技术"的道德义务，都需要对法治所体现的基本价值进行反思，这正是本报告所要推动的。

此外，虽然法律是由一套特定的伦理原则所决定的，特别是正义、法律的确定性和目的性，但它与伦理的不同之处在于，它并不取决于拥有决定权的人（主权者）的伦理倾向。法律牢固地建立在将其意志单方面强加给受其管辖的人的能力之上，这使得依赖那些为法律服务的人的道德意图和想法相当危险。法治的悖论意味着针对国家的法律保护最终取决于同一国家的警察力量，如果建立了制衡机制，这种保护就能有效和有意义。如果宪政民主国家的核心没有制衡力量，就没有法治，只有人治（不受约束的主权统治）。全球人工智能框架应致力于维护法治，同时避免开发和使用人工智能的目的变成实现更独裁的人治（通常称为独裁政权）。

然而，反作用力和制衡措施需要精心设计。它们要求对法律的完整性有一个正确的理解，这就需要法律的一致性和适应性，因为这已被纳入法律确定性的概念。

这就需要密切关注法律规范的可预见性、可及性和适当的保障措施，以防止僵化或不合理的应用。法律是一种争论性的手段，它不仅可以根据有约束力的、公开的规则和原则来决定冲突，而且还可以就这些法律规范的正确解释进行对抗性的辩论。人工智能的出现可能迎合了人们对自我驱动的法律的梦想，这种法律既不含糊又具有个性化。律师的任务是抵制这种对法律性质和技术限制的基本误解，努力实现人工智能的整合，以支持制衡和维护法治，而不是将效率作为法律服务的圣杯。

也就是说，上面提供的指导方针确实与下面总结的关键要求相互作用。法律的完整性是由目的性、尊重法治和公平分配影响的原则所体现的，它意味着技术稳健性原则的敏锐性（如果一项"法律技术"不能像声称的那样运作，它就不能达到服务于法律的目的）、透明度和问责制（尊重法治的核心）以及多样性、非歧视和公平原则（规定了公平分配影响）。关于法律中人工智能的发展，我们主张程序透明、尊重立法过程、不受约束的公众参与、透明和充分的补偿、多样性和代表性、非歧视和时间上的可竞争性等原则。这些原则与人的能动性和监督（假设程序透明是有意义的，就应该要尊重立法程序、不受约束的公众参与、多样性和代表性以真正包容人的能动性，以及时间上的可竞争性以确保有效的监督）、技术稳健性（这需要程序透明以确保持续实证和经验验证，需要多样性和代表性以防止对含有不公平偏见的分布的数据集进行训练）、隐私和数据治理（因为它们需要程序透明以发现对隐私的侵犯。尊重立法程序，以防止政府被治理和非歧视取代，以及时间上的可竞争性，以断言不是任何数据治理制度都适合宪政民主的目的）、透明度（在程序意义上和实质意义上实现充分的补偿）、多样性、非歧视和公平（如在多样性和代表性以及非歧视下明确处理）密切相关。由于宪政民主需要应对环境和社会福祉，"法律技术"的开发者应确保其有效性不取决于对环境的过度影响（这与尊重立法程序的原则相一致，立法程序不应受到数据或代码驱动的方法的"劫持"，因为那些方法危及联合国所倡导的可持续发展目标）。显然，问责原则只有在一个能够追究违反法律规范的人（无论是大公司、政府还是公民个人）的管辖范围内才有意义。关于人工智能在法律中的应用，我们发现了11项原则，这些原则是宪政民主中法律实践的构成部分，它们被归类为问责制（侧重于在公共管理中使用负责任的人工智能）、可诉性（侧重于在适当的司法监督下使用负责任的人工智能）和责任（侧重于在法律实践中使用负责任的人工智能）等标题。我们请读者参阅相关章节的内容，以了解对相关原则的详细分析，如理由和解释、实际和有效的补救措施、平等诉诸司法的机会和职业道德规则的同等适用。这些原则中有许多可以与HLEGAI的全球人工智能准则有这样或那样的关联，但同样，它们不仅仅是道德原则，而且大多是有约束力的法律戒律，其准确程度保证它们提供了具体的法律保护，而不是道德指导。

将HLEGAI的"关键绩效指标"与我们自己的框架进行对比，显示了许多交叉引用（还可以发现更多）。然而，这并不意味着我们可以在这些原则的基础上制定人工智能在法律中的使用，并且做得同样好。如果我们假设开发、部署和使用人工智能的一般原则适用于宪政民主的架构，那么我们的出发点就错了。相反，我们已经开始奠定基础（法律的完整性），随后解决开发人员的相关挑战，然后规定在法律实践中实际使用人工智能。这应该指出前进的道路，拒绝接受默认的"法律技术"（技术解决主义），同时对"法律技术"在法律实践中的整合采取务实和有原则的方法（选择负责任的人工智能）。

◆ 附：原则摘要

一、负责任的人工智能在法律中的基本原则

1. 尊重法律的完整性和法治

任何人工智能的使用都必须尊重法律体系的完整性，尊重其中的价值观，并坚持切实有效地尊重法治。

2. 目的性原则

对一项拟议的法律技术的伦理价值的任何评估，都应该明确地预先说明：

①它应该解决的是什么问题；

②它不会解决什么问题；

③它可能产生什么问题。

3. 尊重法治的地域性原则

人工智能在法律中的使用应该考虑到历史上形成的、社会和文化上的裁决实践，以及欧洲基本权利框架范围内的不同的司法概念。

4. 在个人和社会层面公平分配风险和利益的原则

"法律技术"是在具有重大权力差异的背景下形成的。负责任地开发和使用人工智能会考虑到这些结构性条件，并防止风险和利益的不公平再分配。更加重要的是，人工智能在法律中的使用应该旨在减少现有的权力不平衡，并将风险重新分配给最有能力减轻风险的人。

5. 横向影响评估的原则

法治和合法性的概念超越了个人与国家，或律师与客户之间的二元关系，并构成了一种共同的利益。因此，评估在法律中使用的人工智能的道德风险必须考虑对第三方的长期不利影响以及对我们合法生活能力的累积影响。

二、在法律中负责任地发展人工智能的原则

1. 程序透明原则

在"法律技术"的整个开发周期中，在功能上等同于对法律的解释、增强或限制的设计决定应该被记录下来，包括记录谁做出的决定以及根据什么授权。这应该以所有利益相关者，包括公民社会和他们的代表，而不仅仅是专家所能理解的语言进行。

2. 尊重立法程序的原则

委托开发法律技术的公共部门组织不得将其作为阻止民主审查和问责的方式，也不得限制公众在立法过程中的既定参与权和发言权。他们仍然要对"法律技术"在形式和功能上与它所实施的法律相匹配负最终责任。

3. 不受约束的公众参与原则

公众在规范制定过程中做出贡献的权利，以及社区在影响他们的公共部门规则制定中发表意见的权利，决不能因为建立法律技术和"设计的法律"环境的过程而被削弱或规避，因为这将排除不服从的情况。

4. 透明和充分补偿的原则

人工智能在法律中的开发和使用并不只是被动地听取所有受到"法律技术"运作影响的个人和团体的声音。开发者应该积极寻求并关注这些声音。通过开发者的劳动，这些社区为最终的产品增加了价值，这些价值和劳动必须得到适当的补偿和承认。

5. 多样性和代表性的原则

通过他们的劳动和专业知识为"法律技术"的发展提供信息的团体和个人，特别是通过伦理咨询委员会和其他管理结构，应该代表该技术将服务的社会，并反映其多样性。

6. 非歧视的原则

有偏见和歧视性的做法与法治理想及其为所有人伸张正义的承诺不兼容。"法律技术"的开发者和操作者必须通过选择适当的设计方法（如审查输入数据等）、选择技术（算法的解释权）来明确地确保"法律技术"的公正性。

7. 时间上的可竞争性原则

所有的"法律技术"项目都应该预计到，法律会随着社会规范的变化而变化。"法律技术"的部署不得锁定或限制未来的立法者，并且必须允许通过民主程序或司法审查对现行法律进行挑战和修改。

三、在法律中负责任地使用人工智能的原则

（一）问责制——公共部门负责任地使用人工智能的原则

1. 持续实证/经验验证的原则

人工智能在法律中的道德使用需要在部署前和部署后都进行严格和现实的测试，用强有力的方法在用户之间以及用户和监管机构之间分享关于问题的发现。

2.可竞争性原则

人工智能的使用不得限制对法律制度规定的决定提出异议的权利。争论通常要求对一项决定给出适当的理由。

3.证明和解释的原则

（1）充分说明理由的原则

为了使人工智能在法律中的应用在伦理上可以得到辩护，对决定的"一个"解释是不够的。相反，为了有效，解释必须尊重有关法律制度的内部逻辑，并给出适当的理由，以符合我们目前强加给人类决策者（如法官或公共行政人员）的责任。

（2）充分解释的原则

法律中的人工智能必须有足够的解释，以便在人工智能的应用可能造成无理伤害的情况下，能够充分分配责任和提供补救的义务。在特殊情况下，如果不可能进行这样的解释，则需要全面的无过错赔偿或类似的保障措施。

4.实际和有效的补救原则

对"法律技术"项目的道德健全性的任何评估，都需要确定会提供补救措施，确保不正确的决定可以被发现，确保这些补救措施是充分的，保证那些受到伤害的人得到适当的信息和支持，以有效地行使他们的权利。

（二）可诉性——司法机构中负责任地使用人工智能的原则

1.公共正义/公诉的原则

公共司法，特别是审判的公开性，是公平审判的基石。如果"法律技术"的使用增加了公众参与和了解司法系统的障碍，那么它在道德上是有害的。相反，负责任地使用法律技术的目的是降低这些障碍，同时保护参与诉讼的人的合法隐私利益。

2.平等诉诸司法的原则

使用"法律技术"应努力使所有人都能最大限度地获得法律资源。它尤其应该被用来扩大那些在历史上面临严重障碍的群体的使用权。它不应该导致新的障碍，包括技术和经济障碍。在与受影响社区的密切协商下，考虑到为广泛的障碍因素进行无障碍设计，是道德"法律技术"的核心。必须为那些有使用障碍的人保留其他的访问模式。

（三）责任——在法律实践中负责任地使用人工智能的原则

1.职业道德规则的同等适用原则

当"法律技术"由律师作为受监管的职业成员进行操作时，对受影响的公民的保护不应允许规避执业律师职业行为规范的核心原则，特别是（但不限于）国际律师协会制定的关于以下方面的规范：独立、诚实、正直和公平、利益冲突、保密和职业秘密、客户利益、律师承诺、客户自由、客户和第三方的财产、能力和费用。

2.最终责任的原则

选择使用或不使用特定的人工智能作为工具是一种职业判断。作为一个行业的成员,律师对他们为履行职责所选择的工具负有特殊的道德责任。

3.集体责任原则

在法律领域安全和符合伦理的使用人工智能是律师及其专业机构的集体责任。这意味着有责任分享经验,特别是在遇到问题和错误的时候。

4.技术中立的原则

如果律师或政府官员采用"法律技术"来提供法律服务或作出法律上的相关决定,他们作为专业律师的职责仍然是无条件的,不会转移到系统开发者身上。技术的使用并不改变客户或公众对法律专业人士的期望。

◆ 阅读文献

这些阅读文献是对与"法律技术"的伦理层面最相关的文献的精选清单,并不声称是全面的,同时还有本报告中提到的一些其他作品。

Allhutter D and others, 'Algorithmic Profiling of Job Seekers in Austria: How Austerity Politics Are Made Effective', (2020) 3:5 Frontiers in Big Data.

Ashley K D, *Artificial Intelligence and Legal Analytics: New Tools for Law Practice in the Digital Age* (Cambridge University Press 2017).

Baker J J, 'Beyond the Information Age: The Duty of Technology Competence in the Algorithmic Society' (2017) 69 South Carolina Law Review 557.

Bankowski Z, White I, and Hahn U (eds), *Informatics and the Foundations of Legal Reasoning* (Springer 2013).

Barocas S and Selbst A D, 'Big Data's Disparate Impact' (2016) 104 California Law Review 671.

Bayles M D, *Professional Ethics* (Wadsworth 1981).

Bench-Capon T and others, 'A History of AI and Law in 50 Papers: 25 Years of the International Conference on AI and Law' (2012) 20 *Artificial Intelligence and Law* 215.

Brownsword R, 'Technological Management and the Rule of Law' (2016) 8 *Law, Innovation and Technology* 100.

Burk D L,'Algorithmic Legal Metrics'(2021) 96 Notre Dame Law Review 1147.

Campbell R W,'Artificial Intelligence in the Courtroom: The Delivery of Justice in the Age of Machine Learning'(2020) 18 Colorado Technology Law Journal 323.

Chishti S and others, *The Legaltech Book: The Legal Technology Handbook for Investors, Entrepreneurs and Fintech Visionaries* (Wiley 2020).

Cieslak M,'Virtual reality to aid Auschwitz war trials of concentration camp guards'(*BBC News*, 20 November 2016) <https://www.bbc.co.uk/news/technology-38026007> accessed 22 February 2021.

Citron D K,'Technological Due Process'(2008) 85 Washington University Law Review 1249.

Compagnucci, MC and others, Legal Tech and the New Sharing Economy (Springer 2019).

Custis T and others,'Westlaw Edge AI Features Demo: KeyCite Overruling Risk, Litigation Analytics, and WestSearch Plus', in Floris Bex and others, *Proceedings of the Seventeenth International Conference on Artificial Intelligence and Law, ICAIL '19* (Association for Computing Machinery 2019).

Deakin S and Markou C (eds), Is Law Computable?: Critical Perspectives on Law and Artificial Intelligence (Hart Publishing 2020).

Dignum V, *Responsible Artificial Intelligence: How to Develop and Use AI in a Responsible Way* (Springer 2019).

Diver L, *Digisprudence: The Design of Legitimate* Code (2021) 13 Law, Innovation and Technology forthcoming.

Dubois C,'How Do Lawyers Engineer and Develop LegalTech Projects? A Story of Opportunities, Platforms, Creative Rationalities, and Strategies',(2020) 2 Law, Technology and Humans.

Duff A and Duff R A, *Punishment, Communication, and Community* (Oxford University Press 2001).

Dworkin R, *Taking Rights Seriously* (A&C Black 2013).

Fuller L, *The Morality of Law* (Yale University Press 1969).

Greenleaf G, Chung P and Mowbray A,'Building Datalex Decision Support Systems: A Tutorial on Rule-Based Reasoning in Law'(2017) UNSW Law Research Paper No. 17-68.

Hartung M, Bues MM and Halbleib G (eds), *Legal Tech: A Practitioner's Guide* (Hart/Nomos 2018).

Hildebrandt M and Tielemans L, 'Data protection by design and technology neutral law' (2013) 29 Computer Law & Security Review 509.

Hildebrandt M, 'Data-Driven Prediction of Judgment. Law's New Mode of Existence?' Forthcoming in Collected Courses of the Academy of European Law (Oxford University Press).

Hart H L A, *The Concept of Law* (Oxford University Press 1961).

Hoffmann-Riem W, 'Legal Technology/Computational Law' (2021) 1 Journal of Cross-Disciplinary Research in Computational Law.

Hoogland J and Henk J, 'Professional Autonomy and the Normative Structure of Medical Practice' (2000) 21 *Theoretical Medicine and Bioethics* 457.

Jonas H, *The Imperative of Responsibility: In Search of an Ethics for the Technological Age* (University of Chicago Press 1985).

Kennedy R, 'E-Regulation and the Rule of Law: Smart Government, Institutional Information Infrastructures, and Fundamental Values' (2016) 21 Information Polity 77.

Law Society, *Lawtech: A Comparative Analysis of Legal Technology in the UK and in Other Jurisdictions* (The Law Society 2019).

Law Society, *Technology, Access to Justice and the Rule of Law: Is Technology the Key to Unlocking Access to Justice Innovation?* (The Law Society 2019).

Livermore MA and Rockmore DN (eds), *Law as Data: Computation, Text, & the Future of Legal Analysis* (Santa Fe Press 2019).

Mohun J and Roberts A, 'Cracking the Code: Rulemaking for Humans and Machines' (OECD 2020).

Morison J and Harkens A, 'Re-Engineering Justice? Robot Judges, Computerised Courts and (Semi) Automated Legal Decision-Making' (2019) 39 Legal Studies 618.

Pasquale F, *New Laws of Robotics: Defending Human Expertise in the Age of AI* (Harvard University Press 2020).

Pistor K, *The Code of Capital: How the Law Creates Wealth and Inequality* (Princeton University Press 2019).

Radbruch G, 'Legal Philosophy', in Kurt Wilk (tr and ed), *The Legal Philosophies of Lask, Radbruch, and Dabin* (Harvard University Press 2014).

Spiekermann‑Hoff S, *Digitale Ethik: Ein Wertesystem für das 21. Jahrhundert* (Droemer 2019).

Surden H, 'Machine Learning and Law' (2014) 89 Washington Law Review 87.

Susskind R, *The Future of Law* (Oxford University Press 1996).

Tomlinson J, 'Justice in Automated Administration', (2020) 40 Oxford Journal of Legal Studies 708.

Waldron J, 'The Rule of Law and the Importance of Procedure', (2011) 50 Nomos 3.

Whalen R, *Computational Legal Studies: The Promise and Challenge of Data-Driven Research (Edward Elgar 2020)*.

Wyner A and Casini G (eds), *Legal Knowledge and Information Systems JURIX 2017: The Thirtieth Annual Conference* (IOS Press 2017).

Yeung K, 'Algorithmic Regulation: A Critical Interrogation' (2018) 12 *Regulation & Governance* 505.

Zalnieriute M and Bell F, 'Technology and the Judicial Role' in Gabrielle Appleby and Andrew Lynch (eds), *The Judge, the Judiciary and the Court: Individual, Collegial and Institutional Judicial Dynamics in Australia* (Cambridge University Press 2020).

Zeleznikow J, 'Building Decision Support Systems in Discretionary Legal Domains' (2000) 14 International Review of Law, Computers & Technology 341.

医疗人工智能数据治理的新挑战

[美] 珍妮弗·松里泽·温特

祝紫欣 译*

摘　要：随着人工智能创新日益成熟，其应用有望改变医疗领域，极大增进民生福祉。人工智能、大数据、云计算和物联网等技术相互联系、支撑并推动着"数据革命"，创造出一个庞大的新型健康数据生态系统。然而如何对这些健康数据实现有效治理，是当下医疗人工智能所面临的巨大挑战之一。围绕这一问题，本文从数据的范围和种类、数据链接以及数据处理等方面对医疗人工智能数据治理面临的挑战进行了梳理，并对此提出了相应的应对方案，认为医疗人工智能数据治理需要将这些大数据资源视为一种新的社会资源，对其进行监管，推进技术化和组织化创新以实现结果的最优化。

关键词：健康医疗数据　人工智能　数据治理

New Challenges for Data Governance of Healthcare AI

Abstract: As AI innovations become more sophisticated, their applications are expected to transform the healthcare sector and greatly enhance people's well-being. Technologies such as artificial intelligence, big data, cloud computing and the Internet of Things are interconnected, supporting and driving the "data revolution", creating a vast new health data ecosystem. However, how to achieve effective governance of these health data is one of the great challenges facing healthcare AI nowadays. In this paper, we present the challenges of health AI data governance in terms of the scope and types of data, data linkage, and data processing, and propose corresponding solutions to address them. We argue that health AI data governance requires treating these big data resources

---

* 作者简介：珍妮弗·松里泽·温特（Jenifer Sunrise Winter），夏威夷大学马诺阿分校传播与信息学院。祝紫欣，湖北司法大数据研究中心研究员，硕士研究生。

as a new social resource, regulating them, and promoting technological and organizational innovations to optimize the results.

Key Words: healthcare data; artificial intelligence; data governance

一、引言

得益于早期在医疗成像和机器人流程自动化方面的成功，人工智能创新日益成熟，人工智能的应用有望改变医疗领域，极大地增进民生福祉。[1]这一点在为应对与COVID-19流行病相关的严峻挑战而快速部署的人工智能中得以证明，包括疾病诊断和监测、药物研发和疫苗开发几个方面。[2][3]

这些创新成果的核心是深度学习应用所需的健康数据。数据快速积累，以及数据质量提高、数据共享和标准化，使得深度学习算法在许多医疗保健应用中得以发展。[4]医疗人工智能所面临的巨大挑战之一是对这些数据的有效治理——确保谨慎聚合和合理访问以推动创新，改善患者情况并提高医疗保健系统的效率，同时保护数据主体的隐私和安全，确保利益的平等分配。然而，数据治理相关的文献很少讨论除了隐私和安全方面的重要现实问题以外的其他问题；对医疗人工智能领域出现的意外情况或不良结果考虑较少，如临床医生技能降低、算法偏见、"监管真空"和公众参与欠缺。[5]随着人们对算法伦理治理的呼声越来越高[6]，Reddy等为医疗服务中的人工智能开发了一个治理模型[7]，重点关注公平性、责任性和透明性（FAccT）以

---

1. Flores, M., Glusman, G., Brogaard, K., et al. (2013). P4 medicine: How systems medicine will transform the healthcare sector and society. Personalized Medicine, 10(6), 565-576.
2. Harmon, S. A., Sanford, T. H., Xu, S., et al. (2020). Artificial intelligence for the detection of COVID-19 pneumonia on chest CT using multinational datasets. Nature Communications, 11(1), 1-7.
3. National Institutes of Health. (2020). NIH harnesses AI for COVID-19 diagnosis, treatment, and monitoring. Retrieved from: https://www.nih.gov/news-events/news-releases/nih-harnesses-ai-covid-19-diagnosis-treatment-monitoring.
4. Miotto, R., Wang, F., Wang, S., et al. (2018). Deep learning for healthcare: Review, opportunities and challenges. Briefings in Bioinformatics, 19(6), 1236-1246.
5. Carter, S. M., Rogers, W., Win, K. T., et al. (2020). The ethical, legal and social implications of using artificial intelligence systems in breast cancer care. The Breast, 49, 25-32.
6. Ahmad, M. A., Patel, A., Eckert, C., et al. (2020, August). Fairness in machine learning for healthcare. In Proceedings of the 26th ACM SIGKDD international conference on knowledge discovery & data mining (pp. 3529-3530).
7. Reddy, S., Allan, S., Coghlan, S., et al. (2020). A governance model for the application of AI in health care. Journal of the American Medical Informatics Association, 27(3), 491-497.

及可信性原则,并呼吁对此展开更广泛的讨论。Winter和Davidson强调有必要确定医疗数据及其使用的潜在价值,并指出医疗数据使用中存在许多相互矛盾的利益和目标——如医疗保健系统效率和改革、患者健康和社会运行、知识产权开发以及货币化。[8]除了隐私和安全的重要考虑之外,数据治理还必须考虑谁将从医疗人工智能的应用中受益,以及谁不会受益的问题。是什么样的价值推动着医疗人工智能的创新和使用?我们如何才能确保创新成果不仅限于最富有的个人或国家享有?随着大型科技公司开始与医疗系统合作,以及个人生成的健康数据(PGHD)(如健身追踪器、连续血糖监测仪、互联网健康信息搜索)激增,谁来监督这些实质为"黑匣子"的复杂技术系统?[9] [10]

为了解决这些复杂而重要的问题,我们必须承认关联数据、大数据分析和人工智能已将我们带入了一个新的技术、组织和政策环境。[11]人工智能、大数据、云计算和物联网是相互联系的技术,它们相互支撑并推动着"数据革命",创造出一个庞大的新型健康数据生态系统。这场革命不仅仅是关于更多的数据——还有许多新的数据类型——例如,来自可穿戴健康或医疗设备的数据。重要的是,现在有了新的分析工具来挖掘这些数据以获得洞察力。预测分析还可以创建新的数据,这些数据可以超越原始的收集背景。此外,数据治理不再是单个组织的责任。相反,多个网络化实体发挥着作用[12],因此数据治理责任也可能会模糊不清。这也引发了许多与数据本地化及其管辖权有关的问题——谁应该承担数据治理的责任?

在当下的新兴环境中,通过传统的政策模式或工具可能不再能够有效地进行数据治理。在本文中,笔者对医疗人工智能数据治理面临的主要挑战进行了概述,重点关注健康相关数据的范围和种类不断增长、关联数据以及新数据处理者和各方协作的出现这几点。最后,笔者认为医疗人工智能相关数据的创新需要我们将这些大数据资源视为一种新的社会资源,不应由某一参与者"拥有",而是需要监管,需要进行技术化和组织化创新,以实现具有不同利益和价值观的参与者网络

---

8. Winter, J. S. and Davidson, E. (2019). Governance of artificial intelligence and personal health information. Digital Policy, Regulation and Governance, 21(3), 280-290.

9. Pasquale, F. (2015). The black box society: The secret algorithms that control money and information. Cambridge, MA: Harvard University Press.

10. Winter, J. S. and Davidson, E. (2019). Big data governance of personal health information and challenges to contextual integrity. The Information Society, 35(1), 36-51.

11. Taylor, R. D. (2017). The next stage of US communications policy: The emerging embedded infosphere. Telecommunications Policy, 41(10), 1039-1055.

12. Janssen, M., Brous, P., Estevez, E., et al. (2020). Data governance: Organizing data for trustworthy Artificial Intelligence. Government Information Quarterly, 37(3).

中多种可能结果的最优化。

二、健康相关数据的范围和种类不断增长

个人健康数据日益超出了临床就诊、药房交易和索赔数据的范围。许多与个人健康有关的数据都是直接收集的，或者可以根据日常活动推断出来（如健身追踪器、网页浏览痕迹、智能设备对家庭活动的追踪记录、超市采购）。个人通过移动健康应用程序和设备（如健身追踪器、生育追踪器、心脏起搏器、胰岛素泵和其他生物识别读数）产生与其健康有关的数据，并与提供设备和服务的技术公司共享这些数据的管理。健康相关数据甚至可以通过个人的互联网活动和一般的运动模式（例如通过移动设备、人脸识别来追踪）来推断。因此，物联网设备、手机和应用程序、互联网网站和搜索引擎正在收集大量高细粒度的个人数据。这些数据直接或间接地与患者的健康有关，这也导致一些人持广泛性的观点，认为"个人的所有数据都是健康数据"[13]。

这些个人产生的健康数据——或PGHD[14]——和健康追踪数据的来源正在迅速增长，并被聚合、挖掘以获得洞察力，以及转卖以获取利润。这些数据可能超出了现有的健康数据监管范围（如美国的HIPAA，一部涉及健康信息的部门法案），并受技术公司自己的隐私政策管辖[15]。因此，健康数据与非健康数据的区别越来越模糊。以这些数据为基础的预测性健康模型可以被用来为各种重要决策提供信息[16][17]，尽管这些决策可能不符合个人的最佳利益。此外，不公正歧视等危害可能发生在与医疗不直接相关的领域，如基于对个人健康状况了解的就业或住房歧视。

医疗人工智能所需数据的规模和范围，以及算法对这些数据进行访问和转换的不透明，对现有的数据保护机制提出了挑战。即便是像欧盟的GDPR这样全面的数据保护法，也可能无法处理通过人工智能实现预期创新与保护个人健康数据之间的

---

13. Warzel, C. (2019). "All your data is health data." The New York Times. Retrieved from: https://www.nytimes.com/2019/08/13/opinion/health-data.html

14. Deering, M. J., Siminerio, E. and Weinstein, S. (2013). Issue brief: Patient-generated health data and health IT. Office of the National Coordinator for Health Information Technology, 20.

15. Winter, J. S. and Davidson, E. (2019). Big data governance of personal health information and challenges to contextual integrity. The Information Society, 35(1), 36-51.

16. Bates, D. W., Saria, S., Ohno-Machado, L., et al. (2014). Big data in health care: using analytics to identify and manage high-risk and high-cost patients. Health affairs, 33(7), 1123-1131.

17. Cohen, I. G., Amarasingham, R., Shah, A., et al. (2014). The legal and ethical concerns that arise from using complex predictive analytics in health care. Health Affairs, 33(7), 1139-1147.

矛盾。数据最小化原则要求只收集为实现某种目的所必需的数据，而预测机器学习模型所需的最小数据量可能是困难的。GDPR允许为特定目的收集数据，并禁止重复使用，而训练深度学习模型需要大量数据[18][19]，并可通过重复使用为其他目的收集的数据来加强。在美国，联邦贸易委员会准备在2023年通过"算法披露"（algorithmic disgement）来阻止非法数据收集[20]。算法披露将要求公司销毁衍生自非法数据收集的人工智能驱动算法，但如此一来识别和执行不合规行为可能变得很困难。

虽然以训练和维护人工智能系统为目的，合法特定地收集数据是有可能的，但这些通常是重复使用最初在一个或多个现有信息系统中为其他目的收集的数据。如果没有来自其他系统和组织的现有数据，开发和部署人工智能和机器学习的成本往往会令人望而却步。但是，随着数据在不同环境下的移动，可能会出现数据的准确性、完整性和来源性的问题。这里的来源指的是数据的创建地点，它是如何在信息系统中移动以及是如何进行转换的。进一步讲，患者同意将这些数据用于某个特定目的，就不能扩展到其他用途。数据链接不是简单地获取数据并将其与其他数据集聚合，也不仅仅是无论数据是否聚合而共享数据——数据链接是将不同的数据聚合在一起，以创造新的数据属性和新的价值、新的机会以及新的风险。

通过链接创建新的数据可能需要不同的数据治理需求，而不仅仅是简单的聚合。由于数据的移动和使用对于数据主体或监管机构来说通常是不透明的，损害可能很难被发现，做到监测和执行合规性可能很困难。这种情况引起了社会对于算法FAccT（公平性、责任性和透明性）的呼吁，也使得越来越多的力量投入到对"可解释的人工智能"和算法审计领域的研究[21][22]。

三、关联数据

数据链接是将来自多个来源的特定个人、家庭、群体或事件的记录统一起来的

---

18. Chen, X. W. and Lin, X. (2014). Big data deep learning: challenges and perspectives. IEEE Access, 2, 514-525.
19. Xiao, C., Choi, E. and Sun, J. (2018). Opportunities and challenges in developing deep learning models using electronic health records data: a systematic review. Journal of the American Medical Informatics Association, 25 (10), 1419-1428.
20. Salvino, M.A. (2022). FTC privacy authority is poised for breakthrough year. Retrieved from: https://news.bloomberglaw.com/bloomberg-law-analysis/analysis-ftc-privacy-authority-is-poised-for-breakthrough-year.
21. Janssen, M., Brous, P., Estevez, E., et al. (2020). Data governance: Organizing data for trustworthy. Artificial Intelligence. Government Information Quarterly, 37(3).
22. Reddy, S., Allan, S., Coghlan, S. (2020). A governance model for the application of AI in health care. Journal of the American Medical Informatics Association, 27(3), 491-497.

各种技术手段。[23][24]该概念于1946年在人口记录中首次出现[25][26]，现代信息和网络基础设施的进步使一系列复杂的数据收集、共享和分析技术成为可能。除了广泛收集个人健康数据外，确定匹配（匹配状态）准确性的方法也在不断进步，在过去的几十年里，确定性匹配（使用唯一标识符或部分标识符集群）和概率性匹配（分配权重以评估记录指向同一实体的可能性）等技术被广泛使用。为了保护隐私，监管机构通常要求将个人标识符与属性数据分离（即去标识/匿名化）。例如，在美国，HIPAA隐私规则是部门医疗保健法的一部分，该规则要求所涉及的主体（如医生、医院系统员工和药房员工）及其业务伙伴从收集的数据中删除18类个人健康信息（PHI）标识符，以防止数据被追溯到个人。随着每一个新的数据链接实例的出现，重新识别即唯一性标识某一主体的危险也在增加。

从医疗机构的角度来看，数据链接代表着效率和成本效益，以及改善患者护理的新的分析见解，如基于人口的系统和个人电子健康记录（EHR）。从医疗保健研究人员的角度来看，数据链接代表着创新和增强研究结果的普遍适用性。

数据链接不是简单地获取数据并将其与其他数据集聚合，也不仅仅是无论数据是否聚合而共享数据。数据链接是将不同的数据聚合在一起，创造新的数据属性和新价值、新的机会以及新的风险。通过链接创造新的数据可能需要不同的数据治理需求，而不仅仅是单纯的数据聚合。

四、新数据处理者和各方协作

在过去，每个健康数据的储存都由最初收集该数据的组织管理，并受适用于该组织和数据类型的监管监督。该组织负责保护个人隐私，保护数据不被盗用或泄露，并确保数据的使用符合适用政策。当数据以许可、共享、数据交易或其他方式转移到新的组织时，为进行数据管理可能会或多或少适用适当的或者严格的新法律规范。当来自不同组织和监管领域的数据集通过颗粒级、个体级关联数据进行合

---

23. Harron, K. (2016). Better knowledge, better society: An introduction to data linkage. ADRN. Retrieved from https://eprints.ncrm.ac.uk/id/eprint/4282/.
24. OECD. (2014). "Record linkage". Glossary of statistical terms. Retrieved from: https://stats.oecd.org/glossary/detail.asp?ID=3103.
25. Dunn, H. L. (1946). Record linkage. American Journal of Public Health and the Nations Health, 36(12), 1412-1416.
26. Harron, K. (2016). Better knowledge, better society: An introduction to data linkage. ADRN. Retrieved from https://eprints.ncrm.ac.uk/id/eprint/4282/.

并，从而在实质上创建了更全面、更能揭示数据集各个主题的新数据时，这种治理挑战就会加剧。这其中重要的问题是，哪些组织或部门的规范、规章和许可的使用是或应该被授权，如何在程序上对关联数据进行管理，以及如何协调与关联数据相关的个人、组织和机构这些参与者的不同利益和价值。

随着数字化健康数据量的增长，许多新的参与者进入了健康数据生态系统。无论是苹果、谷歌、微软、亚马逊还是许多初创公司，大大小小的科技公司都在竞相争夺这一领域，为医疗保健机构提供安全云计算服务和人工智能分析服务，开发各种消费者健康应用程序，并成为医疗研究项目的合作伙伴。然而，数据治理方面的担忧也在显现，因为这些IT巨头已经通过其社交媒体、移动通信和零售网络掌握了几乎无处不在的人类活动数据。由于健康数据的敏感性，这些数据具有比许多其他数据类型更高的隐私保护监管级别，而这些IT公司将健康数据与消费零售数据和社交媒体数据联系起来的能力也引发了许多问题。这种联系将大大增加健康数据在医疗环境之外的再利用性，并将零售和社交媒体数据重新用作健康状况的潜在预测指标。

随着这些公司通过应用程序、在线搜索平台和越来越多的健康科技设备（如睡眠追踪器、心电图仪、智能体温计）收集数据，数据治理方面的问题开始显现。例如，2019年谷歌收购了位居市场前列的健身追踪器公司Fitbit及其用户数据。这些科技公司也越来越多地与医疗保健系统建立合作关系。对于科技公司来说，个人医疗数据的货币化潜力是一个巨大的诱惑，而处理健康信息的组织可能会在争夺有利可图的人工智能创新中绕过甚至无视健康数据法规。[27]这一点可以从两个标志性的案例中得到证明。2015年，谷歌旗下的DeepMind Health AI风险项目与英国国家卫生服务（NHS）医院系统合作，共享了160万名患者5年的可识别医疗数据。这一合作的意图是开发医疗AI应用程序，也可改善NHS的患者护理[28][29]。尽管英国信息专员办公室在2017年裁定该数据共享协议违反了数据保护法，但该协议仍被延长了5年。[30]因此，即使在英国高度监管的环境下，在承受了公众的愤怒和监管机构的谴责之后，谷歌DeepMind Health仍继续使用患者数据进行人工智能健康风险项目。

---

27. Pasquale, F. (2015). The black box society: The secret algorithms that control money and information. Cambridge, MA: Harvard University Press.
28. Hawkes, N. (2016). NHS data sharing deal with Google prompts concern. BMJ, 353.
29. Winter, J. S. and Davidson, E. (2019). Big data governance of personal health information and challenges to contextual integrity. The Information Society, 35(1), 36-51.
30. Lomas, N. (2017). DeepMind Health inks another 5-year NHS app deal in face of ongoing controversy. TechCrunch, available at: https://techcrunch.com/2017/06/22/deepmind-health-inks-another-5-yearnhs-app-deal-in-face-of-ongoing-controversy/(accessed 7 December 2017).

2019年底,一名在谷歌工作的举报人[31][32][33]透露,这家科技巨头正在与一家大型的非营利医疗系统组织Ascension health合作,分析21个州约5000万人的PHI。这一数据共享协议引起了社会公众和政府的关注,2020年3月,美国国会议员以涉嫌违反健康隐私法为由,要求双方披露其数据使用协议。

虽然医疗机构必须遵守健康隐私法,但大型科技公司的监管制度更为宽松,这有利于通过人工智能实现PGHD的货币化,创造新的知识产权。监管领域之间缺乏协调(行业自我监管 vs.联邦/州医疗领域法 vs.研究数据的再利用)可能导致现有的法规和干预措施无法有效地保护患者隐私,实现患者对其个人健康信息的控制[34]。

在第二个案例中,脸书(Facebook)创始人马克·扎克伯格2018年在美国国会作证称,该社交媒体巨头故意获取个人的健康数据。记者们很快披露Facebook曾试图获取匿名化的患者数据,"将医院的患者诊断和处方信息数据与Facebook进行匹配,以便该公司将这些数据与Facebook的数据结合起来,构建患者的数字档案"[35]。它通常允许在未经患者同意的情况下对披露的去识别化数据进行二次分析,但通过大数据分析和数据集之间的联系,越来越多的匿名信息被重新识别[36]。美国联邦法律要求须获得患者的同意才能访问个人健康数据,而Facebook绕过了该法律。这个例子说明了医疗分析中的人工智能是如何挑战知情同意原则的。患者可授权将其健康信息共享给第三方以用于特定用途,例如协调保险公司的付款或从药店获得药物。一些处理这些数据的机构可能会重新使用这些数据以促进内部分析或作为健康研究项目的一部分。谷歌和Facebook的案例表明,人工智能创新的诱惑导致这些公司绕过患者同意环节,这揭示了涉及大数据集的健康研究与患者知情同意之间日益

---

31. Anonymous. (2019). "I'm the Google whistleblower. The medical data of millions of Americans is at risk". The Guardian. Retrieved from:https://www.theguardian.com/commentisfree/2019/nov/14/im-the-google-whistleblower-the-medical-data-of-millions-of-americans-is-at-risk.

32. Pilkington, E. (2019). "Google's secret cache of medical data includes names and full details of millions - whistleblower." The Guardian. Retrieved from: https://www.theguardian.com/technology/2019/nov/12/google-medical-data-project-nightingale-secret-transfer-us-health-information.

33. Singer, N. and Wakabayashi, D. (2019). Google to store and analyze millions of health records. The New York Times. Retrieved from: https://www.nytimes.com/2019/11/11/ business/google-ascension-health-data.html.

34. Winter, J. S. and Davidson, E. (2022). Harmonizing regulatory regimes for the governance of patient-generated health data. Telecommunications Policy, 46(5), 102285.

35. Ostherr, K. (2018). Facebook knows a ton about your health: Now they want to make money off it. Washington Post, 18. Retrieved from: https://www.washingtonpost.com/news/ posteverything/wp/2018/04/18/facebook-knows-a-ton- about-your-health-now-they-want-to-make-money-off-it/ (accessed 5 May 2018).

36. Simon, G. E., Shortreed, S. M., Coley, R. Y., et al. (2019). Assessing and minimizing re-identification risk in research data derived from health care records. eGEMs, 7(1).

紧张的关系。开放、广泛和简化同意的新的健康研究模式正在出现，但谁将从这些研究成果中受益的问题也很重要。[37]

这些案例还突出表明，旨在保护患者隐私和控制个人健康数据的法规无法完全解决使用和再利用健康数据的数据处理者的范围和数量不断增加的问题。运作受限的医疗机构与在更宽松监管制度下经营的大型科技公司建立伙伴关系，有利于人工智能医疗创新和货币化。

五、结论

当我们在推进许多发展前途大好的医疗人工智能应用时，绝不能被未来创新前景所诱惑而忽视数据治理。构建能够改善患者护理和健康服务管理的医疗人工智能应用，需要建立公共信任，设立机构以及完善相关政策，确保实现公平、公正和公开的发展。为此，我们需要更好地理解健康数据使用背后的动机、价值和冲突。这需要广泛而深刻地讨论谁的利益将得到满足，以及我们如何平衡个人权利和社会公共权力与企业在人工智能健康数据方面的利益。

有效的数据治理需要评估患者健康数据及其跨部门使用的规范性目标，并确定识别和预防损害的机制，以便强制执行和进行问责。数据治理战略必须平衡在不同监管要求下具有不同预期和道德规范、承担不同责任的多元利益主体的利益。[38]

展望未来，我们应该采用多中心治理模式来应对这些挑战。多中心治理是一种复杂的治理形式，由多个半自治中心或治理机构组成，这些中心或治理机构参与特定政策领域的决策制定。[39][40]多中心治理的概念首先由Ostrom等提出[41]，并由Ostrom进一步发展[42]，多中心治理需要多个决策中心——包括政府和私人机构——共同承

---

37. Sharon, T. (2016). The Googlization of health research: From disruptive innovation to disruptive ethics. Personalized Medicine, 13(6), 563-574.
38. Winter, J. S. and Davidson, E. (2022). Harmonizing regulatory regimes for the governance of patient-generated health data. Telecommunications Policy, 46(5), 102285.
39. Ostrom, E. (2010). Beyond markets and states: Polycentric governance of complex economic systems. American Economic Review, 100(3), 641-672.
40. Carlisle, K. and Gruby, R. L. (2019). Polycentric systems of governance: A theoretical model for the commons. Policy Studies Journal, 47(4), 927-952.
41. Ostrom, V. (1972). Polycentricity, presented at the 1972 Annual Meeting of the American Political Science Association, Washington, DC.
42. Ostrom, E. (2010). Beyond markets and states: Polycentric governance of complex economic systems. American Economic Review, 100(3), 641-672.

担许多不同的治理任务。[43]虽然这一概念没有唯一定义,但包括以下内涵:具有管辖权重叠的多个决策中心;通过这些中心建立非正式和正式合作的过程;以及由此产生的互动"生成整体社会秩序的一种规范化模式,从而在所有层级的决策中心聚合的基础上获得规模效益"。因此,这个概念不再只关注少数监管者的治理,它还强调治理的过程。数据治理学者也开始探索将信息作为一种公共产品的理论。[44]笔者认为,治理健康相关数据和人工智能需要我们将这些数据视为一种新的社会资源,不应由某一参与者"拥有",而是需要监管,需要进行技术化和组织化创新,以实现具有不同利益和价值观的参与者网络中多种可能结果的最优化。

---

43. McGinnis, M. D. (2016). Polycentric governance in theory and practice: Dimensions of aspiration and practical limitations. Available at SSRN 3812455.
44. Hess, C. and Ostrom, E. (2007). Understanding knowledge as a commons: From theory to practice (p. 24). Cambridge: MIT press.

三、人工智能司法与区块链司法

3. Artificial Intelligence Justice & Blockchain Justice

人工智能辅助量刑的概念模型技术路径研究

宋丁博男*

（西北工业大学公共政策与管理学院，陕西西安，710109）

摘　要：随着大数据、人工智能等新一代信息技术逐渐从科学前沿走入各行各业，司法领域同现代信息科技的深度融合使得司法智能化成为热点话题。针对人工智能学界对于自然语言处理技术（Natural Language Processing，NLP）在法律领域取得的发展成果，文章基于机制主义的智能生长理论，采用了新的智能生成路径，为实现辅助量刑目标提出了一种概念模型：通过XGBoost-HBDA范畴对原始法律文本进行筛选和分类，并通过JEER-BERT-MBUL范畴对逻辑分析情节进行学习并生成逻辑分析子模型，同时通过UCQA-LSTM-NTM范畴对经验推断情节进行学习并生成经验推断子模型。该概念模型突破了传统人工智能辅助量刑模型的局限，能有效解决传统人工智能辅助量刑模型存在的算法"黑箱"导致的不可解释性风险、算法逻辑自主生成导致的逻辑性风险、机械性判决和辅助性工具消解法官亲历性导致的经验性风险。

关键词：司法改革　辅助量刑　人工智能　学习系统　机制主义　可解释

Research on the Technical Path of Conceptual Model of Artificial Intelligence-assisted Sentencing

Abstract: As the new generation of information technologies such as big data and artificial intelligence gradually enter all walks of life from the frontier of science, the in-depth integration of the judicial field with modern information technology has made judicial intelligence a hot topic. Through the development of natural language processing

---

* 基金项目：国家社会科学基金项目"交易安全视阈下大数据交易监管法律研究"（编号：18XFX015）。

作者简介：宋丁博男，西北工业大学公共政策与管理学院助理教授。西北工业大学公共政策与管理学院杨佳瑞和于沛永两位同学对本文成稿做出很大贡献，在此表示感谢。

technology in the legal field of artificial intelligence, the article adopts a new intelligent generation path based on the intelligent growth theory of mechanism and proposes a conceptual model to achieve the goal of auxiliary sentencing: through the XGBoost-HBDA category The original legal text is screened and classified, and the logic analysis scenario is learned through the JEER-BERT-MBUL category and a logic analysis sub-model is generated. At the same time, the empirical inference scenario is learned through the UCQA-LSTM-NTM category and an empirical inference model is generated. This model breaks through the limitations of the traditional artificial intelligence-assisted sentencing model, and can effectively solve the unexplainable risk caused by the algorithm "black box" existing in the traditional artificial intelligence-assisted sentencing model, the logical risk caused by the autonomous generation of algorithm logic, and the mechanical judgment and Auxiliary tools eliminate the empirical risk caused by the judge's experience.

Key Words: judicial reform, assisted sentencing, artificial intelligence, learning systems, mechanisms, interpretability

---

随着社会治理和新一代信息技术的深度融合，社会治理模式要求更加智能、更加高效。司法领域与现代信息科技深度融合应用，是推动实现司法改革的正确路径，有利于推动公正司法、司法为民，有利于加快建设公正、高效、权威的社会主义司法制度。在推动以审判为中心的刑事诉讼制度的改革中，高科技助力改革的思路在刑事诉讼制度改革中得到了大力发展。量刑制度作为刑事审判中的核心环节，在审判中具有不可替代的地位和作用。因此，推动量刑环节的智能化是推动刑事诉讼制度改革的应有之义，是应该而且必要的。

一、问题的提出

随着大数据、人工智能等新一代信息技术逐渐从科学前沿走入各行各业，大数据与人工智能这类新兴的信息技术表现出了磅礴的生命力，并且已上升到国家战略层面。大数据技术的进一步发展，也逐渐衍生出了"大数据＋社会治理""大数据＋教育"等新模式、新方案。习近平总书记多次对于司法改革同新一代智能技术的关系做出重要论述，他在2017年对于司法改革做出的重要指示中强调"把深化司法体制改革和现代科技应用结合起来"，在2020年中央政法工作会议上再次强调

"要推动大数据、人工智能等科技创新成果同司法工作深度融合"。

2017年我国印发《最高人民法院关于加快建设智慧法院的意见》,提出以信息化促进审判体系和审判能力现代化的总体要求。随着司法改革进一步深入,我国在2019年印发了《最高人民法院关于深化人民法院司法体制综合配套改革的意见—人民法院第五个五年改革纲要(2019—2023)》,指出要规范量刑程序,确保量刑公开公正,进一步推动量刑规范化。为了顺应司法改革要求,2019年最高人民法院印发《人民法院信息化建设五年发展规划(2019—2023)》,提出建设基于大数据智能服务的审判支持系统,建设完善包含量刑规范在内的一系列审判支持应用,支持司法改革要求。在新的信息时代,传统的量刑程序不免要同新一代信息技术一道,结合大数据、人工智能等技术,探索出符合法治原理的智能化量刑辅助技术,提高司法实务效率和规范化司法程序。

目前学界对于人工智能辅助量刑技术的探讨主要集中在人工智能技术进入量刑领域对于传统量刑程序的冲击、人工智能技术辅助量刑的理论化探讨、人工智能技术同传统量刑领域的冲突等宏观理论的探讨。比如:林家红对于人工智能技术辅助量刑的"机械性风险、不透明性风险以及不可接受性风险"进行了探讨[1];张富利等对于人工智能技术辅助量刑的宏观技术路径进行了设想[2];甄航对于人工智能介入量刑的问题和在法律体系内的宏微观定位进行了理论探讨,指出在"宏观定位层面,人工智能在量刑领域的地位应定位于'客体'",而在微观层面要做到"以量刑理论主导算法逻辑","保证算法公开与结论的可接受性"[3];孙道萃以认罪认罚案件作为切入点,探讨了人工智能辅助对此类案件精确给出量刑预测的基本原理和构造[4];冯文杰从刑法教义学与技术改进两个方面探讨了如何实现人工智能辅助量刑系统的公平公正,提出在教义学层面"确立消极的责任主义量刑原则",提倡"类案类判"而非"同案同判"[5];吴习彧从实务角度出发,讨论了在人工智能辅助裁判系统方面

---

1. 林家红:《人工智能辅助量刑的风险及其防范》,《河北科技大学学报(社会科学版)》2019年第4期,第50页以下。
2. 张富利、郑海山:《大数据时代人工智能辅助量刑问题研究》,《昆明理工大学学报(社会科学版)》2018年第6期,第1页以下。另可参见张富利、郑海山:《大数据时代人工智能辅助量刑的定位、前景及风险防控》,《广西社会科学》2019年第1期,第92页以下。
3. 甄航:《人工智能介入量刑机制:困境、定位与解构》,http://kns.cnki.net/kcms/detail/50.1023.c.20201218.0905.002.html,2022年10月4日最后访问。
4. 孙道萃:《人工智能辅助精准预测量刑的中国境遇——以认罪认罚案件为适用场域》,《暨南学报(哲学社会科学版)》2020年第12期,第64页以下。
5. 冯文杰:《人工智能辅助量刑公正取向的双重构建》,《华东理工大学学报(社会科学版)》2020年第6期,第114页以下。

的现实需求和实际任务，提出应当"考虑法官的接受度和实际效用"[6]；朱体正通过对国外人工智能辅助系统"COMPAS"出现裁判失误的个案分析，阐述了人工智能辅助裁判系统的不确定性风险，强调其不确定性和可接受性尚未能够获得社会认同[7]；张玉洁通过分析人工智能量刑算法的底层逻辑和未能推广的现实困境，提出了进一步推广人工智能量刑算法的程序法上的解决方案[8]。

但值得指出的是，随着人工智能的发展，已经有一批成熟的技术路径能够使用并且在模拟测试中显示出了优良的拟合性，例如：Long等提出了一个基于RC的改进型LRC模型，通过构建一个包含真实案例的数据集和引入机器阅读机制，达到了82.2%的情节认知成功率[9]；Liu等提出了一种层次化的法律原因预测模型（Hierarchical Legal Cause Prediction，HLCP），通过综合分析外部层次关系和内部的文本信息，从而建立不同法律文本中的逻辑关系，实现了83.1%的综合识别成功率和91.8%的一级成功率[10]。

因此，尽管学界对于人工智能辅助量刑技术有着诸多疑虑，但对于人工智能辅助量刑技术的基本原理和法律地位已经有了深刻分析，对于人工智能量刑技术的技术性、工具性辅助地位在相当程度上达成了一致。针对人工智能学界对于自然语言处理技术（Natural Language Processing，NLP）在法律领域的发展，本文试图从技术路径的视角，通过对新兴底层理论、技术理论和概念模型的使用，力图规避传统人工智能模型的诸多风险，提出一种理论上可行的人工智能辅助量刑的概念模型，并对该技术路径的可行性进行分析。

二、一种理论上可行的人工智能辅助量刑的概念模型

随着代数学、逻辑学和学习科学的发展，人工智能的底层理论不断进步，人工智能辅助司法实践在技术理论上逐渐成为可能。本部分将基于机制主义思想，提出一种理论上可行的逻辑分析与经验推断的人工智能概念模型，用于辅助司法量刑。

---

6. 吴习彧：《裁判人工智能化的实践需求及其中国式任务》，《东方法学》2018年第2期，第110页以下。
7. 朱体正：《人工智能辅助刑事裁判的不确定性风险及其防范——美国威斯康星州诉卢米斯案的启示》，《浙江社会科学》2018年第6期，第76-85页、第157页。
8. 张玉洁：《智能量刑算法的司法适用：逻辑、难题与程序法回应》，《东方法学》2021年第3期，第1页以下。
9. See Long S., et al. (2019). Automatic judgment prediction via legal reading comprehension, In Sun M., et al. (eds), Lecture Notes in Computer Science, Springer.
10. See Liu Z., et al. (2019). Legal cause prediction with inner descriptions and outer hierarchies, In Sun M., et al. (eds), Lecture Notes in Computer Science, Springer.

司法实践活动和过去的人工智能面向活动最大的两点不同为：一是要求具备法理上的可解释性；二是法律环境和社会环境的动态变化，导致模型面向的问题背景发生转变，意味着模型的动态学习过程中要经历根本性的转变。

根据Simon的定义，一个标准的学习系统包括法律环境、机器学习、知识库及模型执行共四个环节。同时，脑科学研究发现"镜像神经元"（mirror neuron）的存在使得人类的学习过程是社会化的，即人们所学习到的一切都是建立在一定的社会关系上的，并受到所处群体的影响。[11]人工智能统计分析法律文本、判决文书和其他社会环境数据，生成后续模型，并对模型本身进行修正与改进，是一种长期内相对静态的社会互动过程。考虑到司法实践要求较高的专业性，本文在标准学习系统中增设人工评价环节（见图1）。人工评价环节能够起到专家系统的作用，使得人工智能在专家的不断引领下快速进步、纠正偏差，通过模仿、推断、分析、评价，实现与社会的动态互动。该系统具备良好的可解释性。

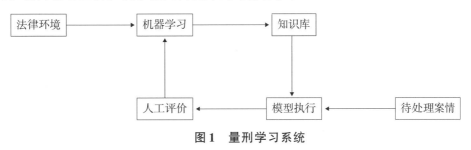

图1　量刑学习系统

为了便于表述，本部分会使用范畴的语言。Awodey[12]将范畴描述为包含具体某种结构的对象以及保有该结构的对象间的映射。在本部分的学习系统中，关键的环节即为机器学习L范畴、模型执行M范畴和人工评价N范畴。

（一）机器学习L范畴

在人工智能的训练过程中，原始案情通过文本分类器划分为基本构成、加重或减轻构成、量刑情节和其他情节。法律文本及司法解释通过文本分类器划分为基本构成、加重或减轻构成、量刑情节和例外情节。裁判文书中的裁判理由用以倒推量刑逻辑并强化训练。

目前对原始案情的文本分类与处理，即自然语言处理技术，往往采用自然语言

---

[11]. 关于"镜像神经元"和学习科学的进一步论述，参见吕林海：《人类学习的研究历史、本质特征与改进努力——脑科学视角下的解析与启示》，《全球教育展望》2013年第1期，第45页以下。

[12]. Further about the category, see Awodey S. (1996). Structuralism in Mathematics and Logic: A Categorical Perspective, Philosophia Mathematica, 3, p. 212.

要素分析和知识图谱。[13]知识图谱是指从输入信息中抽取特征并建立起网络化的知识库，整个过程侧重于概念之间的关联性，本质上为联结主义分析，有悖于严密的法律逻辑。其他传统的人工智能模型，如神经网络和深度学习，虽然能取到很好的拟合效果和较高的准确度[14]，但模型本身为"黑箱"，模型执行环节难以解释甚至无法解释。对此，本部分综合了现有模型，提出了如图2所示的机器学习L范畴：

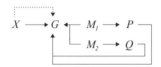

图2 机器学习L的范畴表示

其中，X为原始案情信息、法律文本及司法解释和其他相关信息对象。G为综合分类对象，同时为XGboost-HBDA范畴，一方面将输入信息进行分类处理，另一方面将通过控制对象使各类子模型归类于量刑起点对象A、基准刑对象B和宣告刑对象C，并确定每一个对象中子模型之间的关系和权重。M_1为逻辑分析对象，同时为JEER-BERT-MBUL范畴，用于生成各类的逻辑分析子模型。M_2为经验推断对象，同时为UCQA-LSTM-NTM范畴，用于生成各类的经验推断子模型。P为逻辑分析控制对象，而Q为经验推断控制对象。

1. XGboost-HBDA范畴

对于分类和划分问题，过去主要采用KNN（K-Nearest Neighbors）、NBC（Native Bayes Classifiers）、SVM（Support Vector Machine）和ELM（Extreme Learning Machine）算法。KNN的核心思想为同一类对象通常有很多相近的特征[15]，NBC主要依据贝叶斯定理及特征条件独立假设理论[16]，SVM则追求向量特征值的结构风险最小化[17]，而ELM通过随机指定隐含层参数用于训练SLFN（Single-hidden Layer

---

13. 罗冬梅等：《人工智能语言处理技术在非结构化案件数据中的应用》，《计算机系统应用》2021年第4期，第234页以下。
14. About the methods and results, see Luo, B. F., et al.(2017). Learning to predict charges for criminal cases with legal basis, Proceedings of EMNLP, pp.2727-2736.
15. Further about KNN, see Thanh Noi, P. and Kappas, M. (2017). Comparison of Random Forest, k-Nearest Neighbor, and Support Vector Machine Classifiers for Land Cover Classification Using Sentinel-2 Imagery, Sensors (Basel), 18，1.
16. Further about NBC, see Domingos，P. and Pazzan，M. (1998). On the optimality of the simple Bayesian classifier under zero-one loss. Machine Learning, 29, pp.103-130．
17. Further about SVM, see Vapnik, V. (1995). The nature of statistical learning theory, Springer Press．

feedback network）[18]。上述模型难以适用于司法实践中，且一般作用于离散的对象。

XGboost（eXtreme Gradient Boosting）由多个弱分类器 CART（Classification And Regression Tree）组成，而多个弱决策器之间的协作通过 boosting 算法实现，其目标函数如下[19]：

$$Obj(\Phi) = \sum_i l(\hat{y}_i, y_i) + \sum_k \gamma_k T_k + \frac{1}{2} \lambda_k \|\omega_k\|^2 \quad (1)$$

其中，k 为树的数量；第一项为损失函数，用于评估模型预测值和真实值的误差，通常为可微凸函数；第二项为正则化项，通过控制模型复杂度以避免过拟合。在实际训练中，通常会对 $Obj(\Phi)$ 进行泰勒级数展开和梯度下降分析，此外，也会采用智能优化算法。

Lundberg 等[20]提出了基于 shapley 值的 SHAP（SHapley Additive exPlanation）算法，对特征归因线性加和，使得 XGboost 集成了单个样本个性化归因，具备了良好的可解释性，一般表示为如下：

$$g(z') = \Phi_0 + \sum_i z' \sum_{S \subseteq N\setminus\{i\}} \frac{|S|!(M-|S|-1)!}{M!} [f_x(S \cup \{i\}) - f_x(S)] \quad (2)$$

其中，M 为特征数量，$z'=0,1$ 为被观察状态，$|S|!$ 表示集合 S 的排列组合数。由此，XGboost 可以生成一个判断二叉树，从简单到复杂，对各类推断子模型进行归类，并给出每一层不同分叉的贡献率和权重。

对于具有连续性的子任务，Zhong 等[21]提出了一种建立在拓扑斯上的 CNN（Convolutional Neural Networks）模型，但忽略了子任务之间的拓扑依赖关系。而 Lie 群是一类满足结合律的连续变换群，具备代数和微分流形的双重优势。群保持了系统和代数的完备性，微分提供了具体的计算和分析方式，流形给出了几何表示方法，符合认知理论中定性和定量相结合的认识模式。[22]基于 Lie 群理论的 HBDA

---

18. Further about ELM, see Huang, G. B., et al. (2006). Extreme learning machine: Theory and applications. Neurocomputing, 70, pp.489-501..

19. Further about the methods and formula, see Chen, T. Q. and Carlos, G.(2016). A scalable tree boosting systems. The 22nd ACM SIGKDD International Conference on Knowledge Discovery and Data Mining, San Francisco, pp.785-794.

20. Further about the algorithm, see Ensembles. Scott, et al. (2018). Consistence individualized feature attribution for tree, University of Washinton.

21. Further about the methods and results, see Zhong, H. X., et al. (2018). Legal judgment prediction via topological learning. Proceedings of the 2018 Conference on Empirical Methods in Natural Language Processin ,pp.3540-3549.

22. 关于 Lie 群更多的性质及其在机器学习领域的应用，参见杨梦铎等：《李群机器学习十年研究进展》，《计算机学报》2015年第7期，第1337页以下。

（Homology Boundary Division Algorithm）通过建立链群和同调群的关系，在有限胞腔复形上描述边缘（de Rham上同调）[23]，建立起了从高维到低维的映射关系以及从离散到连续的映射关系，同时能够有效处理子模型之间的关系。在 q 维的胞腔链群上，边缘同态如下：

$$\partial_q(e_i^q)=\sum_j [e_i^q:e_j^{q-1}]e_i^{q-1} \#(3)$$

其中，$[e_i^q:e_j^{q-1}]$ 为两个胞腔间的关联系数。此时，链复形表达如下：

$$C_{\cdot}(P^n):\overset{0}{Z} \xleftarrow{0} \overset{1}{Z} \xleftarrow{2} \cdots \xleftarrow{0} \overset{2i-1}{Z} \xleftarrow{2} \overset{2i}{Z} \xleftarrow{0} \overset{2i+1}{Z} \xleftarrow{2} \cdots \xleftarrow{1+(-1)^n} \overset{n}{Z} \#(4)$$

由此，我们可以建立起二值逻辑和连续值逻辑、低维逻辑和高维逻辑之间的对应关系，对各类逻辑子模型进行归类，并给出各类的贡献率和权重。

将XGboost和HBDA二者相结合，一方面在模型执行的输入端，将案情文本和其他案件相关信息按照确定量刑起点情节、确定基准刑情节、确定宣告刑情节进行分类，并在每一个环节中按照逻辑分析所需情景和经验推断所需情景进行分类；另一方面在机器训练端，将所生成的子模型同样按照上述方式进行归类，并实现情景与子模型之间的匹配。该过程即搭建起了人工智能学习系统中的知识库（见图3）。

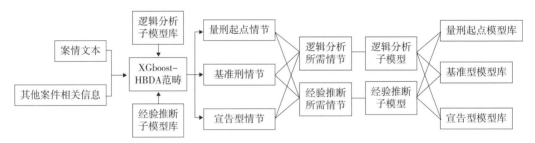

图3 基于XGboost-HBDA范畴的知识库建立过程

2. JEER-BERT-MBUL范畴

对于法律逻辑学习的模型搭建，目前主要采用符号法（symbol）和嵌入法（embedding）[24]。符号法也被称作SPM（Structured Prediction Method），它通过信息抽取和特征抽取，进行判决结果预测。前者主要采用NER（Named Entity Recognition），后者主要采用CNN（Convolutional Neural Network）。嵌入法的核心思想是将离散文本映射到连续的线性空间中，并通过PLM（Pretrained Language Model）

---

23. Further about HBDA, see Xian, M., &Li, F. Z. (2008).A homology coboundary learning algorithm for data reduction. Proceedings of 2008 International Conference on Advanced Intelligence, pp.97-102.

24. See Zhong, H. X., et al.(2020).How does NLP benefit legal system: A summary of legal artificial intelligence. Proceedings of the 58th Annual Meeting of the Association for Computational Linguistics, pp.5218-5230

形成基准系统。前者在本文中可以通过Lie群解决，后者主要采用BERT（Bidirectional Encoder Representations from Transformers）实现。传统的BERT训练所使用的文本与法律文本差异性较大，导致结果很不理想。而Zhong等[25]提出了一种针对民事案件和刑事案件文件进行训练的模型，并取得了一定的成效。

JEER（Joint Extraction of Entities and Relations）是对NER的改进，通过⊕（pipeline）对原有模型进行组合，实现在抽取实体的同时抽取实体间的关系。Zhong等[26]将以实体边界和类型为标识符插入到实体跨度（entity span）前后而产生的新实体对（pair）作为关系模型的输入。新实体对的跨度对表示如下：

$$h_r(s_i, s_j) = \left| \hat{x}_{\overline{STRAT(i)}}; \hat{x}_{\overline{STRAT(j)}} \right| \#(5)$$

其中，s_i, s_j表示两个不同的实体。

对新实体对间的关系类型的预测方式如下：

$$P_r(r|s_i, s_j) = \text{soft max}\left(\boldsymbol{W}_r \boldsymbol{h}_r(s_i, s_j)\right) \#(6)$$

其中，P_r为条件概率系数。

Fu等[27]在关系类型预测方法上做出改进，引入了GCN（Graph Convolutional Networks）。对于每个关系r，分别有学习网络的权值矩阵W_r^1, W_r^2, W_r^3，进而得到如下关系分数：

$$S_{(\omega_1, r, \omega_2)} = W_r^3 \text{ReLU}\left(W_r^1 h_{\omega_1} \oplus W_r^2 h_{\omega_2}\right) \#(7)$$

同样通过$soft \max$得到概率系数后，将不同关系间的不同影响程度总汇为特征，并以此得到不同分类方式下的分类结果。其中，综合词的特征值如下：

$$h_u^{l+1} = \text{ReLU}\left(\sum_{v \in V} \sum_{r \in R} P_r(u, v) \times \left(W_r^l h_v^l + b_r^l\right)\right) + h_u^l \#(8)$$

其中，b_r^l为修正系数。

使用JEER等模型前的关键一步是通过人工智能或人工标注实体、事件或关系。而BERT为一类可双向变换的深度学习模型，可以对无标注文本同时捕获上下文的共有条件进行预训练，训练过程中主要包含MLM（Masked Language Model）和

---

25. Further about the results, see Zhong, H. X., et al.(2020). Iteratively questioning and answering for interpretable legal judgment prediction. Proceedings of AAAI, pp. 1250-1257.

26. Further about the methods and results, see Zhong, Z. X., & Chen, T. Q. (2020). A frustratingly easy approach for entity and relation extraction, arXiv.

27. Further about the methods and results, see Fu, T., et al. (2019). Modeling text as relational graphs for joint entity and relation extraction. Proceedings of the 57th Annual Meeting of the Association for Computational Linguistics, pp.1490-1418.

NSP(Next Sentence Prediction)两项任务。[28]两项任务的目的在于区分语块(token),确认实体和上下文的位置联系,进而获得句子间的相近关系,即实现语块嵌入、位置嵌入和句子嵌入。Lan等[29]提出了ALBERT通过低秩因式分解和跨层参数共享优化模型,并使用SOP(Sentence-Order Prediction)任务取缔了NSP任务。与NSP判断输入句子对是否来自语料库的连续片段不同,SOP以同一文档中的两个连续片段为正反馈训练,而以其顺序交换为负反馈训练。

学习过程中的实体逻辑层,可以分为公理化逻辑(形式逻辑)层和非公理化逻辑(非形式逻辑)层。一般认为公理化逻辑存在数值、全息性和维数共三个扩展维度。[30]在从公理化逻辑到非公理化逻辑扩展的过程中,Lie群可以构造从多值逻辑到二值逻辑的映射,de Rham上同调定理(或广义Stokes公式)可以构造从高维逻辑到一维逻辑的映射,Schweizer算子簇可以构建从非全息逻辑到全息逻辑的映射。上述的各类逻辑对象及其相互间的映射关系总体构成了一个范畴,即MBUL(Mechanism-Based Universal Logic)范畴(见图4)。

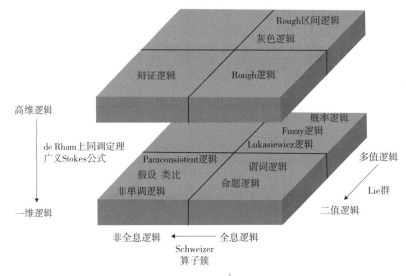

图4 MBUL范畴示意图

将JEER、BERT和MBUL三者相结合,可以在文本识别的基础上进行逻辑划

---

28. See Devlin, J., et al. (2019). BERT: Pre-training of deep bidirectional transformers for language understanding. Proceedings of the 2019 Conference of the North American Chapter of the Association for Computational Linguistics: Human Language Technologies, pp.4171-4186

29. Further about the methods, see Lan, Z. Z., et al. (2020). ALBERT: A lite BERT for self-supervised learning of language representations, arXiv..

30. 对于机制主义、泛逻辑理论的进一步论述,参见何华灿:《泛逻辑学理论——机制主义人工智能理论的逻辑基础》,《智能系统学报》2018年第1期,第19页以下。

分与归类。BERT对案情文本和法律文本进行预训练，JEER在预训练基础上，结合MBUL搭建起实体、事件和关系之间的泛逻辑关系。尽管法律逻辑主要体现为形式逻辑（即谓词逻辑和命题逻辑），但其中仍隐含着非形式逻辑的部分。

3. UCQA-LSTM-NTM范畴

目前常见的法律人工智能（Legal AI）模型往往忽略经验推断部分，或将经验推断蕴含于逻辑分析部分，甚至认为无须对两者进行人为区分。但无论从刑法教义和量刑程序出发，还是从法官裁判实际出发，对法律逻辑推理（法定）和经验价值判断（酌定）的区分都具有必要性。而站在技术实现和信息输入的角度上，以往的法律人工智能模型要么将信息输入仅限定为文本信息，主要采用NLP手段，要么仅限定为非文本信息（如COMPAS系统）。本范畴限定输入为经分类或标注处理后的非自然语言信息以及来自非案件文本和法律文本的其他信息。

为解决原有的NLP模型在处理特定文本需要引入外部知识时但难以引入或引入程序烦琐的问题，Shwartz等[31]提出了UCQA（Unsupervised Commonsense Question Answering）模型，通过自问自答（self talk）的无监督学习模式扩充原有的知识库。自问自答是对LM和EK两类基线（baseline）的融合与改进，但这一过程需预设问题和回答的前置格式（Prefix）并严格控制语块的数量。

LSTM（Long Short-Term Memory）作为一类特殊的RNN（Recurrent Neural Network），主要用于解决长期训练中传统RNN的梯度消失或梯度爆炸等问题。[32]一个标准的LSTM包括多个内存块（block），每个内存块中包含一个或以其中一个为主的多个神经元（cell）、面向多个的输入门、遗忘（forget/keep）门控、选择门控、输出门控和面向多个的输出门（见图5）。[33]

其中，信息流沿穿过神经元（隐含层）的链经过内存块，并与内存块中其他结构进行线性交互。遗忘门控对信息进行初步判断，决定信息能否被存放在神经元中；选择门控对信息进行再判断，决定何种新信息将被存放于神经元中；输出门控对神经元状态进行更新，决定输出的信息。

---

31. Further about the results, see Shwartz, V., et al. (2020): Unsupervised Commonsense Question Answering with Self-Talk, In Proceedings of the 2020 Conference on Empirical Methods in Natural Language Processing (EMNLP), pp. 4615 – 4629.

32. Further about the methods, see Sepp, H. (1997). Long short-term memory. Neural computation, 8, pp.1735-1780.

33. Further about the standard methods, see Graves, X. (2012). Supervised sequence labelling with recurrent neural networks (Studies in Computational Intelligence, 385), Springer.

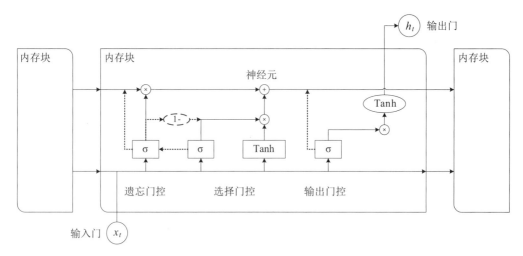

图 5　LSTM 示意图

GRU（Gate Recurrent Unit）是对 LSTM 的简化，使用单一门控取代多个门控，大大提升了运算效率，[34]但其可解释性和普适性不如 LSTM。

NTM（Neural Turing Machines）是期望 RNN 通过 attention 机制与工作记忆直接交互的一类图灵完备的概念模型。[35]NTM 抽象出了一般神经网络的本质，具备控制器通过输入输出向量和外界进行交互。在此基础上，NTM 补充了 Von Neumann 框架下的策略分支和外部存储，通过选择性读写操作与内存矩阵进行交互（见图6）。

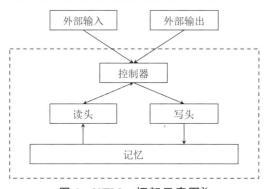

图 6　NTM　框架示意图[36]

将 UCQA、LSTM 和 NTM 三者相结合，可以得到内外部同时提升的经验推断学习模式。其中，UCQA 的实现技术路径有待进一步提升，LSTM 能够很好地保留长期的社会风俗习惯信息，但又不会对长期记忆产生依赖，即可以将不良风俗习惯

---

34. Further about the methods and results, see Chung, J. Y., et al. (2014). Empirical evaluation of gated recurrent neural networks on sequence modeling, NIPS 2014 Workshop on Deep Learning.

35. Further about the methods, see Graves, A., et al. (2014). Neural turing machines, arXiv.

36. 同上。

的不良影响尽可能降到最低。NTM在框架上比LSTM更进一步，弥补了内部交互的不足。

（二）模型执行 M 范畴

本部分根据最高人民法院2017年颁布的《关于常见犯罪的量刑指导意见》中量刑的基本原则和指导方法，设计了模型执行 M 范畴的基本框架（见图7），该框架综合考虑犯罪的事实、性质、情节和社会危害程度，并严格遵循依次确定量刑起点、基准刑和宣告刑这一量刑步骤。

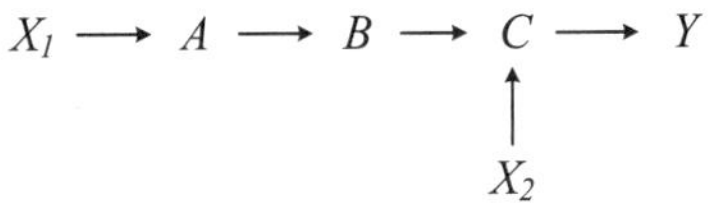

$$X_1 \longrightarrow A \longrightarrow B \longrightarrow C \longrightarrow Y$$
$$\uparrow$$
$$X_2$$

图7　模型执行 M 的范畴表示

其中，X_1 为基本案情对象，A 为量刑起点对象，B 为基准刑对象，C 为宣告刑对象，X_2 为案件相关信息对象，Y 为各步量刑结果及原因对象。A、B、C 分别作为量刑起点模型范畴，基准刑模型范畴，宣告刑模型范畴。其内部的态射关系由机器学习 L 范畴决定。

（三）人工评价 N 范畴

根据自组织理论[37]，复杂系统的Agent方法，即人工智能体之间的交互可以带来整体的系统性提升。然而，其提升方向并不确定，同时提升效率较低，且无法将外界最新变动纳入学习系统中，从技术理论层面考虑应当引入人工评价环节。人工评价环节客观上也避免了参与司法裁判人员会过于依赖机器判断。人工评价要求参与到司法实践中的所有人对人工智能本次提供的参考量刑结果进行不同维度的打分，如正确性、公正性、合理性、舆论影响等，并根据每个人参与司法实践的程度赋予不同的权重。其中，如果参考量刑结果出现根本性错误，将作为绝对负反馈加入到下一次的训练中。在这一环节中，强化了人类专家对机器的引导，实现了近似于专家系统的作用。

---

[37]. 关于自组织理论的概念和方法，参见许立达等：《自组织理论的概念、方法和应用》，《上海理工大学学报》2011年第2期，第130页以下。

三、应用于辅助量刑的可行性分析

传统人工智能辅助量刑技术在实现智能辅助量刑的目标时，往往因为其设计者选择的算法、模型基本逻辑以及人工智能算法设计者对于法学领域的不了解而导致算法在运行的过程中和输出结果方面存在较大的法益风险，这点学界已经进行了充分的探讨。这种法益风险典型地体现在三个方面：一是可解释性风险，由于算法的"黑箱"性质，算法本身可解释性不够，体现在不能够对于量刑结果进行充分说理，并且算法本身的运作机制的可解释性较弱；二是逻辑性风险，传统的人工智能辅助量刑算法大多是由人工智能领域专家进行研究，而法学专业人士对于人工智能辅助量刑算法大多处于一知半解的状态，导致人工智能算法逻辑同刑事司法逻辑存在脱节现象；三是经验性风险，学界对于人工智能辅助量刑的一大担忧就是人工智能算法会导致绝对地"同案同判"，导致量刑活动被机械为"刑的量化"，从而遏制法官自由裁量权的生长空间，并且人工智能辅助量刑的模型对于法官本身主观能动性的抹杀也容易导致人工智能模型事实上处于终局性裁定的地位而非辅助性地位的事实风险。

本部分从技术视角出发，对于以上三个典型性风险进行解释。

（一）基于机制主义的模型设计带来了较强的可解释性

根据孔祥维等对于可解释性的定义——"可以给不同背景知识的用户，以简单、清晰的方式，对智能决策过程的根据和原因进行解释的方法，目标是将黑盒人工智能决策转化为可解释的决断推测，使用户能够理解和相信决策"[38]。本文模型能够在模型学习阶段和执行阶段进行完全的解释。

对于模型学习阶段，本模型根据机制主义的方法论，"着眼于'主体生成智能的共性机制'"[39]，采取了能够模仿人类法官对于刑法规则中关于量刑模块进行学习的学习策略，根据Simon的学习模型设计了整套学习系统，并通过具体算法来实现对于法律原则的学习并生成自身的逻辑推断。对于模型执行阶段，模型的量刑执行逻辑同人类法官一样，都遵循最高人民法院2017年颁布的《关于常见犯罪的量刑指导意见》。从整个模型的学习和执行范畴来看，其与人类法官对于刑法中量刑环节的学习和执行范畴是相似的，因此也是应当符合法理的。

---

38. 孔祥维等：《人工智能决策可解释性的研究综述》，《系统工程理论与实践》2021年第2期，第524页以下。
39. 钟义信：《机制主义人工智能理论——一种通用的人工智能理论》，《智能系统学报》2018年第1期，第2页以下。

（二）合理的执行范畴设计保证了算法结果的逻辑性

传统的人工智能辅助量刑模型由于其设计者本身是人工智能领域专家，其模型的整体设计逻辑仅仅基于其设计者知识背景，而忽略量刑活动作为刑事司法审判活动存在着形式上的特殊的法律逻辑，由于这两者之间的冲突，其算法往往会出现逻辑性风险，也即人工智能辅助量刑算法逻辑同量刑程序逻辑出现冲突，出现程序上的逻辑性风险。

本模型的执行逻辑设计完全遵照最高人民法院2017年颁布的《关于常见犯罪的量刑指导意见》中量刑的基本原则和指导方法，设计了模型执行范畴的基本框架，能够有效符合最高人民法院关于规范量刑程序和量刑规范化的各种需求。

（三）经验推断模型和人工评价范畴保证了算法的经验性

1. 经验推断模式能够令算法实现仿真价值判断

学界对于人工智能辅助量刑模型的一大质疑在于人工智能算法能否像人类法官一样，出于社会公认的价值判断对于酌定情节进行斟酌损益，实现类似于法官自由裁量权的功能实现。

但目前常见的法律人工智能模型往往忽略经验推断部分，或将经验推断蕴含于逻辑分析部分，甚至认为无须对两者进行人为的区分，但这种观点明显是不符合刑事审判流程的。因此在模型中独立设置经验推断部分，符合刑法在量刑情节上的关于法定情节和酌定情节的区分，也符合最高人民法院关于量刑规范化的相关文件精神，更是对传统人类法官在量刑环节中本身思考的复现。

经验推断模式能够通过大数据分析的方式对于长时间维度和大地域跨度的原始法律文本进行分析，应当能通过类似于UCQA、LSTM、NTM等具体算法对于长期或短期的社会风俗习惯与法律判决习惯进行自我与外部反馈经验学习，从而生成模型本身的经验价值判断。这实现了模型通过考虑现有量刑理论中的酌定量刑情节对于量刑的影响作用，仿照法官基于酌定量刑情节对于案件给出量刑建议的经验推断核心功能，并且量刑建议的误差控制在了审判员和合议庭能够基于自由裁量权进行酌情修订的范围内。同时，经验推断模型能够很好地解决人工智能算法将复杂抽象的量刑活动简化为"刑的量化"的风险，通过对于原始文本的学习，经验推断模型能够实现社会公认的价值判断的生成，并能够对于输入的法律文本根据生成的经验判断逻辑进行量刑活动，这实际上能够很好地模仿传统法官在处理具体案情时对于酌定量刑情节的大脑活动。并且该模型生成的价值判断由于学习文本的多样性，能够保证价值判断逻辑的生成能够避免单一法官基于其个人的生活习惯、教育经历等个人因素导致的价值判断歧视。

2.人工评价环节保证法官亲历性得以实现

学界对于人工智能辅助量刑系统的另一大担忧在于法官如果过于信赖人工智能辅助量刑系统，会导致法官对于量刑环节的关注度下降，从而完全将量刑任务交给人工智能，使得人工智能辅助量刑系统的辅助性地位事实上发生倒转，在量刑环节居于主导地位，影响到法官对于审判全流程的亲历性，从而影响司法公正。

对此，模型考虑引入人工评价环节，要求参与到司法实践中的所有人员对于人工智能提供的量刑结果进行打分，并且将人工智能提供的结果同实际判决结果进行比较，客观上使得参与审判的司法审判人员独立做出判断并避免了法官对于量刑环节的不参与，保证了法官亲历性。

四、结论与展望

本文基于新一代信息技术在人工智能和大数据在刑事司法领域中的理论突破，在理论上讨论了一种基于机制主义的人工智能辅助量刑的概念模型，并从技术路径视角分析了人工智能辅助量刑模型的可行性。

该模型通过XGBoost-HBDA范畴对原始法律文本进行筛选并且分类，并通过JEER-BERT-MBUL范畴对逻辑分析情节进行学习并生成逻辑分析子模型，同时通过UCQA-LSTM-NTM范畴对经验推断情节进行学习并生成经验推断模型，并根据最高人民法院2017年颁布的《关于常见犯罪的量刑指导意见》中的量刑基本原则和指导方法进行模型执行，采用调取人工智能通过学习而生成的量刑起点模型范畴、基准刑范畴、宣告刑范畴对输入的基本案情对象进行分析从而生成各步量刑结果。

值得指出的是，由于模型本身的学习逻辑，当法律修改后需要重新学习生成稳定的判断逻辑。对于这一问题，从模型本身的学习逻辑出发可以基于修改后的法律给出仿真案例用于鉴定式学习，初步形成法律修改后稳定的逻辑判断并且提高对于法律修改后的指导性案例和重点案例的机器学习权重，缩短形成稳定经验判断的时间。

另外，基于定罪本身相比于量刑环节更具有形式逻辑的特点，未来我们希望可以将量刑辅助系统拓展为刑事司法审判辅助系统，桥接定罪与量刑两大刑事审判司法环节；并在可能的将来贯穿公检法系统，对于刑事案件从侦察、起诉、审判到执行全过程进行智能辅助。

构建司法人工智能
扫除"网络黑社会"的三要线模型

许 健*

（淮阴师范学院，江苏淮安，223300）

摘　要：针对黑社会性质组织犯罪在网络上迅猛、实时、广泛的特点，在司法领域利用人工智能技术进行定点式、预测式、证明式的认定和规制是深度扫黑除恶、建立长效机制的突破要点。依托司法人工智能认定"网络黑社会"行为、界定扫除"网络黑社会"范围、确定网络黑社会性质组织类型，必须在数据算法、技术工具、逻辑推理上再做探索，建构起人工智能扫除"网络黑社会"的三要线模型。利用司法人工智能建立扫除"网络黑社会"三要线模型是新兴科学技术与传统司法的一次有机结合。筛寻与构建、升级与调配、认定与排除这三个要线的核心在于从构成要件的符合性、违法性、有责性三个层面将主观逻辑推理输入司法人工智能，并分析该模型在模拟搭建和实际应用中可能存在的数据挖掘质量、寻证确证和固证中的诸多问题。

关键词：网络黑社会　司法人工智能　扫除模型　逻辑推理

Constructing a Model for Judicial Artificial Intelligence to Eliminate "Cyber Underworld"

Abstract: In view of the rapid real-time and extensive characteristics of organized crimes on the Internet, the use of artificial intelligence technology in the judicial field for fixed-point, predictive, proof with artificial intelligence technology is the breakthrough point of deep anti-crime and establishment of long-term mechanism. Relying on judicial

---

* **基金项目**：本文受2020年江苏高校"青蓝工程"优秀教学团队——法学专业基础课程教学团队项目资助，并为江苏省大学生创新创业国家级项目"'网络黑社会'惩防路径的法学视角展开"的阶段性成果（编号：201910323014Z）。
作者简介：许健，淮阴师范学院法政学院副教授。
崔思琦同学对本文成稿做出很大贡献，在此表示感谢。

artificial intelligence to identify the phenomenon of cyber underworld, define the scope of cyber underworld, and determine the type of cyber underworld, we must further explore in data algorithms, technical tools and logical reasoning, and build a model of artificial intelligence to eliminate "cyber underworld". Judicial artificial intelligence establishes a network tried "sweep" model. It is an organic combination of emerging science and technology and traditional justice. The core is to input subjective logical reasoning into judicial artificial intelligence from three levels of compliance, illegality, and responsibility. It also analyzes many problems in the simulation construction and practical application of the model, such as the quality of data mining, verification and confirmation.

Key Words: cyber underworld, judicial artificial intelligence, sweeping model, logical reasoning, main line

"网络黑社会"以及黑社会性质组织在浩瀚的网络世界中迅猛、实时、广泛传播的恶象需要及时发现、迅速遏制。目前我国"扫黑除恶"进入新的阶段，相较于现实社会，网络社会的"黑恶"现象当然也应该是司法机关在"扫黑除恶"中必须关注的对象。当下人工智能以及5G通信技术逐步普及、迅猛发展，这为司法领域构建人工智能扫除"网络黑社会"的模型提供了可能。司法领域可以利用人工智能技术针对网络黑社会性质犯罪迅猛性、实时性、广泛性的特点进行定点式、预测式、证明式的认定和规制。本文通过初步研究，对"扫除"模型进行大胆构建，小心求证，确定司法人工智能扫除"网络黑社会"的精准范围，对输入输出进行推理设定，建构人工智能扫除模型，最终应对扫除"网络黑社会"所产生的风险以及挑战，助力建立扫除黑社会性质组织犯罪的长效机制。

一、扫除"网络黑社会"模型的研究角域及定位

人工智能（Artificial Intelligence，简称AI）目前已经逐渐在机器学习、自动控制、语言理解、专家系统、神经网络等多个领域飞速发展，且从智能接口、数据挖掘、主体及多主体系统等方面有深入的实践。人工智能就是研究如何使计算机去做只有人才能做的智能工作，是一门集理论、方法、技术和应用于一体的新兴技术科学，即"让机器从事需要人的智能的工作的科学"。[1]自2016年最高人民法院提出"积极推动人工智能在司法领域的应用"以来[2]，司法人工智能逐渐开始在中国发展

---

1. 于兴中：《当法律遇上人工智能》，《法制日报》2016年3月28日，第7版。
2. 钱大军：《司法人工智能的中国进程：功能替代与结构强化》，《法学评论》2018年第5期，第140页。

起来。北京各级法院适用的"睿法官"系统[3]、上海刑事案件智能辅助办案系统[4]、江苏人民检察院研发应用的案管机器人[5]、国内首款无讼人工智能产品"法小淘"等均是人工智能在司法领域初步实践的成果[6]。就网络的四维空间来讲，司法人工智能切入"网络黑社会"在时间轴上会更多着眼于监察与预测。在大数据与云计算的前提下，对触碰网络黑社会的监管词、敏感句设定极限阈值的逻辑回归模型，[7]定位与绘制人物关系图谱，是目前来说最好也最直接的数据角域体现。人工智能通过衡量各类函数的复合深度，进一步估测极限的累积值与阻却值，以确定司法人工智能扫除"网络黑社会"的角域。

（一）"网络黑社会"的角域辐射

由于"网络黑社会"定义尚未明晰，理论界与实务界认定涉嫌"网络黑社会"性质组织犯罪案件的分类标准也略有区别。以在中国裁判文书网搜索引擎输入关键词"网络黑社会"进行搜索为例，共显示8个案件，其中6个为民事案件，2个为刑事案件。民事案件多为损害他人的名誉权，法院大部分以赔礼道歉、赔偿损失为最终判决。而刑事案件中，一例为侵犯商业信誉案，造成被害人经济损失高达12165197元；另一例为绑架、抢劫案，被告七人中有三人为未成年人，社会危害和影响都较大。另外，表1以最高人民法院发布的非法利用信息网络罪、帮助信息网络犯罪活动罪指导性典型案例和黑社会性质组织犯罪、恶势力犯罪典型性案例为例进行比较[8]，不难发现利用网络实施的犯罪多以非法销售、"刷单"诈骗、网络诈骗等手段获取高额经济利益，而黑社会性质组织、恶势力犯罪多以故意伤害、聚众斗殴、开设赌场、寻衅滋事、殴打他人、故意毁坏财物、非法拘禁等手段造成被害人

---

3. "睿法官"系统依托法律规定及审判经验的北京法院法律知识图谱，通过智能机器学习，以各类案件的案情要素为切入点，形成北京法院办案规范和权威知识体系，为法官判案提供统一、全面的审理规范和办案指引。
4. 2017年11月11日，东南大学举办的"第二届司法大数据应用与研究"研讨会，上海市人民检察院陈漫卿检察官全面介绍了上海刑事案件智能辅助办案系统的功能、操作方法。
5. 江苏省人民检察院的"案管机器人"系统，制定了600多个程序、事实、证据等方面的规则，设定了1000多个对比点，可以根据具体问题不断反馈、修正。
6. 2016年10月15日，浙江杭州的云栖大会上，无讼公司开发的法律机器人"法小淘"正式亮相，用户可以通过手机上的应用与它对话，"法小淘"根据用户提出的法律问题进行初步的智能案情分析，并推荐合适的诉讼法院、专业律师等。
7. 逻辑回归（logistic）模型是Verhulst-Pearl在修正非密度方程时提出的，他认为在一定环境中种群的增长总存在一个上限，当种群的数量逐渐向上限靠近时，实际增长率就会减小，逻辑回归从本质上来说属于二分类问题，常用于数据挖掘、疾病自动诊断、经济预测等领域。
8. 资料来源：中华人民共和国最高人民法院网，http://www.court.gov.cn/zixun-xiangqing-193721.html，2020年5月9日最后访问。

人身、生命受到损害甚至死亡。在对个案进行分析取证时，主要利用线上网络进行不法行为的网络犯罪也有像我国台湾地区与大陆之间跨地域线下实施违法行为的路径，而主要是线下开设赌场、非法放贷等黑社会性质组织，恶势力犯罪也存在发展成员、非法控制等与线上活动密切相关的犯罪方式，因而除了各类案件所造成的严重损失外，二者交叉的行为媒介部分也应该是司法办案人员关注的重点。

表1 不同涉案类别的比较

涉案类别	非法利用信息网络罪、帮助信息网络犯罪活动罪类	黑社会性质组织犯罪、恶势力犯罪类
案例等级	最高院指导性案例（4例）	典型性案例（5例）
案件名称	黄杰明、陶胜新等非法利用信息网络案；谭张羽、张源等非法利用信息网络案；赵瑞帮助信息网络犯罪活动案；侯博元、刘昱祈等帮助信息网络犯罪活动案	唐均伟、李逢情等14人恶势力犯罪案；成某某、黄某某等14人组织、领导、参加黑社会性质组织案；张某甲等14人组织、领导、参加黑社会性质组织案；杨昊等25人恶势力犯罪集团案；彭美春等21人恶势力犯罪集团案
年份	2019（1件）；2018（1件）；2017（1件）；2016（1件）	2019（4件）；2018（1件）
案情简介	微信朋友圈销售管制刀具，多人转发，从中非法获利，其中一人购得刀具后实施了故意伤害致人死亡的犯罪行为；网络上从事为他人发送"刷单获取佣金"的诈骗信息业务，非法获利80余万元；非法代理网络支付接口，可能用于犯罪资金走账和洗钱；台湾与大陆跨区域办理银行卡，用于电信网络诈骗	实施故意伤害、聚众斗殴、开设赌场、寻衅滋事、殴打他人等违法犯罪活动，造成1人死亡、7人轻伤、11人轻微伤的严重后果；有组织地实施聚众斗殴、故意伤害、寻衅滋事、贩卖毒品、开设赌场等13起违法犯罪行为，造成1人死亡、1人重伤、3人轻伤、5人轻微伤的严重后果，提供娱乐消遣牟利217万余元；被告人刑满释放后开设赌场、放高利贷，控制长沙水域收"保护费"，形成黑社会性质组织，实施了故意伤害、聚众斗殴、寻衅滋事、故意毁坏财物、非法拘禁等犯罪活动，造成1人死亡、2人轻伤、多人轻微伤、多人财物受损；非法放贷，2013至2018年，实施寻衅滋事、非法拘禁、聚众斗殴等违法犯罪活动36起；实施寻衅滋事、聚众斗殴、故意伤害等违法犯罪行为，造成1人死亡、3人轻伤、4人轻微伤的严重后果

续表

行为媒介	线上：微信朋友圈、网络、非法程序等 线下：跨区域办理银行卡等	线上：发展成员、非法控制等 线下：开设赌场、贩卖毒品、提供娱乐消费、有偿陪侍、非法放贷等
主要手段	微信朋友圈非法销售管制刀具、"刷单"诈骗信息业务、非法代理网络支付接口、电信网络诈骗	故意伤害、聚众斗殴、开设赌场、寻衅滋事、故意毁坏财物、非法拘禁等
严重损失	经济：涉案最高额600万元； 人身：故意伤害致人死亡	经济：涉案最高额217万余元； 人身：致多人死亡、轻伤、微轻伤

此外，如图1和图2所示，在中国裁判文书网搜索引擎输入关键词锁定为"黑社会性质组织"和"网络犯罪"进行模糊查找，可以直观地看到2015—2019年二者的案件数量直线上升且"黑社会性质组织"案件数量在2018—2019年的增长幅度明显高于2017年之前案件数量的涨幅，表明扫黑除恶专项斗争在第一阶段和第二阶段取得了显著的成效。另外，"网络犯罪"案件数量一直高速增长，2019年甚至达到了2015年案件数量的五倍，显然网络这一新型犯罪媒介已经成为犯罪人热衷的平台。从案件类型来看，刑事案件无疑"独占鳌头"，行为人利用网络实施犯罪往往涉案金额巨大、群众利益损失颇高，而黑社会性质组织犯罪对人身危害较大、常伴有经济上的纠纷，均体现了案件的社会危险性之大。兼具二者特性的"网络黑社会"案件，既存在利用网络实施犯罪的行为，又兼有黑社会性质组织犯罪的黑恶性危害，对其进行扫除的紧迫性和必要性不言而喻。

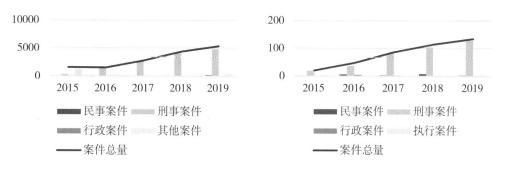

图1 中国裁判文书网2015—2019"黑社会性质组织"案件统计

图2 中国裁判文书网2015—2019"网络犯罪"案件统计

（二）"网络黑社会"的定位推演

"扫除"网络黑社会相较于抓捕传统黑社会性质组织，从二维空间上升为立体维度的三维空间，加上了时间维度，难度系数也呈几何倍数的增长。从线上到线下需时间、地点、人、事、物共同协调一致，人工智能便成了维系一切线索来源的捕捉中介。若要精准定位"网络黑社会"的扫除范围，需要对"网络黑社会"的产生来源进行深入调查和合理推测。进行深入调查，除了探寻人员及数据信息外，还可以在犯罪事实中加入对时序因素的分析，这可以深入了解犯罪活动在空间和时间上的变化趋势和规律。[9]笔者按照组织发展角域的标准，对于"网络黑社会"的形成做了以下三种分类。第一，纯粹线上发展的组织，比如"网络水军""网络打手""信息交易组织""网络营销团体"等为了获取一定的经济利益或者其他利益发展而成的"网络黑社会"组织。该组织成员广布，隐秘性强，主要以发帖引导大众舆论或攻击某一商业运营平台为手段，赚取雇佣人高额佣金。第二，由线下向线上过渡发展的组织。这一组织成员多由黑社会成员组成并发展，原本的黑社会组织由于"经营"不当或首要分子被逮捕判刑而消散，因而一些黑社会边缘分子或者逃脱的重要成员转向网络社会拓展"业务"、招揽"人才"，相较于第一种情形其成员更多了一种联系性，隐秘性也稍稍减弱，但"业务"范围也更加宽泛。第三，线下黑社会（性质）组织的网络分支平台。随着科技的发展，一些黑社会头目也将目光放在了可能会带来更大利益的网络空间，线下的组织提供财力、人力，线上的组织发展技术、平台，二者共同运作构成了"网络黑社会"现象。相比之前两种情形，第三种情形的线下人员联系更为紧密，危害也更大，甚至可能危及国家、人民的人身和财产安全。此外，对于一些"主力网民团体"和"零散网民团体"实施的带有"网络黑社会"色彩的不当行为，因其主要为网民或抒发内心愤懑之情或被引导而恶语相向自发形成，一般不予列入"网络黑社会"名单。但是，若其行为已从表面个人私密空间的范围拓展到深层组织公共场所的领域，形成跨地域、领导、教唆、帮助危害不特定多数人的人身关系或财产关系的组织时，该行为即应当被认为符合"网络黑社会"的实质特征而予以认定。

由于"网络黑社会"大部分犯罪行为在网络空间和现实社会都有不同程度的危害效果，或等价于传统犯罪，或背离危害性评价，可以从犯罪行为时空上的阶段性

---

9. 陆娟：《犯罪热点时空分布研究方法综述》，《地理科学进展》2012年第4期，第419页。

与刑法上的滞后性逐一突破。[10]美国孟菲斯市警察局曾启用Blue CRUSH预测型分析系统对当地可能发生的暴力犯罪进行预测,使过去五年的暴力犯罪率大幅下降[11],因而在犯罪预备阶段,从前瞻性视角对于可能发生的犯罪行为进行预测分析也是相对有效的防控手段。但是,也有许多学者对于此类预测系统持怀疑的态度,在人工智能尚未真正脱离形式外观的识别前[12],其很难从内容上做到对人类决策思路的理解,况且人类也并未真正解开自身决策的思维路径。[13]人工智能这一概念自1956年在达特茅斯会议提出后[14],一直致力于从辅助的角度更好地为人所用,虽然目前有弱人工智能(ANI)、强人工智能(AGI)和超人工智能(ASI)三种划分,但是我们大多数谈论的人工智能技术仅指弱人工智能,对于强人工智能与超人工智能的应用更多的是科技界在人工智能前沿问题方面的探索。于法律工作者而言,应更多地关注人工智能在司法领域可能带来的互融发展,至于其法律主体以及潜在风险等问题可以作为深层次探索研究的方向,必要时也可设置人工智能在司法领域的应用禁区[15],做到有限的智能化以增强人文学科与技术对话的能力。

二、扫除"网络黑社会"模型的三要线铺设

人工智能涉足司法领域,大多以促进推动司法体制改革为需求导向。[16]从最基础的全方位法律检索,到根据算法给出判断的案件结果预测,通过算法设计,司法人工智能运用海量数据恰当地把控了司法运转的全部过程。但如何依托司法人工智能界定网络黑社会范围、确定网络黑社会类型、认定网络黑社会现象,都是目前需要探讨的内容。首先,需要建立起网络数据筛寻体系,对侵入场域的数据设置算法框架,利用人工智能的交互性特点深度学习,初步构建扫除"网络黑社会"的模型;其次,借助现有搜寻、识别智能工具升级加工,从不同的角度分析"网络黑社会"可能出现的途径及存在的利害关系,调配智能模型辨识参数,进一步完善模型,进行深度精确扫黑;最后,将主观逻辑推理输入司法人工智能,并以输出认定

---

10. 庞云霞、张有林:《大数据时代网络犯罪的刑法应对——兼论人工智能犯罪的规制》,《重庆大学学报(社会科学版)》2020年第4期,第19页。
11. 储槐植、何群:《论我国数量刑法学的构建》,《中国法学》2019年第3期,第19页。
12. 栗峥:《人工智能与事实认定》,《法学研究》2020年第1期,第120页。
13. 李建中:《有限的偶然性:人工智能时代科学研究的尺度》,《自然辩证法通讯》2020年第4期,第5页。
14. 刘宪权:《人工智能时代我国刑罚体系重构的法理基础》,《法律科学:西北政法大学学报》2018年第4期,第47页。
15. 黄京平:《刑事司法人工智能的负面清单》,《探索与争鸣》2017年第10期,第85页。
16. 参见前引2,钱大军书,第147页。

与排除网络黑社会终值回路为目的,建构起相对完善的司法人工智能扫除"网络黑社会"的模型。

(一)第一要线:筛寻与构建

第一要线的筛寻与构建,是以数据模型为载体、算法语言为工具、交互学习为核心的。这一要线又称图谱筛寻要线,借助"张量空间"最大限度地拓宽思维的"矢量空间"[17],挖掘思维数据背后的相关性,并对这些数据交叉碰撞组合延伸,通过对算法语言的实际运用和人工智能的深度学习,最终针对犯罪分子的层次关系及分工形式建立图谱体系,进一步促进数据资源精准化、线索探寻智能化、类案预测及时化,构建"网络黑社会—人工智能—人"的扫除模型。[18]

首先,如图3所示,以各大网站、贴吧、推特、油管、Ins、Facebook、QQ、微信、钉钉等平台为数据源建立数据模型;其次,对得到的数据信息查找锁定和图谱分析,获取犯罪嫌疑人的IP、Mac地址;接着,根据犯罪嫌疑人社会交往线绘制人物关系图谱,进一步探寻"网络黑社会"主要首领及骨干成员;最后,司法人工智能根据裁判文书以及相关法律文献进行大数据深度学习,以"概率"为基准[19],设置侵权预警的阈值[20],助力顺利生成扫除"网络黑社会"的模型。

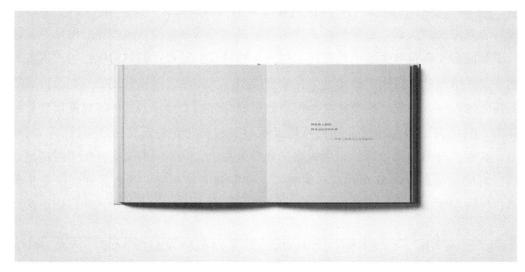

图3 网络数据筛寻示意图

---

17. 王禄生:《司法大数据与人工智能技术应用的风险及伦理规制》,《法商研究》2019年第2期,第103页。
18. 王燃:《大数据时代侦查模式的变革及其法律问题研究》,《法制与社会发展》2018年第5期,第113页。
19. 吴旭阳:《法律与人工智能的法哲学思考——以大数据深度学习为考察重点》,《东方法学》2018年第3期,第19页。
20. 参见前引17,王禄生书,第102页。

在数据上,从众多、随机、隐晦、不全面的实际数据中提取出人们事先不知情、隐含在其中但是又有潜在意义的网络信息数据[21],绘制人物关系图谱,最终点亮图谱数据筛寻源。以网络暴力为例,此种现象多出现在各种贴吧、社交网站、微博甚至国外的推特、油管、Facebook等等。首先,需要在这些数据源中搜寻可能跟网络暴力有关的一些关键词句(诸如姓名缩写、诽谤流言、人身攻击等),确定贴源后定位发帖人或转贴人。其次,根据帖子的IP、Mac地址,获取犯罪嫌疑人身份信息,依照犯罪嫌疑人社会交往线绘制人物关系图谱,并分析出可能性较大的犯罪嫌疑首要分子。最后,通过国内外银行转账记录或者支付宝、微信钱包等资金流转信息,从相关人物资产流动角度进一步筛选确认出可能存在的犯罪嫌疑人。

在算法上,对预测问题建立目标树并确定好每一个节点是主抓工程。对于网络黑社会的预测,从定位关键词句到最终筛寻函数的形成,不仅要厘清步骤,保证主干路线的稳定,还要针对每一个节点假设回溯[22],确保算法的精准和完备。判断测试文本是否属于"网络黑社会"的案件时,需对输入模型的文本数据进行概率分类,朴素贝叶斯算法因具有属性条件独立性假设,在监督性分类学习领域具有很强的应用价值。[23]例如A和B两个人抛硬币,概率是互不影响的,也就是相互独立的,A抛正面的同时B抛反面的概率就是1/2×1/2,这就是条件独立性假设。如果某个语句使用了涉嫌"网络黑社会"的语言,那么就将该语言标识为内容不当。对此问题建立两个类别:网络黑社会类和非网络黑社会类,使用1和0分别表示。设c_i为语句类别,通过i(网络黑社会类和非网络黑社会类)中的语句数除以总的文档语句数可以计算概率$p(c_i)$;设w为词矢量,这里假设所有词都互相独立,$p(w|c_i)$可以使用$p(w_0|c_i)$ $p(w_1|c_i)$ $p(w_2|c_i)$ $\cdots p(w_n|c_i)$来计算概率,这样就极大地简化了计算的过程。如下式计算后验概率:[24]

$$P(c_i|w) = \frac{P(w|c_t)P(c_t)}{P(w)}$$

由于对每个c_i,$p(w)$都是固定的,因而若要比较后验概率的大小,只需比较类条件概率和先验概率的乘积。若$p(w|c_1)\times p(c_1) > p(w|c_0)\times p(c_0)$,即推断测试文本为涉嫌"网络黑社会"的文本,若$p(w|c_1)\times p(c_1) < p(w|c_0)\times p(c_0)$,

---

21. 裴炜:《个人信息大数据与刑事正当程序的冲突及其调和》,《法学研究》2018年第2期,第49页。
22. 这里的回溯即回溯算法,是指一种组织搜索的一般技术,它常常可以避免搜索所有的可能性,适用于求解有潜在大量解但是有限个数解已经检查过的问题。
23. 华玲等:《基于朴素贝叶斯分类的DVC-HEVC快速转码》,《太赫兹科学与电子信息学报》2020年第2期,第235页。
24. 朴素贝叶斯.md,https://github.com/apachecn/AiLearning/blob/master/docs/ml/4,2020年5月9日最后访问。

即推断测试文本为不涉嫌"网络黑社会"的文本。

在学习上,有学者认为,使用大量的以裁判文书或者法律资料为基础的数据库进行大数据深度学习,是目前人工智能在法律领域主要进行的创业项目。[25]以当下中国实践为例,最高人民法院运行的类案类判智能系统无疑具有较高的说服力。[26]笔者认为,如若能将这一模式运用到"网络黑社会"的扫除中来,势必会为"网络黑社会"精准定位凝聚起强大内核。深度学习最终的广度和深度取决于人类思维的基础性输入[27],以裁判文书作为建模训练集的主要来源,在此基础上加入论文(paper)学习,使测试集不断接近具体特定的案件事实,最终建立起测试集和案件事实之间的涵摄关系。另外,输入相关学者对于"网络黑社会"现象的探索性发现和显著性结论,进一步对非确定性、非典型性、非常规性的"网络黑社会"事实进行深度分析,逐步排查和认定行为人涉嫌网络黑社会的可能性,有助于人机互动深层次的交互展开,促进人机结合并深度学习。

(二)第二要线:升级与调配

第二要线的升级与调配,就是利用现有工具、技术加以改进,从智能参数到相关实践不断地探寻优化可能性。无论是数据筛寻还是人工智能深度学习,在司法实践中都存在不少的实际运用。目前已知的智能识别技术要素主要包括:基点检测、关键点定位、特征提取、矢量集成、相似度排序、图形反馈与矫正等。[28]知悉此类技术要素的适用范围与应用原理,了解和掌握相关司法实务已运行的智能平台的实践,有助于扫除"网络黑社会"模型的构建和试行。以Automap为例,该工具是研究者专门开发适用于文本挖掘以及网络分析的工具之一:在Automap中输入一份文本,第一步,对文本进行不同程度的清理,去掉其中与文本中心关键内容关联不大的部分;第二步,运用Automap中的概念提取功能将文本中的核心概念提取出来,并对该概念的类别(人员、组织等)、关联状况、频次进行测量和精准识别;第三步,建立一份特定文本语料库,将所有主要概念集合其中;第四步,运用已建成的语料库在Automap中生成关于该文本中的主要概念的网络,计算分析后即可得到关于文本中所蕴含的组织网络特征和规律[29]。

---

25. 参见前引19,吴旭阳书,第19页。
26. 左卫民:《如何通过人工智能实现类案类判》,《中国法律评论》2018年第2期,第27页。
27. 熊波:《人工智能刑事风险的样态评价与规制理念》,《探索与争鸣》2019年第5期,第137页。
28. 参见前引12,栗峥书,第120页。
29. See Kathleen, Carley, M., Columbus, D., Landwehr, P. (2013). Automap user's guide. Pennsylvania: Institute for Software Research School of Computer Science Carnegie Mellon University Pittsburgh,p.1.

如图4所示,以"网络黑社会"为范本,在Automap中输入采集到的数据信息,经过文本清理、概念提取、关联识别等步骤,针对触碰"网络黑社会"的监管词、敏感句设定极限阈值,最后可利用元网络导入ORA分析工具中进行"网络黑社会"的可视化和预测分析。[30]整个过程中,建模人员要与相关技术人员有一个近距离的交流与合作,面对专业话语和技术话语冲突时以内部净化的方式[31],以及爬虫(Python)等编程软件的应用,在取得相关权限单位的授权后,依法合理采集个人相关数据信息。众所周知,经济性是黑社会性质组织犯罪不可或缺的构成条件之一。对于一些"网络黑社会"犯罪嫌疑人的资金往来、"网络黑社会"相关组织集团网络运营的财产库源,司法机关也要与银行机构或者第三方支付平台建立联系,及时对视听资料、电子数据等相关证据进行提取和固定。另外,中央银行的数字货币(DC/EP)已经开始在农业银行、中国银行等客户端试运行,建设银行也有DC/EP钱包内测界面的流出[32],其与第三方支付的区别以及在跨境支付上的优越性,让使用者只需拥有DC/EP钱包而无需开设账户就可实现货币流通。DC/EP对现金的替代作用非常明显,在监控资金流向、反洗钱(AML)、反恐怖主义融资(CFT)等方面具有很强的政策含义,而新冠肺炎疫情也使其更受重视。在新形势下加强与其进行合作,对于预警境外黑社会利用网络洗黑钱、毒品贩卖、向境内渗透等一系列可能会严重威胁国家或者公民人身、财产安全行径的发生具有十分重要的意义。

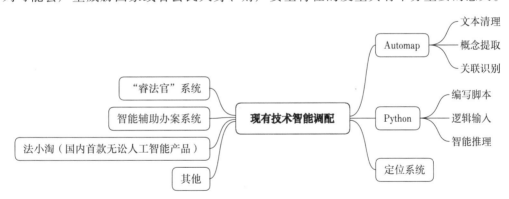

图4 技术智能调配示意图

从具体事件来讲,我们要对近年来"网络黑社会案件"进行系统分析,分类归档各种触犯当事人隐私权、人格权等相关权利的词汇,统计案件数量。如"新东方

---

30. ORA为支持高维网络的分析工具,即动态的meta-networks,它可以评估谁、什么、在哪里、什么时候、如何等多重价值关系。
31. 参见前引17,王禄生书,第141页。
32. DC/EP钱包:DC/EP钱包的核心是一对公钥和私钥,公钥是地址,是存放人民币的数字凭证。用户可以看到其他用户的地址,但不一定知道地址所有者的身份,而中央银行通过管理的数字货币登记中心,知道地址与用户之间的身份关系。

网黑"案件[33],恶意帖子被贴在论坛48小时内就转载4600多次,因而对于在短时间内大量迅速转载或者传播的文章、帖子将会是司法机关重点关注的对象。又如"蒙牛雇水军攻击伊利"案件[34],网络打手公司暗中操作,诋毁、诽谤竞争对手,引导大众舆论,甚至意图左右法院裁判,因而对于网络上具有较强煽动性的文段也应该是相关司法工作人员探寻的目标。为了捍卫8亿多网民的人身权利和财产权利,[35]使用升级与调配后的司法人工智能进行搜寻和认定"网络黑社会"造成的不法恶象迫在眉睫。

(三)第三要线:认定与排除

第三要线的认定与排除,是在主观逻辑推理下,利用司法人工智能进行推动与阻却一体收集。AI司法正在飞速发展,但即便其发展到超人工智能阶段,司法的裁判解释依然具有不可取代的地位和价值。[36]在人工智能建立起数据筛寻源并持续深度学习的大前提、现有技术工具升级调配的小前提下,下一个目标需要将视线聚焦在如何确定存在"网络黑社会"性质犯罪倾向上面。这是建成扫除"网络黑社会"模型最关键也是最重要的一环。"网络黑社会"具有刑法规定的黑社会性质组织的属性,在扫除模型的建成上应更多地以刑法作为有形或无形的犯罪打击工具,体现了物性刑法的本质特征。[37]将对于可能造成"网络黑社会"的主观逻辑推理输入司法人工智能,以概率为基准,涵摄出符合所有构成要件的目标终值,以此作为认定的依据,反之则排除。其中,智能逻辑进行法律演绎推理是整个体系中的关键帧,它依赖于算法与数据,又独立于二者之外,使人的主观逻辑推理输入人工智能算法以形成数据逻辑闭环,三位一体地从构成要件的符合性、违法性、有责性三个方面综合地进行认定与排除。

---

33. "新东方网黑"案件:2009年3月,凤凰网论坛上一篇"姐妹们小心了,揭露新东方老师的真面目"的帖子成为大家关注的焦点,该帖在随后的48小时内,出现在我国4600余个网站的论坛上。随后,上海新东方学校的两名学员以新东方教育水平低下、存在虚假宣传为由,将两名新东方老师告上法庭。据调查,原告所起诉的老师并非为其上课的老师,且原告之一有恶意诉讼的经历。此案一审因原告证据不足被驳回诉讼请求。同日,网上出现了大量攻击新东方的帖子。8月,网上又出现与3月份相似的帖子,该贴在24小时内扩散到3000余个网络论坛。据查,帖子所说事件纯属虚构。
34. 2010年7月,被告人安某等为打击竞争对手,宣传自己公司的一种儿童奶,利用网络论坛发帖、发布新闻、博文、网络软文等多种形式"控诉"伊利乳业公司,仅半个月就发布491篇文章,通过WIKI问答发布IM群5000个,网上点击率达260万次。
35. 中国互联网信息中心(CNNIC)2019年6月公布的第44次《中国互联网络发展状况统计报告》指出,我国网民规模已经达到8.54亿,其中,手机网民规模已经达到8.47亿。
36. 李飞:《人工智能与司法的裁判及解释》,《法律科学:西北政法大学学报》2018年第5期,第32页。
37. 刘艳红:《人性民法与物性刑法的融合发展》,《中国社会科学》2020年第4期,第119页。

1.构成要件的符合性、违法性、有责性

（1）构成要件的符合性

学界对于构成要件的符合性的判定无较大差异，包括行为主体、危害行为、犯罪对象、危害结果、因果关系等要素。但对于其认定，学者们存在着不同观点，有的学者认为，需要把刑法分则里的成文规定与司法实践中的不成文规定结合起来，对构成要件的符合性进行认定[38]；也有的学者认为，不仅应考察行为的客观外在表现，还要将对主观构成要件的分析包括在内，被告人触犯刑法分则某一法条所规定的特殊构成要件即符合构成要件[39]；还有的学者认为，对于行为是否符合犯罪客观要件，既要做形式符合判断，也要做实质符合判断[40]。笔者认为，对于构成要件的符合性，应从刑法分则的规定出发结合司法解释的规定，以及成文与不成文、形式与实质要件进行判断。我国《刑法》第294条明确规定，黑社会性质组织应当同时具备组织特征、经济特征、行为特征和危害性特征。中共中央、国务院在《关于开展扫黑除恶专项斗争的通知》中提出的重点打击十一种黑恶势力的第十种里也第一次对"网络黑社会"有了一个较为具象的形容：组织或雇佣网络"水军"在网上威胁、恐吓、侮辱、诽谤、滋扰的黑恶势力。然而，"网络黑社会"现象并不归属于刑法分则的某一法条范畴内，因此需对其从行为主体、危害行为、犯罪对象、危害结果、因果关系等方面进行逐一认定。

从行为主体来看，"网络黑社会"犯罪主体可以是自然人，也可以是单位。行为人大多通过一定的合谋协商形成共同的犯罪故意以实施犯罪行为，因而多为共同犯罪；而单位如"网络打手""公关公司"等，有明确的组织者、领导者及骨干成员，往往依照上级领导的指示行事。从危害行为来看，"网络黑社会"一般以威胁、恐吓、侮辱、诽谤、滋扰等手段，有组织地在网络上多次实施危害网络社会秩序、人身财产安全及公民心理健康等行为。从犯罪对象来看，自然人的犯罪对象多为在"易犯罪"情景下，对网络社会秩序和人身财产安全的危害性较小；单位的犯罪对象有单位也有自然人，单位与单位之间的"网络黑社会"行为不仅严重危害网络社会秩序，而且涉案金额往往较大；单位对自然人实施的"网络黑社会"行为相比之下危害性稍弱，但对自然人的人身财产及社会利益损害较之自然人之间的不法行为所造成的损害更为严重。从危害结果考察，"网络黑社会"的行为不仅在网络上形

---

38. 张明楷：《阶层论的司法运用》，《清华法学》2017年第5期，第25页。
39. 周光权：《阶层犯罪论及其实践展开》，《清华法学》2017年第5期，第101页。
40. 邵维国：《论犯罪客观要件符合性判断》，《现代法学》2017年第4期，第125页。

成非法控制,严重破坏网络社会秩序,而且还伴有损害相关的经济利益以及对公民人身安全的危害。从因果关系来看,"网络黑社会"造成网络非法控制、经济利益损失、人身安全危害是由于行为人基于网络实施的威胁、恐吓、侮辱、诽谤、滋扰等不法行为所导致的后果。

基于以上分析,笔者认为,认定构成"网络黑社会"组织应符合下列条件:其一,组织或雇佣网络"水军"对受害者实施不法行为,且有明确的组织者、领导者、骨干成员等;其二,组织或者雇佣网络"水军"是为了获取一定的经济利益或者社会利益,且具有一定的经济实力来支撑该行为;其三,以威胁、恐吓、侮辱、诽谤、滋扰等手段,有组织地在网上多次实施违法行为,造成公民人身、财产、心理损害;其四,通过实施违法犯罪活动,或跨国渗透黑恶势力,或利用身份上、职权上的便利,在网络上形成非法控制或造成重大影响,严重破坏网络社会秩序。

(2) 构成要件的违法性

违法性是指一个符合构成要件的行为必须具有违法性,也就是说,它必须是被禁止的。对于违法性的认识,通常以实质的违法性为主,辅之以形式的违法性,即对实质的违法性采取法益侵害说[41],用"违反实定法规"以外的实质的根据来说明违法性。从法秩序统一性的角度来看,在少数案件中需要例外地考虑是否存在无罪的理由,即被告人的行为形式上或通常对社会有害,但其行为也可能被整体法秩序所允许,例外地主张行为的正当性。[42]在通常情况下,具有构成要件符合性就是违法的,因为立法者在应当一般性地禁止一个行为时,就会将这个行为规范化地规定在一个行为构成之中[43],是否存在违法阻却事由是在这一阶段判断行为违法性能否成立的重要条件。目前,依据违法阻却的根据,可以将违法阻却事由分为不法阙如和法益衡量,前者如基于被害人的承诺行为、基于推定的承诺行为等,后者如正当防卫、紧急避险、职务行为、正当业务行为等。

笔者认为,对于违法性的判断除了以是否存在违法阻却事由作为判定标准,还应加入特殊情况下行为虽有害,但能被整体法秩序所允许的非违法阻却事由要件。结合上文构成要件符合性对于"网络黑社会"的认定条件,可能会造成"网络黑社会"行为违法阻却的正当防卫,除了采取制止正在进行的不法侵害行为外,主观上的防卫意图与客观上的防卫行为应一致,目的上也应当具有正当性和防卫性的统一。然而,"网络黑社会"行为属主观故意行为,并非为制止另一不法侵害而实施

---

41. 杨高峰:《论犯罪客体的理论重构》,《法学评论》2009年第4期,第64页。
42. 前引39,周光权文,第101页。
43. [德]克劳斯·罗克辛:《德国刑法学总论》(第二卷),王世洲等译,法律出版社2003年版,第117页。

的行为，其行为特征与危害性特征在目的上也与正当性相违背，基本不存在正当防卫行为的可能性。另外，若是出于对正当利益的保护而采取紧急避险行为，必须是为了保护公共利益、本人或者他人的合法权益免受正在发生的危险的损害，且不得超过必要限度。但若存在超法规的违法阻却事由，应当例外地考虑违法行为是否属于法益性的阙如或者是否是基于行为人法益衡量后实施的结果。

（3）构成要件的有责性

在行为符合构成要件且违法的情状下，有责性是指符合行为构成和违法性的行为必须是有罪责的，即行为人必须对这个行为承担责任。日本学者称之为"责任报应"，且认为它以人的理性、意志自由为前提。[44]行为人实施了刑法上的不法行为，即构成要件符合性和违法性的统一判断，并不能当然肯定犯罪的成立，还需要经过责任判断，确认行为人实施的不法行为具有谴责性，才能够最终认定犯罪的成立。[45]在责任论方面，学者普遍认为需要例外地考虑责任阻却事由，对行为人是否可以被归责进行评价。[46]责任的内容既包含心理要素，也包括规范评价。[47]对此，行为人是否到达责任年龄，是否具有责任能力，是否有违法性认识的可能性以及行为人利用网络实施的威胁、恐吓、侮辱、诽谤、滋扰等行为是处于何种心理状态——故意、过失，又或者是否存在期待可能性，都是我们需要考虑的因素。

笔者认为，有责性在构成要件符合性和违法性成立的条件下，需要客观事实和主观心理均应有责。《刑法修正案（十一）》对刑法第17条进行了修改，规定已满12周岁不满14周岁的人，犯故意杀人、故意伤害罪，致人死亡或者以特别残忍手段致人重伤造成严重残疾，情节恶劣，经最高人民检察院核准追诉的，应当负刑事责任。此外，对行为人的违法性认识与期待可能性的判断应当加以重视，恪守刑法谦抑性的原则。如若行为人已满18周岁，但由于未接受过相当的教育，社会化程度较低而对于自身的违法行为无法做出正确的判断和理性的选择，应当对其违法性认识与期待可能性的判断采取特殊认定方式，而非主观适用符合普通人的认定标准。一般情况下，行为人基本都具有刑事责任能力，能够认识到违法性，主观上是故意实施"网络黑社会"行为。对于没有达到责任年龄或者是由于过失等从事的"网络黑社会"行为，则行为不具有可苛责性。

---

44. ［日］松原芳博：《刑法总论》，日本评论社2017年，第5页。
45. 周光权：《犯罪构成要件理论的论争及其长远影响》，《政治与法律》2017年第3期，第30页。
46. 参见前引39，周光权文，第101页。
47. 参见前引38，张明楷文，第34页。

2.推动与阻却一体收集

如图5所示,由于突破了地域和时间的壁垒,相较于传统黑社会性质犯罪,"网络黑社会"较为特殊的地方在于以下几点。第一,网络性。"网络黑社会"的主体均以网络为介质实施犯罪行为,利用网民们的猎奇心理制造噱头,发布一系列不真实、过度夸大或者恶意诽谤的言论,从而为自己谋利。第二,利益性。"网络黑社会"主体大多活跃于虚拟网络世界中,维系起黑社会性质组织关系的结点则更多地偏重于所能获取的利益——经济利益、政治利益以及其他社会利益。第三,煽动性。煽动性是现代网民在网络交流中常暴露出的问题,也是"沉默的螺旋"理论最典型的体现[48]。"网络黑社会"中的煽动性往往在于"网络推手"的添油加醋,恶意引导大众对不当、不法行为产生情感偏向。第四,隐秘性。相较于可能活跃在某一区域或者产生于某一地带的传统黑社会组织,"网络黑社会"因为成员的分散和广布,组织团体更为隐秘,具体成员的信息也更加模糊。在逻辑确定为黑社会性质组织犯罪的情况下,还要着重判断其是否具有"网络黑社会"性质,从而进行认定与排除。

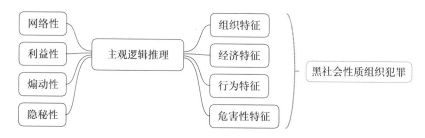

图5 主观逻辑推理示意图

目前我国刑法直接规定中存在"黑社会"或者"黑社会性质"字样的犯罪,主要有组织、领导、参加黑社会性质组织罪,入境发展黑社会组织罪,包庇、纵容黑社会性质组织罪等。以与组织、领导、参加黑社会性质组织罪并罚的其他相关犯罪的认定为例,结合立法解释对黑社会性质组织规定的四个特征,根据预先设定的条件,经过司法人工智能的逻辑演绎——输入、输出和核验预先做出筛选,等待进一步的人为"干预"。以下为有关"网络黑社会"认定的所有要件输入,对应排列组合生成符合条件的输出,若不符合,即排除。

---

48. "沉默的螺旋"是指人们在表达自己观点和想法的时候,如果看到自己赞同的观点就会积极参与进来,这类观点就会越发大胆地发表和扩散;而发觉某一观点无人或很少有人理会(有时伴有群起而攻之的现象),即使一个人赞同,通常也会保持沉默。

(1)输入[49]

a.利用网络实施的不法行为;

b.有明确的组织者、领导者、骨干成员等;

c.为了获取一定的经济利益或者社会利益且有一定经济实力来支撑该行为;

d.侵犯公民的人身权利和财产权利;

(ⅰ)侵犯公民人格尊严和名誉权;

(ⅱ)侵犯公私财物或者严重损害公民心理健康;

e.威胁、恐吓、侮辱、诽谤、滋扰等行为;

(ⅰ)公开贬低他人人格,破坏他人名誉,情节严重的行为[50];

(ⅱ)贬损他人人格,破坏他人名誉,情节严重的行为;

(ⅲ)恐吓、辱骂他人,情节恶劣,造成公共秩序严重混乱,情节恶劣的行为;

(ⅳ)威胁、要挟他人当场或者限期交出数额较大的公私财物[51];

(ⅴ)威胁他人、强迫交易,情节严重的行为;

(ⅵ)违反国家规定,进行非法经营,扰乱市场秩序,情节严重的行为[52];

f.多次实施不法行为[53];

g.跨国渗透黑恶势力;

h.造成重大影响,严重破坏网络社会秩序;

i.主观上出于故意;

j.(利用身份上、职权上的便利)在网络上形成非法控制;

---

[49] 以《刑法》(分则)、最高人民法院和最高人民检察院《关于办理利用信息网络实施诽谤等刑事案件适用法律若干问题的解释》、最高人民法院等《关于办理利用信息网络实施黑恶势力犯罪刑事案件若干问题的意见》等为范本,根据相关罪名的犯罪构成要件进行梳理产生的逻辑输入内容。

[50] 公开贬低他人人格,即在有第三者在场或者以能够使第三者看到、听到的方式进行不法行为。高铭暄、马克昌:《刑法学》,北京大学出版社2019年版,第475页;马克昌:《刑法》,高等教育出版社2017年版,第422页;参见曲新久:《刑法学》,中国政法大学出版社2016年版,第440页。

[51] "威胁、要挟"的方法,是指对被害人及其亲属以将要实施杀害、伤害等暴力或者将要揭发或张扬其违法犯罪行为、隐私,毁坏其财物等相威胁,迫使其交出财物。数额较大,以2000元至5000元为起点。高铭暄、马克昌:《刑法学》,北京大学出版社2019年版,第514页;马克昌:《刑法》,高等教育出版社2017年版,第450页;贾宇:《刑法学》(下册),高等教育出版社2019年版,第176页;参见曲新久:《刑法学》,中国政法大学出版社2016年版,第455页。

[52] 情节严重,是指:①个人非法经营数额在五万元以上,或者违法所得数额在二万元以上的;②单位非法经营数额在十五万元以上,或者违法所得数额在五万元以上的。数额达到前述五倍以上的,应当认定为"情节特别严重"。

[53] 多次实施,指2年内3次以上实施不法行为的。高铭暄、马克昌:《刑法学》,北京大学出版社2019年版,第515页;马克昌:《刑法》,高等教育出版社2017年版,第450页;曲新久:《刑法学》,中国政法大学出版社2016年版,第455页。

k.已满16周岁具有刑事责任能力的自然人。

（2）输出

a, $d_{(i)}$, $e_{(i)}$, i, k 侮辱罪

a, $d_{(i)}$, $e_{(ii)}$, i, k 诽谤罪

a, $e_{(iii)}$, i, k 寻衅滋事罪

a, $d_{(ii)}$, $e_{(iv)}$, (f), i, k 敲诈勒索罪

a, $d_{(ii)}$, $e_{(v)}$, (f), i, k 强迫交易罪

a, $e_{(vi)}$, i, k 非法经营罪

a, b, c, (d), e, f, (g), h, i, j, k 数罪并罚

IF → f条件不充分，则列入后台人员名单并标记一次

（3）核检

以"于浩戌等人敲诈勒索案"为例[54]，第一要线的搜寻与构建（搜寻）：首先，根据受案范围、相关案情，如本案中的棋牌网站和私服游戏服务器运营流量时间点、访问人员及访问路径等，建立网络数据筛寻源；其次，追循涉案的"网站攻击"路径，如本案中的CC攻击、DDOS攻击路径等，定位攻击人的IP、Mac地址，确定涉嫌犯罪行为人身份；接着，绘制涉嫌犯罪行为人的社会交往图谱，进一步挖掘涉嫌犯罪行为人的上线领导、首要分子等，如本案中的上线被告人与下线被告人是经社会招聘、熟人介绍纠集在一起，通过绘制这些下线被告人的社会交往图谱，最终探寻到上线领导及首要分子；最后，通过国内外银行相关账户以及第三方支付平台，如支付宝、微信钱包等的资金流转信息，进一步筛选确认出犯罪嫌疑人，即找到本案中的头目于浩戌及其他被告人。

第二要线的升级与调配（验证）：首先，在Automap中输入采集归纳后的案件信息，经过文本清理、概念提取、关联识别等步骤，去掉与案件事实无关内容，精简案情；其次，对"流量攻击""CC攻击""DDOS攻击"等涉嫌"网络黑社会"的关键词录入模型关键词库，统计其出现或波及的频率，设定极限阈值，并利用元网络将关键词及其对应阈值导入ORA分析工具中进一步分析；最后，利用司法实践中其他智能办案系统的相关优势点，如于浩戌案中可利用三要线智能模型与银行系统进行合作，重点关注涉嫌犯罪行为人的银行卡及财付通账号等资金流转情况，与上一要线搜寻出的犯罪嫌疑人连接起意思联络线，确保结论的真实性、准确性。

第三要线的认定与排除（定性）：输入第二要线精简后的案情介绍，发现：①"流量攻击""服务器瘫痪"等词语表明其利用网络实施的不法行为，符合a要件；②案件中于浩戌及其他被告人分为三组，以流量攻击后索要"保护费"的方式

---

[54] 万春：《网络犯罪指导性案例实务指引》，中国检察出版社2018年版，第130页。

实施不法行为，有明确的组织者、领导者、骨干成员，符合 b 要件；③被告人索要"保护费"是为了获取一定的经济利益，且被告人于浩戍以其父亲的名义成立了快眼网络科技有限公司，有一定的经济实力来支撑其不法行为，符合 c 要件；④本案中敲诈勒索"过滤费"等保护费共计人民币 342.1 万元，侵犯了公民的公私财物，使其财产权利受到损害，符合 $d_{(ii)}$ 要件；⑤被告人在攻击网站时主动留下了 QQ 等联系方式，待被害人联系后，主动索要具体数额的钱财，否则将继续实施攻击，是以威胁、要挟的方式向被害人索要财物且数额较大，符合 $e_{(iv)}$ 要件；⑥行为人依靠流量攻击等不法行为多次实施犯罪，符合 f 要件；⑦不法行为的实施出于行为人想要获得财物的主观故意，符合 i 要件；⑧结合所有被告人身份信息，核实均已满 16 周岁，具有刑事责任能力，符合 k 要件。

综上，扫除"网络黑社会"三要线模型运行后，其输出为：a，b，c，$d_{(ii)}$，$e_{(iv)}$，f，i，k，可初步判断行为人成立敲诈勒索罪，应适用刑法第 274 条对其定罪量刑。

（4）附言

人工智能可以不断提高精确度进行逻辑演绎，但很难对复杂的、疑难的、模糊的问题进行价值判断。[55] 尽管"模型"进行了看似逻辑自洽的推动和阻却排查，但一个自我指涉的系统或者模型面对繁复的案情很可能会陷入自相矛盾的状态——一旦出现没有事先预测到的输入设定。这就需要司法人员跳出"智能模型"进一步人为"干预"，解决人工智能在感性或者感觉行为上缺失的感官问题，进行相对公正的价值判断和规范认定。司法人工智能扫除"网络黑社会"三要线模型如图 6 所示。

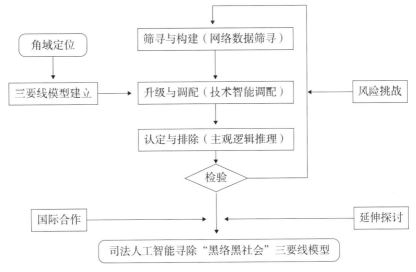

图 6 司法人工智能扫除"网络黑社会"三要线模型

---

55. 罗维鹏：《人工智能裁判的问题归纳与前瞻》，《国家检察官学院学报》2018 年第 5 期，第 16 页。

三、认定中必须面对的风险与挑战

人工智能诞生于20世纪的五六十年代，但由于当时的技术能力不够，推理能力有限，很快就跌入谷底，直到大数据与云计算提出之后，人工智能才随之被提及进而发展成为新兴科技。在法律领域，尤其是司法体制改革领域，人工智能的引入备受高层的关注[56]，但在我们享受它带来的便利快捷的同时，也不能忽视其可能产生的风险与挑战。人工智能技术的运用能否满足法律效果的客观与公正？[57]人工智能能否真正掌握人类的语义与语法，做到"拟人思考"？[58]面对网络黑社会的挑战，司法人工智能需要在国法人情、数据算法、证据收集上再做深入的研究。

首先，应用司法人工智能对于司法公正、社会人情的适普度需要有正确的理解。[59]司法人工智能是否会对司法改革产生相应的反作用，有碍司法权力的公正性是目前专家学者较为担心的问题。法国政府甚至颁布了"禁令条款"以抵制司法大数据可能被不法分子利用网络实施犯罪的情形发生，但这也与法国本身要求法院判决由合议庭评议做出，评议过程保密，判决书必须公开并标明法官姓名有关。[60]美国学者马修·谢勒（Matthew U. Scherer）在《人工智能发展法》中指出应当建立人工智能监管机构[61]，对此，若将人工智能扫除"网络黑社会"技术以公众可以理解的方式有效地呈现出来，并对关联数据实时多库、比对查询[62]，从相关性、整体性、预测性层面监管网络空间，[63]势必会大大减少普通群众对于司法公正的猜忌。机器学习算法能够精准地输出目标，得出与使用高阶认知方法的人在相同情景下相同或相似的结论，是因为其忽略了对数据内容和内涵的理解，仅通过数据形成的概率统计模型对数据的客观关联性进行分析和预测。[64]若公开算法存在安全隐患、原始代

---

56. 参见前引2，钱大军书，第142页。
57. 刘晓妹：《人工智能技术的法律规制探析》，《人民论坛》2020年第2期，第54页。
58. 参见前引12，栗峥文，第122页。
59. 潘庸鲁：《人工智能介入司法领域路径分析》，《东方法学》2018年第3期，第111页。
60. 王禄生：《司法大数据应用的法理冲突与价值平衡——从法国司法大数据禁令展开》，《比较法研究》2020年第2期，第142页。
61. See Scherer, M. U. (2016). Regulating artificial intelligence systems: risks, challenges, competencies, and strategies. Harvard Journal of Law & Technology, 16, 396.
62. 参见前引19，王燃书，第113页。
63. 胡昌明：《中国智慧法院建设的成就与展望——以审判管理的信息化建设为视角》，《中国应用法学》2018年第2期，第112页。
64. 崔聪聪、许智鑫：《机器学习算法的法律规制》，《上海交通大学学报（哲学社会科学版）》2020年第2期，第37页。

码泄露的危险[65]，我们应更多地侧重法解释论层面的解读[66]，提高司法人工智能的透明度和可解释性，[67]避免"黑箱效应"（black box）对公众舆论的负面影响[68]。我们希望司法人工智能能够成为社会公民的好朋友、好帮手，而不是在其神秘、高端的外在感官下丧失自我捍卫权利的勇气。如果此"扫除"模型能够做到国法、天理、人情相协调，那么惩防"网络黑社会"就绝非戏言。

其次，网络数据在质量、采集、分析的实际应用中会出现各种各样的问题。数据质量的一致性、完整性、正确性、最适性是所有数据活动最理想的追求[69]，建构扫除"网络黑社会"模型更需要足够庞大的知识库和高精准度的数据库做基础。而目前法律推理的人工智能系统仍处于起步阶段，即便在理想的条件下，专业化的法律解释和推理能否准确地、适当地通过算法来运行，也还存在疑问，因此，现阶段的"建构"必须输入确定的、完全的信息才能获得可靠的输出结果。[70]可互联网大数据这一"超级语料库"在实际采集中往往会存在各种偏差，数据陷阱[71]，数据错误、重复、缺失、遗漏等等均会影响数据的分析[72]，进而影响司法人工智能扫除"网络黑社会"三要线模型的精准度。如何在计算过程中调整好可以被允许的差值，如何平衡数据与数据之间的逻辑递取关系，如何做到数据最大化及时性、准确性都是不容回避、亟待解决的问题。

最后，"网络黑社会"犯罪证据的收集与证明力的判断在司法实践中仍是难以考究的问题。不可否认，人工智能不能对证据能力进行实质性的审查判断，但可以进行形式上的筛选和把关，以及在某些方面可以发挥有效的辅助和参考作用。[73]由于网络黑社会犯罪主体不确定、隐秘程度更强，在八种刑事证据中唯有被害人陈述与视听资料、电子数据能够对此有所帮助。但是，就被害人陈述而言，其主观性强并具有一定程度的夸张性[74]，实践中的证明力往往较小，对于认定网络黑社会现象

---

65. 刘雁鹏：《智慧司法中的忧虑院想象尧剖析与展望》，《理论与改革》2020年第3期，第179页。
66. 陈文、姜督：《人工智能的刑事风险及刑法应对》，《南京社会科学》2020年第1期，第100页。
67. 郑志峰：《人工智能时代的隐私保护》，《法律科学》2019年第2期，第58页。
68. 黑箱效应（black box）是指对于一个系统，只知道输入和输出结果，而并不了解其内部运作机制，整个过程是不透明的。
69. 吴喜之、闫洁：《数据分析中的数据质量识别》，《统计与信息论坛》2006年第6期，第15页。
70. 季卫东：《人工智能时代的法律议论》，《法学研究》2019年第6期，第34页。
71. 王佳云：《司法大数据与司法公正的实现》，《吉首大学学报（社会科学版）》2020年第2期，第140页。
72. 参见前引18，王燃书，第117页。
73. 纵博：《人工智能在刑事证据判断中的运用问题探析》，《法律科学：西北政法大学学报》2019年第1期，第61页。
74. 陈卫东：《刑事诉讼法学》，高等教育出版社2018年版，第130页。

确信力不强。而视听资料、电子数据主要以音像信息、数字化形式为特征,易被损毁、篡改而致失真。我国 2022 年施行的《最高人民法院关于民事诉讼证据的若干规定》,第一次将电子数据系统划分成了五个类别[75],使得一些单独的网络截图、微信记录在实际案例中有了能够被法院采信进而认定为证据的法律依据。为了判断电子数据是否真实,许多互联网法院引入"天平链"这一区块链技术,利用其仅能通过共识算法将数据以块的形式增加且不易篡改的特点,接入存证应用节点以解决电子证据取证、认证的难题。因此在证据采集以及证明力判断上,司法人工智能可以借鉴或者加入相关技术,促进三要线扫除模型进一步突破证据搜集中所存在的难题。另外,现代"网络黑社会"性质组织多拥有反侦察的能力,这一方面我们还需专业的高精技术人员全程从旁协助,建立起人工智能专家团队与法学专家团队的交叉功能团队,共同构建和运用扫除"网络黑社会"的三要线司法人工智能模型。

四、构筑网络空间命运共同体——"网络黑社会"三要线模型的国际化推进

"网络黑社会"在这个 5G 终端兴起、大数据爆炸更迭、恶意软件滋生的时代早已渗透世界的每一个角落,其对作案时空的压缩使得无国界犯罪可以"纸上谈兵",行为与后果的分离也让"网络黑社会"案件的追本溯源变得更加困难。2001 年,世界第一部针对网络犯罪的国际公约《网络犯罪公约》(也称《布达佩斯公约》)出台,并对九类网络犯罪行为加以刑法规制,但其存在一些突出缺点,如发展中国家的参与不足、对恐怖分子利用互联网实施的犯罪没有解决方案以及计算机网络的急速发展使其目前已不能够应对各种异化的网络犯罪。[76]2019 年,第 74 届联合国大会已经通过了中国、俄罗斯等 47 国共提的"打击为犯罪目的使用信息通信技术"决议,正式开启谈判制定打击网络犯罪全球性公约的进程。[77]"网络黑社会"作为网络犯罪现象之一,其兼具线上时空与线下组织的特性,在打击面上相对更广,因而有必要在国际合作的形势下推行司法人工智能的三要线模型。

对于第一要线的筛寻与构建,为更好地完善数据模型,对可能涉外的"网络黑社会"案件的处理方面,训练集与测试集应兼采用《网络犯罪公约》和《联合国打

---

75. 2019 年 12 月 16 日,最高人民法院发布《最高人民法院关于修改<关于民事诉讼证据的若干规定>的决定》,该决定自 2020 年 5 月 1 日起施行。
76. 肯尼迪·加斯顿:《亚非法协在打击网络犯罪国际合作方面的工作》,《信息安全与通信保密》2018 年第 1 期,第 19 页。
77. 张钢强:《打击网络犯罪国际合作与预防探析》,《中国信息安全》2020 年第 9 期,第 73 页。

击跨国有组织犯罪公约》（也称《巴勒莫公约》）中关于网络犯罪和有组织犯罪的界定。另外，对于各国有关网络治理的法律可建立关键词链接：美国于2015年颁布《网络安全法》建立了网络安全威胁情报分享机制；欧盟在2016年发布的《网络与信息系统安全指令》为"关键服务经营者""数字服务提供者"规定了网络安全保障措施及通报重大安全事件义务[78]；南非于2018年通过了《网络犯罪和网络安全法案》，从发布、散播危害财产安全或暴力损害他人的信息及非法包含私密形象信息等方面进行了处罚规定[79]。

对于第二要线的升级与调配，国际上针对网络犯罪的打击一般多采取警务合作模式，进行计算机犯罪侦查专项培训。美国联邦调查局（FBI）和联邦执法培训中心（FLETC）通过SEARCH调查项目培训相关人员，各个国家也在警官院校开设计算机课程以提高警员们的侦查能力。比照"网络黑社会"的扫除，可以寻求"网络警察"对越境数据流走向的实时监控及国家网络安全中心的授权以提高扫除精准度。2014年国际刑警组织在新加坡成立，主要负责调查有组织犯罪、清洗黑钱、高科技犯罪等大型严重跨国犯罪，其总部建有一个存有150余万国际刑事犯罪材料的档案库及其他实验室，[80]国内进行此类净化网络环境行动的同时需要建立交流平台，可以更好地升级扫除"网络黑社会"的三要线模型。

对于第三要线的认定与排除，在"网络黑社会"定义尚未明晰的背景下，各国甚至对于网络犯罪的定罪也不统一。联合国自2014年起便开展了关于网络安全和网络犯罪的诸多讨论，从只有一个关于网络安全的讨论到2020年设有三个单独的网络相关讨论流程（GGE、OEWG、OECE），其中OECE以起草联合国《网络犯罪公约》为唯一目标。[81]在OEWG的实质性会议中目前尚未对网络空间国际法的适用性达成一致，而GGE将于2021年5月进行最后磋商，预计9月向联合国大会提交报告。[82]因而对于"网络黑社会"涉外情况下的认定与排除、双重犯罪原则能否适用、世界性原则是否被认可还是未知数。由于不同区域可能存在法律滞后、犯罪黑数、

---

78. 吴沈括：《中国打击网络犯罪的实践与国际合作》，《信息安全与通信保密》2018年第1期，第24页。

79. 《南非正式通过<网络犯罪和网络安全法案>》，http://m.nanfei8.com/e/action/ShowInfo.php?classid=88&id=61880，2021年4月29日最后访问。

80. 《中国展团高调亮相interpol world 2019新加坡国际刑警组织世界展》，http://www.defenpolchina.com/newsview.aspx?newsid=139，2021年4月29日最后访问。

81. 《联合国关于网络安全和网络犯罪的讨论概述》，https://3g.163.com/dy/article/FLEH823705316V6W.html，2021年4月29日最后访问。

82. 《联合国并行机制GGE和OEWG：管窥网络空间治理大国博弈》，http://www.hackdig.com/04/hack-336854.htm，2021年4月29日最后访问。

预警迟延等现象,构筑网络空间命运共同体成为目前较热的话题。[83]一方面要加强国际合作,创新合作机制,克服单一国家执法局限性,提升情报共享能力;另一方面要完善本国法律制度,培养外事、技术人才,突破传统固化思维模式。[84]在国际合作形势下推进司法人工智能扫除"网络黑社会"的三要线模型,也是吸收借鉴国际优秀实践的漫漫之路,须持续关注国际形势变化与科技社会发展。

五、余论：三要线智能模型的延伸探讨

对于扫除模型的三要线,笔者最初的设想是建立起三个体系的扫除机制：以数据模型为载体、算法语言为工具、逻辑闭环为目的的第一体系;人机结合促进深度学习大数据的第二体系;概率与阈值控制下推动与阻却一体收集的第三体系。在三个体系之外,再对"网络黑社会"的认定角域和机制应用的风险挑战进行阐述。继而进一步对人工智能在司法领域已有的实践深入探究。笔者发现若对相关人工智能技术或工具加以升级调配,对于扫除"网络黑社会"机制的建立有着巨大的帮助。于是,笔者将第一与第二体系合并,增加利用现有工具、技术升级调配的要点,进一步将三个体系修改为三个要线,并在第三要线的逻辑推理中将刑法分则规定的可能涉及"网络黑社会"的罪责分类汇总,设定符合构成要件的输入与输出值,这也是文章研究的核心所在。另外,由于"机制"一词多以"模型"建成且应用良好为前提,最终将"机制"改为"模型"一词。扫除"网络黑社会"模型的建立仅代表笔者的实验性猜想,最终模型的认定是否有效便捷、网络数据的获取是否正当合法、人工智能与司法能否协调共进还是未知的难题,故对此只做延伸性的探讨,而非事实性定论。

（一）最终模型的认定是否有效便捷

理想中的扫除"网络黑社会"模型既包括对司法裁判规则的选择性适用,也包括为法律既有规则的延伸提供数据反思,训练集的选择便成为慎之又慎的重要一环。利用裁判文书以及相关论文的输入是人工智能深度学习的主要样本,并以此为依据,以概率为中心,得出侵权预警的阈值。但裁判文书是法官在司法程序之下对案件事实以及犯罪行为应受的刑罚处罚做出的判决文本,除了法律规定本身,其还与法官的价值判断和国家相关政策有着内在联系。人工智能本身的自主决策性来

---

[83]. 徐宏：《构建打击网络犯罪的国际合作机制》,《信息安全与通信保密》2018年第1期,第13页。
[84]. 参见前引78,吴沈括书,第24页。

源于对人类思维的模仿和学习,但其无法理解属于人类本身的思维方式以及政策的要求。

算法裁判具有的拟人性、智能性无疑是司法人工智能人性化的体现,但其也因算法歧视的潜在威胁而备受关注。法官在裁定案件时所考虑的以及未考虑的因素都会以一种数据潜链方式交织在一起,从而导致人工智能算法可能基于种族、性别产生算法歧视。如前文所述,法国为抵制司法大数据对法官裁判的影响而颁布的"禁令条款",可以看作为避免算法歧视而采取的一种举措。况且,若是真的存在法官在裁判案件时受到种族、性别因素的影响,人工智能算法也将其扩大辐射到了最终判决,而不论这个结果是否公正。另外,法官对于相同或相似的案件有时会有不同的解释和判决,"类案类判"智能系统看似解决了此类问题,获得了相对的公正,但其研发和设计目的从另一方面也消解了法官对于规则选择适用的权利,以及创制新规则的可能性。[85]

类似地,在政策上,关于"扫黑除恶",2018年中共中央、国务院发出的《关于开展扫黑除恶专项斗争的通知》较于之前的纪要突出体现了三个特征:专项性、严厉性和方向性。针对此次"扫黑除恶"通知提出的三个阶段也使得涉及"黑社会性质组织"犯罪的案件数量猛增,这一现象与国家相关政策的出台有着紧密联系。人工智能若对近年来的"黑社会性质组织"案件取样,相较于政策出台前的案件,势必会形成不同的或者有较大差异的输出结论,比如,在之前不认为是犯罪或者犯罪情节较为轻微的案件可能以现在的标准会被认定为犯罪。

(二)网络数据的获取是否正当合法

进入5G时代,每个人的个体行为在大数据的作用下都会显现为数据流,被诸多算法审视和过滤,与此同时也就产生了个人隐私与数据权利的冲突。由于数据的存在和表现形式以代码为主要对象,国内外有部分学者提出了用"代码空间"来表示以互联网代码技术为代表的支撑在应用层的一种应用和社会供给体系[86],任何想获得这些大数据的人,只有进入这个"代码空间"才能够获取这些代码。目前,对于"代码空间"应用范围的讨论主要有以下四类:一是提供信息内容;二是交互式信息交换;三是以物联网为代表与实体物相连接和控制;四是人工智能产品。[87]扫除"网络黑社会"模型无论是数据的获取还是人工智能技术的应用都与"代码空

---

85. 参见前引15,黄京平书,第88页。
86. 吴伟光:《构建网络经济中的民事新权利:代码空间权》,《政治与法律》2018年第4期,第114页。
87. 同上文。

间"息息相关,对此类问题的前沿探索也有必要更进一步地了解和学习。

随着网络的飞速发展,现代社会已经从"熟人"社会逐渐转变为"陌生人"社会,对于社会治理者而言,网络空间的虚拟性、交互性、隐秘性无疑给现实世界带来新的控制危机,网络空间的治理成为一种必然趋势。[88]大多数人在数据共享的同时往往忽略了自身的网络和社交行为很可能成为"不法分子"判断其身份、情感、内在倾向等一系列隐秘信息的潜在数据资源,PUA(Pick-up Artist)现象与此也存在千丝万缕的联系。此外,政府与企业本应是监督与被监督关系,而新形势下,某省法院系统曾求助于淘宝平台以获取当事人真实住址信息,模糊了公权力、私权利的界限。[89]面对这些现象,做好对大数据时代不正当"网络监视"的有效规制,区分公权力与私权利的边界,是治理网络空间这一数据化平行世界的有效途径。

(三)人工智能与司法能否协调共进

司法人工智能的出现在数据收集和案件整理上很大程度地提高了司法办案的效率和精准度,但其便利和高效也对司法"边缘"岗位的存在产生了威胁。许多人认为,科技的不断发展很可能使一些人力劳动被人工智能所取代,甚至造成结构性失业。[90]但时代的发展总是以新事物取代旧事物为主要趋势,智能机器取缔大量的劳动力在一定程度上节约了时间成本,为探索科技的更高可能性提供了更多的资源累积。而且,在司法领域引入人工智能是为了更便捷的实务操作以及更细节的逻辑推理,但人工智能技术目前还无法做到脱离人类而独自承担司法决策的主要程序。

随着科学技术的不断推进,人类也在不断突破自己的智力潜力。对于特定技术,即使用户坐下来仔细研究数据背后的信息,可能也无法理解导致结果的推理,那些设计它们的人得出技术推论也做不到一帆风顺。[91]特定技术的难以理解决定了人工智能技术与司法的结合充满挑战,智能机器无法形成属于自己的思想观念,因为它们需要不断输入从人类行为获取的理性思维判断以形成"心智"。智慧司法需求的出现也要求司法官必须在法学专业素养的基础上懂得新兴科技应用的方法,因此,兼具司法官与工程师特质的复合型人才是未来司法界不可或缺的领军人物。

---

88. 段伟文:《控制的危机与人工智能的未来情境》,《探索与争鸣》2017年第10期,第7页。
89. 郑戈:《人工智能与法律的未来》,《探索与争鸣》2017年第10期,第80页。
90. 郭传凯:《人工智能风险规制的困境与出路》,《法学论坛》2019年第6期,第109页。
91. 李飞:《人工智能与司法的裁判及解释》,《法律科学:西北政法大学学报》2018年第5期,第36页。

六、结语

随着5G通信技术逐步普及，人工智能作为科学界的鲜香"回锅肉"，应将5G移动通信系统在数据传送量上的优势与人工智能在语义画像构建中的发言权纳入自身的话语空间，其使用价值与应用程度势必远超当下，并且能够兼顾方方面面。但人工智能也是一把"双刃剑"，无论是之前uber自动驾驶汽车的判断失误还是AI换脸引发的一系列争议，均告诫我们要谨慎地使用人工智能"武器"。目前司法实务部门已在探索建立智能平台——利用人工智能技术分析案情，输入犯罪构成要件以期输出恰当的结论等。虽然现在人工智能技术在司法应用方面发展还不是很成熟，但通过前期排查、预测，利用司法人工智能建立扫除"网络黑社会"的三要线模型，为健全扫除"网络黑社会"的长效机制凝聚起强大内核，也让更多法律人看到了未来智能司法的新希望。在"扫黑除恶"进入新态势的情况下，如能率先对"网络黑社会"现象集中攻坚、寻根逐源，势必会为深度"扫黑"做好有力铺垫，同时也有助于构建扫除并遏制黑社会性质组织犯罪的长效机制。

疑案裁判的立场、法源及其功用

——以智慧法院建设为背景

韩振文*

(浙江工商大学,浙江杭州,310018)

摘　要: 当代中国司法深嵌于社会大变革之中,特别是目前着力推行的智慧法院建设,面临着大数据、人工智能、互联网等新技术的深刻挑战。在此背景下疑难案件的解决,应重申依法裁判的坚定立场,包含特有的法教义学属性,同时裁判对法律的背离超越,也是为了更好地回归这一立场。数字治理时代,智慧法院建设也在审判方式、诉讼模式、证据规则等方面力求变革,疑案裁判拟制的法源随之呈现出越来越大的开放包容力。正是疑难案件的审慎裁决,使"疑难案件出坏法"命题得到反转,驱动着司法治理逐步走上良性发展道路,从而获致良法善治。疑案裁判凸显出司法治理的自治型与回应型,这两者是有机统一的。

关键词: 疑难案件　依法裁判　背离与回归　法源　智慧法院建设

On the Position, Legal Source and Function of the Judgment of Hard Cases

Abstract: Contemporary Chinese judicature is deeply embedded in the great social changes, especially the construction of smart court, which is facing the profound challenges of Big Data, Artificial Intelligence, Internet and other new technologies. In this context, the resolution of hard cases should restate the firm position of adjudicating according to law, which contains a unique legal dogmatic attribute. At the same time, the deviation and transcendence of the judgment from the law is also to better return to this

---

* **基金项目:** 国家社会科学基金青年项目"庭审实质化语境下法官认知风格的测验及其改善研究"(编号: 18CFX004)。

作者简介: 韩振文,浙江工商大学法学院副教授。

position. In the Era of Digital Governance, the construction of Smart Court has also achieved changes in the trial mode, litigation mode, evidence rules and other aspects, and the legal source of hard cases judgment has become more and more open and inclusive. It is the prudent adjudication of hard cases that reverses the proposition of "hard cases lead to bad laws", and drives the judicial governance to step on the road of benign development, so as to achieve good law and good governance. The judgment of hard cases highlights the autonomy type and response type of judicial governance, which are organically unified.

Key Words: hard cases, adjudicate according to law, deviation and regression, legal source, construction of smart court

真实的司法世界错综复杂。人们在讨论司法世界时，经常聚焦于疑难案件，这更能考验法律人的实践智慧与问题解决能力。疑难案件作为司法裁判的核心，需要人们全方位、综合性地认识、检视它，并提出有效的应对方法。中国政法大学孙海波副教授的著作《裁判对法律的背离与回归：疑难案件的裁判方法新论》对此进行了系统阐释，在一定程度上填补了这方面的理论空白。审判实践是不可能避开疑难案件的，而法学理论对于将实践中的疑难案件现象予以理论化，则负有不可推卸的责任，现代法律方法论的发展基本上是围绕着疑难案件展开的，法律发现、法律解释与法律续造无不与疑难案件的裁判有关。[1]值得进一步探究的是，疑难案件的应对方法背后，体现出法官所持何种司法治理的姿态与立场；在构建中国特色社会主义现代化智慧法院应用体系背景下，面对疑难案件，拟制的法律渊源又呈现出何种新的态势；以及一系列的应对方法所发挥的功用，能否破解"疑难案件制造坏法律"[2]的"魔咒"，等等。

一、立场："通过依法裁判，超越依法裁判"

当前盛行的裁判理论依赖一个形式主义的普遍预设，认为在法律不确定的条件下，疑难案件裁判不被视为法律裁决的实践，而是被视作某种非法律的、政治的、

---

1. 孙海波：《裁判对法律的背离与回归：疑难案件的裁判方法新论》，中国法制出版社2019年版，第3页。
2. See Reynolds, W. L. (1988). Judicial process, Thomson West, 1988, p.65; Northern Securities Co. v. United States, 193 U.S. 197, 1904.

经济的、道德的或者其他性质的考量或标准来自由裁量。³面对以上盛行的普遍预设，孙海波副教授站在维护法治、重申依法裁判的坚定立场，始终贯穿"疑难案件的裁判依然要忠于法律"的基本主张，最大限度地捍卫既有法律在疑难案件裁判中的作用，强调据法裁判具有初始的优先性，法官如何尽可能地利用和整合既有法律资源，在现行有效法体系（秩序）中来裁判疑难案件。孙海波副教授的这一规范立场在当下中国特别值得观照。2020年5月28日十三届全国人大三次会议表决通过了《民法典》，宣告了中国"民法典时代"的正式到来。其中《民法典》第十条规定："处理民事纠纷，应当依照法律；法律没有规定的，可以适用习惯，但是不得违背公序良俗。"这条规定明确指示法官在现行实证法中来裁判疑难案件，因为实证法通常为基本价值原则的具体表现，相对于习惯、法理⁴、学说等而优先适用。同时，按照现代法治国家权力区分的宪制体制，司法机关应优先适用立法机关制定的法律进行裁判，而不能直接诉诸习惯、法理等。

另一方面也应看到，当代中国司法正处于大规模改革时期，又适逢全面深化改革的关键时期，司法活动和司法改革处在各种司法观和法律价值观碰撞交锋的中心。⁵虽然有时对案情重大、复杂的疑难案件解决，有可能会正当地背离或修正既有法律规定，出现"法官造法"（"司法立法"）或"出释入造"现象，但这都是为了填补法律漏洞，消除法秩序中的体系违反，尤其是嗣后演变式的违反，以更好地回归既有法律体系。⁶这种情况实质上是在意识到既有法律所具有的意义基础上，对其进行建构诠释与隐默发展。这是一种本质上真正合法的对于偏离立法者规范目的的突破，而非方法上"盲目飞行"而凌驾于既有法律之上，正所谓"通过依法裁判，超越依法裁判"。

疑难案件的解决伴随识别、填补法律漏洞的过程，这恰好提供了改进和发展法

---

3. ［德］Ralf Poscher：《裁判理论的普遍谬误：为法教义学辩护》，隋愿译，《清华法学》2012年第4期，第102页以下。
4. 按照黄茂荣先生的观点，法理具体化之后得到的内容主要有：平等原则；立法意旨；法理念；事务的性质；事理。其中，立法意旨为法理在实证法上最常见的一种体现方式。参见黄茂荣：《法学方法与现代民法（增订第七版）》，2020年版，第122页以下。
5. 孙笑侠：《基于规则与事实的司法哲学范畴》，《中国社会科学》2016年第7期，第129页。
6. 孙海波则认为在此意义上，能否妥当地应对疑难案件问题，成为过滤和检验现有法律体系整全性的试金石。参见孙海波：《疑难案件与司法推理》，北京大学出版社2020年版，第1页。同时，他具体考察了在普通法系背景下，在特定情形中只要满足了特定的理由，法官就可以正当地背离先例，这是法律保持灵活性与追求实质正义的共同要求；无论采纳何种背离先例的形式，法官都负有对自己的决定提供理由、加以论证的义务，这项论证负担构成了对判例适用者的一项普遍化要求。参见孙海波：《普通法系法官背离先例的经验及其启示》，《法商研究》2020年第5期，第104页以下。

律制度的机会的可能性。当法律规则出现漏洞或错误时，裁判偏离是既有法律为法官提供的面临疑难案件时的慎重选择，它并不是武断的、任意的和不受法律限制的对法律表面上的偏离，实质上是填补法律漏洞之需要或者追求正当个案裁判之要求，是对既有法律的发展和续造，而且这种对法律的发展和续造要符合整体法秩序的一般性原则。[7]

比如我国首例胚胎继承纠纷案，便是"超越依法裁判"而发展和续造法律的一个典型案例。当然，这里"超越依法裁判"需要做进一步的区分：第一种情况是，法官根据规范目的与调整目标对法律条文修改或对例外漏洞补充，但仍受到现行法律评价的约束，并未偏离规范目的和立法评价，因此属于表面上对法律的偏离超越；第二种情况是，法官完全拒绝适用现行法律，这是对立法意志的违背与法律约束力的破坏，在民主法治国家中这种抵抗法律行为是违法的，因而属于对法律不合法的偏离超越；第三种情况是，法官为适应变化的情况，对已认识的法律的规范目的进行修正，但不违背立法意志，这才属于真正的对法律合法的偏离超越。

二、法源：愈加开放与包容

面对发生的疑难案件，法官担任出色的"作曲者"角色[8]，做出对法律最初计划的偏离超越，体现出司法过程高度创造性的智识境界，并不必然导致司法裁判完全是任意的、主观的，变成"脱缰的野马"而"背叛"立法者。法律是偶联的与合目的性的动态系统，不仅包括行为规范，还包括思维规则。它可以随社会结构性变迁，进行持续调试重构，同时识别整合法外因素融入教义化体系，以因应时代的利益冲突与价值之争，进而稳定现代社会人类的规范性预期。特别是在面临大数据、人工智能、互联网、区块链等新技术挑战时，网络智能社会治理中适用的法律，通过立法机关修正、司法机关补充，进行着现代性的转型升级，使其适用于疑难案件的解决，更大程度上包容、适应信息社会与数字经济的权益诉求。

智能社会技术治理与法律治理是有机耦合的。我国当下正在如火如荼地进行智慧法院建设，其重要特征在于人工智能等新兴技术深度应用于裁判领域，以信息

---

7. 孙海波：《越法裁判的可能、形式与根据》，《东方法学》2019年第5期，第153页以下。
8. 面对发生的疑难案件，法官充当"作曲者"存在两个问题：一是这种通过司法立法进而将其回溯性地运用到面前疑难案件的做法违背了"法不溯及既往"原则；二是法官们扮演立法者的角色时总是在撒谎——"我们并没有制定法律，而仅仅宣布法律是什么"。参见孙海波：《疑难案件与司法推理》，北京大学出版社2020年版，第117页。

化、智能化的两翼来促进审判体系和审判能力现代化。合理利用迭代速度不断增加的新兴信息技术，能更好地赋能司法实践，满足疑案解决的实践需求，改善司法裁判任务的质效，如通过证据科学与专家证人破解证据薄弱的疑难案件，推动法律体系的演化。现代化智慧法院的实施，是在大数据基础上的认知科学实践，而实践的一个着力推行点在于人工智能辅助办案（审判）系统在加大研发力度。《最高人民法院关于深化人民法院司法体制综合配套改革的意见——人民法院第五个五年改革纲要（2019—2023）》（以下简称"五五改革纲要"）明确指出，"加强智能辅助办案系统建设，完善类案推送、结果比对、数据分析、瑕疵提示等功能"。司法裁判的人工智能化，如起草审查文件、法律法规精准匹配、繁简案分流、证据采信率预估、庭审争点与发问提纲、法律摘要和分类、类案智能化检索、裁量基准建议与量刑建议、裁判文书的智能生成自动推送、同案不同判与裁判偏离预警报告等多样化任务，都是建立在人工智能具有从经验数据中深度学习而来的识别解析的自主决策能力上，而人工智能深度学习依赖的核心智慧在于不断优化的算法、算力。未来法治社会真正迈入认知智能阶段（人工智能的高级阶段），技术驱动下算法代码会不会成为新的法律表现形式，丰富拟制的法律渊源，是值得进一步观察展望与充分论证的。

"五五改革纲要"指出，"坚持强化科技驱动。贯彻实施网络强国战略，全面建设智慧法院。牢牢把握新一轮科技革命历史机遇，充分运用大数据、云计算、人工智能等现代科技手段破解改革难题、提升司法效能，推动人民法院司法改革与智能化、信息化建设两翼发力，为促进审判体系和审判能力现代化提供有力科技支撑"。当下以大数据、人工智能为代表的新一轮科技革命，呈现出鲜明的特点，不再是既往技术工具化的线性演进，技术本身开始展现出极强的智能性和自主性，这在相当程度上改变了司法领域中的人与机器的关系；在人机关系新形态下，机器不再是单纯的工具，数据驱动下的智能机器开始具备自动化裁判能力；这一巨大转变对既有的司法结构和司法治理模式形成巨大冲击，并对既有司法制度产生重塑效应，逐渐形成人机协同的司法治理新格局。[9]数字治理时代，智慧法院建设推动实现审判方式、诉讼制度与互联网技术深度融合，不仅会重塑司法权力运行机制与司法行为运作方式，也会相应地在诉讼模式、证据裁判原则、诉讼证据规则、证据推理、裁判

---

9. 李训虎：《刑事司法人工智能的包容性规制》，《中国社会科学》2021年第2期，第61页。

依据等方面力求变革[10]，这样拟制的法源呈现出越来越大的开放包容度。以法源之名，在开放的法源体系中展开论证，法学家、立法者等往往会附条件地把白纸黑字的制定法之外的其他社会规范"视为"法律，反过来可以对法源体系发挥整合、整饬作用。"法源拟制的目标是通过迂回方式，修改、完善、修正合法性的前提，以适应复杂变化的社会。"[11]

《瑞士民法典》第一条规定，"本法无相应规定的，法院应依据习惯法裁判，如无习惯法的，得依据自己如作为立法者应提出的规则裁判，对前款情形，法院应以公认的学理和判例为依据"；《奥地利通用民法典》第七条规定，"在不能按照词句，也不能按照法律的自然意思裁判时，应当考虑法律明确规定的类似案件以及与该法律相近的其他法律的理由，如仍有疑义，应当基于仔细收集和成熟酝酿的具体情况，依照自然的法律原则做出裁判"；《意大利民法典》第十二条规定，"在无法根据一项明确的规定解决歧义的情况下，应当考虑调整类似情况或者类似领域的规定，如果仍然有疑问，则应当根据国家法律秩序中的一般原则决定"。我国最高人民法院发布的《关于加强和规范裁判文书释法说理的指导意见》第十三条规定，"除依据法律法规、司法解释的规定外，法官可以运用下列论据论证裁判理由，以提高裁判结论的正当性和可接受性：最高人民法院发布的指导性案例；最高人民法院发布的非司法解释类审判业务规范性文件；公理、情理、经验法则、交易惯例、民间规约、职业伦理；立法说明等立法材料；采取历史、体系、比较等法律解释方法时使用的材料；法理及通行学术观点；与法律、司法解释等规范性法律文件不相冲突的其他论据"。以上法律方法条款的相关规定，无论从域外大陆法系国家考察，还是立足我国的本土境况，都印证了法官裁判依据的场所来源在以实证法为主的基础上，呈现愈加多元广泛的态势。

一般认为在英美法系国家或地区以判例法为主要正式法源。其实根据法律现实主义的观点，先例在很大程度上也是法律创造或一阶结果偏好在法律术语中的体现，而非受法律约束的表征；人们在大量可用的先例案件中找到一些东西，来证成法官的结果偏好，这种偏好是由与先例不同的原因而确定的，而且通常是先于先例

---

10. 如智慧法院建设下设立的互联网法院、移动微法院等线上法院，采取在线诉讼审理模式，就突破了原有传统庭审的诸多司法理念与证据裁判原则，如当场性、亲历性、公开性、直接言词等。有学者指出，如今公开、口头、直接原则的地位下滑已是不争的事实，这三大原则对于事实发现的意义减退了，这在相当程度上与证据形式的变化有关，即现代商业社会中交往普遍有书面痕迹可循，证据的形式更多地体现为纸质的或电子的记录。参见欧元捷：《从"庭审必备"转向"庭审后备"——民事预判决制度之提出》，《政治与法律》2020年第5期，第135页。

11. 陈金钊：《法源的拟制性及其功能——以法之名的统合及整饬》，《清华法学》2021年第1期，第57页。

的。[12]倘若不被判例的传统解释所扰乱的话,先例的现实主义图景是经验性的而非规范性的,它主要关注法官审理待决案件的能力,也就是在遵循先例的过程中,会根据法官审案能力的差异,出现超越正式法源的创造活动。如同上述在大陆法系传统的国家或地区一样,英美法系在遵循先例原则的基础上,拟制的法源也愈加开放与包容。当然,面对疑难案件,法官这种超越正式法源的创造活动,在法律保留原则与符合实质法秩序[13]基础上,一方面不同于立法者创制的具有强制性的一般规范,另一方面也有必要界碑。它通常在刑事案件上受到最严格的限制(有利于被告人的除外),法官必须将背离的目的性衡量明确公开(虽不愿承认这种非常手段),并承受更强的论证负担与论证义务,以接受裁判受众的评论验证。

三、功用:反转"疑难案件出坏法"

(一)疑案裁判孕育着良法的契机

司法深深嵌入政治社会的治理进程之中,是维护社会公平正义的最后一道防线。世界各国的政治社会治理中最受关注的是最高法院的裁决。对于最高法院的疑案裁决来说,除了受到先前案例的约束之外,很多时候也会背离先例进行建构性、创造性的补充任务,这样形成的是新的"受到限制的"法官法[14],且规范权限上获得宪法法律的明文授权[15],并在整个法律制度中的数量不断增加。尽管最高法院的意见带有所谓的对先前判决的依赖,并且很多大法官在多数情况下都声称在得出结论时会受到先例的约束,但事实上无论是对整个法院还是对大法官来说,他们很少受到遵循先例的约束,遵循先例原则也很难解释最高法院的大多数判决结果。总的来说,虽然大法官们似乎世世代代都重视宣布先例的重要性,实际上却不怎么受到

---

12. See Schauer, F. (2018). On treating unlike cases alike. Constitutional Commentary, 33, p.442.
13. 疑难案件的裁判依赖于理性化的价值判断,这种判断的价值基础源于法律本身所提供的实质理由和价值,在极端情形所为的看似超越法律的价值判断也应与实质法秩序保持一致。只有疑难案件中的强价值判断才能推动法教义学体系的不断更新和完善,凸显和化解"规范拘束"与"个案正义"间的矛盾。参见孙海波:《疑难案件与司法推理》,北京大学出版社2020年版,第180页以下。
14. 法官应该承担对现行法律进行原则指导下的建构性和补充这项创造性任务,而不仅仅是运用现行的法律。这种法官制定的法律,被认为应该从科学的论证方法,也就是以科学程序进行工作的法学的论据中取得其独立权威。参见[德]哈贝马斯:《在事实与规范之间:关于法律和民主法治国的商谈理论(修订译本)》,童世骏译,生活·读书·新知三联书店2011年版,第610页。
15. 比如类型式概念、不确定性(价值性)概念或一般条款等引起的不圆满状态,属于法内(授权)漏洞,在很大程度上允许并要求法官评价性地予以补充或具体化衡量活动,以将价值透过体系贯彻到生活上。

先例约束。[16]对此其实无论大陆法系还是英美法系的法学者们，都普遍承认大法官偶尔有意识地在扮演"补充/空隙立法者"与"政治行动者"角色，诸如德国宪法法院决策为政治性裁决。而且大法官自身也有兴趣或动机去充当这种带有策略与规划性的角色，做出的裁判具有较强的政策导向性，同时服务于促进共同的法律价值与目标，并不得违背"法院必须服从法律"的原则。事实上，裁决是可预测的，在某种意义上可以是理性的、客观的且不受外在（不相关的）影响的，而且法官本身也并不认为，他们是在任意地裁决。[17]结合上文论述的疑案裁判所持立场与开放性法源，不难看出"疑难案件出坏法"的命题可以得到反转。

正是由于疑难案件的存在发挥着社会治理的巨大功用，我们得到的结果不是"出坏法"而是孕育着良法的契机：首先，疑案裁判成为沟通法学理论与司法实践的桥梁；其次，它赋予法官补充和续造规则的自由裁量权，较好地贯彻法官的意志评价行为；再次，某些裁判能够证成新型的权利，超越单纯的纠纷解决，过滤掉政治问责问题；最后，参与公共政策的形成与实施。按照德沃金的观点，疑案处理中大法官作为整全法的守护者，扮演着"政治行动者"的角色，有合宪审查、宪法解释、政治道德解读的权威，同时具备最佳政治判断的诠释方法与策略，可以提升公共政策议题讨论的品质。总之，疑案裁判能够推动法律体系不断自我成长，司法治理逐渐走上良性发展道路，从而获致良法善治的法治体系。对于疑难案件裁判赋予法官的自由裁量权，有学者指出"裁量的不确定性未必一定是负面的，有时候恰好能够借此在合法性空间中注入新鲜内容以实现法律内容的更新，协调法律条文的僵硬性与滞后性问题。而且，虽然裁量权的运用确实依赖于法官的意志，但它并非绝对自由的，它的行使必须符合法治原则，法官往往被要求依据道德价值或经验常识做出决定并给出相关理由"[18]。

学界在讨论关于英美法系遵循先例制度时，描述的优点众多，其中包括可预测性、一致性、形式平等、尊重、信赖，以及可以提高最高法院的正当性。肖尔看到，采用先例制度是在创建一个决策的共同体和决策者的共同体，正如任何其他共同体（如政治共同体）的创建一样，是在抑制共同体成员之间的差异，以服务于共同体本身的优势发挥。[19]这里的共同体是由具有不同观点的不同决策者组成的共同体，既然遵循先例可以抑制共同体成员之间的差异，那就不仅抑制了不相关的差

---

16. See Schauer, F. (2018). On treating unlike cases alike. Constitutional Commentary, 33, pp.440-441.
17. ［美］詹姆斯·E.赫格特：《当代德语法哲学》，宋旭光译，中国政法大学出版社2019年版，第79页。
18. 宋旭光：《论司法裁判的人工智能化及其限度》，《比较法研究》2020年第5期，第87页。
19. See Schauer, F. (2018). On treating unlike cases alike. Constitutional Commentary, 33, pp.449-450.

异，而且也可能抑制相关的差异。如果先例制度的规范性力量过于强大，以至于强迫法官不得不忽略案件之间的相关差异，从而做出类似的判决，那么显然这种"异案同判"的现象，不仅会消解先例制度带来的优点，而且有违制度设计初衷——达至"同案同判"法律适用的统一。正如上文分析的，法官除了受到先例约束之外，很多时候也会自然选择背离先例，尤其是在疑难案件的境遇下。英美法系法官主要采用"区分"与"推翻"两种形式来背离先例，这种特殊的权力行使方式，能够发挥推动法律发展的作用，特别是后者在本质上是创设新规则进行造法的活动，为法律制度变革注入了智识活力，使判例体系获得更强的灵活性。

社会在不断发展，法律亦非绝对一成不变，在特定情形中只要满足了特定理由，法官就可以正当地背离先例，这是法律保持灵活性与追求实质正义的共同要求；同时，无论采纳何种背离先例的形式，法官都负有对自己的决定提供理由加以论证的义务，这项论证负担构成了对判例适用者的一项普遍化要求。[20]

目前我国最高人民法院可以通过原则和政策来续造法律，同时还发布带有疑难性质的指导性案例，要求各级法院在审理类似案件时参照援用。其中指导性案例中的核心部分"裁判要点"，不仅具有解释细化法律规则的功能，而且有些在某种程度上也发展和续造了原有的法律规则。从微观层面考察疑难案件裁判的意义，主要在于在最小程度上损害法教义学体系的前提下，引入价值判断和利益衡量，保证裁判中受规范拘束（依法裁判）的法律属性，实现个案正义。

（二）疑案裁判凸显自治型司法与回应型司法

司法自主地嵌入国家与社会的互动关系中，对疑难案件的处理更加凸显互动关系中的自治型司法与回应型司法。从卢曼的社会系统论看，法律是通过"合法/不合法"二元符码自我指涉的沟通系统。法律体系如同拥有功能结构的自创生命，通过对疑难案件的加工处理，保持着自身的封闭运作与认知开放，以此适应社会并改造社会。其中对外部环境的认知开放，表明法律总是蕴涵着政治、经济、文化、事实与价值观等因素以及持久变迁，努力寻找符合时代精神与更新性适应现实要求的答案，也就不可避免地激扰改变着（而非直接侵入）融贯的法律体系，使之不断演化。疑难案件的处理就保持着对外部环境的认知开放，体现出很强的灵活性与可塑性的同时，也内在要求司法系统对法外因素的有效遴选与过滤。尽管法律之外的社会知识会对司法机关的裁判行为产生一定的影响，但是这种影响并不是直接进入司

---

20. 孙海波：《普通法系法官背离先例的经验及其启示》，《法商研究》2020年第5期，第107页以下。

法领域的,而是需要法院在个案中结合具体形势按照程序来加以甄别和遴选的;它需要充分考虑这些试图进入司法系统的法律外知识和宪法之间的关系,并对其合宪性进行判断。[21]

裁判对法律的背离与回归表征出法官从事审判事业的内在张力,承受着规范性要求与功能性需要之间的相互牵制,具体表现为一种试图寻求调和规范拘束与个案正义、可预测性与正当性、法的安定性与法的合目的性、教义学论证与后果取向、规则至上(法条主义)与后果主义、依法裁判与自由裁量、消极克制与积极能动、形式法治与实质法治以及法内因素与法外因素之间的紧张关系。在这种寻求最佳平衡中,法官会有思考地有价值地受到法律的相对约束,从而公平公正地做出裁判,达到合法性与正当性的统一。法官从事如此开启智慧的审判事业,一方面是法官负有的职业伦理要求,内在包含对法律缺陷持有的批判性道德义务。"在司法裁判中法官还有一种'doing good'或'doing justice'的特定道德义务,当既有的法律规则存在实质性问题或缺陷时,司法应对实质性的价值判断和解释保持开放。"[22]另一方面从方法论视角审视,反映出目的解释理论的观点,"法律总是比立法者更睿智"具有相当深刻的道理。与其说法律有其客观目的,不如说法官赋予法律当下适当的目的,并在其规范意旨范围内进行具体化。按照诠释学的观点,即使简单案件的法律解释活动,也有法官创造性的参与。法官不仅要在既有的法律规范下进行逻辑涵摄,还要对有漏洞的规范进行补充订正,对有瑕疵的规范加以纠正。换言之,法官不仅要适用具体的法律规范,也要作为立法者的辅助者,致力于实现值得保护的共同体的整体利益。[23]

这里遭遇疑难案件的利益权衡评价,会向法外因素弹性的"敞开",展现出一种"弹性的空间",可以借助卢曼系统论提供的"符码转化",将政治、经济、文化等外部资源作为多元的裁判理由,转化为后果考量、利益状态等多样要素,引入法内在的评价中,使自洽的法律体系保持开放性与动态性。不难发现,疑案裁判凸显出自治型司法与回应型司法,这两者是有机统一的。正如孙笑侠指出的,法律人不能拘泥于法律规则和概念逻辑,面对呆板的法律和鲜活的生活,不能刻板地不做结果主义考量,而是要在实定规范与社会事实之间进行结合、协调和平衡,遵循规则和超越法律。[24]

---

21. 郑智航:《国家建构视角下的中国司法——以国家能力为核心》,《法律科学》2018年第1期,第35页。
22. 孙海波:《反思智能化裁判的可能及限度》,《国家检察官学院学报》2020年第5期,第94页。
23. 陈清秀:《法理学》,元照出版有限公司2018年版,第159页。
24. 孙笑侠:《法律人思维的二元论——兼与苏力商榷》,《中外法学》2013年第6期,第1105页以下。

四、结语

疑难案件作为司法裁判的核心,需要人们全方位地对其进行认识、检视,并提出有效的应对路径。疑难案件的应对进路背后,体现出法官依法裁判的坚定立场,包含着特有的法教义学属性(如内、外部证成),同时通过裁判对法律的偏离超越,更好地回归这一立场。尽管在疑难案件中裁判不得不续造法律,但法律续造的条件使裁判具有其特别的法律性质即教义学品性,从而与政治、经济和道德保持距离而不是沦为它们的"婢女";裁判的教义学特性来自证立法律裁决的迫切需要与特殊法律意义场域中法律论证的特性之交互作用,对法律不确定的疑难案件而言,亦是如此。[25]

在构建中国特色社会主义现代化智慧法院应用体系背景下,我们要逐步推进实现审判方式、诉讼制度与互联网技术的深度融合,使面对疑难案件拟制的法源随之呈现愈加开放包容的态势。疑难案件的审慎裁决,使得现代性的法律进行着持久的革新发展。疑案裁判所发挥的功用,不仅能够破解"疑难案件出坏法"的"魔咒",孕育良法善治的契机,而且保持着对外部环境与法外因素的认知开放,将其转化为后果考量、价值判断、利益状态等多样"符码"要素,引入法内在的评价中。这样疑案裁判也就更加凸显出国家与社会的互动关系中的自治型司法与回应型司法。

---

25. [德] Ralf Poscher:《裁判理论的普遍谬误:为法教义学辩护》,隋愿译,《清华法学》2012年第4期,第108页。

区块链技术视角下司法证明的"参与式"验证

孙梦龙*

(黑龙江大学,黑龙江哈尔滨,150080)

摘 要:以区块链为代表的技术证明实现了一种以技术特征为信用背书的自我验证,却又因技术的复杂性而产生了信任难题。构建区块链架构下的电子数据"参与式"节点化验证可以有效回应当今司法实践所面临的区块链真实性认定难题与规则体系搭建问题。通过分级节点的设置保障公信机构主导共识,公众以组织机构形式参与数据验证从而实现司法证明的社会化参与。区块链架构下的"参与式"技术证明让公众成为共同验证的节点,让司法伪证风险的社会分担拥有了实现的可能。"参与式"法律验证在现代生活中早有雏形,比如疫情下广泛使用的各类健康码、行程轨迹,通过公众参与和技术治理相结合,实现了以往通过公权力机关的信用背书才能实现的证明活动。这种法律验证模式既是平衡技术复杂与公众可接受程度的调和剂,又可以搭建算法时代人机基础的信任架构。

关键词:区块链技术 技术证明 参与式 法律验证

"Participatory" Verification of Judicial Proof from the Perspective of Blockchain Technology

Abstract: The technical proof represented by the blockchain realizes a self-verification with technical characteristics as a credit endorsement, but it also creates a trust problem due to the complexity of the technology. Constructing a "participatory" node-based verification of electronic data under the blockchain architecture can effectively re-

---

* **基金项目**:国家社科基金"把社会主义核心价值观融入法治建设研究"专项项目"社会主义核心价值观融入民法典的理解与适用研究"(编号:20VHJ011);中国法学会项目"人工智能法律责任配置研究"(编号:CLS(2018)D13);黑龙江大学研究生创新重点科研项目"区块链视角下技术证明与法律证明的理念互动"(编号:YJSCX2020-029HLJU)

作者简介:孙梦龙,黑龙江大学法学院博士研究生。

spond to the difficulties in determining the authenticity of the blockchain and the establishment of a rule system facing judicial practice today, allowing parties in judicial activities to directly participate in judicial certification activities. And through the mutual verification of anonymous nodes, the proof chain closure of the technical proof is realized. The "participatory" technical proof under the blockchain architecture allows the public to become a joint verification node, making it possible to realize the social sharing of the risk of judicial perjury. "Participatory" legal verification has long been in its embryonic form in modern life. The various health codes and travel trajectories widely used in the epidemic have combined public participation and technical governance to achieve the certification activities that could only be achieved through the credit endorsement of public authorities. This legal verification model is not only a reconciliation between the complexity of technology and the degree of public acceptance, but also a trust structure based on humans and machines in the algorithm age.

Key Words: blockchain technology, technical proof, participatory, legal verificatio

一、问题的提出

区块链作为科技创新的最新成果，不仅是一种技术，更是一种理念，它不仅给技术革新带来了新思维，而且给法律带来了挑战。2021年1月，最高人民法院对此做出积极回应，公布了《关于人民法院在线办理案件若干问题的规定（征求意见稿）》，其中第十五、十六、十七、十八条以单独列举的方式对"区块链证据"予以规定。尽管此处的区块链运用并非严格意义上的"区块链证据"而仅仅运用到了其底层技术时间戳技术，但足以说明技术证明的进步已经促动了原有法律条文与法学理论的革新。

习近平总书记在中共中央政治局第十八次集体学习时强调："要加强对区块链技术的引导和规范。"习总书记强调："自然科学和人文社会科学之间日益呈现交叉融合趋势，科技从来没有像今天这样深刻影响着国家的前途和命运，从来没有像今天这样深刻影响着人民福祉。"区块链作为难以篡改的公共账本技术，其去中心化的特征及给法律带来的挑战，受到法学研究的重视。传统法学研究在面临区块链技术变革时，往往选择两种路径，但无论哪种路径，均需要深度证成。通过深度证成，可以将正当化问题提到更高的层级，并赋予其更根本的特点。²⁶一种路径是侧重从技术的角度对区块链技术的技术特征进行解构，以期实现区块链技术在云计算环境下的电子数据取证与存证。²⁷另一种路径则侧重从法理的角度以及传统证据的合法性、客观性、关联性角度对电子证据予以解读，以期实现区块链技术的合法性论证。²⁸但是，由于近代的证据法理论和法律移植于西方，不可避免地受到特定历史条件下生产关系的影响。在抗击疫情过程中，人们普遍感受到健康码的重要意义，无论从证据能力还是证明力来看都远远超过政府出具的"健康证明"这样一份公文书所带来的证明效果。我们不禁会追问："健康码的设计者真的明晰我们证据法所设定的证明逻辑吗？"如果没有形成我们的证据法的证明逻辑，用传统证据的观念去论证一个无论是国家还是公众都公认的证据的正当性是什么？区块链、健康码、移动支付等技术正在实现一种有别于我们证明逻辑的，以高度保留案件事实为逻辑的证明体系。一种有别于以上两种研究思路的新思路应运而生——通过吸纳技术证明的证明逻辑来实现法律证明。法律证明积极主动接纳技术证明的证明逻辑，是交叉研究的全新方案。最高人民法院院长周强曾强调推进技术创新，深化云计算、区块链、5G 传输等前沿科技与司法审判融合对接。²⁹由此，如何打破以技术特征为信用背书的技术证明的信任难题，从而实现新技术的法律验证，成为法学研究的重要课题，也是新时代司法建设的重要使命。

二、法律证明与区块链视域下技术证明的理念交互

（一）司法证明的时代分化——法律证明与技术证明

数据科学时代，算法、数据不仅在经济活动中日益活跃，并且渗透到司法证明活动当中。疫情期间广泛使用的健康码以及北京互联网法院使用的天平链区块链、存证云等，都足以阐明司法证明在现代社会不可避免地形成预设性法律证明与灵活性技术证明两条并驾齐驱的证明路径（见图1）。区块链技术作为一种共识机制下的科技产物，本身就具备高证明力的自证功能。³⁰去中心化技术所带来的不仅是电子

---

26. ［德］乌尔弗里德·诺伊曼：《法律论证学》，张青波译，法律出版社2014年版，第117页。
27. 刘品新：《论区块链存证的制度价值》，《档案学通讯》2020年第1期，第25页以下。
28. ［美］凯文·沃巴赫、林少伟：《信任，但需要验证：论区块链为何需要法律》，《东方法学》2018年第4期，第83页。
29. 《周强：勇于改革创新 努力把互联网司法工作提高到新水平》，http://www.chinagscourt.gov.cn/Wap/Show/58413，2022年12月4日最后访问。
30. 张玉洁：《区块链技术的司法适用、体系难题与证据法革新》，《东方法学》2019年第3期，第107页。

证据证明力的提升,而且标志着电子证据内部分化的形成。电子证据将不再单纯地以追求交易的便捷、沟通的流畅为价值追求而体现出"计算机数据很容易更改或损坏;计算机数据的技术具有复杂性;数据量巨大导致证据的高风险"[31]等特征。以健康码为代表的新型电子证据正不断挑战证明力的新高度,形成一类以安全记录为价值追求的电子证据,这类电子证据在现代社会逐步形成了与法律证明同等重要而又截然不同的"技术证明",它们共同组成了司法证明的有机整体。技术证明对当今社会生活已经出现的"传统证据电子化"与司法实践存在的"电子数据传统化"具有重要的调和作用,电子数据采信方式的灵活性使得法官虽然可能缺乏对前沿技术的了解,司法证明工作却能有条不紊地进行。

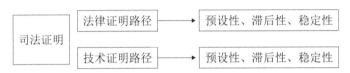

图1　司法证明不同路径及其特征

在数据主权与个人信息保护的时代背景下,这类证据会形成一种与强调数据流通相对的对应交换型电子证据的记录型电子证据。尽管时代的变革已经启动,但是我们的证据法并没有统一电子证据的相关规则,也没有给出电子数据的采纳与采信的标准。

(二)去中心化技术对传统证明法观念的冲击

证明电子数据的真实性包括电子证据内容的真实性、电子数据的真实性,其中电子数据载体的真实性是否属于电子证据的属性需要区别对待。去中心化技术所带来的可能是对司法实践长久坚持的证据载体至上观念的冲击。在区块链技术下,连接到区块链网络的每个节点都拥有完整数据的副本,并与其他节点通过时间戳技术实现同步更新,确保存储信息的真实性与准确性。由此可以发现,在区块链技术下,电子证据并不是一种传统思路下中心化的加密式存储,而是一种开放参与式的分布式存储。在这样一种存储模式下,由于各个节点之间有互相印证的功能,区块链技术所独有的共识机制自此使得区块链中的数据表达内容重于表现形式,电子证据载体对其证明能力与证明力的影响逐步削弱(不同节点可能拥有不同的存储媒介,但都需要信息一致才能通过验证)。传统的证据法理念在应对新兴证据方面亟待新的理论体系加以补充与完善。

---

31. May,C. (2000). Computer-based evidence. Computer Law & Security Report, 216(3):163-164.

通过图2可以发现，区块链技术相对传统加密路径，在保留信息安全的同时，实现了网络社会数据开放与沟通的需求。区块链技术下的非对称加密，通过分布式存储的方式，实现了节点相互验证。单个节点的载体并不会对其他节点的内容产生影响，相反，单个节点试图造假的行为会快速导致该节点进入交易的"黑名单"。这种管理模式构建了一种以成员共治取代中心监管的管理模式。

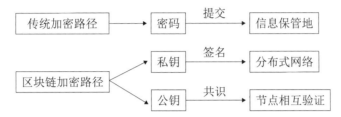

图2　传统加密路径与区块链加密路径示意图
（共识机制自此使得区块链中的数据表达内容重于表现形式）

在2010年著名的日本航空重组事件中，员工缺少经营者意识，在经营情况恶化时不断要求保持高额的养老与工资，导致日本航空一度陷入经营危机。2010年2月1日，稻盛和夫出任日本航空董事长，开始重组日本航空，并提出了"阿米巴经营法"，将员工分散为若干的小集体进行分别的结算，从而提高了员工的经营者意识。该方案一经施行就实现了营业利润率从－17%到17%的大逆转。[32]这样的管理模式与区块链技术充分调动参与者的积极性有着异曲同工之妙。区块链上的参与者与传统诉讼案件中的当事人不同，参与者内部伪造证据会受到来自内部自治的惩戒措施，而非完全依赖于来自公信机构的国家暴力机器予以保障。布雷特·斯科特（Brett Scott）在评论区块链技术这样一种无政府主义技术的时候，指出区块链系统用分权组织代替强势的集权机构，让那些天生以自我为中心的个人来彼此签订合同。这个目标更像是允许自然社会的人在合作理念下而非个人主义竞争下进行发展、彼此合作。[33]无政府主义的区块链技术对社会管理结构的变革如图3所示。

然而，区块链的分布式与无政府主义亦有其弊端。区块链的节点越多，分布的范围越广，就带来了越多管理上的复杂性。《密码朋克宣言》构想的无政府主义框架面临着开发者缺乏紧密联系，无法建立职业化队伍的困境。"这些程序员可能是

---

32. ［日］稻盛和夫：《解密日航重生的五大引擎》，曹岫云译，《中外管理》2013年第4期，第84页。
33. See Brett，S. (2016). How can crytocurrency and blockchain technology play a role in building social and solidarty finance？United Nations Research Institute for Social Development, 1, p.15.

精通技术的专家，不过他们通常游离于正式的组织架构和法律实体之外。"[34]

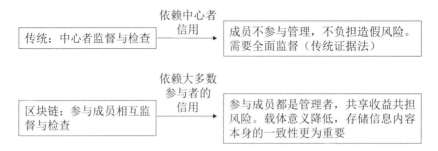

图3　无政府主义的区块链技术对社会管理结构的变革

以技术特征为信用背书的区块链逐步降低了电子证据真实性对载体的依赖程度，但同时又因其对区块链技术本身的技术复杂与可行性质疑而令法官望而却步。中国首部关于区块链存证的白皮书指出："区块链技术可以保障电子数据的载体及载体上证据副本的真实性，但载体的真实和副本数据的真实，无法决定电子数据本身的真实性。"[35]如何通过区块链技术本身来实现对拥有复杂技术的密码朋克宣言特征的技术证明进行法律验证呢？为此，构建一种符合互联网技术特征、满足技术证明独有特征路径的证明模式，已成为数据科学时代的重要议题。

三、共识机制实现电子数据的线上司法证明

（一）司法实践中电子证据的规则缺位

区块链时代的证据法变革，着眼于以区块链为代表的技术证明如何改变整个证据法结构，可能是更为重要的议题，而这种思路会让长期恪守国家强制力为保障、忽略新时代技术治理崛起的传统证据法理论陷入解释力不足的困境——区块链技术的信用背书并不是国家强制力而是区块链技术本身的技术特征。[36]西方学者指出，人类已经进入了一个新的阶段，一个通过代码来起草和阐述法律规则，而非单纯通

---

34. 区块链所构想的理想框架具有规模宏大的特性，需要程序员具有操作和维护大型系统的经验，而这恰恰是需要政府集中化的管理才能够实现的。详参［法］普里马韦拉·德·菲利皮、［美］亚伦·赖特：《监管区块链：代码之治》，卫东亮译，中信出版集团2019年版，第30页。

35. 《区块链司法存证应用白皮书》，http://www.caict.ac.cn/kxyj/qwfb/bps/201906/t20190614_201169.htm，2020年6月17日最后访问。

36. 张玉洁：《区块链技术的司法适用、体系难题与证据法革新》，《东方法学》2019年第3期，第106页。

过代码来执行法律的阶段。[37]"代码之治"由法的运行阶段渗透至法的制定阶段，一种以技术架构来规范技术领域的思路应运而生，其核心特征是利用代码来定义人们需要遵守的规则。

　　电子数据的技术含量与日俱增，但它在司法实践中依然保持着较低的认可率。这与电子证据"易被篡改"的特征息息相关。在北京阅图科技有限公司与上海东方网股份有限公司著作权权属、侵权纠纷案的一审民事判决书中，法官指出，相较于传统的公证存证方式而言，可信时间戳等电子存证方式具有成本低廉、制作时间短等优势。电子数据证据不同于传统的证据形式，具有真伪的脆弱性、传递的技术性、极强的可复制性等特殊属性，并非只要采用了上述技术手段所采集的电子证据就是真实可靠的，存在在抓取之前已因所处设备或网络环境存有问题而遭受"破坏"的可能性，导致存证下来的证据不具有可信力。这类"破坏"包括非真实的网络环境、定向虚假链接访问、时间来源不明等问题。因此，当事人在用可信时间戳等技术手段采集证据时，应当严格遵守操作流程，确保电子数据的真实性。[38]但是在另一起相似案件中，法官却做出了几乎相反的认定。在北京海丰传媒文化有限公司与广州网易计算机系统有限公司侵害作品信息网络传播权纠纷一审民事判决书中，法院认为该案中的存证云服务器采取了必要的技术措施从而保障了电子证据的真实性，可以确认其取证时网络环境的清洁性及证据内容的真实性、完整性和未被篡改性，最大限度地排除了人为不当介入、网络环境不真实等因素可能对取证结果造成的影响，其电子数据的提取、生成和储存的方法具有完整性与可靠性。[39]以技术证明为信用背书的新型证明，突破了传统中心化的证明模式，却同时产生了长期恪守权威部门认定为判断依据的司法部门信任危机。广州互联网法院调研显示，73.25%的受访法官对区块链技术持怀疑或不信赖态度，91.2%的受访法官认为应将区块链存证证据等同于传统电子数据进行常态化审查，甚至有部分受访法官认为，应当对区块链存证证据设置高于其他电子证据的认证标准。当裁判者普遍对区块链技术了解不足、信任不足时，很难期待其在裁判中对区块链证据证明的案件事实予

---

37. Kaeseberg, T. (2019). The code-ification of law and its potential effects. Computer Law Review International, 20(4):107-110.

38. 具体案情详见北京互联网法院〔2019〕京0491民初1212号民事判决书。在本案中法官认为《可信时间戳互联网电子数据取证及固化保全操作指引（2017.7版）》系联合信任时间戳服务中心（即北京联合信任技术服务有限公司）出具，作为可信时间戳存证方式的操作规范，具有一定指导作用。

39. 具体案情详见北京互联网法院〔2018〕京0102民初47020号民事判决书。

以应有关注、充分审查并大胆认定。[40]广州互联网法院的段莉琼、吴博雅指出，现有证明规则存在"以技证技"倾向。现有证明规则是将真实性认定对象从电子数据本身转换成在存证平台的存证行为，而忽略了证据法上的证明规则及法理内涵，存在滑向技术中心主义的潜在危险。[41]该观点有其合理性，但也值得商榷，因为它树立起了技术与法律的天然界限。法律应当吸纳符合法律价值取向、顺应时代发展趋势的技术规范，否则法律就沦为宗教的教条，任何与其价值伦理相抵触的行为都会被视为异教徒。通过吸纳技术证明高度保留案件事实的证明理念进入法律证明的轨道，可以实现技术证明与法律证明的良性互证。[42]将技术规范中符合法律价值理念、符合案件事实认定的规范纳入法治规范，是符合智慧司法的时代要求和电子证据认定的发展规律的。

（二）区块链技术的自证功能彰显

区块链证据在运用哈希值进行单向加密[43]的同时，运用了去中心化技术防止数据在终端被修改。司法实践对权威部门的权威认定的长期依赖对新兴技术证明认定产生了桎梏，2009年诺贝尔经济学奖得主艾利诺-奥斯特姆就曾对这种不依赖于政府权威部门而依赖于自治性组织的经济管理模式做出过充分的论证，进而提出多中心治理的公共理论（Polycentric Governance）[44]，其证明得出类似于区块链下节点式等自治组织能够有效管理公共财产的结论，也即作为市场与政府之外的"第三方治理力量"而发挥"看不见的手"的作用。艾利诺-奥斯特姆的理论以"自组织"的概念被运用于社会科学领域。区块链技术这种典型的自治技术结合其拜占庭容错下的共

---

40. 广州互联网法院的段莉琼、吴博雅向杭州、北京、广州3家互联法院法官及G市法院11家基层法院、850名裁判者发出调查问卷，收回有效样本785份。问卷共设置14个问题。问题1—3，调查受访者基本信息；问题4—6了解受访者对区块链技术、案件、平台等基础认知情况；问题7—12了解受访者对区块链证据证明力、真实性审查、跨平台调证等的主观态度及顾虑所在；问题13—14了解受访者对区块链技术证据化应用及未来更多司法场景应用所持态度。详见段莉琼、吴博雅：《区块链存证证据的认证分析及完善路径》，《人民司法》2020年第31期，第9-12页。
41. 段莉琼、吴博雅：《区块链证据的真实性认定困境与规则重构》，《法律适用》2020年第19期，第154页。
42. 孙梦龙、陈文：《区块链视角下技术证明与法律证明的良性互证》，《湖南社会科学》2020年第6期，第112页。
43. 哈希算法具有单向性，只能由输入的数据或消息计算出一个定长的哈希值，而不能通过这个哈希值反向推算出输入的数据或者消息。
44. 张克中：《公共治理之道:埃莉诺·奥斯特罗姆理论述评》，《政治学研究》2009年第6期，第83页。

识机制[45]能够形成艾利诺-奥斯特姆所论证的"自组织"体系。[46]拜占庭容错（Byzantine fault tolerance）算法设计初衷就是假设区块链网络环境中包括正常的服务器、故障的服务器和破坏者的服务器情况下，如何在正常的节点间形成对网络状态的共识。拜占庭算法下处理恶意节点示意图如图4所示。

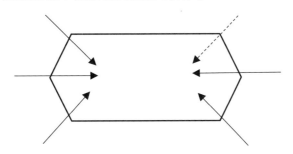

图4　拜占庭算法下处理恶意节点示意图

（恶意节点会向各个节点发送前后不一致的信息，从而阻挠真实信息传递）

分布式分类账本的绝妙之处在于，其能够确保特定活动可信无疑，无须以信任特定主体为前提。[47]去中心化下的分布账本使得节点参与者的活动在制度下安排有理性的、为了集体利益而采取的行动，并交互式验证各方节点的一致性。这项技术能最大限度地保证存储到区块链上的证据几乎没有被篡改的可能。在未来，通过拜占庭容错理论[48]支撑下的"共识机制"可以进一步保障存储前的电子数据也是真实的，"自组织"的"自我治理"最大限度地排除了伪造电子证据的可能性。现有司法实践在审查区块链证据时，应将审查的重心逐步由电子证据的关联性过渡到电子证据的合法性。关于这一部分，我们在对典型案件区块链证据的审查要点分析比较中能够得到更多的启示，互联网法院在关于区块链证据存证云服务器案件中审查要点偏向平台与诉讼案件有无利害关系，而在同样涉及存证云案件中的普通法院则侧重审查技术背后有无国家的信用背书（见表1）。如果承认区块链具有"自我鉴真"的属性，审查重点应逐步过渡到该技术的设计者与设计过程是否"保持中立"。进行公信背书与技术特征的"双重鉴真"难免会让区块链陷入信用背书缺乏中心化公信的解释学悖论，试问一个去中心化的技术如何长期在一个中心化的司法体系中证

---

45. 拜占庭容错算法目前主要包括三种：实用拜占庭容错算法、授权拜占庭容错算法以及联邦拜占庭协议。

46. 自组织是指系统在演化过程中，在没有外部力量强行驱使的情况下，系统内部各要素协调一致，使得在时间上、空间上或功能上进行联合行动，出现有序的活的结构。

47. ［美］凯文·沃巴赫、林少伟：《信任，但需要验证：论区块链为何需要法律》，《东方法学》2018年第4期，第88页。

48. 拜占庭容错大致思路为"每个忠诚的将军必须收到相同的值 v(i)v(i)是第i个将军的命令"以及"如果第i个将军是忠诚的，那么他发送的命令和每个忠诚将军收到的v(i)相同"。

明自己？长期运行的中心化机构有意无意会对去中心化的存在产生天然的排斥心理。用中心化体系下的电子证据的真实性理论去验证去中心化的区块链技术可能难以起到良好的社会效果。互联网法院通过充分理解与吸收共识机制，建立一种范围较广的法律验证模式，而不仅仅限制于使用区块链进行司法存证，这是通过代码来阐述法律之治的优良范式。

表1 区块链证据的审查要点分析与归纳

法院名称	审查侧重点	主要思路
杭州互联网法院	平台与诉讼案件有无利害关系	技术中立，承认技术特征的信用背书（"自我鉴真"）
北京东城区法院	存证技术是否通过相关质量检测	是否拥有国家信用背书，变相否认技术中立（"双重鉴真"）
上海普陀区法院	司法区块链平台可靠性与运算结果的确认性	是否拥有国家信用背书，变相否认技术中立（"双重鉴真"）

注：具体案情详见上海市普陀区〔2020〕沪0107民初3976号民事判决书、北京市东城区人民法院〔2018〕京0001民初4624号民事判决书、杭州互联网法院〔2018〕浙0192民初81号民事判决书。

（三）"自组织"体系下区块链证据属性的新三性蓝图

区块链技术是构建技术证明框架下法律证明体系的新契机，它勾画了一幅以区块链为基础设施，依赖算法环境的电子证据证明蓝图。

区块链证据的客观性是一种以技术中立为前提所实现的客观，时间戳技术构筑了区块链证据不可篡改的底层技术所实现的客观性。可信时间戳技术早在2008年的深圳的"利龙湖"案就被法院以"电子数据"证据形式加以采信。而系统环境、技术安全、加密方式、数据传输、信息验证则可能对区块链技术的证明功能产生影响，从而影响客观性的判断。因此法院在认定区块链证据的客观性时，需要谨慎考量区块链证据的提供者是否保持技术中立以及客观条件是否对区块链技术的证明效果产生影响。

区块链证据的关联性是指证据对其所要求证明的事实具有的必要的最小限度的证明能力。现有区块链证据主要是通过网页取证与过程取证完成对侵权行为的记录，由于其记录的过程具有较强的实时性与场景性，其关联度普遍高于其他类型的证据。深究背后原因，区块链存证来自一种个人借助技术力量通过私力所实现的对证据的即时存储，相较于程序烦琐复杂的公力存证具有效率高、速度快、即时性强等诸多优势。

区块链证据的合法性是区块链证据的短板，尽管电子证据、区块链早就以法律条文、司法解释的形式被明确提出，但在公权力的运行体系下，这种缺少公信背书、只有技术身份的证据似乎总是遭受排斥。也许正是这种法律与技术不断互动的状态加上时间的打磨，才能为区块链真正找到属于自己的法律定位。

四、区块链架构下的证明桥梁——"参与式"司法

"参与式"司法是一种相对于传统司法部门权威认定的全新的法律验证模式。如图5所示，它意味着司法证明活动由单纯的"领导者"向"引导者"的角色转变，以"裁判员"的角色激发社会对司法证明活动的原始动力。"参与式"司法的提出在于有着迫切需要解决的现实问题，区块链技术证明与司法程序证明的矛盾在于"去中心化的分布式结构"与"相对中心化的司法机构"之间的冲突，本质上是"去中心化下技术算法自发证明与法律预设的程序证明互动失衡"与"中心化下司法权垄断证据的采纳与认定权"之间的冲突。"参与式"法律验证在现代生活其实早有雏形，那便是此次疫情广泛使用的各类健康码、行程轨迹，这种验证方式不同于以往权威部门领导下的权威式认定，更像是一种社会公众参与和技术算法治理相结合的"参与式"验证。[49]《关于人民法院在线办理案件若干问题的规定（征求意见稿）》第十五条体现了这一矛盾。其第一款规定"存证平台是否符合国家有关部门关于提供区块链存证服务的相关规定"，第二款规定"当事人与存证平台是否存在利害关系，并利用技术手段不当干预取证、存证过程"。来自互联网法院的审判经验在认定标准上偏向技术中立，承认区块链技术所提供的技术证明的自发性与完整性。对以往对电子证据大量实行"转化式适用"的证明思路予以一定程度的矫正。但第三款规定"存证平台的信息系统是否符合清洁性、安全性、可用性的国家标准或者行业标准"，第四款规定"存证技术和过程是否符合《电子数据存证技术规范》关于系统环境、技术安全、加密方式、数据传输、信息验证等方面的要求"。非互联网法院的审判教训冲淡了互联网法院所独创的"技术中立"的证明思路，大量引入了技术与国家公证"双重鉴真"的证明思路，可能会导致缺少相应技术条件

---

[49]. "参与式"司法为什么采取、必要性何在、利弊权衡等涉及技术证明基础理论部分请参考孙梦龙、陈文：《区块链视角下技术证明与法律证明的良性互证》，《湖南社会科学》2020年第6期，第112-118页。

又没有向技术专家求助的非互联网法院法官直接以第三款或第四款为由直接拒绝区块链证据的适用。

图5 中心式司法证明和"参与式"司法证明

（一）从"领导"到"引导"，"参与式"司法的现实雏形

区块链证据目前认定的最大障碍，可能来源于传统法律证明观念中缺少对新型技术证明观念的吸纳，研究者与司法工作者并没有意识到区块链、健康码、行程轨迹等电子证据天然具备了与传统法律证明截然不同却又行之有效的证明基因，而试图从证据法中寻找其合理化的依据。[50]电子证据采信水平堪忧，归根到底，与深层次的体制性障碍不无关系。刘品新教授指出："这就是电子证据的专业性同当代证据采信原则之间的天然冲突。"[51]这种不借助资质审查、公权力信用背书的法律验证模式在现实生活已经具备了雏形。疫情期间广泛使用的各类健康码、行程轨迹就是公众处于一种政府"引导"而非"领导"关系下，依靠公众参与与技术中立相结合从而广泛实现的证明活动。这种公权力引导而非领导下的技术证明在疫情中展现出了强大的生命力，相较于政府出具一份"健康证明"需要烦琐复杂的处理程序（正如同我们的司法鉴定等程序一样）。健康码、行程轨迹具有公众参与度高、亲历性强、效率高、准确度高等诸多优势。由于公众在健康码、行程轨迹中得到了广泛而又充分的"参与式"验证，并没有人因健康码、行程轨迹没有在首页打上"卫生部、卫生局、权威司法认定机构"的公信背书而对其公信力产生质疑。北京互联网法院提出以社会化参与、社会化共治的方式打造社会影响力高、产业参与度高、安全可信度高的司法区块链。它构想了一种以公权力机构作为一级节点参与天平链共识、数据校验与记录，大型企业作为二级节点不参与天平链共识，仅做数据校验与记录的"参与式"验证结构，实现技术证明结构下事实采集与认定权的分立。这是一个良好的开端，未来"参与式"法律验证将会实现更加广阔的应用前景。

---

50. 技术证明与法律证明的关系处理与理论应对可参照孙梦龙、陈文：《区块链视角下技术证明与法律证明的良性互证》，《湖南社会科学》2020年第6期，第112页以下。
51. 刘品新教授指出，在自由心证的证据认定规则下，法官采信科学证据面临现有规则未改变、配套措施跟不上等诸多困境，详参刘品新：《印证与概率：电子证据的客观化采信》，《环球法律评论》2017年第4期，第109页以下。

（二）假定案件事实存在，则应具有相应存储节点理论构建

电子数据与传统实物证据相比具有技术本身的复杂性与证明过程上的技术依赖性，需要建立与之相配套的制度体系。司法推定是解决电子证据真实性难题的一种可行路径，将具有可靠来源的电子证据以区块链存证方式对其真实性予以确认，从而降低对电子证据入链前电子证据真实性的证明难度。美国佛蒙特州就采用了这种司法推定的规则，该州规定，通过区块链技术的有效应用而核实的事实或记录是真实的。[52] 司法推定是一种优秀的电子证据认定路径，但这种证明路径是通过避开对电子证据证明思路与传统证据证明思路问题的探讨而采取的临时性措施。

以区块链为代表的电子证据在市场经济活动中正逐步形成一种以高度保留案件事实为思路的证明。将司法推定理论进一步升级为"假定案件事实存在，则应具有相应存储节点理论构建"为司法活动创设了更多的可能性，为电子证据开设了更为广泛的适用空间。通过大胆假设案件事实存在，证明相应区块链中区块应具有对应时间戳下的相应记录。如果缺少相应的存储信息，则应当认定电子数据的真实性难以判定。

具体而言，针对区块链以时间戳技术实现的"实时记录"的特征，区块链通过记录元数据、数字证书、时间节点等链式信息，使入链后的数据及其背景信息实现关联追溯。通过时间戳、点对点网络等方式，记录每条数据的来源及流传过程，并将信息无差别地存储至各参与节点，直至形成完整连贯的线上证据，形成证据链条的闭合。其实区块链仅仅是一个不具有易篡改特征的电子数据的代表，无论是司法实践还是学术研究往往先入为主地将其视为一种不稳定的、容易被篡改的证据。电子证据并不天然具有易篡改性的特征，仅是由于其初期追求数据的自由流动而一定程度舍弃了数据的安全。随着公民个人信息安全与国家数据主权双重意识的觉醒以及付费式价值互联网围墙的高筑，记录型电子证据将部分取代数据自由流通下交换型电子证据，从而形成网络社会的新样态。

（三）通过树立管理者思维，以"参与式"督促公共证明体系形成

爱国主义情怀的培养，离不开国家尽最大可能地保障公民对公共事务的参与。区块链技术提供了一种增强政府、企业和公民之间透明度和协作的新方法。在世界范围内，很大一部分创新政府正探索推出应用区块链来改变规制合规、契约管理、

---

52. 刘品新：《论区块链存证的制度价值》，《档案学通讯》2020年第1期，第26页。

身份管理和公民服务的项目。[53]根据第47次《中国互联网络发展状况统计报告》,截至2020年12月,我国网民规模达9.89亿,占全球网民的五分之一,互联网普及率达70.4%,高于全球平均水平。[54]网民规模的上升为一种全新的"参与式"司法模式提供了实现的可能。

"参与式"司法证明模式的思路是让原本直线性分工明确的部门成为一个个更精细的小集体,再对小集体进行独立的核算考核。这样的小集体迫使每个成员拥有了管理者思维,开始思考如何提高自己所在集体的工作效率与产出,控制部门的预算。[55]在疫情防控中,部分国人对隔离与限制的抵触一方面反映出其公共意识认知的缺乏,另一方面也反映出在直线型组织结构下,普通民众缺少国家管理者思维,很难从大局把握国家的动向。区块链系统以节点相互印证的方式实现了去中心化的功能。以区块链技术为基础建设、以公民信用体系为基石的全社会自发式的交互验证网络可以将司法伪证的风险分担至社会成员中,让具有一定资质的社会机构直接参与司法证明活动,充分让公民在司法证明活动中获得参与感与归属感。区块链架构下的技术证明让公众成为共同验证的节点,让司法伪证风险的社会分担拥有了实现的可能。这种法律验证模式是实现司法证明领域国家治理能力与治理体系现代化的变革先驱。即便是拥有强大国家机器为后盾的刑事诉讼领域,电子证据依然面临着适用困难的境遇,更不用说民事诉讼中当事人需要通过私力取证的方式来证明电子证据的真实性、合法性和关联性。由于电子证据科技含量高,取证难度大,诉讼法领域电子证据的证明种类繁多但证明力偏低。而"参与式"司法证明观念完美结合了技术证明的优势,将多种复杂的电子证据通过相互印证的方式结合。同时又因为有了人的活动的参与使得其作为电子证据的技术证明显得不那么复杂而又冰冷。正如哈耶克所指出的,为了保障国家经济计划的顺利进行,信息绝对不能够被集中化处理。

北京互联网法院天平链形成分级验证节点的思路值得借鉴,"参与式"司法证明或可形成一种由公信机构保留对数据的共识权,如同英美法系的法官保留对法律的适用一样。而将事实的认定权适当放宽,鼓励具有一定资质的社会机构参与数据的校验与记录,则以一种间接的方式实现了公众在司法证明活动中的参与。

我们要审查社会机构的资质,保证从事业务与司法证明关联度高的平台接入方具备一定规模和影响力,电子证据生成、收集、存储、传输等各环节需满足司法证

---

53. [英]罗伯特·赫里安:《批判区块链》,王延川、郭明龙译,上海人民出版社2019年版,第86页。
54. 第47次《中国互联网络发展状况统计报告》,http://www.cac.gov.cn/2021-02/03/c_1613923423079314.htm,2021年3月22日最后访问。
55. 刘方龙、吴能全:《探索京瓷"阿米巴"经营之谜——基于企业内部虚拟产权的案例研究》,《中国工业经济》2014年第2期,第135页以下。

明对真实性的要求，并掌握区块链、电子签名等成熟技术，能够提供较为安全稳定的计算机环境的节点纳入，并建立详细的参与节点规范制度，保障参与节点的"参与式"司法证明能够在有序的环节下进行，包括且不仅限于"意向申请、正式申请、节点受理申请、技术测评、组建评审组、评审、接入许可与公布等"[56]。通过高级节点与参与节点的分级构建，利用区块链本身技术特点以及制定应用接入技术及管理规范，从而实现电子证据的可信存证、高效验证，降低当事人的维权成本，提升法官采信电子证据的效率（见图6）。

图 6　高级节点与参与节点

图7以雷达图的方式为善意取得的认定展现了一种基于区块链技术的全新的"参与式"法律验证模式，它主要以民事实体法客观构成要件为基础，搭建一套基于区块链技术的以公众参与节点的正向导向与负向导向判定下的全新的证据信息分类处理方式。这里构成要件既可以来自学术界的构成要件通用学说，也可以采取结合审判经验与理论思考，类似邹碧华法官提出的"要件审判九步法"这样具有审判经验的要件构成。这样一种以雷达图的方式对证据进行分类与整理，不但能抽取对定案具有决定性的信息，开展"参与式"验证工作，而且能为今后的审判工作积累大量更加精准的审判经验。

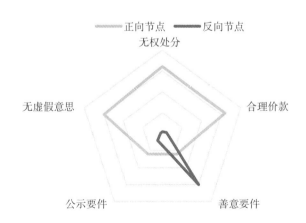

图 7　图表化要素提取下的"参与式"司法验证图谱构想（以善意取得为例）

---

56. 详细内容可参见《北京互联网法院发布天平链应用接入规范》，https://www.bjinternetcourt.gov.cn/cac/zw/1575362569095.html，2022年11月3日最后访问。

区块链证据的监管需要转变思路,从"资格监管"转换至"算法监管",从区块链代码设定的合规性入手,审查区块链是否秉持"技术中立"的证明条件,从而避免区块链证据"公权力信用背书的缺失"在去中心化结构中对去中心化功能的破坏,实现区块链可信时间戳架构下数字取证所需的法律人对前沿科技的科学认知与包容心态。我们正处于由法律纸质文明迈向法律数字文明的辉煌时期,法律理论的变动是必然而又势不可挡的。面对当今社会生活出现的"传统证据电子化"与司法实践出现的"电子证据传统化",法律工作者对待科技的态度应由"防御者"向"引导者"的角色转变。

五、"参与式"搭建智慧司法的基础信任构建

(一)缺少信任基础的智慧司法建设

目前法学界热衷于人工智能与智慧司法的研究,相关的法学研究覆盖面很广,涉及人工智能在法律领域尤其是智慧法院建设中的运用问题,比如人工智能否胜任知识覆盖面大、技术含量高的司法审判工作,未来的"机器人法官"能否替代司法裁判等。[57]现阶段,智慧司法研究主要面临两大难题,一是计算机语言与人类语言的互通性问题,法律语言的多义性与模糊性本身与大数据要求的精确性和机械性相矛盾。[58]另一个极容易被忽视的问题是诉讼参加人的算法信任问题。此处的信任问题既包括法官对人工智能算法的信任问题,也包括当事人对人工智能算法的信任问题。由于法官在裁判中对人工智能的信任目前缺少具有充分说服力的实证分析,学界的研究往往脱离了司法实践的现状,却大量论证人工智能自动生成裁判文书的可行性。这样的研究忽略了一个根本性的问题,即法官自身对待新生事物的态度也会决定其走向,这些研究并没有注意到当前最高人民法院主推的"类案推送"已被司法实践中的法官束之高阁。我们要积极创制技术应用规则,合理划定技术边界,坚决防止技术过度使用损害司法基本价值,决不能搞所谓的"机器审判",[59]这也在一定程度反映了部分研究脱离司法实践的现状。

除了缺少机器语言与人类语言精准高效的沟通机制以外,一个更为深层的原因

---

57. 吴习彧:《司法裁判人工智能化的可能性及问题》,《浙江社会科学》2017年第4期,第51页。
58. 李傲、章玉洁:《论智慧检务在行政检察中的法治难题及其应对》,《齐鲁学刊》2020年第5期,第90页。
59. 《周强:勇于改革创新 努力把互联网司法工作提高到新水平》,http://www.chinagscourt.gov.cn/Wap/Show/58413,2022年12月4日最后访问。

在于裁判者主观对人工智能保持了保守与警惕的态度。广州互联网法院段莉琼、吴博雅通过对850名裁判者的问卷调查展现了区块链证据裁判中真实性偏离的深层主观原因，主要包括以下三点。一是群盲摸象，即人们对新技术的认知普遍不足，即便是已经搭建技术平台的互联网法院，也仅有24.02%的裁判者对区块链技术比较了解，其他法院的了解甚至不到3%。二是定式思维，即人们对新技术缺少足够的敏感性。这里值得注意的是，调查者指出，"91.2%的裁判者会将区块链证据等同于传统电子数据进行常态化审查。而少部分对区块链证据进行个性化审查的裁判者，仍存在以点带面的思维"。三是迟疑未决，即人为地拔高真实性认定标准。尽管该调查是针对区块链电子证据真实性偏差所做的实证分析，却可以很好地延伸至法官面对新技术的态度。[60]究其原因，主要是缺少足够信任基础的智慧司法建设研究如同缺少审判者的法庭，是空洞而无意义的。美国国防科学委员会（DBS）曾指出，"所有的自主系统都是联合的人机认识系统"，它们"在某种程度上受到人类的监督，通过人与机器的协调与合作能够发挥其最大的能力"。[61]

（二）"信任机器"构建"智慧司法信任"

区块链作为21世纪的"信任制造机"，其共识机制建立了一种前所未有的去中心化模式下的信任关系。这种应用场景不限于人与人之间，更可以间接拓展至人与算法、人与机器之间。通过让民众成为司法证明活动的节点，揭开技术神秘的面纱，让民众参与算法、理解算法、接纳算法。在司法证明活动的参与过程中，了解算法的运作原理，掌握算法的优势与劣势。仅有这样，在面对判决时，才不致产生信任危机。英国政府在疫情中正是因为忽略了英国民众缺少对算法的信任基础，暂停了当年的A-Level和GCSE两项考试，使用"算法模型"对学生进行成绩的认定，导致全国混乱，教育部高官被免职。[62]

"法律的生命在于经验而非逻辑"，如果智慧司法仅停留充满法律逻辑理性的说理与论证中，那么它将很难具有司法实践的生命力。广泛而又深入的"参与式"司法使智慧司法的前景不仅呈现给了公众也呈现给了法官，让法官用亲身的经历

---

60. 段莉琼、吴博雅：《区块链证据的真实性认定困境与规则重构》，《法律适用》2020年第19期，第155页。

61. Task force report: The role of autonomy in DoD Systems. Defense science board, 2012, https://fas.org/irp/agency/dod/dsb/autonomy.pdf，2022年12月4日最后访问。

62. 《英国高考评分"算法"引全国混乱 教育部高官被免职》，https://www.360kuai.com/pc/9ad56f5297a9a4d19?cota=3&kuai_so=1&sign=360_57c3bbd1&refer_scene=so_1，2020年9月24日最后访问。

对新技术的优势产生认同，并且促进法官加强对新技术的认识与跟进体验，从而完整地建立所有诉讼参加人与智慧司法的信任关系。

六、结论

"人工智能时代，智慧司法实施的核心价值是提高司法效率，实现司法公正。"[63]面对蓬勃发展的数据科学，区块链技术被认为是拥有"信任光环"的"自我鉴真"的电子数据技术，对智慧司法有着重要的积极意义。司法证明的"参与式"验证，顺应时代地融入了区块链技术，将新型技术纳入司法证明的轨道，既需要法律学者保持包容开放的心态，积极主动学习并了解新型技术的发展观念与技术特征，也需要构建符合技术特征且让普通公民有参与可能的证明模式。"参与式"法律验证模式利用"节点式验证"的技术特征完美调和了技术的复杂与公众的参与，让共识机制看起来不再是神秘而又危险的"潘多拉魔盒"，而是为人类带来技术之火的"普罗米修斯"。实现"参与式"法律验证不仅是司法机制的自我革新，也是科技与法律的新型沟通机制。

---

63. 徐娟、杜家明：《智慧司法实施的风险及其法律规制》，《河北法学》2020第8期，第188页。

区块链技术证明的三重限度

王 超*

(山东大学法学院,山东青岛,266237)

摘 要:区块链并非平行于电子签名、可信时间戳、哈希值校验的技术手段,而是后者的上位概念。"区块链+电子数据"能够克服电子数据可修改、易变动、不留痕的缺陷,证明电子数据的存在性和保真性。遗憾的是,区块链技术具有事后介入、价值中立和理性有限的特征,不仅无法实现电子数据的全部鉴真,亦不能保证电子数据的实质证明力,还具有技术层面与法律层面的双重风险。区块链技术证明受制于时间、内容与安全的三重限度,不足以对现行证据制度造成颠覆性冲击,因而不可能实现"证据法革新"。据此理论,《最高人民法院关于互联网法院审理案件若干问题的规定》第11条第2款等规定存在概念混乱、逻辑不清、功能有误的缺陷,表面上看是立法技术粗糙,实乃夸大了区块链技术证明的作用,突破了其应有限度,亟待改正。司法证明正在进入以鉴定、区块链、大数据、虚拟现实等技术手段为代表的技术证明时代,证据法应警惕技术乐观主义,采取"实验主义"的策略来总结技术证明规则。

关键词: 区块链 电子数据 时间戳 技术证明 技术风险

Triple Limits of Blockchain Technology Certification

Abstract: With regard to the effectiveness of blockchain technology certification, the Supreme People's Court has issued a number of judicial interpretations to regulate it, and its position has shifted from technical optimism to technical pessimism, which reflects the deepening of understanding. Technically, "blockchain+electronic data" can overcome the defects of electronic data, such as easy modification, forgetability and no trace, and prove the existence and fidelity of electronic data. However, as far as the evidence

---

* 作者简介:王超,山东大学法学院助理研究员。

law theory is concerned, blockchain technology is characterized by ex post intervention, value neutrality and limited rationality. Blockchain technology certification not only cannot realize the full authentication of electronic data, but also cannot guarantee the substantial probative power of electronic data. It also has a dual level risk of technology and law. In fact, blockchain technology certification is subject to the triple limit of time, content and security. Although it can play the role of evidence custody technology innovation, it cannot achieve the goal of "evidence law innovation". In the age of technical proof, the evidence law should be alert to the tendency of technological optimism and realize the effective control of legal rationality over technological rationality.

Key Words: blockchain, electronic data, authenticity, technical certificate, technical risk

一、问题的提出

正如实物类证据兴盛于工业社会，数据类证据乃信息社会的"证据之王"。相较于实物类证据，数据类证据具有数量海量化、内容综合化、外观虚拟化、内核科技化等倾向，也具有内容易变动、形态可拼接等特质。面对证据形态的转型，事实证明方式和传统证据规则在一定程度上均受到冲击。例如，实物类证据中的物证、书证均是某种意义上的间接证据，法官据此推断案件事实；与此不同，数据类证据能够通过录音录像、截屏拍照等方式保留事实，证明案件事实时呈现出直接性、全方位和立体感。又例如，为保证真实性，书证要求原件，物证要求原物，但数据类证据作为彻底的人造物与虚拟物，不依赖物理存储，即使是原始存储介质也不一定能保证数据类证据的真实性。

我国三大诉讼法于2012—2014年修改时次第将数据类证据法定化为电子数据，显示出证据法积极适应变化的姿态，但电子数据对证据法的冲击仍然存在。[1]在电子数据时代，因应电子数据的属性制定证据规则，乃证据法面临的时代任务。所幸，快速发展的区块链技术为案件事实证明提供了新思路，我国于2018年出台的《最高人民法院关于互联网法院审理案件若干问题的规定》（以下简称《互联网法院规定》）第11条第2款确认了电子签名、可信时间戳、哈希值校验、区块链等技术手

---

1. 刘哲玮：《民事电子证据：从法条独立到实质独立》，《证据科学》2015年第6期，第678页以下。

段对案件事实的证明作用。[2]该条鼓励和引导当事人通过区块链等技术手段对证据进行固定、留存、收集和提取，提升电子数据的证据效力。[3]毋庸置疑，区块链技术将有助于缓解电子数据的传统采信困境。甚至有学者提出，司法机关借助区块链的运行机制，仅需对该电子数据进行形式审查。[4]有学者判断，区块链技术可以在事实问题上实现对法官的完全替代。[5]有学者主张，区块链不需要证据组合以及链式论证来验证真实性，它本身就能够完成自身的真实性检验。[6]该学者进而认为，区块链技术将会促进和实现"证据法革新"。由此可见，无论是在证据规则层面，还是在证据理论层面，法律人对区块链技术证明均具有技术乐观主义倾向。

然而，技术本身虽具有价值中立性，但技术应用有可能带来巨大的风险，故技术应用具备可规制性。在证据法上，技术崇拜不仅无助于真相的发现，反而有可能造成理性与科学的蒙昧，乃至成为重构事实的迷障。过分推崇工具的先进性而漠视司法实践中的真正难题，不仅不利于电子数据在司法证明中作用的发挥，也无助于法律与技术的有机结合[7]，甚至有让司法秩序沦为马尔库塞笔下"单向度的社会"的危险。因此，有必要在理论上为区块链技术证明设定清晰的限度，使其回归理性轨道。本文的思路是，先专门性地说明区块链技术证明的三重限度，再跳出区块链技术本身，一般性地提出技术证明的概念，提醒人们注意技术证明所隐藏的法律风险。

二、区块链技术证明的时间限度

根据我国《互联网法院规定》第11条第2款，区块链是与电子签名、可信时间戳、哈希值校验等平行的一种技术手段。照此规定，区块链技术只能做狭义解释，专指"由分布式计算机网络构成的去中心化数据库"技术。但若做此解释，由于司

---

2. 该款规定：当事人提交的电子数据，通过电子签名、可信时间戳、哈希值校验、区块链等证据收集、固定和防篡改的技术手段或者通过电子取证存证平台认证，能够证明其真实性的，互联网法院应当确认。
3. 胡仕浩等：《〈关于互联网法院审理案件若干问题的规定〉的理解与适用》，《人民法院报》2018年9月8日，第3版。
4. 石冠彬、陈全真：《论区块链存证电子数据的优势及司法审查路径》，《西南民族大学学报（人文社会科学版）》2021年第1期，第67页以下。
5. 史明洲：《区块链时代的民事司法》，《东方法学》2019年第3期，第110页以下。
6. 张玉洁：《区块链技术的司法适用、体系难题与证据法革新》，《东方法学》2019年第3期，第99页以下。
7. 刘学在、阮崇翔：《区块链电子证据的研究与思考》，《西北民族大学学报（哲学社会科学版）》2020年第1期，第52页以下。

法系统内的区块链往往只是一个封闭性质较强的联盟链，人们对于区块链技术还能否对电子数据起到保真作用，就不无疑问。就通俗的理解而言，区块链中本身就包含电子签名、哈希值校验、可信时间戳等底层技术，区块链更类似于电子签名、可信时间戳、哈希值校验等技术手段的上位概念，是一种集合了多种底层技术手段的模式、机制或系统。[8]虽然电子签名、可信时间戳、哈希值校验等技术手段不一定要依赖区块链系统发挥作用，即便在独立情形下其也能起到确证、固证和保真的效果，但区块链技术无法离开电子签名、可信时间戳、哈希值校验等具体化的技术手段。因此，《互联网法院规定》第11条第2款对区块链的概念界定有欠妥当。为了方便理解，本文将区块链技术作为电子签名、可信时间戳、哈希值校验等技术手段的上位概念进行展开。基于此种理解，区块链技术被赋予了区块化封装、非对称性校验、分布式存储、时间顺序链式结构、密码式校验等特征，能够实现存储内容的保密性和保真性。不过，即便做此理解，区块链技术证明仍然要受制于时间、内容和安全的三重限度。

（一）区块链技术应用的阶段性

区块链技术经历了从初始期到发展期再到成熟期的历史性变迁过程。2009年，一位署名"中本聪"的学者发表了关于比特币的论文，引起了人们对数字化货币的极大关注，这是区块链技术的第一次应用，也是区块链技术崭露头角的开始，可谓区块链技术的1.0时代，即初始期。在区块链技术的2.0时代，人们把目光从数字化货币转移到其所依赖的区块链技术本身，例如分布式记账模式、去中心化结构、智能合约以及可信时间戳、哈希值等加密技术，并将这些技术应用于社会生活的各个领域，包括但不限于金融制度、财务制度、登记制度、司法制度以及证据制度，2.0时代是区块链技术的发展期。然而，技术的无节制应用也潜藏着巨大的风险，可以预见的是，在区块链技术的3.0时代，关注焦点将转向应用市场的规范、应用领域的限缩和技术风险的防控，这是区块链技术的成熟期。

在技术发展期，区块链技术应用于证据制度主要涉及电子数据的存证，形成了"区块链＋电子数据"的应用模式，其应用领域大致有以下两点：一是电子数据的存在性证明，即电子数据在电子签名、盖上时间戳或封装至区块时业已存在，由此证明电子数据所表征的案件事实已经发生，如作品已经完成故可获得著作权、解除合同的邮件已经发出故不构成违约等；二是电子数据的保真性证明，即电子数据在

---

8. 袁勇、王飞跃：《区块链技术发展现状与展望》，《自动化学报》2016年第6期，第481页以下。

存入区块链后，未发生增删改等情形。在前述两种领域，不管是存在性证明，还是保真性证明，均以电子数据被封装至区块链系统为时间起算点。因此，时间既是区块链技术发挥作用的逻辑起点，也是区块链技术进行权威性证明的重要体现。在现实空间和虚拟空间二元并存的互联网时代，统一的时间有助于实现虚拟空间的规范秩序，亦建立起了两个空间之间的逻辑联系，更为将虚拟空间纳入现实空间的控制系统提供了实在可能。因此，区块链技术对时间的权威性标记有益于促进网络治理的高效化、秩序化和规范化。

伴随着区块链技术从发展期向成熟期的演化，法律逐渐将区块链纳入规范框架，证据法规范区块链离不开对区块链技术证明限度的关注。区块链技术对时间的证明不是无限的，其仅能确认电子数据被封装至区块链系统的时间。对于被封装前的情况，区块链技术并不能提供任何有效的证明，这既缘于区块链技术介入的事后性特征，也植根于区块链技术的去中介性原理。

（二）区块链技术介入的事后性

基于区块链的介入阶段，利用区块链技术来证明电子数据的真实性大致可以分为事后和事中两种证明模式。事后模式有电子数据的产生、存证和鉴真三个阶段。首先，电子数据的产生。伴随着人类生产生活、社会关系的电子化、信息化和数据化，海量的电子数据得以产生。在此阶段，区块链技术尚未介入。其次，电子数据的存证。为保存电子数据以应对可能发生或已经发生的纠纷，当事人委托存证公司利用区块链技术保存电子数据。以作为底层技术的时间戳技术为例，为电子数据申请时间戳时，系统会为电子数据盖上时间戳，并自动生成与该电子数据对应的数字指纹和TSA格式的电子证书，该指纹、证书与电子数据具有唯一对应性。最后，电子数据的鉴真。当事人提供电子数据的相应技术信息，法官登录系统利用相应方法来判断电子数据的完整性。仍以时间戳技术为例，当事人提交特定的电子数据，并提交其早先生成的数字指纹和电子证书，法官登录存证系统将待验证电子数据与相应的TSA格式的电子证书匹配，如内容保持完整、未被改变，则可通过验证，反之则无法通过验证。

与事后模式不同，事中模式下电子数据的产生与存证从两个阶段变为同步完成，电子数据在产生之时即进行技术存储，或者说用户直接在区块链系统中完成民事活动、生成相应电子数据并全程保存。以杭州互联网法院诉讼平台为例，其引入了区块链技术进行存证，有版权链、合同链和金融链三个区块链类型。在合同链中，民事主体可以直接在链上签署合同，合同链提供身份认证、数字签名、文书存储等业务。一旦达成合同，就会以区块链技术进行链上存储，区块链存证系统通过哈希算法和Merkle树数据结构将其封装至区块当中，区块依据系统的智能合约在满足条件时自动加入主链。在鉴真阶段，法官登录区块链存证系统，依据当事人提供的电子数据区块信息，在查验一致性的基础上，使用公钥还原电子数据的具体内容。因此，事中存证模式具有溯源性。美国佛蒙特州和联邦法院规则第902条规定了可自我鉴真的证据，该条第12项认为，只有通过事中模式存储于区块链的电子数据，且符合特定条件时，方才能够自我鉴真。

在现行区块链技术证明体系中，通行存证模式是事后模式。大部分电子数据并非在产生之时即盖上时间戳、计算哈希值、存入区块链，因此可以预见的是，事后模式将是很长一段时间内的主流存证模式。在事后模式中，区块链技术证明仅能保证电子数据在存证后的完整性和真实性，对存证前的电子数据无能为力。电子数据在存证前，有可能已经被人为地增加、删除或修改，也有可能在收集固定过程中由于技术原因未完全提取，甚至有可能为凭空捏造，区块链技术对此不仅不能有效识别，相反还为其真实性背书。[9]简言之，区块链技术证明有自身的时间限度，仅能提升存证后电子数据的真实性。除非时间戳技术直接嵌入计算机和互联网系统——凡是电子数据生成之处，皆由时间戳技术为其确定生成时间，否则区块链技术证明永远不能突破时间限制。

（三）区块链技术替代公证制度的有限性

区块链技术证明所具有的时间限度启示我们，欲保证电子数据的真实性，不仅要着眼于存证后电子数据的真实性，而且要注重存证前的保真。欲实现存证前的保真，则不能仅依赖于区块链技术本身，而应将区块链与有效的电子数据收集程序规范、公证制度等结合起来，以此克服区块链技术证明的时间限度。公证证明不仅能够约束和限制法官认定案件事实的自由裁量权，而且对当事人而言能够起到免证效果，在证据证明力方面具有优越性。[10]例如，对于微博证据，因伪造的隐蔽性和篡改的便捷性，公证证明往往扮演着重要角色。[11]故而，2019年修正的《最高人民法院关于民事诉讼证据的若干规定》（以下简称《民诉证据规定》）第94条第2款规定，若电子数据的内容经公证机关公证，其效力类似于免证事实，这一规定将免证

---

9. 典型案例：北京互联网法院〔2019〕京0491民初1212号民事判决书；北京知识产权法院〔2020〕京73民终3456号二审民事判决书。
10. 张卫平：《公证证明效力研究》，《法学研究》2011年第1期，第98页以下。
11. 刘显鹏：《微博的证据属性及其收集程序探析》，《学习与实践》2014年第5期，第92页以下。

的对象从"事实"迁移到"电子数据的内容",充分体现了最高人民法院对电子数据公证的期待。然而,公证机构作为一种典型的中介性组织,带有一定的官僚色彩,也拥有官僚机构的种种弊病,而用技术来取代中介机构作为"信任机器"是人类社会的持久追求。[12]区块链技术的去中心化组织方式让其成功克服了中介组织的弊端,区块链技术证明可以在一定程度上取代传统的公证证明,或者说,区块链技术证明将会更新公证机关的固证和证明方式。此外,区块链技术相较于公证制度还具有价格优势。[13]综上,区块链技术证明与公证证明之间存在着某种程度的替代性关系。

但是,终究与公证制度不同,区块链技术在证明内容、证明程度等方面存在着显著的劣势,论者对此不可不察。一方面,区块链技术的证明内容是电子数据在上链之后未发生变更,对于上链前的情况一无所知,公证制度不仅将电子数据的内容确定下来,还须查明公证前电子数据的基本状况;另一方面,关于证明程度,区块链技术仅能将电子数据的形式内容保存下来,并不关心电子数据的真实含义和指涉内容,而公证制度除了能够在电子数据的形式证明力方面有所作为外,还能够增强电子数据的实质证明力,甚至还能够审查和促进电子数据的合法性。之所以有此限制,根源在于区块链技术的去中心化组织方式削弱了审查的强度。总之,区块链技术能够实现公证制度的部分功能,区块链技术对公证制度仅具备有限的替代性。

综上所述,区块链技术一般情况下仅是电子数据的存储保管手段,而非收集提取手段。区块链技术证明仅能证明电子数据在上链之后的未变更性,对于上链前的状况无法保证。以此理论观之,《互联网法院规定》第11条第2款突破了区块链技术证明的时间限度。该款将"电子签名、可信时间戳、哈希值校验、区块链"概括为"证据收集……的技术手段",实乃其不可完成的任务,应予纠正。

三、区块链技术证明的内容限度

虽然区块链技术证明有时间限制,但仍可以采取事中模式进行存证,抑或依靠公证、证据保全等制度进行电子数据收集,以突破时间限度。此种情形下,区块链技术证明能否径行确保电子数据的真实性呢?区块链电子数据能否进行自我鉴真呢?本文认为,答案仍是否定的,因为区块链技术证明还有内容上的限制。依据电

---

12. 郑戈:《区块链与未来法治》,《东方法学》2018年第3期,第75页以下。
13. 罗恬漩:《民事证据证明视野下的区块链存证》,《法律科学(西北政法大学学报)》2020年第6期,第65页以下。

子数据真实性的三层次理论，区块链技术证明至多能确保该理论中的第二个层次"电子数据的真实性"，而对电子证据载体的真实性、电子证据内容的真实性无能为力。[14]区块链技术证明所能保证的，与其说是电子数据的真实性，不如说是电子数据的同一性，即电子数据的部分形式证明力。

（一）区块链技术不能确认电子数据的真实性

关于实物证据的鉴真，有两个相对独立的含义：一是证明法庭上出示的实物证据，与举证方"所声称的实物证据"具有一致性；二是证明法庭上宣读、播放的实物证据的内容，如实记录了实物证据的本来面目和真实情况。[15]电子数据的鉴真也包含这两方面的内容。基于电子数据的特性，可借由同一性和完整性概念来指涉电子数据真实性的两方面。[16]同一性是指电子数据未发生伪造、变造和捏造等情形，最终呈现在法官面前的电子数据即为举证人所声称的电子数据。完整性是指电子数据在储存流转过程中，其属性内容保持不变，维持完整状态，未发生增删改等情形。相较于传统实物证据，电子数据同一性和完整性的证明均显得较为困难。同一性涉及网络空间与现实空间的连接和对应，区块链技术证明可以通过时间戳实现时间对应，通过电子签名实现身份对应。完整性面临的挑战同样不少：或者表面所呈现的数据内容保持一致，但深层的技术信息相去甚远；或者正文内容未发生变化，但附属信息已被调整。作为一项账本技术，区块链技术的核心创新在于去中心化（P2P）、分布式体系和不可篡改性。得益于这些创新，区块链不仅能够实现数据的准确传输，而且能够实现事后的准确验证，这保证了电子数据的完整性。但对于电子数据的同一性，区块链技术尚不能证明。

由此可见，电子数据的完整性与真实性是两个不同的概念，能够保障电子数据的完整性，不代表就能够保障电子数据的真实性。完整性仅是真实性的一项内容和指标。以电子邮件为例，完整性体现在确保该电子邮件的具体内容、收发信息以及附属信息未发生改变，但无法确保电子邮件是否确由发件人发出、是否确系发件人

---

[14]. 褚福民：《电子证据真实性的三个层面——以刑事诉讼为例的分析》，《法学研究》2018年第4期，第121页以下。需要说明的是，褚福民的文章里以"电子证据"指称证据种类，以"电子数据"指称"电子证据"的信息存在形式。由于三大诉讼法均将"电子数据"作为法定证据种类，本文视电子数据和电子证据为同一概念，除直接引用外，均表达为电子数据。

[15]. 陈瑞华：《实物证据的鉴真问题》，《法学研究》2011年第5期，第127页以下。

[16]. 需要注意的是，证据原始性概念在区块链电子数据中将被抛弃。传统证据规则要求物证应当是原物，书证应当是原件，这在英美法系被称为最佳证据规则，在大陆法系被称为直接原则。但对于能够精确传输、智能合约处理和事后验证的区块链电子数据而言，原件和原物不仅无法识别与判断，而且事实上也不需要了。

真实意思表示、是否确为收件人接受知晓,以及邮件内容是否真实可信。对前述有关真实性内容的判断,只能由法官根据案件情况和其他证据综合判断。简言之,区块链存证只能确保电子数据的完整性,而不能完全证明电子数据的真实性。以此理论观之,《互联网法院规定》第11条第1款规定的"当事人对电子数据真实性提出异议的,互联网法院应当……审查判断电子数据生成、收集、存储、传输过程的真实性"有欠妥当。电子数据的真实性并非仅仅指向"生成、收集、存储、传输过程的真实性",还包括同一性。换言之,若过程真实性能够得到保障,则仅能够确认电子数据的完整性,不能径行确认其真实性。

(二)区块链技术不能保证电子数据的实质证明力

在电子数据真实性的内部,形式证明力与实质证明力分属不同层面的问题。仍以电子邮件为例,假若电子邮件的完整性、同一性均已得到确认,且推定该电子邮件乃发件人发出并为其意思表示,该电子邮件也为收件人所正常接收并知晓,则能够确认该电子邮件的形式证明力。然而,据此并不能认定该电子邮件的内容具有真实可靠性和实质证明力。其一,邮件作为发件人的意思表示,发件人仍可以主张其无效、可撤销或解除。例如,可主张发件人为无行为能力人,其意思表示无效。其二,邮件中的文字、图片信息作为承载思想和内容的载体,当事人双方可争执其中意思表示的真实含义。换言之,电子数据的形式证明力即使通过技术手段已经得到确认,但其是否符合客观事实,是否存在影响其效力的其他因素,究竟是何种含义,均可被双方当事人争执并需要双方当事人举证证明,最终依赖法官的判断。

与此同时,电子数据呈现形式的多样性、技术处理的专业性等特征导致其真实内容的可争辩性与不确定性,这也决定了电子数据的实质证明力很难借由技术手段得到完全确认。例如,在2021年初发生的西藏冒险王王相军落水失踪事件中,同行者小左事后发布的现场无声视频显示了落水经过,但网友对视频通过降噪技术处理后,竟发现了疑似杀害王相军的录音。西藏自治区嘉黎县公安局于同年2月22日发布的"通报"中认定,"视频声音主要有流水声、脚步声、衣物摩擦声、呼吸声等,未检测到有效语音",基本排除了谋杀嫌疑。在此事件中,无论是小左发布的原视频,还是经由网友降噪处理的视频,又或是经警方鉴定的视频,其本身未发生任何改变,但呈现出了迥异的内容,能够证明不同的事实。由此可见,借由区块链技术保障电子数据的形式证明力是一回事,电子数据的真实内容为何、其究竟能够证明何种事实又是另一回事,二者不可混淆。电子数据的形式证明力与实质证明力之区分启示我们,在证据法上,事实永远离不开法官的裁量与判断。区块链技术证明并非让法官无须再认定案件事实,而是让法官将精力集中在更有争议和价值之处,从而更准确地认定案件事实。换言之,对于司法裁判者来说,区块链技术证明仅具有辅助性的工具价值。

(三)区块链技术不能实现法律真实

作为认知目标,司法证明涉及电子数据是否真实、在何种意义上真实以及在何种程度上真实。对此话题,客观真实与法律真实的分野可以做出较为清晰的区辨。所谓电子数据的客观真实,是指电子数据所表示和显现出的内容完全符合客观情况;所谓电子数据的法律真实,是指电子数据的收集提取程序符合法律规定,电子数据所表示和显现出的内容达到法律标准的真实且不违法。相较于传统证明手段,区块链技术确实能够更加准确和高效地实现数据保存与传输,也能够更大范围地保留案件事实,还能够一定程度上弥补现有证据法的不足,但其并非万能。从本体论的角度看,正如哈耶克所言,社会科学中的事物总是人们认为的样子[17],不同于自然科学事实,社会生活中的事实包含大量的意见、动机、观念等主观性事实,从而使得社会事实具有混合性,这决定了技术手段所能证明的对象有限。从认识论的角度看,司法活动中对案件事实的证明与认定总是带有主观性质,这导致即使是区块链技术证明也不能完全实现客观真实。因此,几乎可以断定的是,区块链技术证明永远不能完全取代证据制度,亦不能取代法官判断。

客观真实与法律真实的并存说明不能为了实现电子数据的客观真实而罔顾法律真实,具体到规则层面,就要求审查运用技术手段的主体是否适格、程序是否规范,也即是否具有合法性。《互联网法院规定》第11条第2款仅说明其技术特点为"收集、固定和防篡改",技术要求是"能够证明其真实性",未见其他限制。本文认为,为了确保电子数据的法律真实,应确保区块链技术证明的主体适格、流程合法与程序规范。所谓主体适格,是指只有法律所认可的主体才有资格通过技术手段来收集提取和存储流转电子数据。我国三大互联网法院均建立了各自的司法区块链,将一些主体纳入链内节点。法院自行组建司法区块链的正当性虽然存疑,但这体现了法院对存证主体进行限制和管控的司法态度。诸如公安机关、民政机关、税务机关等国家机关因其公信力特征,虽具有实施区块链存证的正当性,但必须限于在自身的职权范围内实施的公务存证。商业公司进行区块链存证也可允许,不过必须获得司法存证的营运资质许可。所谓流程合法,是指电子数据的存证过程不得违

---

17. Hayek, F. A. (1943). The facts of social sciences. Ethics, 1, p.1-13.

反法律规定，亦不得侵犯相关主体的数据权利，这既包括财产权、隐私权、通信自由权等传统权利，也包括数据管理权、数据支配权、数据被遗忘权等新兴数据权利。[18]所谓程序规范，是指使用技术手段进行存证的流程要有法可依、规范透明。目前各互联网法院已分别出台了流程规范，但各规范之间尚存龃龉，急需协调统一。

综上，电子数据的真实性是复合式概念，不可能直接通过区块链技术予以判定。除时间限度外，区块链技术证明还受制于内容限度：其一，仅能保证电子数据的完整性，不能保证电子数据的真实性；其二，完全确认电子数据的形式证明力尚且不可，遑论确认电子数据的实质证明力；其三，既无法实现完全的客观真实，也无法实现法律真实。以此理论视之，《互联网法院规定》第11条第2款过分夸大了区块链技术证明所能发挥的作用，可能对电子数据的审核认定带来错误指引。本款规定："能够证明其真实性的，互联网法院应当确认。"依据文义解释，确认的对象应是电子数据的真实性。问题是，由哪个主体来判断"能够证明其真实性"。若是由法官来判断，则不能约束法官心证，本规则构成了同义反复，无须再规定"互联网法院应当确认"。若无须法院判断，本款直接拟制区块链技术证明了电子数据的真实性，其实质是用区块链技术证明取代法律证明。依据技术原理，区块链技术证明无法确保电子数据的真实性；依据证据法理，能否确认电子数据的真实性，不是靠技术之证，而是靠法官的心证。因此，此种做法高估了区块链技术证明的作用。与之相比，《互联网法院规定》第11条第1款、《民诉证据规定》第93条的规定就显得合理得多，其分别列举了若干项需考虑的因素，确立了真实性的综合判断原则，通过技术手段保证电子数据的完整性仅是其中的一项考量因素。遗憾的是，《民诉证据规定》第94条却又严重偏离了第93条所确立的综合判断原则，建立了一系列的真实性推定规则。本文认为，无论是《互联网法院规定》第11条第2款的区块链技术证明规则，还是《民诉证据规定》第94条的真实性推定规则，其本质错误均在于低估了电子数据真实性的复杂程度，将经验法则直接上升为证据规则。

四、区块链技术证明的安全限度

如前所论，《互联网法院规定》第11条第2款"能够证明其真实性的，互联网法院应当确认"的对象是电子数据真实性。有论者可能会持反对意见，主张确认对象应是电子数据的证据效力，而非仅指真实性。笔者以为，若做此理解，则该款不

---

[18] 谢登科：《论电子数据收集中的权利保障》，《兰州学刊》2020年第12期，第33页以下。

当省略掉了合法性、关联性审查，违反了证据审查原理。事实上，不仅电子数据本身面领着证据三性的审查，而且区块链电子数据兼具技术与法律的双重风险，证据三性的审查有可能更为复杂。

（一）区块链存证的技术风险

正如没有完美的制度，世界上也没有完美的技术。任何技术均存在或多或少的缺陷，而缺陷往往意味着风险，故风险性是技术的固有特征。经由区块链存储的电子数据至少在结构、主体和价值三个层面存在着显而易见的风险。首先，在结构层面，区块链的技术基础是共识机制，结构特征为链式存储结构，但司法区块链的联盟节点不仅数量有限，而且呈现出较强的封闭性，故易受 Race attack、Finney attack 和＞50% attack[19]等"双花攻击"。由此可见，区块链技术对司法存证存在着一定程度的结构性排异。换言之，应用于电子数据存储的区块链技术已经不再是原来的区块链技术，区块链技术有滥用和异化之嫌。

其次，在主体层面，区块链、时间戳等技术是由人来主导和操作的，人的自主性、自利性乃至自私性会不可避免地传导给技术，从而影响区块链技术证明的可欲性（desirability）与可靠性。例如，时间戳虽然能够对认证后数据进行鉴真，但其所使用的时间来源和时间戳服务仍具有造假的可能性。又例如，固定和储存电子数据的过程有可能损害其他主体的数据权利，从而影响电子数据的合法性。再例如，区块链存证既不能排除当事人全部或部分提供"虚假"电子数据的情形，也不能排除当事人单方聘请的存证公司等单位单纯服务于一方当事人利益而"冒险"的情形。[20]还例如，区块链存证系统采取了分布式的存储体系，存储的区块信息进行实时广播，其节点接入了包括营利性机构在内的诸多单位，故司法区块链上的多个存储节点均知晓广播信息。这虽然提高了区块链网络的安全性，但也存在存入链电子数据信息被窥探、商业秘密和数据隐私被侵害的危险。

---

19. Race attack：一个人同时向网络中发送两笔交易，一笔交易发给自己（为了提高攻击成功率，他给这笔交易增加足够的小费），一笔交易发给商家。由于发送给自己的交易中含有较高的费，会被矿工打包成区块的概率比较高。Finney attack：一个人挖到了一个区块（这个区块中包含一个交易：A向B转10BTC，其中A和B都是自己的地址），他先不广播这个区块，先找一个愿意接受未确认交易的商家向他购买一个物品，向商家发一笔交易：A向C转10BTC，付款后向网络中广播刚刚挖到的区块，由于区块中包含一个向自己付款的交易，所以他实现了一次双花。>50% attack：51% attack 指的是攻击者如果可以拥有超过全网50%的算力，就可以创造一条高度大于原始链的链，攻击者可以发送一个新的块到这条链上。（如果有对比特币进行51%attack成功的案例，最大的危害在于人们对比特币的信心受损导致的比特币大跌而不是51% attack 本身带来的危害）。
20. 刘品新：《论区块链存证的制度价值》，《档案学通讯》2020年第1期，第21页以下。

最后，在价值层面，区块链技术证明能够提高证据存储的准确性，具有鲜明的工具属性和效率倾向，但法院的主体性会因此受到削减，有陷入技术依赖与技术崇拜的风险。之所以说技术依赖、技术崇拜是一种风险，不是因为技术本身具有非道德性与可谴责性，而是人们会对技术不假思索地予以信任，形成"自动化偏见"。技术具有中立性，技术的应用往往也被附加了良好初衷，但技术一旦付诸实践，其样态就不再受人类理性的控制。此外，区块链技术有可能加重当事人之间举证能力的不平等，使"技术劣势"的当事人陷入"证据劣势"，使技术风险转化为法律风险。况且，科学技术本来适用于物理世界，直接移植到社会对象上的正当性存疑，其至少应接受合价值性（rationality of value）审查。

（二）区块链存证的法律风险

目前，我国三大互联网法院均建立了各自的司法区块链系统，由法院来引导证据的收集提取与存储流转，此种深度介入有可能损害法院的中立性，进而有妨害法院的公正性之虞。[21]倘若当事人质疑法院主导的区块链存证系统的公正性，如何获得公平的听审权呢？倘若一方当事人的证据收集存储是依赖法院完成的，是否有损当事人平等原则，突破法官调查取证权的应有限度呢？作为裁判者的法院保管未涉诉的数据信息，是否已经僭越了自身的职能定位呢？凡此种种均说明，由法院提供技术服务的做法无法确保制度安全，技术风险有转化为法律风险的可能。尤为严重的是，电子数据本身就具有易变动、可拼接的风险，与区块链的结合有可能造成技术风险的叠加。若法律制度处理不当，将会造成风险的成倍扩大；若法律制度处理得当，则能够相互消减风险。

观察整个互联网司法的发展进程，电子数据对技术的依赖性逐渐增强，技术风险转化为法律风险的可能性与日俱增。为避免风险的转化与跃升，须借助制度性的风险隔断机制来设定区块链技术证明的安全边界。从方法论的角度讲，风险隔断机制可以在技术与法律两个层面设置。在技术层面，可以在区块链技术内部设置一些风险防范机制，如防止信息泄露的加密机制，防止人为干预的监督机制等，或通过技术进步尽量消除区块链技术证明的内在风险。这固然重要，但考虑到风险性是技术的固有特征，此等措施均不具有充分的可靠性，所以还要在法律层面，通过保障当事人质证权与坚守法院中立性来隔断风险。具言之，无论是电子数据的收集提取，还是存储保真，均是当事人的举证责任之所在，并不处于法院的职责范围内。

---

21. 段厚省：《远程审判的双重张力》，《东方法学》2019年第4期，第101页以下。

建立司法区块链、提供时间戳、电子签名、哈希值校验服务,这些均可由公证机构、数据公司负责,也可由电子数据产生单位如电商平台、商业银行等负责,甚至可由专门的商业公司建立和负责,当事人可根据自身需要自主选择。在发生争议后,一方当事人提交存储的电子数据,另一方当事人可对技术可靠性、数据真实性、主体合法性、流程规范性等进行质疑,法官则居中裁判。在此种制度安排下,法院超然于电子数据存证之外,恪守中立裁判者的角色,对特定电子数据的真实性、合法性以及关联性展开审查。若出现技术风险,则由当事人自己承担举证不能的风险,最终由技术提供单位担责。此种制度安排,既发挥了区块链技术的证明作用,又能保持互联网法院的中立性质,从而维护了司法的公正性,阻止技术风险向法律风险转化。

综上,无论是《互联网法院规定》第11条,还是《民诉证据规定》第94条,抑或是司法实践中由法院主导运营司法区块链的做法,均未能认识到区块链技术证明的限度,对电子数据的真实性判定存在技术化、理想化和简单化倾向。毋庸置疑,区块链技术可以更准确地保存电子数据,也可以节省公证、保全等司法制度的运行成本,从而提升证据法的效率价值,建立司法信任。区块链技术甚至可以改变人们之间的交往方式以及证据形态,例如将书面合同改变成区块链系统中的电子合同,从而塑造证据法的运作方式。但是,司法证明的目标是法律真实,而法律真实必然与合法、平等、公正和权利等法律价值紧密结合在一起,这一特性决定了区块链技术证明的外在限度。同时,在信息时代,信息数量高度膨胀,但信息质量良莠不齐,在信息快速流动的同时,个体却陷入了信息交换的孤岛。欲实现从法律真实迈向客观真实的对案件事实的认知飞跃,还有赖于信息质量的提高,这一特性决定了区块链技术证明的内在限度。这也就决定了,虽然区块链技术是去中心化的,但区块链技术证明不能因此改变法院以中心化方式调查证据的制度运作形态。

五、结语:技术证明时代的法律审慎主义

何家弘教授在20年前曾提出,我们即将走入另一个新的司法证明时代,即电子证据时代。[22]20年的中国证据法似乎印证了这一点:电子数据不仅成为法定证据种类,甚至有取代传统证据形式的趋势。不过,电子数据不过是电子形式的物证、书证、人证[23],所谓电子证据时代主要是基于证据表现形式做的区分,司法证明实质

---

22. 何家弘:《电子证据法研究》,法律出版社2002年版,第4页。
23. 占善刚、刘显鹏:《证据法论》,武汉大学出版社2008年版,第78页。

上没有划时代改变。笔者以为，如果说我们正在走入一个新的司法证明时代，则可概括为从感知证明时代走向技术证明时代，或者说科学证明时代。在感知证明时代，裁判者主要通过五官来感知证据、分析事实。在技术证明时代，各种自然科学、心理学、社会学、统计学等科学知识均成为法律人还原事实的认知资源，DNA比对、物证鉴定、痕迹分析、测谎、心理分析、笔迹分析、虚拟现实、区块链、大数据分析等技术手段提供了重构事实的更大可能。技术证明极大地拓展了法律人通过感官认识既往事实的程度和范围。在现代社会，随着证明对象的电子化、网络化、数据化，法律人通过感官来认知事实显得日益窘迫，电子数据呈现出采信率偏低、证明力畸弱的司法状况。可以断言，技术证明将在司法证明中发挥越来越重要的作用，我们正在进入技术证明时代。

不过，技术证明潜藏着许多风险，论者对此不可不察。例如，利用测谎技术来分析人证的心理状态以及判断证言的可靠性，就缺乏充分的科学基础，也会引发准确性方面的担忧。为此，学理上认为应将测谎结论定位成普通证据，且属于有限采用的证据。[24]最高人民法院于2020年印发的《关于人民法院民事诉讼中委托鉴定审查工作若干问题的规定》第1条更是明确将测谎剔除出委托鉴定的范围。又例如，利用鉴定技术来认定事实可能会导致法官主体性的丧失，鉴定人有从助手地位转变成主人角色的倾向，鉴定结果甚至决定了法官的心证。[25]出于此种担忧，我国《关于司法鉴定管理问题的决定》将"鉴定结论"修正为"鉴定意见"，纠正沿袭已久的说法，强调鉴定意见的可质疑性，避免对鉴定意见的过度崇拜。[26]本文的分析也表明，区块链技术本身可能是一项熊彼特意义上的制度创新，但是，区块链技术证明却只能扮演技术创新的角色，证据法对此应有清醒的认识。

整体而言，技术证明能够部分发挥传统的证据保全、公证等证据制度的功能，但不能从根本上取代证据法。技术证明能够在一定程度上提高证据法运作的效率，节约司法运行的成本，但基本不会对证据法理论产生冲击，其原因在于技术证明不能提供合法、平等、公正等法律价值。技术证明所能实现的充其量只是"技术正义"，而非法律正义。事实上，技术与证据法之间会经历一个历史性的互动过程：技术从挑战现行证据法、冲破现有证据制度到最终为证据法所规制与驯服。在这个过程中，证据法可能会为了适应技术而做出微调乃至进行重构，但最终的结果均是

---

24. 何家弘：《测谎结论与证据的"有限采用规则"》，《中国法学》2002年第2期，第140页以下。
25. Eisenberg, U. (2006). Zur Ablenung des Sachverständigen im Strafverfahren wegen Besorgnis der Befangenheit, NStZ, 7, p.368.
26. 苏青：《鉴定意见概念之比较与界定》，《法律科学（西北政法大学学报）》2016年第1期，第154页以下。

将技术纳入证据法的控制之下。面对快速发展的技术,证据法当然不能故步自封,当然要顺应社会变化与技术进步,但顺应不是顺从乃至盲从。证据法应当秉持"开放的稳定性"的品格,在理解技术发展规律的基础上,做出审时度势的变化。[27]技术的快速发展意味着变动不居,证据法顺应的前提是观察到技术变动中的不变规律。

本文并非无视技术证明的巨大优势,相反,正是基于其显见的优势,本文意在提示以区块链为代表的技术证明可能具有的潜在风险,提醒证据立法者避免落入技术崇拜和理性自负的窠臼,陷入技治主义和唯科学主义的泥淖。互联网法院的时代性任务是探索涉网案件审理规则,区块链技术进入司法体系不过数年时间,个案还非常有限,与其建立普遍的规则,不如让互联网法院通过个案判断来摸索新业态下的证据规则。总之,在技术证明时代,在价值论上,法律人应秉持法律审慎态度并警惕技术乐观主义;在方法论上,证据法须采取"实验主义"的立法策略,借由个案的摸索来总结技术证明规则,而非依靠纯粹理性的力量创制规则。

---

[27] 占善刚、王超:《从法定电子数据迈向电子数据法定》,《湖北大学学报(社会科学版)》2021年第2期,第110页以下。

四、算法治理

4. Algorithm Governance

司法算法类案推荐的风险与治理

李 飞[*]

（河南师范大学法学院，河南新乡，453007）

摘　要：通过机器学习的分类算法，类案推荐成为智能司法中同案同判的关键环节。但是，分类算法所包含的分类风险却可能影响司法公正。法学中的分类是一种规范性框架，是对社会秩序、社会价值和社会文化的映射、选择和体现。法律知识的生产和运用内嵌于该规范性框架之中，直接决定案件类型与行为认知，并最终影响司法公正的实现及其程度。在智能司法背景下，为了确保司法模型建构与法律知识提取的有效性和合理性，作为智能司法中法律和伦理的规范重点，分类算法的建构和设计应当注意以下几个关键范畴：司法空间、数据民主、法律分类与性别角色。

关键词：司法算法　类案推荐　机器学习　案件分类

Risk and Governance of Judicial Algorithm Case Recommendation

Abstract：Based on the classification function of intelligent algorithm, "analogous cases recommendation" has become a typical application to realize the same case and the same judgment. However, with the growth of judicial data, especially machine learning becomes the mainstream algorithm, the risk of classification function of case recommendation may increase.

---

[*] 基金项目：河南师范大学博士科研启动基金支持课题"算法决策的法律治理"（编号：510159171001）。
作者简介：李飞，河南师范大学法学院讲师。

The complexity of analogous cases modeling, the difficulty of case interpretation and the formalization of case supervision will directly affect judicial justice. From the perspective of philosophy of technology and philosophy of law, the classification of judicial algorithms is essentially incomplete inductive logic, and social relations are the fundamental basis of case classification. Therefore, case recommendation should be regarded as a case classification system with human-computer interaction, and only by combining machine intelligence with judge wisdom can the classification risk be reduced and alleviated.

Key Words: judicial algorithm, case recommendation, machine learning, case classification

一、引论

当前，人工智能开始在法律领域崭露头角，同案同判的司法理想正在变成现实。在辅助法官办案的过程中，智能辅助办案系统综合了大数据、自然语言处理、知识图谱、深度学习等大数据及人工智能技术，能够模拟法官审理案件过程，具备自动识别、智能提取并回填案件要素，智能分析并运用历史数据，智能生成裁判文书和法律文书等功能。[1]其中，类案推荐作为审判智能化最为典型的应用，能够借助AI算法提取案例文书中的关键词，使关键词得到归一化处理，进而基于该结果建立新的算法模型，使得类案推荐结果更优。[2]基于算法的类案区分、类案检索和类案推荐，不仅使法院能应对案多人少的严峻形势，而且标准化的裁判模型能使裁判结果更加公正。社会公众也可以进行类案搜索，预测司法判决，评估司法风险，监督司法权力。

但是，随着司法数据的增长，其中具有法律意义的变量不断增加，司法算法的分类功能正变得越来越复杂，智能司法需要面对"同案不同判"的难题。当前，在智慧法院的快速建设中，全国不仅出现了较多的案例检索平台，而且不同检索平台检索获取的案例存在较大的差异，加上法官知识结构、专业素养、认知水平等存在

---

1. 《避免同案不同判，海南来了位AI"法官"》，http://scitech.people.com.cn/n1/2019/0415/c1057-31030409.html，2021年4月10日最后访问。
2. 陈振宇等：一种基于k-means的法院类案推荐方法，中国，CN109840532AP. 2019，2019年6月4日公布。

差异，导致裁判尺度不同。不同地区的法院之间、同一地区的不同法院之间，甚至是同一法院的不同法官之间，都有可能出现法律适用标准不统一的情况。[3]总之，类案检索推送的案例不精确，推送案例的范围过窄、来源不明、层级不清，同案同判实践的差异等诸多问题[4]正在凸显。尽管法院试图避免AI算法基于刚性模型的案件分类，采取协同推进类案强制检索机制，依法规范司法裁量权和裁判尺度[5]，以要件审判思维构建类案检索模式[6]，但是，司法算法的分类模型仍包含潜在风险，法院在使用类案推荐时必须保持警惕。

以下，本文首先论述类案推荐系统涉及的技术基础，然后探讨类案推荐潜藏的风险问题，继而对类案推荐的机能进行反思，揭示案件分类或类案诉讼的社会根源，最后在该反思的基础上，提出治理类案推荐风险的策略。

二、司法算法类案推荐概述

所谓类案推荐，就是通过智能算法和司法数据去发现与案情类似的裁判文书，推荐给法官作为判案参考或依据，以实现同案同判的技术。类案推荐的关键在于，如何衡量不同案件之间的事实情节、行为模式、法律适用的相似度。本质上，这个衡量过程可以转化为裁判文书、法律语句和法律语词的相似度的计算。因为无论是案件事实、法律条文还是争议焦点，都必然表现为前述各种符号载体。

目前，司法中的类案推荐依赖于人工智能算法，并且越来越多地使用机器学习，从而使得复杂的相似度判断任务成为自动化的计算。算法是为解决一个问题或执行一项特定任务而制定的行动计划或公式。[7]更具体地说，算法是结构化的决策过程，采用一组规则或程序，根据数据输入和决策参数来自动提供结果。[8]因此，算法主要解决两个问题：要执行的操作，以及这些操作执行的顺序。计算机程序通常被视为典型的算法系统，但从广义上讲，我们日常生活中的各种安排也是算法。例如，当我们烹饪时，我们就进行数据输入（例如，饥饿、食物、食材、健康、做法

---

3. 《发挥示范效应 推进类案同判》，《人民法院报》2020年11月19日第8版。
4. 左卫民：《如何通过人工智能实现类案类判》，《中国法律评论》2018年第2期，第26页以下。
5. 《协同推进类案强制检索机制》，《人民法院报》2021年2月5日第1版。
6. 《创新类案检索模式 提高类案检索水平》，《人民法院报》2020年12月3日第8版。
7. de Miranda, L. (2019). 30-Second AI & Robotics: 50 key notions, fields, and events in the rise of intelligent machines, each explained in half a minute, The Ivy Press, p.38.
8. Ezrachi, A. and Stucke, M. E. (2017). Artificial intelligence & collusion: when computers inhibit competition. University of Illinois Law Review, 5, p. 267.

和味道等），然后对每个数据参数进行调整，以期获得最符合自身偏好的食物。在早期，算法被设计为遵循一系列的详细步骤，只能基于明确定义的数据和变量来执行操作。这些算法固有地受到数字化数据的可用性和运行它们的系统的计算能力的限制。[9]当前，更先进的算法是机器学习。通过机器学习，算法从自己对以前数据的分析中学习如何细化和重新定义其决策参数。机器学习是一个比较狭义的术语，更准确地说，机器学习实际上是一种特殊类型的人工智能。广义地说，机器学习是对计算机系统的研究，它使用系统的数学程序在大型数据集中发现模式，并应用这些模式对新情况做出预测。[10]与算法设计者能够设置算法参数的权重，以优化用户的决策不同，更先进的算法采用机器学习。通过机器学习，算法从自己对以前数据的分析中学习如何细化和重新定义其决策参数，将算法从预定义的偏好中解放出来。[11]也就是说，机器学习是通过对历史实例的大数据集进行统计分析来开发算法的。[12]机器学习的一个主要工具，是所谓的人工神经网络。本质上，这是一种通过使用统计概率来简化人脑学习过程的计算模型。模型既可以由一层神经元组成，也可以由相互连接的多层神经元组成。这种多层神经网络不仅包括输入层和输出层，还包括处于中间的具有一定"深度"的隐藏层，每层表示都会将原始数据转换成更加抽象的形式，从而构成深度学习。[13]通过数学参数的迭代调整、数据保留和纠错技术，机器学习算法通过训练建立一个内部函数，对新传入的数据进行分类。[14]

从类型上看，机器学习主要有监督学习、无监督学习和强化学习这三种类型。在监督学习中，算法通过对之前分类过的数据样本进行实例分析，调整内部函数对新传入的数据进行分类。在无监督学习中，计算机直接从未分类的数据中找到模式，将它们聚类成具有相似特征的类。强化学习是一种监督学习的形式，在其中算法不是告诉每个训练样本的类别，而是区分分类正确（奖励）或不正确（惩罚）。[15]

---

9. Ezrachi, A. and Stucke, M. E. (2017). Artificial Intelligence & Collusion: When Computers Inhibit Competition, University of Illinois Law Review, 5, p. 267.

10. Gal, M. S. and Elkin-Koren, N. (2017). Algorithmic consumers. Harvard Journal of Law & Technology, 2, pp.309-352.

11. Gal, M. S. and Elkin-Koren, N.(2017). Algorithmic consumers. Harvard Journal of Law & Technology, 2, pp.309-352.

12. Spiegelhalter, D .(2019). The art of statistics: Learning from data. Pelican Books, p.144.

13. Somers, J. (2017). Is AI riding a one-trick pony? Technology Review, 120(6), pp.29-36.

14. Markou, C. and Deakin, S. (2020). Ex Machina Lex: Exploring the Limits of Legal ComputabilityJ. Social Science Electronic Publishing, p.6.

15. de Miranda, L. (2019). 30-Second AI & Robotics: 50 key notions, fields, and events in the rise of intelligent machines, each explained in half a minute, The Ivy Press,.p.48.

无论在哪种类型中，学习都是一种算法属性。当需要解决特定任务时，机器学习能将一系列信息输入转换为数学指令输出，而不需要明确编程。换言之，通过一个被称为"训练"的过程，一个算法会反复暴露在数据中，通过保留信息并使用诸如反向传播之类的纠错技术，随着时间的推移生成越来越稳定和可重复的计算模型。[16]

当算法具有机器学习能力时，挑战也就随之出现了。机器学习与传统算法的不同之处在于，它们以大量数据为基础，并且可以采用自己的操作规则。尽管机器学习能够针对特定任务进行更有效的选择、预测和分配，但此类算法比较复杂，处理信息的方式不透明，一般人无法理解。即使是算法的设计者，也可能不知道算法决策的效应，也无法解释其中的逻辑。训练算法的过程，是一个反复试验的过程，包括调整各种数学参数。[17]为了评估目标函数的性能，必须对其进行多次重新培训、调整和重新评估，以使用在培训过程中未遇到的测试数据来纠正错误。[18]如此一来，机器学习既是一门科学，又是一门艺术。在这种情况下，机器学习这种方法不同于传统的专家决策系统，因为其所涉及的决策自动化特征不是事先被决定的，所以具有不确定性。

案件分类或案件聚类是法律领域的一个基本问题。尽管各国法律制度使用的术语各不相同，但基本分类及其规范功能在各个国家法律体系中是一致的。通过算法来建构案件分类系统看起来很复杂，却可以通过更加关注司法数据中的典型事实，将决策过程简化缩小为二元结果。原则上，算法可以是数学形式，使用成对代码捕获和建构具有矛盾关系的类案，并分割出介于两者之间的类案，亦即具有前两者特征总和的某些特征的中间类型。就法律系统的类案推荐而言，司法数据具有非结构化的特征，同一法律概念有着多种语词表达。这种非结构化或"混乱"的数据，将被机器算法翻译成概念语言，并被吸收到案例的分类中。这意味着，对于类案推荐系统推送的案例，法院不仅要进行额外的事实调查，而且需要就类案结构和层次进行更深入的分析。

---

16. Russell, S. and Norvig P. (2016). Artificial intelligence: A modern approach, Pearson, p.578.
17. Markou, C. and Deakin, S. (2020). Ex Machina Lex: Exploring the Limits of Legal Computability, Social Science Electronic Publishing, p.7.
18. Markou, C. and Deakin, S. (2020). Ex Machina Lex: Exploring the Limits of Legal Computability. Social Science Electronic Publishing, p.7.

三、司法算法类案推荐的风险

（一）算法技术的复杂性导致类案模型的复杂化

除了形式逻辑所规定的内容以外，信息的显示顺序可以直接影响决策。[19]这对于智能司法而言，即使算法只是单纯地对案例进行排序，也可能对司法裁判产生令人难以置信的效果。可是，由于算法技术的复杂性，我们很难解释算法的分类原理，也很难质疑类案区分的标准。这是因为，智能司法建立在算法与数据的交汇处。算法技术与数据结构正变得日益复杂，并导致类案模型的复杂化。

算法通常被定义为，将输入数据转换为期望输出的计算机编程程序。基于算法决策，法院有能力通过大数据来建构类案评估系统，包括与待决案件没有明显关系的司法数据。法院可以从各种来源收集司法数据，包括互联网搜索、跨境数据交换、社交媒体发布，以及其他各种相关的数据库。在理论上，这些司法信息可以输入司法算法。由此，法官不但能够对多发案件进行充分的法律评价，还能够对缺乏足够先例的待决案件进行有效裁决。对于缺乏先例的案件，传统司法模型是无法对其进行有效法律评价的。因为法官只能根据关键点进行逐案评估，如果没有检查每个案子，就无法提前确定两个案子是否完全相同或类似。遵循先例的裁判过程，就是在特定情况下，对法律标准或原则的适当权衡，或是评估新案例所具有的某些其他属性，从而将待决案件确定为与先前案件完全相同的分类过程。

然而，由于算法在实践中与数据结构等其他计算形式相关，算法分类需要在这些关系系统中对其进行分析和理解才具有意义。[20]可是，算法系统和它所利用的数据之间的联系，会随着时间的推移变得更加复杂。尤其是机器学习算法更依赖于大数据，其特征可能涉及无法计算的观测值，数据的格式和结构不仅差异巨大，并且数据可实时进行扩展和添加。[21]算法和它处理的数据，要比司法官僚控制的任何其他技术都更强大。法院可以利用数字技术的自动化与生成信息的双重能力，将社会评价和风险评估持续纳入司法过程，但是要理解智能司法裁判的逻辑，却并不容

---

19. Samaha, A. M. (2016). Starting with the Text—On sequencing effects in statutory interpretation and beyond. Journal of Legal Analysis, 2, pp.439-491.
20. Christin, A. (2020). What data can do: A typology of mechanisms. International Journal of Communication, 14, pp. 1115-1134.
21. Zuboff, S. (2019). The age of surveillance capitalism: The fight for a human future at the new frontier of power. Profile Books, p.138.

易。在司法算法公开的情况下，考虑到算法技术的复杂性，大多数司法人员与非司法人员恐怕都不能完全了解收集的数据种类、使用方式或分类方式。

（二）算法技术的不透明性导致类案解释的难度大

算法技术具有不透明的特征，这妨碍了我们探查类案推荐的分类原理。通常而言，算法不透明的原因，要么是出于保密而不公开，要么是缺乏技术知识而无法理解，要么是因为技术过于复杂而难以探知。众所周知，机器学习算法尤其难以解读。当机器学习算法建立自己的分类决策时，其复杂性原理将直接排斥人类的理解，即使是受过专门训练的计算机科学家也不例外。[22]

正如黑格尔所言，分类的首要目的，在于把眼前一大堆无组织的素材编成一种外部秩序。[23]分类的中心任务，是编码所有有价值的知识，用于各种类型的召回。[24]马克思对法律的普遍特征的论述，就是对阶级特征与阶级特性的坚持。[25]运用历史唯物主义理论，尤其是经济基础与上层建筑之间的辩证法，马克思揭示了资本主义政治旨在掩盖阶级社会中猖獗的剥削，司法是统治的幻象。正义、权利和分配的特征，都建立在劳动价值论，以及资本主义对财产权和劳动力市场的辩护之上，而马克思显然拒绝把这些作为未来民主社会和社会主义社会的基础。马克思指出，随着工业、资本和阶级在这个历史经济体系中的革命性转变，其相应的正义理想也将消失。[26]对于后来的法学家来说，分类问题的核心任务，是如何理解经济关系和产业结构中服务和管理职业的兴起。

相比之下，法院越来越多地依靠复杂且难以理解的算法提出司法决策，这种做法被称为"黑箱司法"。"黑箱司法"描述了法院使用不透明的计算方法，来帮助法官进行法律决策。决策树、贝叶斯分类器、加法模型和备用线性模型等算法模型，使用了合理限制数量的内部组件，可以直接检查模型组件以理解模型的预测，因此它们的决策过程具有可跟踪性和透明度。只要模型对于预测任务是准确的，这些方法就提供了理解人工智能系统决策的可见性。[27]与之相比，深度学习这一类机器学

---

22. Weld, D. S. and Bansal, G. (2018). Intelligible artificial intelligence. Available at arXiv.org/abs/1803.04263.
23. 德黑格尔：《法哲学原理》，范扬、张企泰译，商务印书馆2014年版，第57页。
24. Bowker, G. C. and Star, S. L. (2000). Sorting things out: Classification and its Consequences, The MIT Press, p.255.
25. Marx, K., Cain, M., Hunt, A., et al. (1979). Marx and Engels on law, Acdemic Press, p.128.
26. McCarthy, G. E. (2017). Marx and social justice: Ethics and natural law in the critique of political economy, Haymarket Books, p.2.
27. Rai, A. (2020). Explainable AI: From black box to glass box. Journal of the Academy of Marketing Science, 48, pp.137-141.

习算法通过分层学习过程，牺牲了透明度和可解释性，以提高预测准确性。[28]然而，即使是最先进的人工智能也会出错。毕竟，机器学习算法也是由人设计的，并接受了可能具有偏见和错误的数据集来训练。在类案推荐中，这些错误可能会导致司法错误，但我们恐怕难以察觉和探究错误的开端。

（三）司法数据的中介性导致类案监督的形式化

司法数据的公开与流动，促进了法律监督和司法公正。但是司法数据的复杂性，也给诉讼参与人和司法预测带来了根本性的挑战。随着类案推荐在司法中的应用和扩散，诉讼参与人能够通过搜索同类案件来进行法律预测。法律从司法数据中归纳算法模式和发现方法，不仅仅改进法律形式主义，甚至使得法律成为可计算的公理。更多的案件类型与待决案件之间建立起更加精细和个性化的联系，这既有利于约束司法权，也有利于诉讼参与人预测司法裁判。

然而，诉讼参与人的法律预测能力却存在一个特定的问题，该问题与司法数据的模式和错误有关。法官根据现有的司法数据形式来考虑法律，也以一般人类经验的形式来考虑法律，并从司法数据中辨别出一种裁判标准和裁量模式。一定意义上，这些标准和模式就是法律本身。随着计算机科学发展到机器学习算法，智能决策也脱离了那些试图在正式证明中找到满意解释的模型。在机器学习中，输入的是数据，机器在给定的输入数据集上寻找其中的模式。计算机科学家用特征变量和结果变量来描述、训练数据集。[29]就司法数据而言，案件的事实被描述为特征变量，判决被描述为结果变量。可是，诉讼参与人识别和质疑司法数据的能力有限，并且几乎没有机会采取措施以改进和完善司法数据。尽管司法数据的内容是生效裁判，但这并不足以确保司法数据结构的合理性，以及数据内容的准确性。在某些情况下，当司法数据结构和准确性出现严重的缺陷时，这些缺陷将对司法决策产生重大影响。在司法数据快速增长的情况下，司法数据的结构变得更为复杂，这会进一步增加诉讼参与人缺乏对其数据使用情况的了解的可能性。

因此，尽管智能算法实现了司法裁判的自动化，但个人诉讼参与者却几乎丧失了评估裁判结果是否合理的能力，也难以有机会从数据错误的立场来质疑裁判，甚

---

[28]. Rai, A. (2020). Explainable AI: From black box to glass box. Journal of the Academy of Marketing Science, 48, pp.137-141.

[29]. Grant, T. D. and Wischik, D. J. (2020). On the path to AI: Law's prophecies and the conceptual foundations of the machine learning age, Palgrave Macmillan, p.36.

至根本无法理解算法创制的内在假设。总之，个人诉讼参与者无法从数据源角度来探知司法数据的结构、模式与错误，司法数据成为裁判的中介对诉讼参与者构成明显的挑战。

四、司法算法类案推荐的机能反思

（一）归纳逻辑是类案推荐的逻辑本质

类案推荐是通过提取案件情节，在数据库中寻找情节最为类似的案件，推荐给法官的。[30]这个过程具有自动化的特征，以实现对数据主体的归纳和分类。由于算法处理的司法数据池异常庞大且持续增长，依靠人力来分类和排序显然不切实际。面对数量庞大、增长快速、类型多元和数字化的司法数据池，只有在计算软件的进步获得自动化处理能力的情况下才有用，案件分类才具备技术基础。在此意义上，法律的生命将严重依赖逻辑，司法裁判表现为新案件与旧数据之间的某种固定的数量关系。在这种情况下，如霍姆斯所言，法律系统变得可以像数学一样，从一些一般的行为公理中计算出来。[31]

与其他算法相比，机器学习算法结合强大的计算工具和大量数据，通过司法数据的训练能够提高案件类型化时的某些性能指标。例如，就有监督的机器学习算法而言，通过定义算法的一个函数 $f(x)$，该函数将为任何给定的输入 x 生成一个输出 y，并根据 y 对 x 进行分类。[32]无监督的机器学习算法，都是从未标记的训练数据开始的，并且往往是根据数据的内在结构来开发分类的任务。[33]不难发现，机器学习对案件的分类，是根据 x 与 y 的关系的程度来衡量的。因此，这种分类的逻辑不是基于因果性，而是某种相关性。没有一种机器学习算法，是事先给出了定义观测值和分类之间关系的函数形式。事实上，当前的人工智能热潮几乎完全基于深度学习。如果有足够多的神经转换层，算法可以执行非常复杂的功能。

从技术特征来看，基于机器学习的类案推荐不是演绎的，而是归纳的。尽管机器学习极大地提高了法院获取案件信息的能力，但是切断了人类法官与案件分类模

---

30. 王禄生：《司法大数据与人工智能开发的技术障碍》，《中国法律评论》2018年第2期，第46页以下。
31. Holmes, O. W. (1997). The path of the law. Harvard Law, 5, p.18.
32. Brayne, S. (2017). Big data surveillance: The case of policing. American Sociological Review, 82(2), pp.978-1008.
33. Rice, C. A. (2016). Sailing into the unknown: Keynote address at the AGPA Annual Institute March 2014. International Journal of Group Psychotherapy, pp.308-315.

式之间的联系。换言之，法官的理性意志和自由裁量权曾经是案件归纳和案件分类的基础，现在却被一种算法逻辑取代了，而这种逻辑具有自动化的功能，不完全受法官权力的支配。机器学习能通过筛选大量的法律变量，以非线性和高度交互的方式组合它们，从而寻找和预测最可靠的结果组合，包括出人意料的结果。尽管法官的司法行为也会明显偏离法律逻辑和法律程序，但是法官的偏离行为往往是可观察的。与之相比，机器决策要想取得良好的预测效果，其结构上就会倾向于高度复杂，并导致法律决策的不透明。众所周知，尽管法律文书大致按照统一的格式展开，但司法人员在撰写法律文书时，就相同事项却存在多样化的表述方式，就会让人工智能在提取案件情节时出现错误与遗漏。[34]然而，对于这种机器学习偏离法律逻辑的错漏，我们通常既不清楚其中是否存在错误，也不确定这种错误是何时发生的，以及它已经持续了多久。这或许是机器学习作为一种归纳方法需要持续关注的问题。

（二）社会关系是案件分类的根本依据

人类对法律案件的分类，可以分解为一系列类似于机器学习的过程，因而机器学习可用数学函数来执行各种案件的分类任务。案件分类的一个显著特点是按层次排列，更高层次的抽象范畴包含较低层次或更具体的事实分类。通过对信息进行优先排序、关联、分类和过滤[35]，算法通过遵循逻辑和数学顺序，可以构造并在它们所输入的数据中找到附加意义。在深度学习方法中，数据被组织成概念，这些概念被分层表达，而复杂概念是从简单概念基础上被构建出来的。在一定意义上，法律推理是将给定的法律事实分解为结构化的法律概念，进而按照从一般到个别，或从抽象到具体的分类过程，一直持续到概念分类的用尽，法院只剩下提交给它的非结构化的经验事实。[36]

尽管分类对法律概念的划分与机器学习过程存在某些相似之处，但两者也存在一些关键差别，从而避免了机器学习算法完全取代人类的法律推理。虽然自然语言处理技术已经取得了巨大进步，将法律文本转换成计算机代码成为可能，但是将法律语言翻译成数学函数依然充满挑战。因为用于表达法律概念的自然语言中，存在

---

34. 参见前引30，王禄生文，第46页以下。
35. Diakopoulos, N. (2016). Accountability in algorithmic decision making. Communications of the ACM，13(2), pp.56-62.
36. Markou C. and Deakin, S.（2020） Ex Machina Lex: Exploring the Limits of Legal Computability. Social Science Electronic Publishing, p.23.

着开放性、灵活性和可竞争性的因素，而这些因素并不能被数学算法完全捕捉到。不论日常用语或专门用语均有两个面向：一种是理性范畴的面向，主要涉及语言的形式，具有逻辑的单主性与精确性；另一种是意图比喻的面向，按照类比的逻辑具有语言上的超验性。[37]当类案推荐通过数学函数来映射法律概念与案件类型时，实际上是以数学语言的精确性，来排斥自然语言的比喻性。可是，极度的语言的精密性，只能达到极度的内容空洞化与意义空洞化。[38]与之相比，以自然语言表达的法律，正是由于其不精确性和不可操作性，不仅能更好地存储和表示复杂的法律信息，而且对新事物有更强的包容性和适应性。

进一步，语言的两个面向意味着，案件分类不仅仅具有形式上的封闭性，其在内容上还具有社会的开放性。案例分类是一种形式，但这种形式的内容不是由法律提供的，而是由整体社会提供的。案件分类模式根植于社会关系本身，分类工作应该被认为是政治、经济、文化和伦理工作的重要场所。法律作为统治阶级意志的表达，植根于社会关系，尤其是就业关系。甚至可以说，分类制度在其产生的环境中继承了矛盾的动机。根据马克思的观点，法律制度是经济关系的能动表达，阶级关系是社会关系和法律关系的核心。马克思指出，无产阶级的解放需要一种理论，而这种理论将为无产阶级提供一种武器，使贫困的无产阶级在反对资本主义的斗争中合法化。[39]在《关于新闻自由的辩论》中，马克思指出，法院都是同一个物种。属种类别继续了普遍性原则，但它被用作分类的一种形式。普遍与特殊、整体和部分的方法，是来定义性质的类别，而属种用来定义分类。[40]从马克思的法律哲学立场出发，案件分类必然不是形而上学的。从名实相符的要求出发，当同类案例被贴上相同的标签时，同类案例就与一套社会实践、法律信念、知识叙述、文化习惯和行为组织联系起来。这种案例分类被认为是真实的，具有真实的法律效果。脱离实际的类案模式，既没有为社会公众提供心理深度，也因为没有相应的社会基础，无法有效连接形式和内容。因此，案件聚类或类案模型，必须适应它的历史时代，并在适应其所处的社会关系中发生转变和重新分类。

总之，基于算法构造的类案推荐系统，其中的分类功能是存在限制的。可以肯定的是，随着技术的持续进步，类案推荐将能够处理更多的数据，以及更好地应用统计推断和机器学习。然而，AI算法将长期存在三种可能导致偏差或歧视性的来

---

37. [德] 亚图·考夫曼：《类推与"事物本质"——兼论类型理论》，吴从周译，学林文化事业有限公司，第56页。
38. 上引亚图·考夫曼书，第56页。
39. Levine, N. (2012). Marx's Discourse with Hegel, Palgrave Macmillan, p.270.
40. Levine, N. (2012). Marx's Discourse with Hegel, Palgrave Macmillan, p.178.

源,即数据输入、算法训练和算法编程。[41]因此,算法技术取代法官推理、司法裁判将服从于新的技术规则这种"法律奇点"的发生恐怕只能是一种梦想。类案推荐恐怕难以完全符合社会对概念划分的要求。在法律领域中,过度依赖算法的分类和计算,可能会引发司法风险。就智能司法而言,法官的参与是必不可少也是至关重要的。

五、司法算法类案推荐的风险治理

(一)通过算法分类的评估,强化类案分配的准确性

从算法技术的复杂性出发,法院要想获得合理的类案模型,就需要通过算法评估来进行审查。在司法环境下,算法评估旨在测试算法的分类功能,以确保分类结果不会产生不可接受的偏差。在理想情况下,人工审阅者可以使用算法结果中的已知偏差,来识别和抵消输入数据中的偏差。[42]

算法评估的关键是制定算法的评估标准。合理的算法评估标准将使算法产生分类偏差的风险降到最低。该标准的制定只能由一支跨学科、多元化的团队来进行。它既应当包括技术、法律、社会、心理学等专业人才,也应当包括其他利益相关者。多元主体的参与,是评估标准同时符合民主与科学的前提。理论上,司法算法的评估应当在数据科学家、法学专家、司法工作者和律师的共同参与下进行。让一个人来制定算法评估的标准,恐怕是不合理的。但是,应该选择一位同时熟悉法律和AI的专家对司法算法的部署进行全面监督,并进行定期报告。在该团队的参与下,法院应不断评估算法程序的分类结果,以发现潜在问题。

评估算法应当进行广泛的数据测试,以最大程度地减少意外后果的风险。这种测试可能涉及不同的法律场景,以识别不良分类结果。评估工具是训练和测试算法所依据的司法数据。算法评估可以利用不同规模的司法数据集,以考察不同算法的分类效果。司法数据能够映射特定的案件类型,快速而一致地测试司法算法。例如,司法人员可以使用多种司法数据集,要求AI程序根据与性别无关的特征来创建类案模型,以考察该司法数据集是否会产生性别偏见,并使用人工来识别哪些算法存在偏见。针对司法数据测试算法的结果,应当制定性能指标来对案件分类进行深

---

41. Algorithms and bias: What lenders need to know,https://www.lexology.com/library/detail.aspx?g=c806d996-45c5-4c87-9d8a-a5cce3f8b5ff,2021年8月15日最后访问。
42. How to Evaluate Machine Learning Algorithms,https://machinelearningmastery.com/how-to-evaluate-machine-learning-algorithms/,2021年3月15日最后访问。

度评估，例如，分类的精度、边界、数量等。根据这些性能指标，法院将知道哪些算法在案例分类上的效果较好，哪些算法值得在该问题上进行调整，哪些算法不应该进一步考虑。倘若各种算法在案例分类问题上都表现不佳，则可能表明司法数据缺乏可供算法使用的分类结构。换言之，这可能是因为所选择的司法数据中实际上缺少可供算法学习的结构。

（二）增强算法的透明性，降低算法分类的风险

分类算法的不透明，不仅会妨碍公众对法院的信任，而且可能导致智能司法被公众拒绝。尽管机器学习算法的准确性很高，尤其是深度学习算法的表现非常抢眼，但它们的"黑箱效应"与司法的透明性是存在冲突的。对此，法院不仅应当尽可能采用可解释的人工智能，而且应当维护法官在司法裁量中的中心地位。在司法领域中，公正价值始终处于中心地位，具有比效率更高阶的价值。因此，尽管机器学习是以牺牲透明性来获取准确性的，但是司法却不能简单地牺牲司法透明，来换取所谓的"司法公正"。这是因为，透明性是司法公正的前提条件和组成部分。

透明性通常被政治学家定义为，使公众能够获得有关机构的运作与结构的信息，从而公开接受公众监督的行为。[43]因此，2018年12月3日至4日，欧洲司法效率委员会（CEPEJ）通过的《关于在司法系统中使用人工智能的欧洲宪章》指出，司法判决处理过程中使用的方法和技术的透明度原则也非常重要。这里的重点是数据处理技术的可控性和理解性，以及当局或独立专家进行外部审计的可能性。此外，欧洲司法效率委员会鼓励建立一个认证机制，以认可成果的质量，同时也保证其透明度和信息处理方法的公平性。[44]尽管算法推动了司法效率和公正，但算法透明作为司法透明的新形式，不应有所动摇。事实上，为了解决深度学习模型的预测和解释之间的权衡问题，被称为XAI的事后解释性技术成为新的研究方向，并取得了重大的进展。[44]人工智能的精确度和透明性，通常被视为两个不相容的目标，因此，法院如何利用XAI来构建可信的人工智能，以实现智能司法的公平性，如何重新定义司法的透明和公正，以及如何设定算法系统中不同利益相关者的需求，成为智能司法的重大任务。

---

43. Hastie, R. and Dawes, R. M. (2010). Rational choice in an uncertain world: The psychology of judgment and decision making (2nd ed.). Sage Publications, Inc., p.163.
44. Rai, A. (2020). Explainable AI: From black box to glass box. Journal of the Academy of Marketing Science, 48, pp.137-141.

（三）维护法官的司法地位，降低类案推荐的风险

算法能够从司法数据中提取价值，以自动化的方式建立类案档案，从而做出司法决策。但是，法官依然是司法的权力中心，是司法权力的行使者。至少就目前而言，算法不能也不应该取代人类的司法决策。《欧盟通用数据保护条例》（GDPR）第22条规定，数据主体有权不受仅基于自动化处理行为得出的决定的制约，以避免对个人产生法律影响或类似影响，该自动化处理包括人物画像。[45]正是因为自动化决策算法本身过于复杂，对大众来说不够透明也难以理解，用户不清楚自己的数据是如何被处理的，决策的结果可能影响到自己的基本权利和自由，数据主体拥有不受制于自动化决策的权利。[46]在应用算法的司法决策中，法官才是司法决策的主体。法院不仅应确保算法决策的透明度，还应当确保数据主体获得人类法官介入或干预算法决策的权利。

算法推荐无法替代人类法官的地位，这与司法审判的本质紧密相关。司法逻辑并不是将法律事实和法律规范放在一起，就可以轻易得出裁判结果。在简单案件与疑难案件之间，这个结论表现得尤其明显。事实上，法律解释是相当复杂的，法律适用需要考虑政治、经济、社会、文化与政策等因素，才可能取得社会效果和法律效果的统一。这种认知任务需要直觉和整体思维来把握，机器无法胜任。这也可以解释，为什么目前不可能开发出一种能够像人类法官那样解释法律的算法。由于法律案件的复杂性，以及法律规范的模糊性，法律适用必然是运用自由裁量权。增加解释自由裁量权的一个重要因素是，解释和适用法律需要价值判断和选择，而价值判断和选择很难进行形式化计算。[47]即便是相对简单的案件，人工智能取代人类的法律解释也存在风险，因为事先确定一个案件是容易还是困难是不可能的。总之，就算法对案件的分类而言，即便算法的透明性得到改善，也依然需要法官对案件的类型或分类做出规范性判断，以弥补和矫正算法分类的偏差。

（四）通过个案比对的补充，保障算法分类的认知

维护法官的司法地位表明，或许只有人类才有能力进行真正的逐案判断。这种

---

45. 欧盟《一般数据保护条例》（GDPR），https://www.zhichanli.com/p/856573259，2021年3月15日最后访问。
46. 一文读懂GDPR，https://zhuanlan.zhihu.com/p/401330458，2021年8月20日最后访问。
47. La Diega, G. N. (2018). Against the dehumanisation of decision-making——Agorithmic decisions at the crossroads of intellectual property, data protection, and freedom of information. Social Science Electronic Publishing, 1, p.3.

判断对于司法公正，尤其个体公正来说是必要的。从法律心理学的角度来看，在智能司法环境下，诉讼参与人恐怕不可能在法官进行个案比对之前，就相信算法可以将任何新案件确定为与先前案件完全相同。

就法律是一种语言实践而言，这意味着理论上司法数据可以通过法律语句规定适用法律的所有条件。然而，法律语言的开放性意味着，即使法律术语在目前是完全清楚的，但未来模糊的可能性始终是固有的，并且可能需要面对未知的示例进行调整。[48]更何况，算法系统还存在透明性不足的问题。算法无法阐明案例之间存在规律性，也无法仅凭这样的规律性就给定新案件的裁判标准。因此，法官需要通过个案评估，确定最相似的案例作为规制算法分类的手段。在特定情况下，法官需要根据最相似的案例，来调整和权衡待决案件的法律标准或原则，或评估待决案例具有的某些其他属性。换言之，个案判断不是否定算法在司法中的应用，而是要勾勒并阐明类案所共有的隐含元素，从而将类案推荐和同案同判置于更牢固的基础之上。

（五）通过过滤司法数据，提高算法分类精度

在我国智慧法院的推进中，全国各地法院信息化建设呈现出统一性与多样性并存的局面，导致出现大量信息化司法数据缺乏规范化标准体系的问题。其中，数据质量方面体现得尤为明显，同一个数据在不同信息中字段名称不同，统计结果也不同，数据的一致性和准确性无法保障，这给司法数据的使用带来了极大的困难。[49]由于机器学习是根据具有数千个变量的数据集来运行的，数据集的复杂性和结构化会影响数据的处理。当基于算法的类案区分出现偏差时，倘若不是算法中有错误，则可能是因为训练数据是"有偏见的"。换言之，在司法环境中，当源数据本身缺少某些类型的信息，或者数据不具有代表性，或者数据反映了偏见时，类案推荐就会发生"偏见"。

为了获得"干净"乃至"纯净"的司法数据集，一方面，应当推动司法数据的一体化，促进司法数据的公开和共享，以实现类案在法律适用、法律解释、责任认定、司法管理上的统一化，从源头出发提升数据质量。例如，为了应对道路交通事故引发的损害赔偿纠纷，我国正推动道路交通纠纷"网上数据一体化处理"，以公开的程序、可预测的标准、智能化的计算，快速公正地化解了大量矛盾纠纷，最大

---

48. Binns, R. (2020). Human Judgment in algorithmic loops: Individual justice and automated decision-making, Regulation & Governance, 16, pp.197-211.
49. 陈甦等：《中国法院信息化发展报告 No.5（2021）》，社会科学文献出版社 2021 年版，第 323 页。

限度地促进类案同判，使公正以看得见的方式实现。[50]另一方面，应当对具体案件的裁判文书进行敏感信息审查，并定期对训练数据进行过滤，从中删除涉及种族、性别和宗教等的群体指标。采取这种措施，可以使算法无法"看到"这些元素，那么分类的结果将不会具有基于这些标签的差异性。

六、结语

在司法环境下，类案推荐与主观判断相比，在多数情况下具有更高的效率、客观性和可靠性。司法数据的驱动，使得人们产生了算法的分类功能可以实现标准化的愿望。然而，数据驱动的司法算法也会产生和重现分类偏见，引发和加剧分类人群之间的司法不公。因此，虽然智能司法是自动化的，但是它不应当是没有法官参与的"案件审判"技术。为了增进类案推荐的精确性、透明性和公正性，防范算法技术的运行风险，法官角色的参与是必不可少、至关重要的。类案推荐应当被视为一种人机交互式的案件分类系统，法官的智慧在案件透明、逐案比对、案件裁量和数据审查上具有机器智能无法替代的作用。围绕待决案件，倘若能将法官智慧与机器智能很好地结合起来，无疑有助于快速消除案件分类和法律适用引发的争议。

---

50. 《交通事故损害赔偿纠纷可在网上"一键"处理》，《道路交通管理》2020年6月第8版。

智能决策算法歧视的发生机制、监管困境与治理路径

李 让*

(华中科技大学,湖北武汉,430074)

摘 要:智能决策算法在日常生活中得到了广泛运用,然而其决策的公正性却备受质疑。由于数据和算法的中立性,人类社会的偏见和歧视被复刻到了网络空间,算法权力的崛起则使其歧视行为对相对人的基本权利带来了切实的侵害。算法独特的运行机制使人类难以对算法歧视实行有效监管,而复杂的决策生成过程又让对算法歧视的追责变成了难题。面对算法歧视治理困境,我们需要制度与技术的双向合作:一方面通过制度设计消解数字鸿沟,抑制算法权力;另一方面发挥职业伦理导向作用,运用技术手段彰显法律,从而形成算法歧视综合治理机制。

关键词:人工智能　算法歧视　平等权　算法权力　算法治理

On the Algorithmic Discrimination: Causes, Regulatory Dilemma and Comprehensive Governance

Abstract: Artificial intelligence algorithms are widely used in daily life, but the fairness of their decisions has been questioned at the same time. Under the influence of data and algorithms, the prejudice and discrimination of human society are projected into cyberspace, and the widespread participation of algorithms in economy and society poses the discrimination a serious threat to the fundamental rights of users. Furthermore, due to the operating mechanism, algorithms make it difficult for the outside world to effectively supervise their discriminatory decisions, and the complex decision-making process hinders accountability for algorithmic discrimination. Faced with the dilemma of algorith-

---

* 基金项目:2021年国家民族事务委员会研究课题"法律视野下的大力推广普及国家通用语言文字与科学保护使用少数民族语言关系研究"(编号:xtszx-4)。

作者简介:李让,湖北司法大数据研究中心研究员,硕士研究生。

mic discrimination governance, it is necessary to bridge the professional gap and seek synergy between the system and technology: First, improve the personal information protection system centered on the "informed-consent" rule, and simultaneously, strengthen the supervision and restriction of the platform by judicial and administrative powers. The second is to actively use technical tools, introduce market entities, pay attention to industry self-regulation, and strengthen ethical constraints under the existing governance framework, so as to form a comprehensive governance mechanism for algorithmic discrimination based on public-private cooperation and multiple co-governance.

Key Words: artificial intelligence, algorithmic discrimination, equality, the power of algorithms, algorithmic governance

一、问题的提出

随着计算机技术在数据、算法、算力等核心领域接连取得突破，人工智能逐渐走进人们的生活。然而我们在享受智能技术给日常生活带来便利的同时，也要警惕潜藏在算法背后的风险和不确定性。算法的应用——尤其是机器学习和人工智能——引发了学界广泛的安全忧虑，这其中，算法决策的公正性问题备受关注。作为一种决策系统[1]，智能算法深刻地重塑了我们的生活，例如人脸识别技术能够轻松判别面容的主人，自动驾驶汽车可以代替驾驶员做出起步或者刹车的决定——算法决策将人类从重复、烦琐却具有规律性的脑力劳动中解放出来。但是问题也随之而来：算法做出的决策一定正确吗？目前看来答案无疑是否定的——算法可能会导向歧视性的决策结果，如近年来频频曝光的"大数据杀熟"，即互联网平台运行的智能算法对用户实行差别定价，对于同种商品或服务，使用时长越长、频次越高的用户会收到更高的报价，算法对部分用户进行了不公正的对待。据北京市消费者协会调查，所有的被调查者均认为存在"大数据杀熟"现象，其中88.32%的被调查者认为"大数据杀熟"已成为普遍现象，此外，56.92%的被调查者有过被"大数据杀熟"的经历。[2]

何为"算法歧视"？尽管有许多学者尝试对算法歧视做出定义，但是这些定义

---

1. 如丁晓东教授指出算法的本质在于"人机交互决策"，参见丁晓东：《论算法的法律规制》，《中国社会科学》2020年第12期，第140页。
2. 《北京市消协发布大数据"杀熟"问题调查结果》，http://www.bj315.org/xxyw/xfxw/201907/t20190727_19494.shtml，2021年3月16日最后访问。

都没有抓住算法歧视区别于现有歧视类型的本质,未能凸显算法歧视的特殊之处。歧视是人类社会古老的社会文化现象,它伴随着人类交往范围的扩大自然产生。尽管西方十七八世纪的资产阶级革命推动了平等与反歧视思想的传播,使形式平等逐步在各国得到确立,但时至今日我们仍不敢说已经消除了歧视。歧视的表现形式多种多样:以歧视发生的场域进行划分,可以将歧视分为就业歧视、教育歧视、价格歧视等;以歧视做出的基准来看,则可将歧视分为性别歧视、种族歧视、基因歧视、身高歧视、学历歧视、地域歧视、信用歧视等。然而,算法歧视很难纳入既有框架,与以上种种歧视相提并论——它可以表现为上述歧视的任何一种。算法歧视更倾向于是"人为歧视"的对称面,即由算法实施的歧视。长期以来歧视行为的施行主体被默认为"人"——毕竟只有人类可能做出自主的、有意识的选择,而智能算法的出现则使得算法决策成为现实。经由算法生成的决策结果如果存在针对特定对象的"不合理的差别对待",即为发生了算法歧视。本文首先分析算法歧视的形成逻辑,揭示客观的技术如何做出带有偏见的决策;而后探讨算法歧视相较传统歧视所具有的特点——这同时也是对其进行规制的难点;最后通过制度和技术两个维度,探索算法歧视的治理路径,以期构建算法歧视的综合治理机制。

二、算法歧视的发生机制

算法歧视使算法的中立性备受各界质疑[3],那么,基于数理逻辑运行的算法为何会与"歧视"这一尽显价值判断色彩的词汇挂钩呢?在回应这一问题之前,有必要对算法,特别是当下流行的人工智能算法的运行机制进行简要介绍。根据英国人工智能委员会的定义,算法是"一系列用于执行运算或解决问题的指令"[4],广义上来讲,一份食谱、一项招生政策,甚至个体根据天气决定穿什么衣服的思维过程,都是具备输入、输出、明确性、有限性和有效性要素的算法。[5]但人们通常所说的算法主要还是特指计算机科学术语,即由程序员设计、用以指导计算机解决特定问题的

---

[3]. 张恩典:《反算法歧视:理论反思与制度建构》,《华中科技大学学报(社会科学版)》2020年第5期,第61页;丁晓东:《论算法的法律规制》,《中国社会科学》2020年第12期,第141页。

[4]. See Select Committee on Artificial Intelligence, AI in the UK: Ready, Willing and Able? UK Parliament (Apr. 16, 2018), https://publications.parliament.uk/pa/ld201719/ldselect/ldai/100/100.pdf, 2021年6月15日最后访问。

[5]. 张凌寒:《算法权力的兴起、异化及法律规制》,《法商研究》2019年第4期,第64页。

步骤和方法。[6]计算机的发明意在帮助人类处理生产、生活中具有重复性且能以限定步骤解决的问题，程序的设计者首先要将解决问题的思路抽象化、数字化、流程化，从而形成一组基于二元判断、逐层实现的解决问题的抽象步骤——也就是算法，而后程序员将算法运用经过编译后计算机可以识别的语言表述出来，计算机即可按照其所设想的思路解决问题。在相当长的一段时期，计算机的工作程式还只是"按部就班"，其行为逻辑完全取决于程序员的设计，本质上仍是"人类手臂的延伸"，仅仅是更高级的工具，其生成结果自然也逃不出程序员的手掌心，但这一局面随着人工智能的出现而被改变。

自计算机诞生以来，相关领域的研究者便从未停止过对计算机是否也能"像人类一样"解决问题的思考，而这一愿景的实现，同样必须借助算法。近年来随着移动互联网设备的普及，数据生产发生在社会生活的方方面面，大数据为机器学习培育了肥沃的"土壤"，加之算法的改进和算力的跃升，均使计算流程的智能化成为可能。目前非专业人士对于人工智能普遍存在以下认识误区，即将人工智能等同于自动驾驶汽车、智能机器人等有形设备，而事实上，人工智能的核心是内嵌于硬件之中的算法。[7]所以人工智能的实质仍然是算法[8]，即通过在面对各个节点时做出"是"或"否"的选择，最终输出结果的决策系统。[9]只不过新的决策系统层级结构更加复杂，求解过程则凸显智能化、拟人化。人工智能算法相较于传统算法最大的优势在于，其能够在脱离人类指导的情况下求得问题答案：如果将目标问题设定为走出迷宫，那么传统算法需要依靠人类程序员预先为其规划通关路线、设计行动方案，然后借助计算机语言"手把手"地指导其如何行进、找到出口——比如，前进5厘米—向左转—前进2厘米—向右转……而智能算法则无须人类程序员为其指引方向，它自身即可通过不断地"碰壁"和"试错"——此即其所谓的"学习"能

---

6. 算法、代码和程序是一组既有区别又有联系的概念。其中算法可以说是解决问题的"一种方法或过程"，甚至可以说是一种思路；而代码则是承载、表述算法的，以计算机语言编写的具体语句；算法经由代码的完整表达，形成能够直接用于解决问题、实现特定功能的代码序列便是程序，程序是算法的具体实现。本文如未特别说明，对这三者并不做严格区分。参见王晓东：《计算机算法设计与分析》，电子工业出版社2018年版，第1页。

7. 胡凌：《人工智能的法律想象》，《文化纵横》2017年第2期，第110页。

8. 参见上引胡凌文，第109页；郑戈：《算法的法律与法律的算法》，《中国法律评论》2018年第2期，第69页。

9. 美国神经科学家弗兰克·罗森布拉特于1958年发明感知器，即"具有单一人造神经元的神经网络"。感知器是神经网络的基础结构：感知器将输入数据与连接强度或权重相乘，并将所得结果与阈值比较后输出"1"或"0"，即"是"或"否"。参见［美］特伦斯·谢诺夫斯基：《深度学习：智能时代的核心驱动力量》，姜悦兵译，中信出版社2019年版，第50页以下。

力——发现通往出口的道路，事实上这也是绝大多数人面对迷宫时所采取的策略，也就是说智能算法至少在解决问题的路径选择上已经相当接近人类。这里的问题在于，算法是如何获得这种类人的"思维方式"的？以目前最受欢迎的机器学习算法来看，智能算法会事先在程序员收集、构建的数据库中进行"机器学习"，即通过数据挖掘（data mining），分析和提取既往数据背后隐藏的规律、模式，然后将发现的规律、模式运用于实际问题的解决当中。[10]所以智能算法是经海量数据洗礼后自行习得人类解决问题的思维方式并将其数字化、规律化，而后加以模仿、应用——而以往这一环节需要人类程序员深度参与和指导完成。可以发现，智能算法的设计思路非常类似于统计中的回归分析，事实上机器学习在构建数学模型时确实利用了统计学原理，因其核心任务就是"由样本推理"[11]。诚如萨金特教授所言，人工智能其实就是统计学，只不过用了一个华丽的辞藻。[12]

从上述分析中也可归纳出智能算法的两大特征：一是智能算法的智能源于数据挖掘，其智能的实质在于"依据过往、预测未来"[13]；二是智能算法的智能表现在其决策和解题过程并不需要如以往的算法那样依赖人类的干预和指导，仅需人类为其提供相应的数据库即可自行对问题展开求解，因此在决策结果上具有较大的不可控制性和不可预测性。

（一）泛在差异、认知惰性与技术投映

在了解智能算法的运行机制之后，我们可以推知，算法做出歧视性决策的可能源头存在两个：一是训练算法时所使用的数据或者算法运行过程中所处理的数据存在错误和偏差[14]；二是算法本身在被设计的过程中，因设计者带有的偏见和歧视而产生缺陷[15]。

歧视是人类社会一种独特而又普遍的社会文化现象，其根源于人类个体或种群

---

10. 孙志远等：《深度学习研究与进展》，《计算机科学》2016年第2期，第1页。另见［土耳其］埃塞姆·阿培丁：《机器学习导论》，范明译，机械工业出版社2015年版，第1页。机器学习的理论基础在于：尽管对于整个（解题）过程的识别也许不可能，但是我们能够发现某些模式或规律。
11. ［土耳其］埃塞姆·阿培丁：《机器学习导论》，范明译，机械工业出版社2015年版，第2页。
12. 《诺奖得主：人工智能其实就是统计学，只不过用了一个华丽的辞藻》，https://www.thepaper.cn/newsDetail_forward_2345514，2021年3月20日最后访问。
13. 张玉宏等：《大数据算法的歧视本质》，《自然辩证法研究》2017年第5期，第83页；张恩典：《反算法歧视：理论反思与制度建构》，《华中科技大学学报（社会科学版）》2020年第5期，第60页。
14. 苏宇：《算法规制的谱系》，《中国法学》2020年第3期，第167页。
15. 在机器学习算法中，数据对于算法的塑造、修正和优化起到了不可或缺的作用，因此本文中的智能决策算法除了指算法本身，还包括被用于机器学习的数据。

间普遍存在的差异:只要人与人之间存在差异和区别,歧视就不可避免。一方面,差异具有客观性、自在性与普遍性,它既是自然界的本质,也是人类社会的本质。[16]东西方的先哲早已对此有着清晰的认识并做出了深刻阐述。在柏拉图笔下,人类于地球深处孕育和陶铸,他们虽为一土所生,彼此皆为兄弟,但大地母亲在铸造他们的时候,"在有些人身上加入了黄金,他们因而最为宝贵,生为统治者。在辅助者(军人)的身上加入了白银。在农民以及其他技工身上加入了铁和铜"[17]。因此不同的人生而具有不同的天赋和秉性,其"理想国"的宏伟构想也建立在个体天性差异的基础上。《孟子》亦有云:"夫物之不齐,物之情也;或相倍蓰,或相什百,或相千万。子比而同之,是乱天下也。"[18]这表达了亚圣对于差异的客观性与普遍性、应当尊重差异的思考。法国思想家蒙田也曾发出"人与人之间的差异,要比人与兽之间的差异还大"的慨叹。[19]诚哉是言,一方面,每个人自出生伊始,就于性别、体格、基因、智力、人种、肤色等自然属性方面呈现出不同特征,而生活环境、成长经历、教育背景等后天因素则赋予其与众不同的性格、兴趣、能力、学历、阶层、价值观、政治倾向、宗教信仰……所以说,天地间没有两个彼此完全相同之物[20],人亦如是。另一方面,在社会交往的过程中,个体出于降低信息处理成本、提高认知和交往效率的需要,会自然产生类型化、标签化和"认知泛化"的倾向,即以差异为基础对认知对象做出分类(categorize),并将曾经在与某一个体打交道的过程中经验和形成的认知,扩展至该个体所属的、与其具有相同属性和特征的整个群体,以便今后与该群体交往时能够直接调用而不必重复收集信息,尽管这种"推而广之"可能并非基于理性判断、具有合理因素,甚至导致认知错误。[21]这也就是通常所说的"刻板印象"或"标签",心理学家谓之"偏见(prejudice)"[22]。比如在就业市场,我们常常会听到诸如"双一流""985""211"之类的话语,用人单位往往会将附有这些标签的求职者与类似"优秀""学习好""能力强"的品质联系起来,此种联系的形成或许是基于单位既往的用工状况,或者是源于社会一般认识,而这便属于一种典型的偏见:因为就个体而言,某些非"双一流"院校的毕业

---

16. 王元亮:《论平等与不平等之间的张力》,《伦理学研究》2018年第2期,第20页。
17. [古希腊]柏拉图:《理想国》,郭斌和、张竹明译,商务印书馆2018年版,第131页。
18. 杨伯峻译注:《孟子译注》,中华书局2019年版,第133页。
19. [法]米歇尔·德·蒙田:《蒙田随笔全集》(第一卷),马振骋译,人民文学出版社2018年版,第309页。
20. [德]黑格尔:《小逻辑》,贺麟译,商务印书馆2019年版,第252页。
21. [美]戈登·奥尔波特:《偏见的本质》,凌晨译,九州出版社2020年版,第22页以下。
22. [美]戴维·迈尔斯:《社会心理学》,侯玉波译,人民邮电出版社2006年版,第251页。

生在业务能力上并不逊于他们"双一流"高校的竞争者。偏见与歧视存在层次差异，偏见隶属一种心理状态，即对某一群体的好恶感受；而歧视则是偏见持有者积极地将偏见表现出来，区别对待遭受偏见的对象，排斥、侵害其合法权益。[23]

由上文可知，歧视的发生有其复杂而深刻的社会、心理因素，而数据则将上述现象复现于网络空间——因为数据本身就是表征客观世界的最基本的单位[24]，大数据实则是世界的"镜像"[25]：一方面，对于任意个人，我们都可以姓名、性别、民族、出生年月、身高体重、身份证号、联系方式这样一组数据描述，当然，这组数据中也包含如性别、种族、学历、户籍所在地、政治立场、宗教信仰等指向特定群体的、可能导致歧视性决策的要素；个体差异同样也会寓于数据之中，每个人的数据集都是独一无二的。另一方面，社会现象、社会关系也可为数据呈现，在各类调研、报告动辄定量化、可视化的今天，我们得以轻易发现数据与数据之间的潜在关联，洞见何种性格更加胜任教师工作、哪一人种显示出更高的暴力犯罪倾向等。总之，数据客观、真实地反映了现实世界，并成为现实世界向赛博空间投映的载体。而数据正是智能算法"学习"的素材、"智慧"的来源，而且算法较之人类更加擅长收集和存储用户产出的海量数据，生成用户的"数字画像"，并从看似风马牛不相及的数据中挖掘其背后暗藏的相关关系和社会规律。随后算法即以既往规律为向导，对今后走向做出决策。人类世界的偏见与歧视就这样被传递至网络、延伸至未来，这也就是广为学者提及的"偏见进，则偏见出（Bias in, bias out）"[26]。以酒店订阅为例，算法会通过APP收集的用户数据分析酒店定价与用户职业、出行频率甚至手机型号间的关系，通过个体所属的职业群体或出行频率精准掌握用户的消费习惯、估算其所能接受的最高价位，并将结果用于今后的酒店服务推送中，就同种酒店服务向出行需求更大或手机价位更高的用户报送更高的价格。此种类型的歧视已于现实生活中广泛存在：如Northpointe公司研发的COMPAS算法，已在美国多个州的法院系统被用于评估被告的风险等级并为法官判决提供参考，然而有调查指出，该算法对黑色人种再犯罪率的评价普遍过高，而相应地，对白色人种再犯罪率

---

23. ［美］戈登·奥尔波特：《偏见的本质》，凌晨译，九州出版社2020年版，第14页以下。
24. 张玉宏等：《大数据算法的歧视本质》，《自然辩证法研究》2017年第5期，第82页。
25. 崔靖梓：《算法歧视挑战下平等权保护的危机与应对》，《法律科学（西北政法大学学报）》2019年第3期，第37页。
26. See More Accountability for Big-data Algorithms, Nature (Sep. 21, 2016), https://www.nature.com/news/more-accountability-for-big-data-algorithms-1.20653，2021年7月15日最后访问。

的评价则显得低得多。[27]尽管未有人类参与算法处理数据的过程，但这一现象出现的背后并非算法"有意识地"基于人种做出选择，而是赋予其智能的数据使然，即美国历史上及现实中对黑色人种的"系统性、结构性"歧视：黑色人种涉嫌刑事案件数量多、量刑重，人工智能在经过对这些案例的学习后，自然也会将黑色人种同更高的再犯罪率和更长的刑期联系起来，在日后的审判中重现。又如美国卡内基梅隆的研究机构通过软件模拟发现，男性从谷歌网站收到年薪20万美元的行政岗位的广告推荐的次数是女性的6倍[28]，而这显然也是目前高薪职位大多由男性把持的现状所致，使算法误将男性与高薪关联。

除了为训练算法输入的数据，算法在运行过程中接收的数据同样会对算法决策构成影响，比如，2016年Microsoft推出了人工智能系统Tay，然而该系统登陆Twitter平台不到一天，就化身集种族歧视、性别歧视于一身的"不良少女"，Tay的研发团队辩称，在Tay上线前曾对其进行过平等观念的训练。如果Microsoft所言非虚，那么Tay就是被网友"带坏"的，因为智能算法本身就被设计为向它的使用者学习，能够在运行过程中根据环境做出调适、不断修正和优化自身[29]，最终变成使用者行为的反映。[30]

其次，算法本身也可能将社会现实中的偏见带入其中。算法本质上是以数学方式或者计算机代码表达意见的，包括其设计、目的、成功标准、数据使用等，都是基于设计者、开发者的主观选择，算法设计者自身的价值判断贯穿算法设计的全流程、各环节[31]，他也完全可能将自己所持有的偏见嵌入算法系统。[32]如一位带有种族主义倾向的白人程序员在设计聘用算法时，只需人为调高白色人种的相乘系数，即可使白色人种在招聘中获得更高的分数。此外，由于目前算法的研发主体主要为企业，企业自然会以效益最大化而非公平公正为目标着手算法设计，企业更乐意于借助智能算法以近乎精确的价格歧视最大限度地榨取消费者剩余，或是在招聘过程中

---

27. See Larson, J., et al. How We Analyzed the COMPAS Recidivism Algorithm, ProPublica (Mar. 23, 2016), https://www.propublica.org/article/how-we-analyzed-the-compas-recidivism-algorithm. 2021年6月15日最后访问。
28. 《研究称谷歌"性别歧视" 高薪职位推荐重男轻女》，https://www.chinanews.com/cj/2015/07-13/7402193.shtml，2021年3月25日最后访问。
29. 崔靖梓：《算法歧视挑战下平等权保护的危机与应对》，《法律科学（西北政法大学学报）》2019第3期，第30页。
30. See Reese, H. Why Microsoft's 'Tay' AI Bot Went Wrong, TechRepublic (Mar. 24, 2016), https://www.techrepublic.com/article/why-microsofts-tay-ai-bot-went-wrong/，2021年6月15日最后访问。
31. 刘友华：《算法偏见及其规制路径研究》，《法学杂志》2019年第6期，第61页。
32. 曹建峰：《怎样应对人工智能带来的伦理问题》，《学习时报》2017年6月14日，第7版。

不露声色地实施性别歧视或学历歧视。如此，以营利为目的、以效率为导向的企业是否能够不偏不倚、秉公无私地将既定规则和政策原封不动地写入算法中，也是值得怀疑的。[33]

（二）数据优势、算法赋权与监管失位

算法歧视根植于人类社会的普遍差异及人类认知的思维惰性，数据和算法只是将其移植到网络空间、应用于未来决策，如学者所说，算法为偏见和歧视蒙上了一层技术的面纱，在看似客观中立的外表之下其实孕育着否定平等的因素。[34]

算法获得偏见只是歧视发生的前提，法律层面对歧视的认定还要求区别对待行为致使行为对象遭受切实的不利后果，此种不利后果可以是机会利益的损失，也可以是人格、精神的贬损。[35]同时这种不利后果应发生于公共领域、关乎公共资源分配，而对于发生在私人领域的歧视，法律的干预和介入则有其谦抑性，如以身高、相貌作为择偶标准，或是因性别、民族而被顺风车司机拒载，法律即无意干涉，因为私人间的歧视举动并不会导致对他人基本权利的侵害[36]；当然，私人事务如若牵涉个人基本权利和社会共同福祉，则同样会被纳入法律的规制范围，如就业领域的反歧视措施，又如美国的《公平住房法案》，即规定住房交易不得因买方身份而设置障碍。[37]总之，从人权的生成与保障来看，总是将行使公权力的国家作为约束对象[38]；而迈入数字时代，算法也被赋予一项近乎公权力的支配性力量，对个人基本权利构成切实的威胁。

数字时代的数据与算法不仅作为企业资产、代表先进产能，同时还将赋予其拥有者影响他人行为、操纵社会议程的力量。[39]权力的获得总是与某类资源的占有息

---

33. 崔靖梓：《算法歧视挑战下平等权保护的危机与应对》，《法律科学（西北政法大学学报）》2019年第3期，第36页。
34. 张恩典：《反算法歧视：理论反思与制度建构》，《华中科技大学学报（社会科学版）》2020年第5期，第61页。
35. 刘小楠：《反歧视法讲义：文本与案例》，法律出版社2016年版，第9页以下。
36. 法律层面的歧视是指，被法律禁止的针对特定群体或个人实施的其效果或目的在于对基本权利进行区别、排斥、限制或优待的任何不合理措施。参见周伟：《宪法基本权利：原理·规范·应用》，法律出版社2006年版，第74页。可见，法律所禁止的歧视主要面向基本权利。
37. 刘小楠：《反歧视法讲义：文本与案例》，法律出版社2016年版，第10页。
38. 王广辉：《人权法学》，清华大学出版社2015年版，第10页。
39. 如在2016年的美国总统大选中，特朗普竞选团队与英国大数据公司"剑桥分析"（Cambridge Analytica）合作，通过非法获取超过5000万名Facebook用户的个人信息，分析用户政治倾向，帮助特朗普团队精准投放广告、规划集会路线、模拟投票场景。经深入调查发现，"剑桥分析"更是暗中参与了世界各国200余场竞选活动。

息相关,历史上,"相对较多的人口、广袤的领土、丰富的自然资源以及经济实力、军事力量"[40]都曾为其拥有者带来"即便遭遇反对也能贯彻意志的任何机会"[41]。人类社会的数字化、网络化,使数据、信息的重要性日渐凸显,在数字网络与生产生活深度融合的当下,数据、信息已然成为最为重要的生产要素、支撑社会的权力来源,正所谓"得数据者得天下"[42]。一方面,数据、信息作为经济、政治活动中交易主体决策做出的基本依循,对数据、信息的充分掌握,能够帮助交易者准确感知对方偏好,在交易中占得先机,使对方在自己精心设定的议程中循序就范,从而影响交易进程、主导资源配置。[43]另一方面,尽管互联网确实蕴含着"去中心化"的技术特征和价值理念,但是难掩数据、信息事实上的"中心化"趋势:我们所生产的数据和信息,必将流经网络传输节点——通常即互联网平台服务提供者之手,并为其收集、存储,"互联网看似抹平了信息的鸿沟,但掌握网络话语权和流量的个人或机构,又重构了新形态的信息不平等。它们将大量有关用户兴趣、行为和欲望的知识转移到少数人手中"[44]。平台隆升为互联网环境下的数据高地,而平台又以数据哺育算法、用算法分析数据,针对用户形成议价优势,算法权力由是产生。如今,算法已经深深嵌入人类的日常生活:我们每天接收到的讯息都是经算法精心挑选,呈现高度的个性化、定制化特征;日常生活中的各项决策,小到汽车驾驶、大到企业生产计划的制定,也在相当程度上受到算法干预,甚至是直接交由算法处理……我们所看到的是算法想让我们看到的,我们的行为也在冥冥之中经由算法导引——每个人都在事实上接受着算法的规训与支配。

两个世纪前,马克思便深刻揭露出资本主义生产方式、大机器生产对于人类劳动的异化,指出由人类发明创造的机器反而会对人类形成支配和奴役,折磨其肉体、摧残其精神[45];而在今天,面对人类造物再一次反噬自身的风险,法律制度、治理体系也应做出回应:如何有效识别和防止算法权力对个人权利的倾轧,并在个人权利遭受侵害后提供充分而有效的救济?如何更好地监督和规范算法权力的运

---

40. [美]约瑟夫·奈:《软实力》,马娟娟译,中信出版社2013年版,第6页。
41. [德]马克思·韦伯:《经济与社会》(上卷),林荣远译,商务印书馆1997年版,第81页。
42. [美]伊恩·艾瑞斯:《大数据:思维与决策》,宫相真译,人民邮电出版社2014年版,第63页。
43. 在市场交易中,掌握更多信息的一方显然能够做出更加理性、更具效益的决策。参见[美]保罗·萨缪尔森、威廉·诺德豪斯:《经济学》(上册),萧琛等译,商务印书馆2012年版,第358页以下。而公共选择理论的提出则让我们能够将经济学原理和方法用于非市场决策——如政治选举、政策制定的解释中,参见[英]丹尼斯·C.缪勒:《公共选择理论》,韩旭、杨春学等译,中国社会科学出版社2010年版,第1页。
44. 马长山:《智慧社会背景下的"第四代人权"及其保障》,《中国法学》2019年第5期,第11页。
45. 《马克思恩格斯全集》(第3卷),人民出版社2002年版,第267页以下。

行，使其在变革人类生产方式、推动社会生产力发展的同时充分尊重和保障个人基本权利？而算法歧视作为算法权力侵害个人基本权益的典型表现形式，我们对算法歧视的治理，也应纳入规范算法权力的总体框架下思考。

三、算法歧视的监管困境

现实存在的歧视经由数据和算法被投递至网络空间，因此，只要现实社会中的人们还持有偏见与歧视，算法歧视性决策的做出就有肥沃的土壤。平等是人类社会的普遍价值、人格尊严的基本表达，反歧视、促平等、卫人权历来就是各国孜孜不倦的价值追求和努力方向，而蕴含否定平等价值理念的歧视，自然也就成为法律重点关照的对象。然而面对算法歧视，不论是从算法运行过程中的鉴别与监管，还是从损害结果发生后的追责与救济来看，治理机制的搭建都存在诸多难点。

（一）算法歧视的鉴识难题：私人定制与算法歧视

算法歧视治理，始于对歧视行为的识别，即算法是否针对特定的群体实施了不合理的差别对待。除歧视本身即难以判断差别对待的合理与否以及是否存在差别对待以外，算法的介入无疑给歧视的认定带来了更大的挑战。学界通常认为，歧视意指针对特定群体实施的不合理的差别对待。这里的"不合理"主要体现在两个层面：一是以某种"不合理的标准"划分人群；二是据此标准对特定群体实施了"不合理的差别"对待。[46]由此，对歧视的识别也可从事前与事后两个角度着眼，即差别对待依据的标准是否合理，对待的差别是否合理。

首先，对群体依据某种标准进行划分是实施差别对待的前提。如果做出差别对待所依据的标准就是不合理的，那么由此产生的差别结果自然也是不合理的。而这些做出差别对待的不合理的标准，就被称作"禁止性差别事由"，也就是被宪法和法律所明令禁止的、用于区分群体的标准或依据。[47]不可否认，依据某些标准区分人群具有合理因素：如"科举取士"，即以考试分数为基准对考生进行区分，并将其录取至不同学校；又如企业管理中常用的绩效工资制，根据员工的工作量或工作时长向其发放工资。类似能力、绩效等即属合理标准，可以据此对不同群体实施区别对待。而不合理标准则通常由法律直接规定，比如《世界人权宣言》清楚地表明

---

46. 有学者也据此提出反分类歧视（anticlassification principle）与反从属歧视（antisubordination principle）的区分。
47. 林来梵：《宪法学讲义》，清华大学出版社2018年版，第385页。

"人人有资格享有本宣言所载的一切权利和自由,不分种族、肤色、性别、语言、宗教、政治或其他见解、国籍或社会出身、财产、出生或其他身分等任何区别"而。在联合国平等与反歧视立法框架内通过的《消除一切形式种族歧视国际公约》和《消除对妇女一切形式歧视公约》也明确禁止"基于种族、肤色、世系或民族或人种"或是"基于性别"的差别对待[48]。我国宪法第34条亦规定:"中华人民共和国年满十八周岁的公民,不分民族、种族、性别、职业、家庭出身、宗教信仰、教育程度、财产状况、居住期限,都有选举权和被选举权;但是依照法律被剥夺政治权利的人除外。"尽管从字面上看,该条的保护对象仅限于选举与被选举的权利,但显然,该条所载明的民族、种族、性别标准,也不能用于其他涉及基本权利的区别对待;而在与公民生存权益密切相关的劳动、就业领域,或是弱势群体权益保障领域,我国还以《劳动法》《就业促进法》《妇女权益保障法》等法律做出了专门规定。

然而,智能决策算法的部署和应用使我们试图通过是否存在禁止性差别事由识别歧视的努力化作泡影:即便设计者在构建数据库和设计算法时,将法律所明确禁止的民族、种族、性别等要素从数据库中剥离,或是在计算时不予考虑,算法仍然能够通过数据画像技术,从行为数据中识别出分析对象的某些类型特征从而对其做出不利评价。[49]因为现有的智能算法已经具备对海量"无结构数据"进行分析和处理的能力,即从无规律、不完整、未整理的数据中发掘数据与数据之间对应关系的能力——对个人身份的已识别或可识别并非数据分析的起点,而是终点。[50]如在我国,绝大多数人都能够通过姓名中蕴含的一些独特元素轻易地推断出名字背后那个人所属的民族——如"买买提"和"卓嘎",显然分别属于一位维吾尔族小伙和一位藏族姑娘——而算法在该领域的能力无疑更加强大,对民族、种族、性别这些显而易见的、可能导致歧视性决策的要素的刻意回避,也无力阻止智能算法通过姓名辨识出处理对象的民族或种族,并对其实施区别对待;住址也会起到类似的效果,毕竟在大多数国家都会存有少数族裔聚集区或贫民窟这类明显刻有身份印记的城市社区——于此,住址即代表了一定的民族、种族、身份和阶层。但常人恐怕很难联

---

48. 参见《消除一切形式种族歧视国际公约》第1条第1款:"本公约称'种族歧视'者,谓基于种族、肤色、世系或民族或人种的任何区别、排斥、限制或优惠,其目的或效果为取消或损害政治、经济、社会、文化或公共生活任何其他方面人权及基本自由在平等地位上的承认、享受或行使。"《消除对妇女一切形式歧视公约》第1条:"为本公约的目的,'对妇女的歧视'一词指基于性别而做的任何区别、排斥或限制,其影响或其目的均足以妨碍或否认妇女不论已婚未婚在男女平等的基础上认识、享有或行使在政治、经济、社会、文化、公民或任何其他方面的人权和基本自由。"
49. 杨成越、罗先觉:《算法歧视的综合治理初探》,《科学与社会》2018年第4期,第3页。
50. 郑戈:《算法的法律与法律的算法》,《中国法律评论》2018年第2期,第73页。

想到姓名、住址也会在悄无声息间泄露我们的私密信息。

其次，只有确属不合理的差别对待才应受到法律规制；换言之，如果差别的做出有其合理因素，则应为法律所准许；而在某些特殊场景，法律甚至要求做出差别对待，如我国《劳动法》第59条规定的"禁止安排女职工从事矿山井下"等劳动，此种对待上的差异不但没有贬损，反而增进了个人福利，更加契合劳动者权益保障的立法目标。所以评价差别对待的合理与否，归根到底还是看此种对待是否有利于人权保障。面对智能算法，我们很难说其提供的决策究竟是好是坏：身处大数据时代，决策者面临的困境不再是信息缺失，而是"信息超载"——过于庞大的信息量反而增加了决策者的信息处理成本，算法事实上为人类分担了信息择取压力，增强了人类数据分析能力，极大地减轻了人类负担。正如算法的运营者通常鼓吹的那样，算法提供的是高度个性化、定制化的决策服务，尽管这确实会如学者所担忧的那样，使用户受困于"信息茧房"、为算法支配，但决策结果绝对符合用户偏好，而且用户不必事必躬亲、亲自参与信息的收集与处理，大幅降低了用户耗费于此类事务上的时间和精力，充裕了其闲暇时光，提高了其决策效率。所以，算法于个人权益究竟是促进还是损害，算法的差异决策属于"私人定制"还是偏见、歧视，还应辩证看待、个案把握。

再次，歧视概念还暗含了对待行为"存在差异"这一要素，只有证明了相同情形下被处理者受到的对待确乎不同，才可谓之歧视，而算法也使"差异"的识别变得愈发困难。正如国际人权法专家克雷文教授所说："衡量对某人是区别还是平等对待，只有通过参照和比较其他人的相应待遇才能得出结论。"[51]而是否存在差别对待的妥当结论显然不能仅仅基于某两个人或某几个人之间的比较得出：假设某岗位计划招聘四名员工，最终招收了三位男性和一位女性，即使男性的录取概率较女性高出200%，恐怕也很难说这其中存在性别歧视。据统计学的一般原理，除社会统计本身对样本规模的要求更高外[52]，样本规模还与研究所需的精确度、总体差异性相关：其中样本规模越大，则置信水平越高，说明样本更能准确反映总体情况，统计结论也愈可靠；而总体中成员的差异性越大，对样本规模的要求则越高。[53]歧视

---

51. See Matthew C. R. Craven, The International Covenant on Economic, Social and Cultural Rights: A Perspective on Its Development. 转引自李薇薇：《论国际人权法中的平等与不歧视》，《环球法律评论》2004年第2期，第227页。
52. 统计学表明，30个及以上的样本数据即可被称为大样本；但对于社会研究来说，30个样本可能远远不够，样本数量通常不会低于100。参见董海军：《社会调查与统计》，武汉大学出版社2015年版，第126页。
53. 董海军：《社会调查与统计》，武汉大学出版社2015年版，第128页以下。

涉及的对象往往在某一变量上存在明显差异甚至是截然对立，准确鉴别歧视自然需要庞大的样本数量支撑。而智能算法却能够通过用户的个人信息和使用数据针对个体用户进行定制化、差异化决策，每个人面对的决策结果都会是私人定制，正如今日头条所宣扬的"千人千面"，用户根本没有可以用于比对结果的参照——因为结果必定是不一样的，歧视自然也无从谈起。所以我们会看到用户手持数部手机控诉平台"杀熟"的无奈场面，而结果的差异性往往也会使平台所谓的"个性化服务"正当化、合理化。

最后，算法的"黑箱效应"同样会给算法歧视的识别与监管带来障碍。算法运行处于"黑箱"之中，人类对于算法的运行机制尚不能完全理解和掌握。有学者将算法运行过程中存在的"不透明性"进一步归结为"故意的不透明""语义的不透明"和"机制的不透明"。[54] 所谓"故意的不透明"，是指算法拥有者以商业秘密或网络安全为由，人为设置障碍、阻碍公众知晓算法运行情况而导致的不透明。算法作为企业的无形资产与核心竞争力，以商业秘密形式垄断和控制算法，无疑是算法开发者或运营方捍卫其智力成果的优先选择——这也是其依法享有的权益，其为算法创造与研发投入的巨额资金、智力劳动、机械设备、基础数据，以及由此产出的成果，理应得到法律保护。我国《反不正当竞争法》第9条明确将侵犯他人商业秘密的行为列为调整对象，《商业秘密保护规定》也行将出台，将与现行法律、法规中的相关条款一道密织商业秘密保护之网。但在当下，平台对数据、算法的占有及算法权力的崛起严重威胁到了普通用户的各项基本权益，现有的法律关系、利益平衡遭到了严重破坏，新的经社关系背景下，如何平衡商业秘密保护与公众知情同意权将会是遏制算法权力、规制算法歧视的重要议题：在人权保障面前，应对平台的专有权利做出何种限制？

而"语义的不透明"则源自算法知识的专业性：至少在目前，编写与阅读代码、设计算法均属于专业技能，程序也由特殊的编程语言写就，未受过相关专业训练的公众无从了解代码所欲传达的语义及算法的运行机制；"机制的不透明"常为上述"语义的不透明"所吸收，此种不透明同样源于算法与程序本身的复杂性与技术性：大型算法特别是当下的智能算法通常是由团队构建的多模块系统，即便是身处其中的算法设计者也无法窥其全貌；算法审计工作也通常需要耗费难以计数的时间以厘清复杂的算法系统背后蕴藏的底层逻辑，相较于"语义的不透明"，

---

54. See Burrell, J. (2015). How the machine "thinks": Understanding opacity in machine learning algorithms, Big Data & Society, 3, pp.1-2.

"机制的不透明"带来的挑战"并非在于阅读与理解代码,而是理解算法运行及处理数据的机制"⁵⁵。

(二)算法歧视的问责障碍:如何揭开"算法的面纱"

歧视行为排斥、损害了相对人的合法权益,侵蚀了人类社会的平等价值。为受损害的相对人提供充分、有效的救济,恢复社会良善秩序,乃是维系法律秩序、建设法治国家的应有之义,"法律要切实地保障正义,就必须使因违法犯罪而蒙受的损失得以补偿"⁵⁶。所谓"无救济即无权利",如果法律规范仅仅规定了行为模式而无法律后果和制裁手段,只能沦为"没牙的老虎"。

以我国为例,除宪法关于"平等对待"的宣示性表述及公民平等享有选举权、被选举权的特别规定外,仅于劳动立法领域形成了系统性、体系性的反歧视规范:如《劳动法》中"劳动者享有平等就业和选择职业的权利""劳动者就业,不因民族、种族、性别、宗教信仰不同而受歧视""妇女享有与男子平等的就业权利"诸如此类的表述,《就业促进法》《妇女权益保障法》《残疾人保障法》中也都有相应的配套规定。但上述条款,除了存在适用范围狭窄、判断标准模糊等缺憾外,对实施歧视所需承担的法律后果也是语焉不详,遗漏了追责机制。现有规范大多将反对歧视的积极行动措施、行政监管及歧视界定作为规范重点,而赔偿责任部分则显得格外单薄⁵⁷,仅有少数抽象性、概括性规定散见于《劳动法》《就业促进法》《妇女权益保障法》《残疾人保障法》之中——至于交易、教育、信贷、审判等领域,则完全属于立法空白地带,缺乏针对相关歧视行为的制度性约束——如《就业促进法》第62条,仅授予遭受差别对待的劳动者以诉权;第68条也只规定"违反本法规定,侵害劳动者合法权益,造成财产损失或者其他损害的,依法承担民事责任"。因此,欲明确歧视实施者需承担何种法律责任,还应回到《民法典》侵权责任编,适用有关侵权责任构成的一般条款。侵权责任的承担一般由实施侵害行为、行为存在过错、造成损害结果、损害结果由侵害行为引发四个要素构成,前述识别差别对待即意在判断有无损害结果。

能够自主做出决策的智能算法使追责之路变得异常曲折:一是如前所述,智能算法使对待行为的差异正当化、合理化,相对人是否遭受损害有待证实;二是智能算法的介入也使外界对于算法开发者及应用者是否存在过错,以及开发、应用算法

---

55. See Burrell, J. (2015). How the machine "thinks": Understanding opacity in machine learning algorithms, Big Data & Society, 3, pp. 4-5.
56. 付子堂:《法理学进阶》,法律出版社2016年版,第83页。
57. 吴万群:《论雇主实施就业歧视的赔偿责任》,《法学杂志》2014年第2期,第82页。

的行为与相对人所受损害之间是否具有法律上的因果关系的认定陷入困境。人工智能时代的算法较之以往呈现的最大差异——也是优势就在于,智能算法已经在相当程度上摆脱了纯粹的工具性范畴,它能够模拟人类的思维过程,在不受人类干预的情况下自行做出判断和选择:同样以员工招聘为例,在以往的招聘活动中,应聘者与企业HR通过电子邮箱沟通交流,邮箱只是信息传递的工具、媒介,传递何种信息仍然取决人类主体,即便是邮箱自动回复,邮件内容也由HR事先编辑——总之,是否录用的决定权牢牢掌握在人类职员手中;而在企业部署算法后,算法根据既有员工数据对简历信息进行分析,筛选出与岗位匹配程度最高的应聘者,并向其发送录用通知,在此就是算法,而非人类做出了决定。众所周知,"意思自治、自己负责"[58]是现代民法的核心要义,行为人应为且仅应为自己行为所导致的结果负责,并且在大多数情况下对责任的承担是囿于其行为未尽社会交往的必要注意。但在智能算法实施区别对待的场合,算法开发者与应用者的相关行为与损害结果的发生没有直接关联,致损行为并非他们为之,决策全由算法做出。可见,算法的介入切断了人类行为与损害结果之间的因果关系,也掩盖了算法的过错,这便是"算法的面纱"。由此也引出了第一个疑问:算法的开发者或应用者应该为算法的决定负责吗?目前看似可行的思路是使算法开发者承担产品责任,这一设想在自动驾驶汽车致害领域颇受欢迎,算法开发者承担产品责任固然免了过错认定,但其前提是算法属于"用于销售"的产品,自动驾驶汽车属于产品自不待言,但是网络服务平台、新闻聚合应用、企业事务决策使用的算法并未进入市场流通,很难归为产品;同时,产品责任的责任基础在于产品存在"缺陷",但现有研究表明,自动驾驶汽车能够减少三分之一的交通事故,算法存在"缺陷"的论断显然还需对"缺陷"一词做进一步的阐释。也有研究主张将人工智能拟制为法律主体,由人工智能直接承担责任,但在人工智能尚未实际支配财产的背景下,这一路径并不现实,所谓的算法担责最终还是由其背后的人类主体买单。

其次,对算法歧视的责任追究还将面临责任主体的多元化问题。算法从构思、设计、编写到实际运用,中间链条长、参与主体多,其最终形成的决策结果往往是多个主体共同作用的产物,因此不能简单地将责任归结于某一类型主体。若以算法运行环节为依据,我们大体可以将参与算法决策的人类主体划分为开发者和应用者:就开发端来看,由于智能算法的高度复杂性及社会分工的深度精细化,算法研发机构通常会将算法拆分为若干模块后交由不同部门、员工,甚至通过外包完成具体的设计和编写工作,"一个企业或网站的算法往往由数十、上百甚至上千的工程

---

58. 王泽鉴:《民法总则》,北京大学出版社2009年版,第200页。

师写作完成"[59]，此种开发模式致损至少还能适用《民法典》侵权责任编中有关用工关系、承揽关系责任分担的相应条款，由用工方或发包方对外承担责任；同时不能忽视的还有目前大量存在的个体算法开发者，"在 Python 等第三方库发达、编程高度简便的算法以及 GitHub、Stack Overflow 等信息技术知识社区兴起后，新兴算法研发及算法应用开发越来越不依赖于商业资质的限制，个人可以直接运用唾手可得的算法知识及代码设计快速搭建自己的算法应用，随时随地造成算法风险"[60]，在此情形下，责任于开源代码上传者、算法实际编写者、论坛服务提供者之间应如何分担成为难题。其次，算法欲对个人与社会产生影响需要经历算法设计和部署应用两个步骤层次[61]，开发者与应用者间的责任划分、或是二者共同对受害人承担侵权责任，显然也应结合相关主体的行为与过错具体认定。此外，实践中用户对算法的塑造和影响往往为研究者所忽略，智能算法分析的数据不仅来自算法开发时的人工输入，还采集自算法部署、应用后的人机交互，算法部署后即向使用者收集数据，并随环境调整和迭代，如前文提到的智能系统 Tay，即是在与路人的互动中习得了纳粹主义、种族主义仇恨言论，此时追究路人责任并不现实，而一味强调平台监管责任的正当性同样有待论证。

四、算法歧视的治理路径

尽管算法的介入给反歧视工作带来了诸多困难与挑战，但只要立足于算法歧视的危害根源在于算法权力的形成与滥用这一视点，算法治理就能有的放矢：若能对算法权力形成有效的监督与制约、规范算法权力的运行机制，即可在最大限度上遏制算法歧视的发生，减小其危害，保障相对人的合法权益。鉴于算法的专业性、技术性特征，对算法权力的规制思路不能局限于"将其关进制度的笼子"，更需制度与技术的双向互动、学界与产业的通力合作，让制度约束技术，使技术彰显法治。

（一）私权配置与公权规制

权力限制是近代以来法制建构的核心议题，也是全面依法治国、建设法治国家的题中应有之义。资产阶级法律思想家很早就敏锐地认识到，不加限制的权力必将

---

59. 丁晓东：《论算法的法律规制》，《中国社会科学》2020年第12期，第143页。
60. 苏宇：《算法规制的谱系》，《中国法学》2020年第3期，第177页。
61. 张凌寒：《算法权力的兴起、异化及法律规制》，《法商研究》2019年第4期，第64页。

给公民权利和自由带来无尽的危害[62]，只有通过社会契约、权力分置与制衡、法治等手段来控制和约束权力，个人私有领域才得以安宁，合法权益才有所保障。但是，算法权力与传统权力的不同之处在于，传统权力通常为国家所掌有，只有国家能够控制和调配资源，因此制约机制的设计自然也以国家机关为对象；然而在数字经济背景下，数据向互联网平台聚集，平台成为算法权力主体，平台虽然在一定程度上参与和决定了资源分配、被赋予公共属性，但其本质上仍是与其他企业、个人无异的市场活动参加者，算法权力跳脱了传统"国家-社会/政治国家"的划分框架。因此，对算法权力的制约和对算法歧视的治理，也应超越公私二分，转向整体设计，这就要求我们既通过权利配置约束和规范权力行使，又呼唤公权积极作为、发挥其市场监管和干预职能。

首先，通过数据或信息权利配置平衡各方利益关系是可以考虑的选择。如前所述，算法歧视的危害根源在于数据汇集于交易中的平台一方，使其得以操纵交易议程、主导资源配置；新兴的算法权力缺乏有效监管、运行无序失范，交易相对方则沦为算法的支配对象，缺乏相应的制衡与救济手段。因此直接的想法是：通过新型的权利为其（相对方）提供采取合法行动的能力或足以抗衡滥用"算法权力"的法律地位，即以权利——特别是数据、信息相关权利——规范算法运行，对抗算法宰制。根据古典自然法理论，一方面，权力源于权利的授权与让渡，算法权力的形成虽得益于对数据的占有，但算法挖掘、分析的数据均来源于用户和消费者，数据作为用户人格的特殊表现形式，当然应由用户支配，可谓无数据即无算法，无权利则无权力；另一方面，权力的目的在于确认和保障权利，数据相关权利使用户有了对抗算法权力的"武器"，算法权力必在尊重、保障和增进用户权利的框架内运行。因此，赋予用户数据相关权利既是对数据产自用户的事实确认，也是权力限制、人权保障的必然要求。从现实层面来看，我国已初步构筑起以"个人信息保护"为中心的权利保障规范体系：如《网络安全法》要求，涉及用户信息收集的网络产品和服务必先告知用户，并征得其同意；随着《民法典》的颁行，个人信息被正式列入法律保护范围；《个人信息保护法》则进一步明确了个人在信息处理活动中所享有的各项权利。

而学界也形成了以"数据支配权"为统领的"数据权利簇（束）"及以"知情—同意"规则为内核的数据处理规范构想。但需要注意的是，数据不等于个人信息，数据、信息与个人信息是一组既相互联系又存在区别的概念。但就三者之间的

---

62. 正如孟德斯鸠所言，"自古以来的经验表明，所有拥有权力的人，都倾向于滥用权力，而且不到极限决不罢休"。[法] 孟德斯鸠：《论法的精神》（上卷），许明龙译，商务印书馆2012年版，第185页。

确切关系而言，理论上依然存在分歧：就域外经验来看，美国多用信息，欧盟则偏爱数据，但在欧盟的《通用数据保护条例》中，"数据"和"信息"实则相互证成，未做区分。我国《数据安全法》将数据定义为："任何以电子或者其他方式对信息的记录。"从该条表述来看，数据是承载、记录信息的载体：信息大象无形，属于内容范畴；数据则是信息的一个侧面，是信息的"数字化""形式化"表达，通过数据人们才得以感知和获取信息。因此，数据和信息实际上是一回事，只是形态有所不同。这一点也可以在信息哲学方面得到印证：在认识论视角下，信息即"负熵"，意为对系统不确定性的消除，可以说，凡是能增进人们对某一对象认识和理解的事实，均可被纳入信息范畴：如我们可以通过一个人的生理、外貌特征识别其性别，也可以"男""女"或"0""1"等符号标识，二者都能使我们对这个人有进一步的认识和了解，但只有后者——以数字形式或者能够转换为数字形式的符号表达——才能被称为"数据"。而对于数据与个人信息之间的关系，根据《民法典》第1034条规定，个人信息是指"以电子或者其他方式记录的能够单独或者与其他信息结合识别特定自然人的各种信息"。"个人信息"对"信息"做出了限定，即只有"能够识别特定自然人"的信息或信息组合才属于个人信息：若已知某人名为"张三"，但仅凭该姓名我们仍无法确定某一具体的、特定的自然人，因此，孤立的"张三"并非个人信息，平台对"张三"的使用和处理也无需征得任何人的同意，"张三"只有与性别、出生日期、身份证件号码等数据相结合才能确定特定自然人、构成个人信息；但"张三"本身仍是数据，可见，数据是个人信息的微观构成。数据同个人信息的区分直接关系到法律规范的适用，现行法律仅就个人信息处理做出规范，但现实中更为常见的情形是：算法的学习和运作仅涉及用户的部分数据，而该部分数据可能不足以让我们识别出特定自然人，此时用户能否主张对特定数据的支配，如删除、修改等？因此，就数据与个人信息间的边界、二者的保护模式、保护范围等问题，还有待进一步探讨，如法律对个人信息的保护是整体性保护还是覆盖式保护，能否延及其中的各项数据等问题。其次，数据与个人信息的区分也体现在权利性质上，有学者指出，从《民法典》的外部体系来看，个人信息保护条款被置于具体人格权与身份权条款之间，数据却与虚拟财产并列，可见个人信息是作为人身性权益构建，数据则被划入财产权序列。作为人格的表现形式，个人信息自然应受生成它的个体支配，而财产归属则可以更加灵活，以回应效率需要。数据归属是数字经济时代的基础问题、核心问题，将数据权利配给用户无疑为其增添了与算法运营商谈判的筹码，增强了其抵御算法权力侵害风险的能力；但在数字经济背景下，数据的价值更体现于聚合，实现算法智能化的关键即在大数据，用户取得数据支配权势必导致权利的碎片化和反公地悲剧,提高平台收集、处理数据的成本,降低要素的利用效率,阻碍技术创新,也不利于平台提供个性化、智能化的服务,最终损及用户利益,况且诸如浏览记录之类的数据本身就是因用户的网络服务使用行为产生,网络服务提供者的资金和技术投入如何在产权分配中得到体现也值得考虑。

用户就个人信息享有专有权利是基于个人信息体现了其人格,而数据并不具备这一特性,所以简单将数据划归用户的做法既无益于技术进步与社会福利,也无法理依据。相较于数据支配权,更为可行的路径是规范平台的数据处理活动,在"知情—同意"框架下完善、充实既有规范,如目前具有共识性的"算法解释权",即是在知情权基础上发展而来的。消费者的知情权在重要性上仅次于人身安全保障,它既关乎消费者的生命健康,也关乎交易目的的实现,现实中绝大多数消费者权益遭受侵害的情形都是源自双方信息的不对等。具体到算法领域,用户理应享有知晓数据用途、算法运行机制的权利,网络运营商应当告知用户使用数据的目的、方式及其后果,我国《网络安全法》早已规定"网络运营者收集、使用个人信息,应当遵循合法、正当、必要的原则,公开收集、使用规则,明示收集、使用信息的目的、方式和范围,并经被收集者同意",以保障用户的知情权。这一权利可以包含于现今很多学者所讨论的"算法解释权",后者不仅包括对数据使用目的、方式的解释,还包括对算法运行及其结果的解释。欧盟《通用数据保护条例》规定了控制者在获取个人数据时,为确保处理过程公正和透明,应当向数据主体提供"本条例第22条第1款以及第4款所述的自动决策机制,包括数据画像及有关的逻辑程序和有意义的信息,以及此类处理对数据主体的意义和预期影响"[63]等信息。具体来说这些信息包括"自动化决策系统的逻辑、意义、算法设定的目的和一般功能",如"系统的需求规范、决策树、预定义模型、标准和分类结构"等,而平台的解释应当具有相关性和可理解性,使用户能够清楚地知晓算法的基本功能以及做出相应决策的理由。[64]

其次,正所谓"无救济即无权利",如果在用户的数据权利受到侵犯时不能予以矫正和恢复,赋予其权利便毫无意义。当然,救济不能寄希望于平台自身,此种救济的公正性是值得质疑的,无法起到抑制算法权力的功用,而应当诉诸一国的司法系统。前文也已总结了在遭受算法歧视的情形下寻求救济的诸多难点,其中最关

---

[63]. 张恩典:《大数据时代的算法解释权:背景、逻辑与构造》,《法学论坛》2019年第4期,第156页。
[64]. 张凌寒:《商业自动化决策的算法解释权研究》,《法律科学(西北政法大学学报)》2018年第3期,第72页。

键的莫过于对算法歧视的识别，在这方面美国的司法实践能为我们提供些许有益经验，尤其是"差异性影响审查模式"颇值得借鉴。在这种审查模式中，法院会着重考量算法决策影响的差异性、算法运用的商业必要性和算法的可替代性三个要素，其中影响的差异性是指法官首先需要评判算法对原告做出的决策所造成的不良影响是否超过了一般的社会公众，若算法对原告造成了较常人更多的损害，则很大概率上存在对原告的不合理对待；此时被告就需要通过商业必要性来对抗原告的主张，即此种数据的选择与算法的运用是维系该企业商业模式、达致特定商业目标所必要的；而原告则可以以存在替代性的算法对商业必要性进行抗辩。[65]

这种制度设计在保护用户权益的同时，兼顾了平台的经济利益，较好地贯彻了利益平衡原则。除了司法程序中的巧妙设计，我们还可以通过实体法上的"无过错责任"或者"过错推定"规则来减轻用户方的举证责任。如此种种，均意在消解用户与平台之间的数字鸿沟，抑制算法权力。

最后，对算法权力的抑制不能仅仅停留于被动审查，还需公权的主动出击。市场监督管理部门应加强对智能决策算法的监管，采取事前审批与事后审查相结合的模式。一方面通过行政许可设定智能算法的准入标准，互联网平台使用智能算法需向市场监督管理部门提交相应申请，并附带说明算法应用的目的、场景等信息，由相关部门进行形式审查，涉及支配公民人身权利的算法则必须经过审批方可使用。另一方面，实行算法审计制度，互联网平台以季度或年为单位向市场监督管理部门提交算法运行的有关数据，供相关部门查验是否存在对用户的差别对待现象。

（二）技术自治与行业自律

解决算法歧视难题，仅仅依靠制度还不够，只有制度与技术通力合作、双向互动，形成二元共治格局，实现全方位、多层次的治理机制，才能切实规制算法歧视。

智能算法的出现预示着人类社会即将迈入 Web 3.0 时代，此时仍固守物理空间集中主义的治理逻辑，无法适应网络空间的"去中心化"趋势。以往我国的治理模式遵从权力驱动下的制度设计来规范人们的行为，但在知识高度专业化、话语权力分散化的今天，这种治理路径已渐趋失效。由于法律框架顾虑重重、难于变通，计算机科学家与法律人之间的对话对于探索出一条稳健的、用以预防和识别算法歧视

---

[65]. 郑智航、徐昭曦：《大数据时代算法歧视的法律规制与司法审查——以美国法律实践为例》，《比较法研究》2019年第4期，第119页以下。

的"制度－技术"路径就显得尤为重要。[66]制度设计者只有与技术人员坦诚合作，尊重技术规律，才能找到出路，这需要治理手段多样化、参与主体多元化。

算法歧视的技术治理路径已有成功范例，不过多集中于对歧视的监测，如威斯康星大学的学者们研发的用于测量和修复偏差的工具FairSquare，或是卡内基梅隆大学开发的"定量输入影响"系统。[67]而技术对制度的执行存在两个层面：第一层是技术与制度的面上互动，现行的许多制度都体现了这种互动，如"网络实名制""通知－删除规则"等，这种互动仅仅是以制度规范和约束网络空间中的"行为"，即人们在网络空间中的活动应遵守这些规则。而更深的层次则是用代码书写规则，将制度嵌入技术。代码是计算机的灵魂，计算机的一切行为都是通过代码实现的，我们所看到的页面以及输入指令后的各种处理结果，都是程序员编写的代码在运转。从某种意义上来说，代码就是网络空间的规则，它决定了网络空间的运行，正如美国学者莱斯格的论断，网络时代代码即是法律，如果能将法律嵌入代码，那么计算机的运作将自动遵循物理世界的规则。如我们可以在算法中插入"禁止收集用户性别、种族信息"这样的语句，甚至是"反歧视"这样的原则性话语，那么人工智能在数据挖掘时会直接规避这类数据，网络空间的治理成本将大幅下降，无须在侵权行为发生后诉诸"通知－删除"或是政府监管。未来我们可能更加期待嵌入式的合作模式，但在技术层面还是长路漫漫。

技术治理的一个重要特征在于其遵循"自我偏好"，其治理方案、治理标准主要还是由开放商、经销商以及专业领域的专家共同完成。[68]对于任何一个技术领域而言都会存在不同程度的专业壁垒，外部人员无法获知该领域的技术规范、运营模式，此时行业内部的自我监管，即行业自律，就显得格外重要。

所谓行业自律，是指"私人部门的特定产业或职业，为了满足消费者需求、遵守行业道德规范、提升行业声誉及扩展市场领域等目的，对自我行为进行的控制"[69]。加强行业自律，既能充分发挥行业所具有的专业优势，规范成员行为，减轻政府负担，又能增强企业的自主性和社会责任感，有助于健全和完善社会主义市场经济。在计算机行业自律方面，域外有许多成功经验，如美国电气与电子工程师

---

66. Carmichael, L., Stalla-Bourdillon, S. and Staab, S. (2016). Data mining and automated discrimination: A mixed legal/technical perspective, IEEE Intelligent Systems，6，p.53.
67. 杨学科：《论智能互联网时代的算法歧视治理与算法公正》，《山东科技大学学报（社会科学版）》2019年第4期，第37页。
68. 郑智航：《网络社会法律治理与技术治理的二元共治》，《中国法学》2018年第2期，第119页。
69. 常健、郭薇：《行业自律的定位、动因、模式和局限》，《南开学报（哲学社会科学版）》2011年第1期，第133页以下。

协会（IEEE）设立了自主与智能系统伦理全球倡议项目，连续两年发布《人工智能设计的伦理准则》白皮书；美国计算机协会下属美国公共政策委员会也在2017年年初发布了《算法透明性和可问责性声明》，提出了算法研发的七项基本原则等。[70] 我国行业协会存在的主要问题就是行政化特征明显，依然恪守了传统的中心化管理，无法发挥行业自身的专业优势。当然近年来也出现了一些行业自律的典范，如在基因编辑婴儿事件中，122位中国科学家挺身而出联名抵制这种有违医学伦理的行为。计算机领域同样需要在实践中形成业内公认的计算机伦理规范，指导计算机科研人员的算法研发工作。

成熟的行业自律建立在行业内部完备的行为规则、伦理规范之上，而这些规范的制定又需要以行业成员的价值共识为依托，在凝聚价值共识的过程中计算机职业道德和职业伦理教育显得至关重要。科学技术存在不确定性，专业技术人员的伦理道德水平直接决定了技术发展的走向，培养和提高技术人员的道德水准需要教育的介入和规训。美国较为成熟的行业自我监管与其发达的计算机伦理学研究和教育是分不开的，正是这种价值共识使得规则的制定成本低廉，业内人士也能普遍认同和遵守。[71] 我们在计算机职业伦理教育中，应该加入和强化反歧视相关内容，以减少因程序员个人偏见而引发的算法歧视。现有研究表明，通过激发个人树立无偏见的信念可以降低刻板印象的影响，帮助个人建立公正对待他人的信条有助于减少其偏见。[72]

五、结语

算法歧视是"算法"与"歧视"叠加的产物，它源于社会普遍存在的偏见与歧视现象，数据和算法只不过"忠实地"将外部世界的偏见与歧视投射到了虚拟空间。而算法权力则为算法歧视装上了"牙齿"，在智能时代，互联网平台掌握了先进的决策工具和海量的用户数据，使其能够充分理性地做出决策、最大化己方的利益，平台掌握了算法权力，破坏了市场主体之间的平等地位，用户沦为受平台和算法支配的一方、事实上丧失了选择和决策的自由。信息的不对称和算法权力的兴起使对算法歧视的监管和追责愈发困难，因此消解数字鸿沟、抑制算法权力就成为规

---

70. 张吉豫：《人工智能良性创新发展的法制构建思考》，《中国法律评论》2018年第2期，第110页。
71. 王正平：《美国计算机伦理学研究与计算机职业伦理规范建设》，《江西社会科学》2008年第12期，第46页以下。
72. 张中学、宋娟：《偏见研究的进展》，《心理与行为研究》2007年第2期，第153页。

制算法歧视的核心要义，通过规制算法权力，减小算法歧视对相对人的危害。而对算法权力的抑制，有赖于算法歧视综合治理机制的构建：首先，我们需要通过法律制度的设计，从私权和公权两个层面实现对算法权力的抑制和监督；其次，政府部门应主动作为，综合运用行政许可、行政指导、行政检查监督等手段，实现对算法运行的全流程监管；最后，要注意到传统的集权治理路径在"去中心化"的网络空间存在失灵，需要借助多种手段，依托多元主体配合制度的实施延展治理空间，从而形成公私合作、二元共治的算法歧视治理机制。

人工智能时代算法偏见的违法性治理与防控探究

苗 越[*]

（上海政法学院刑事司法学院，上海，201701）

摘 要：随着人工智能、大数据的快速发展，我们已经进入了"算法社会"。如今算法已应用于生活的方方面面，然而算法并非完全客观、价值中立的技术，算法运行过程中产生的偏见本质是社会偏见在人工智能时代的映射，会在一定程度上侵害社会公众的人格平等权、隐私权和破坏数据安全。因此，应超越算法中的"技术乌托邦"理念，通过把握算法偏见的产生环节以及了解其存在的风险，从事前预防和事后刑法规制两个方面对算法偏见进行防控治理，减少因其不确定性对法律和社会治理的冲击。

关键词：人工智能　算法偏见　防控治理

Illegal Governance and Prevention of Algorithmic Bias in the Era of Artificial Intelligence

Abstract: With the rapid development of artificial intelligence and big data, we have entered the "algorithm society". Algorithms are now applied in all aspects of life, but algorithms are not completely objective and value-neutral technology. The essence of the bias generated in the operation of algorithms is the mapping of social bias in the era of artificial intelligence, which will infringe on the social public's right to personality equality, privacy and data security to a certain extent. Therefore, it is necessary to go beyond the idea of "technological utopia" in the algorithm. By grasping the link of algorithm bias and

---

[*] 作者简介：苗越，上海政法学院硕士研究生。

understanding its risks, the prevention and control of algorithm bias should be carried out from two aspects: pre-prevention and post-regulation of criminal law, so as to reduce the impact of algorithm bias on law and social governance due to its uncertainty.

Key Words: artificial intelligence, algorithm bias, prevention and control

一、算法及算法偏见

算法的英文名称原为"algorism",意为常见的加减乘除等数字运算法则[1],后因9世纪波斯数学家阿尔·花拉子密(al-Khwarizmi)在数学上提出了"算法"这个概念而在18世纪演变为"algorithm"。在经典的计算机科学教科书中,算法通常被定义成"为了实现特定目标而通过设立一组有限、明确的操作步骤,将给定的命令输入进去来转化为所需要的结果"。区别于传统的算法范式,人工智能先锋人物杰弗里·辛顿提出了深度学习算法的论点,而目前引起大家讨论和争议的以及本文讨论的都是深度学习算法。

算法开启了新一代人工智能的先河,它既是技术进步的产物,也是对现实需要的积极应对。算法广泛应用于我们生活的方方面面,给交通、医疗、就业、娱乐等领域带来了极大的便利,人们也逐渐习惯通过算法程序来获取信息、认识世界。但是,随着人工智能的普及,算法的问题日益暴露,算法偏见引起了人们的关注。对于其定义,不同学者有着不同的看法[2],有学者认为算法偏见是指一种预测相对于另一种预测的非预期算法偏好,导致法律或伦理上产生不恰当的影响;有学者认为算法是机器学习的结果,算法偏见是机器学习形成或强化的偏见;也有学者认为算法偏见是算法程序在信息生产与分发过程中失去客观中立的立场,造成片面或者与客观实际不符的信息、观念生产与传播,影响公众对信息的客观全面认知。无论定义如何,归根结底,算法偏见的本质是人工智能时代下的社会偏见的一种体现。换言之,算法不具有绝对中立性,它的客观性仅仅体现在算法的运行上。

二、逻辑前提：算法偏见产生的环节

算法在实际被投入应用前,要经过定义问题与机器学习和训练两个阶段。定义

---

1. 黄晓伟、李育慧：《算法偏见问题的技术—权力互构论解析》,《理论与现代化》2021年第1期,第41页。
2. 许向东、王怡溪：《智能传播中算法偏见的成因、影响与对策》,《国际新闻界》2020年第10期,第70页。

问题简单来说就是把明确了的任务转化成具体变量,而机器学习和训练阶段大致可以简化为三个环节:输入环节、学习环节和输出环节(具体可细分为九个步骤[3])。如图1所示,输入环节主要是对所收集的能够准确反映定义问题的数据进行清理、筛查;学习环节是依靠计算机自身的处理能力,选择模型将前个环节所筛查的数据再次进行分析、完善;输出环节是最后一个环节,通过模型处理得到对应结果。从整个运行的步骤中不难看出偏见贯穿了整个过程。

(一) 运算前的偏见

1.算法运行规则的"自带偏见"

当需要运用计算机完成特定任务时,就要编写特定的算法。无论是定义问题,还是数据的收集、模型的选择,算法设计人员的主观意识总是有意或者无意地融入整个运行过程,他们是否受过专业训练,是否有足够的背景知识等都是对算法公正性、客观性的挑战。有国外研究团队选取并考察了微软和Facebook等大公司支持的图像训练数据集MSCOCO,他们发现,一些标签与性别深度绑定,比如系统会认定站在厨房、做家务、照看小孩子的人为女性,而开会、办公、从事体育运动的则是男性。[4]此外,一些企业还用算法对接收的简历进行筛选,若是该企业不想招女职员,就会在设计该算法时设定不利于女性求职者的内容。

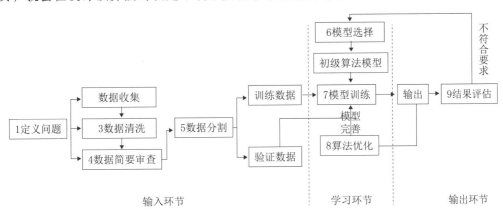

图1 机器学习和训练阶段三个环节

2.输入数据中的偏见

大数据和计算机领域内有个盛行的定律叫"Garbage in,Garbage out"(无用输入,无用输出),与之对应在算法里的表述为"Bias in,Bias out"(偏见进,偏见

---

3. 刘友华:《算法偏见及其规制路径研究》,《法学杂志》2019年第6期,第60页。
4. 见前引2,许向东、王怡溪文,第75页。

出),指输出的数据质量取决于输入的数据质量,带有偏见的数据被输入,则输出的也是带有偏见的数据。输入数据存在偏见的原因主要有四个方面:一是数据选择带来的偏见,即算法的设计人员在对规则进行设计时就已经在数据来源、数据占比中掺入了个人主观想法;二是数据不及时更新带来的偏见,即收集了过时的数据,导致结果受到了潜在偏见影响;三是数据的偶然性带来的偏见,抽样难以保证随机性,少数群体的数据被选择的概率较低,导致算法最终的结果会偏向于多数群体一方;四是偏见数据的循环利用,即带有偏见的数据被用于其他算法模型中,导致输出的数据带有新的偏见。

(二)运算中的偏见

算法的运行是把数据输入既定的算法模型,按照程序步骤输出运算结果,整个过程看似中立无偏见,但事实上并非如此。算法系统就像是个"黑箱",即机器的学习和训练是不为外人所熟知的。机器学习与环境是分不开的,它会在与环境信息交互的过程中学习和复制种种带有偏见的行为。2016年,一款由微软公司专门为年轻人推出的智能陪聊机器人Tay[5],在经过不到24小时与年轻人的聊天学习后,变得脏话连篇、言论带有种族歧视,结果不得不被迫下架。这个例子很好地佐证了在机器学习过程中会产生新的带有偏见的观点,而距离原定目标,即与靠实践经验吸收优势予以补充模型的想法相去甚远,"机器学习就是程序通过实例提取模式,并使最初的算法或模型在实例中不断优化的过程"[6]。算法不能决定用户输入数据的性质或特点,只能被动对输入的各类数据进行学习,换句话说,若输入数据的互动者向算法输入了具有偏见的新数据,那学习之后的算法就是一个偏见算法。

三、现实困境:算法偏见的潜在风险

(一)侵害了公民的平等权

随着人工智能的不断发展,不同国家、地区、行业之间,由于对信息的拥有、应用程度以及创新能力的差别,信息落差的现象愈发严重。2018年,关于机器学习系统中的平等和不歧视权利保护的《多伦多峰会宣言》提出,系统使用机器学习技术可以极大而迅速地改变或加强权力结构或造成歧视,侵害公民的平等权。性别歧

---

5. 赵学刚、马羽男:《算法偏见的法律矫正研究》,《辽宁大学学报(哲学社会科学版)》2020年第5期,第84页。
6. 见前引3,刘友华文,第60页。

视抑或种族歧视的根源在于人工智能系统存在着算法偏见,并对某类个体进行了特殊化对待。因此,在发展迅猛的智能时代,算法偏见自身的功利导向性会使得其对社会成员的平等权产生快速侵害,且该侵害会指数倍地增长,如2015年谷歌图像识别算法误将黑人判为大猩猩事件中,算法系统正是基于算法偏见的导向性而出于惯性辨识错黑人,这一事件足以展现算法偏见对黑人群体平等权的侵害,并且事后谷歌屏蔽词条的做法并没有根除系统中的偏见,反而会使其不断加深。

(二)侵犯了公民的隐私权

隐私权是指公民的私人空间、私人信息、私人活动不受他人干扰和侵犯的权利。[7]这里的私人信息,是指以电子或者其他方式记录的能够单独或者与其他信息结合识别特定自然人的各种信息,包括自然人的姓名、出生日期、身份证号码、生物识别信息、住址、电话号码、电子邮箱、健康信息、行踪信息等。在这个发展迅猛的人工智能时代,我们不能像过去那样只将故意泄露私密信息、跟踪、偷装摄像头等方式视为侵犯隐私权的行为,而应该将侵犯隐私权赋予"智能化"与"数字化"的特征。算法偏见对于公民隐私权的侵害主要体现在算法偏见会在其自身框架内在没有公民授权的情况下获得并使用公民的隐私信息,而且它为了系统运算的便利,会将公民隐私信息的适用范围不断扩大。同时,算法偏见会侵害公民对个人数据的被遗忘权,将公民要求删除的个人数据继续留在系统的数据库,这大大侵犯了公民隐私。算法偏见的侵害行为,则有可能侵犯公民个人信息。

(三)破坏了数据安全

算法偏见通过收集其认为有一定价值的数据并进行推导的程序本身对数据安全构成了威胁,并且这种威胁会波及整个网络系统。2019年5月,国家互联网信息办公室发布了《数据安全管理办法(征求意见稿)》,其中提到算法偏见对数据安全的威胁,为数据安全敲响了警钟。如在人工智能交通肇事典型案例Uber案中,自动驾驶汽车在亚利桑那州坦佩市的公共道路上将一名行人撞死,整个事件中安全员的玩忽职守仅仅是事故发生的一个非关键原因,而算法偏见才是造成该事故的主要诱因。算法偏见不仅对公民进行种族歧视,还篡改和破坏了数据安全,最终使得这场悲剧发生。

---

7. 潘星容、黄紫妍:《论大数据背景下隐私权的法律保护》,《行政与法》2020年第8期,第93页。

四、正当性求解：规制算法偏见的必要性

随着人工智能和互联网的发展，我国已经进入数字时代，算法存在于我们日常生活的各个领域，如教育、医疗、刑事司法，甚至在一定程度上取代了公权力决策。[8]算法偏见不是一个新问题，但也不单单是技术问题，它已然成为各领域专家关注并且急需解决的社会问题。社会的进步固然需要先进的技术，但更需要坚持基本的价值导向，因此法律对算法的规制显得尤其重要。

（一）凸显人类主体地位，增强个人自主性

人是认识世界、改造世界的主体，这一观念为所有人知晓，然而随着科学技术的迅速发展，机器人无论是在意识还是在创造性方面，都已经能与人相提并论甚至在个别领域超过人类，如柯洁败给阿尔法狗。尽管算法给人们日常生活带来了极大的便利，但在一般情况下，算法已将我们视为可计算、可预测、可控制的"三可"客体，通过对我们的消费心理、爱好等深入学习分析，推出我们所心动的"物料"，具体而言，算法对所面向的用户提出选择产品的建议，并为用户做出决策，这意味着大多数人失去了自由选择的权利，很多时候接收的都是单一的信息而无法接触多样化信息，视野逐渐变窄[9]，而个人自主性则不断地减弱。从法律层面来看，人类始终是应然和实然的主体，每个人都应享有平等权，在数字时代下，更应该突出人的主体地位，对技术施以一定的法律规制从而使其更好地为人类所用，而不是放任其肆意发展使人类成为它所"操控"的客体。

（二）抑制算法放大的人类偏见

真实的世界里，偏见无处不在。人类偏见一直都是复杂的社会问题之一，很多国家为了减少偏见而通过立法赋予不同群体平等权，给他们提供更加公平的机会。而在数字时代的今天，随着人工智能的普及，算法却加大了这种人类偏见，即算法偏见本质上是一种社会偏见。传统观念坚持的是一种"技术乌托邦"，即大多学者认为技术始终处于中立的立场，它不为人类思想而左右。但正因为认为算法是由数据和代码所组成，是客观的、公正的，大量的算法才更容易地左右我们日常生活的

---

8. 梁志文：《论算法排他权：破除算法偏见的路径选择》，《政治与法律》2020年第8期，第95页以下。
9. 张涛：《自动化系统中算法偏见的法律规制》，《大连理工大学学报(社会科学版)》2020年第4期，第96页。

方方面面。实践表明，看似中立的算法其实并不绝对客观，其较强的可操作性反而将人类偏见进行了放大。

（三）保护公民人身、财产安全

如前所述，算法并不是中立的，不存在绝对公平公正的算法。算法偏见随处可见。尽管不是每一种算法偏见都能对公民的人身财产产生威胁，但只要存在造成危害的可能性，就需要我们去关注、去解决。在司法领域引入人工智能，算法偏见将对人身财产造成不可估量的负面影响，比如对有前科的犯罪分子（不符合累犯的构成条件）施加更重的刑罚，这不仅不利于维护司法的公平公正，实际上也是在破坏人们对司法的信任。此外，尽管对数据的性质探讨尚未形成统一的意见，但数据确实是可被存储乃至交易的，一些数据交易平台强化了数据的财产属性，如果算法偏见不被加以规制，将会导致数据保护和数据流动之间难以平衡，不充分的数据流动使得市场提供的服务和价格难以达到预期效果。法律应最大限度地发挥作用，在保持与科学发展的同步时，不能背离其所遵循的价值观念。

五、算法偏见的防控对策

众所周知，人工智能正在不断影响世界，无论是医疗、教育，还是就业、金融，越来越多的行业决策都依赖算法系统而做出。斯科特·拉什指出，在媒体和代码无处不在的社会，权力越来越集中于算法这种生成性规则。尽管算法促进了经济发展，加强了社会建设，但发展的不确定性可能会冲击法律和社会伦理，甚至对政府管理乃至全球治理产生重大影响。国务院2017年印发的《新一代人工智能发展规划》明确规定，在大力发展人工智能的同时，必须高度重视其可能带来的安全风险挑战，加强前瞻预防与约束引导，最大限度降低风险，确保人工智能安全、可靠、可控发展。由前述可知，算法偏见主要来自设计人员的主观偏见、数据输入带来的偏见以及机器学习产生的偏见三个方面，算法偏见所造成的侵害主要包括公民的平等权、隐私权以及数据安全，产生来源的多样性和存在的风险决定了我们对算法进行防控时不仅要从风险发生后出发，还要以公平原则为指导，遵循社会伦理，从事前和事后两方面对算法偏见进行规制。

（一）事前预防

1. 约束算法设计者的行为

算法系统带着设计研发人员的偏见，这也是对社会偏见的映射。算法设计研发人员的主观意图会融入算法系统的设计研发过程，因此为了消除算法偏见带来的危害，重要的一步就是约束算法设计研发人员的行为，强化其道德自律，建立起行业道德伦理与规范。首先，应建立对算法研发人员统一培训制度，该制度旨在通过全国统一培训，使每位即将参与具体算法设计研发的工作人员对算法程序的基本概念、基本内容以及对数据的识别、性质等都有统一的固定的认识，这可避免因区域性差异或主体意识偏差带来的错误，能够有效提高算法设计的公平。其次，确保每位设计研发人员定期接受道德培训。科学技术推进社会发展，也能影响道德的演进方向，反过来，道德也影响科技的发展。应积极引导设计研发人员培养"技术道德"，使之融于算法设计研发人员的内心。再次，提高设计人员的偏见识别能力。算法设计研究人员通过学习大量偏见案例，能够对基本的偏见行为进行区分，不仅自己设计时避免注入偏见，而且要对同伴的偏见进行制止。最后，要强化政府和企业对算法设计研发人员的监督，不仅要定期抽检其培训情况，还要对他们围绕设计规则与程序的陈述进行评估。约束算法设计人员的行为是消除算法偏见的必经之路，清晰认识道德与技术的关系，使算法的设计符合主流价值观。

2. 设立专门的算法监管机构和明确的技术标准

技术层面上的不完善或者任意性会使得算法系统存在一定的风险，面对算法应用带来的风险，我国尚未有专门的机构对算法进行监管，因此必须设立专门的监管机构。考虑到我国在计算机领域、互联网领域等有大量的行业协会，其中具有非常多的强专业性人才，而算法是计算机领域的重要组成部分，可以成立一个专门的行业自律组织，配备计算机技术人才，加之其他相关领域的专家，由相关行政机关负责指导，承担起算法监管的职责，以更好地察觉算法中的偏见。另外，该行业自律组织可以制定统一、相关的技术标准。[10]技术标准的统一不仅可以提高后期对算法违规情况的审查准确度，还能有效制约算法设计人员的程序研发行为，算法完全中立虽难以实现，但可以致力于减少乃至消除一定的算法偏见。当然，制定统一的标准并不代表只有一套技术标准，技术标准具有不唯一性，某个领域内可以有多个标

---

10. 孙清白：《人工智能算法的"公共性"应用风险及其二元规制》，《行政法学研究》2020年第4期，第62页。

准。并且技术标准也具有发展性，统一技术标准的目的在于确保算法应用的公平性和合理性，并不意味着它是一成不变的，它可以根据需要随着技术的发展不断调整，使其达到最佳效用。

3. 建立算法备案审查制度

为了防止有问题的算法被投入市场应用而带来危害，建立算法备案审查制度很有必要。算法备案审查制度是指算法系统的设计研发人员，在完成算法研发、投入应用前应按照一定程序将算法有关材料向行业自律组织报送备案，接受备案组织依法对其合理性等进行审查与处理的一种事前监督制度。需要指出的是，该制度的性质不是行政许可。建立该制度的意义主要在于便于把关算法是否符合设立的技术标准、风险产生的源头以及确定需要承担责任的主体。设计研发人员需要提交备案审查的内容主要有算法的基本信息、遵循的具体技术标准、应用范围以及风险预测和处理，行业自律组织在收到材料后及时进行初步的审查，剔除不符合统一技术标准和有明显风险可能的算法，退回缺少材料或者可以进行一定的改进而减少风险的算法。算法设计研发人员对行业自律组织的处理有异议时，可以向其申诉一次，若对二次处理决定仍不服的话，可以向对应的指导行政机关申诉。经过行业自律组织初步审查不存在问题的算法都需要备案留册，算法设计研发人员取得备案文件后即可将算法投入应用。对于未经备案即投入应用或者投入应用的算法与备案登记信息不一致的，行业自律组织应当立即责令相关人员停止投入使用，并做出其他处罚决定（根据相关行政法律规定授权行使）。

4. 提升算法透明度

算法是在有限的步骤内将输入值转化为输出值，系统依靠自身内在逻辑处理问题，再根据定义问题来证明输出值的合理性。算法缺乏透明性强化了算法偏见，并且使得用户无法去寻求救济，因此为了提高算法的公平性，需要提升算法的透明度。然而在实践中，公开算法程序存在一定的困难，算法设计研发者常以公开算法会侵犯其商业秘密为由拒绝公开。对此，笔者认为可以通过有限度的公开来平衡提高透明度和保护商业秘密两者的关系，不必披露精确的代码或者公式。具体而言，可以从以下方面入手：一是向大众"生动"地公开技术要点，由于非计算机领域的用户无法深入了解算法自动化运行的原理，以动画演示等方式向社会公开算法能让大众直观感受算法系统运行过程；二是遵循数据处理透明原则，为了减少算法对用户的隐私侵害，算法设计研发人员应该向社会公开数据保密的方式以及安全保障措施，并且告知公众所收集的个人信息的用途和限度；三是贯彻可解释性原则，算法设计研发者一方面在主动公开的时候需要解释算法的应用场景、决策过程的原理、应用的相应风险等基本技术内容，另一方面要对公众所提出的疑问进行及时解答，从而使利益相关者的合法权益在遭受算法不当影响时，知晓如何寻求救济。需要注意的是，一些公司内部所应用的算法往往是外包给技术公司的，这就要求技术公司的研发人员将算法所有内容都通过合同规定"转让"给委托方，并由委托方完成上述向社会公开的任务。因此，提升算法透明度是使算法为人们所理解、所预测、所控制的关键一步，以算法透明抵御算法"黑箱"，纠正算法运行过程中的不合理环节。

（二）事后刑法规制

人工智能技术加速社会发展的同时也带来了一定的风险，算法偏见自身的不可预测性和歧视性需要我们从刑法的角度对其进行规制。一方面，我们可以依据《刑法》第286条规定的"破坏计算机信息系统罪"予以规制[11]，这一条款保护的法益是计算机信息系统的安全，具体为各种计算机信息系统功能及计算机信息系统中存储、处理或者传输的数据和应用程序。算法偏见基于自身的功利性特征，会倾向于选择适用简便且能够达到利益最大化的程序，因而就会出现将系统内不满足"需求"的数据和程序删除的情形，导致计算机信息系统内的数据和应用程序被破坏。另一方面，我们可以依据《刑法》第253条之一规定的"侵犯公民个人信息罪"加以规制[12]，该条款规定的行为模式之一就是"窃取或者以其他方法非法获取公民个人信息，情节严重"。从上文可知，算法偏见出于自身功利性特征，会不经公民授权便非法加以收集、处理、应用公民隐私，导致公民的隐私权受到严重的侵害，若不及时加以规制，公民的信息会在算法的深入下进一步被获取，因此应该依据"侵犯公民个人信息罪"加以规制。当然，由于我国尚处于弱人工智能时代，算法尚未具备人类的智慧，尚未形成较强的学习能力，用以上罪名对算法偏见进行规制需要对其相关设计研发人员进行责任追究。

---

11. 《刑法》第286条【破坏计算机信息系统罪】违反国家规定，对计算机信息系统功能进行删除、修改、增加、干扰，造成计算机信息系统不能正常运行，后果严重的，处五年以下有期徒刑或者拘役；后果特别严重的，处五年以上有期徒刑。违反国家规定，对计算机信息系统中存储、处理或者传输的数据和应用程序进行删除、修改、增加的操作，后果严重的，依照前款的规定处罚。故意制作、传播计算机病毒等破坏性程序，影响计算机系统正常运行，后果严重的，依照第一款的规定处罚。单位犯前三款罪的，对单位判处罚金，并对其直接负责的主管人员和其他直接责任人员，依照第一款的规定处罚。

12. 《刑法》第253条之一【侵犯公民个人信息罪】违反国家有关规定，向他人出售或者提供公民个人信息，情节严重的，处三年以下有期徒刑或者拘役，并处或者单处罚金；情节特别严重的，处三年以上七年以下有期徒刑，并处罚金。

六、结语

随着人工智能、大数据的快速发展，我们已经进入"算法社会"。算法作为一种与时代发展紧密相关的技术，各类算法系统在我们的社会生活、工作中将会继续扮演越来越重要的角色。社会上大多数人都认为算法是一串客观的代码运作，是中立、公正的，然而实践证明，算法存在偏见，违背了更好地为人民服务的初衷，而导致算法系统产生偏见的原因主要有以下三点：一是规则设计带来的偏见，算法在设计研发过程中难以实现客观；二是数据输入带来的偏见，即"偏见进，偏见出"；三是运算中机器学习产生的偏见。算法偏见的本质是人类偏见，因其复杂性和不透明性而产生的影响远远胜于普通的人类偏见。因此，为了避免层出不穷的算法偏见带来的社会风险，我们必须认真对待算法偏见，摒弃"技术乌托邦"的观念，在不妨碍人工智能朝着更强的形态发展的前提下，在算法偏见治理这一问题上继续探求解决路径。"没有历史深度和社会深度的计算深度只是浅薄学习，而非深度学习。"[13]对算法偏见的社会治理虽然已经开始起步，但仍然任重而道远。

---

13. 见前引1，黄晓伟、李育慧文，第46页。

人工智能时代算法解释权的构建路径

徐敬文[*]

(江苏省徐州市人民检察院,江苏徐州,221000)

摘　要：算法系统的广泛应用在推动社会发展的同时带来了诸多问题,存在着侵犯公民知情权、平等权、财产权、隐私权以及救济权等合法权益的情况,为保障公民合法权益,弥补现有法律不足,部分学者提出赋予公民算法解释权。算法解释权具有缓和信息不对称、抑制算法歧视、保证算法决策过程符合正当程序以及提供权利救济途径的价值。算法的解释应以可理解性为基本原则,具体的解释标准应当以易读性标准为原则,以反设事实标准为例外。我国在构建中国特色算法解释权时应当注意明确算法解释权的适用范围、对象、时机和内容,并明确相关主体的义务以保障算法解释权的实施。

关键词：算法解释权　人工智能　正当程序　易读性标准

The Construction Path of Algorithm Interpretation Rights in the Era of Artificial Intelligence

Abstract: The wide application of algorithmic system has brought many problems while promoting social development. This may infringe on citizens' legitimate rights and interests such as the right to information, equality, property, privacy and remedy. In order to protect the legitimate rights and interests of citizens and make up for the shortcomings of existing laws, some scholars propose to give citizens the right to interpret algorithms. The algorithm interpretation right has the value of easing information asymmetry, suppressing algorithm icing discrimination, ensuring that algorithmic decision-making process conforms to due process and providing rights relief. The interpretation of algorithms should be based on comprehensibility as the basic principle, and the specific interpretation standards should be based on the legibility criterion as the principle, with the

---

[*]作者简介：徐敬文,江苏省徐州市人民检察院五级检察官助理。

anti-factual standard as the exception. In building the algorithm interpretation right with Chinese characteristics, we should pay attention to the scope of application, object, timing and content of the algorithm interpretation right, and clarify the obligations of the relevant subjects to guarantee the implementation of the algorithm interpretation right.

Key Words: algorithm interpretation rights, artificial intelligence, due process, readable standards

一、问题的提出

大数据时代的到来给我们的生活带来了巨大的影响，而算法正是这一影响的基础。从技术角度而言，算法是一种数学结构以及这一结构转化而来的程序，或是作为实现特定任务的技术应用。[1]算法决策广泛应用于商业领域和公共事业领域，例如商业领域的新闻推送、商品推送以及公共事业领域的个人信用评估、福利分配等。算法决策在提高决策效率的同时，对公民的合法权益产生了一定的影响。

（一）算法决策导致信息茧房，可能侵犯公民的知情权

"信息茧房"这一概念最早来源于桑斯坦的著作《信息乌托邦：众人如何生产知识》，即公众只注意自己选择的东西和使自己愉悦的东西的通信领域，久而久之，会将自身束缚于像蚕茧一般的"茧房"中。[2]如今的网络新闻平台通过算法对个人的阅读记录进行分析，得出个人喜好并重点推送这一方面的内容。这种做法能够提升部分用户的使用体验，但是久而久之，用户会将其有限的注意力全部投注在算法为其构造的信息视域内进而形成阅读习惯，用户不再对其他领域的问题感兴趣甚至由于算法的精准推送很难再接触到其他领域的信息，这在一定程度上剥夺了用户对于其他领域信息的知情权。另外，"信息茧房"还会导致用户由于接触信息的片面性而孤立于社会，从而失去对某一事物全面客观评判的能力。这对于用户人格的健全和社会共识的形成都产生了阻碍。

（二）算法决策带来算法歧视的问题，侵犯了公民的平等权

平等权作为我国宪法规定的公民基本权利，任何人不得侵犯。技术中立论者认

---

1. 解正山：《算法决策规制——以算法"解释权"为中心》，《现代法学》2020年第1期，第179页以下。
2. [美]凯斯·桑斯坦：《信息乌托邦：众人如何生产知识》，毕竞悦译，法律出版社2008年版，第8页。

为完全自动化的算法决策是公平公正的,但是算法归根结底是有着自我价值的算法设计师的产物,算法收集的数据也是带有价值印记的个体所产生的数据,所以算法很难完全客观中立。事实上,在实践中也已经出现了算法歧视的问题。例如,谷歌的图片识别系统将黑人的照片识别为大猩猩、美国的COMPAS罪犯再犯概率预测系统评估黑人的再犯率是白人的两倍等。[3]更重要的是,算法歧视较之于个人歧视更隐蔽、危害更大、法律也更加难以规制。算法歧视已经成为法律不得不加以回应的社会问题。

(三)算法决策会对公民的个人信息造成侵犯

算法决策的基础在于对数据的广泛收集。而算法对个人数据进行收集的过程由于缺乏相关法律的规范,可能会产生侵犯公民个人信息的情况。例如,一款体育APP的用户协议中写明:在使用中国体育相关功能或服务,我们会收集、使用您的必要信息,并与第三方数据公司合作为您提供一个更好的服务。[4]该协议作为格式合同,用户并无修改条款的权利,并且由于不同意该协议就无法使用该APP,用户也无事实上的反对权。通过对该协议的阅读可以了解到该APP的个人信息收集范围非常广。另外,用户协议中还写明了"与第三方数据公司合作",而合作方、合作方式等重要内容并未写明,在合作过程中是否存在侵犯用户隐私权的问题无法监管。该用户协议表明算法对于个人信息的采集和使用亟待法律加以规制。

算法决策在对公民的上述第一性权利造成侵害的同时,由于算法的不透明性,公民的第二性权利即救济权也无法得到有效的保障。无救济则无权利,在此背景下,部分学者提出赋予公民算法解释权以保障公民合法权益。算法解释权作为一项新兴权利还存在诸多争议,本文将从算法解释权的价值、解释标准以及中国特色算法解释权的构建这三个方面对算法解释权进行研究。

二、算法解释权的价值

算法解释权是指当算法的自动化决策可能会对相对人产生法律上或者经济上的不利影响时,相对人要求算法控制者对算法进行解释,并要求更新数据或更正错误以及赔偿损失的权利。算法解释权作为一项富有创造性的探索,为更好地对算法进

---

[3]. 刘友华:《算法偏见及其规制路径研究》,《法学杂志》2019年6期,第55页以下。

[4]. 《中国体育(zhibo.tv)最终用户使用许可协议》,https://www.zhibo.tv/news/3864#:~:text=1.1,2022年12月1日最后访问。

行规制提供了具有可行性的路径。笔者认为，算法解释权具有以下价值。

（一）算法解释权有利于信息不对称的平衡，以保障公民的知情权

《消费者权益保护法》第8条规定：消费者享有知悉其购买、使用的商品或者接受的服务的真实情况的权利。这一条款赋予了消费者在交易中的知情权。商业领域的算法决策自然应当受到该条款的约束。传统交易中的信息不对称在于价格、质量方面的不对称，与之相比，算法的信息不对称更为隐蔽、复杂。而算法解释可在商业化决策领域促进此种信息获取和掌握上的平衡，以保障算法相对人的知情权。

信息不对称是指缔约当事人一方知道而另一方不知道，甚至第三方也无法验证的信息。即使验证，也需要巨大的人力、物力和精力，在经济上是不合算的。[5]信息不对称导致弱势一方无法做出准确的判断而对其意思表示真实性产生影响，因此需要法律的干预来提高弱势方的经济地位以保障其意思表示的真实性。而商业化领域中的算法决策的信息不对称则可以通过赋予弱势一方算法解释权来加以平衡。权利的赋予使得算法相对人可以得知算法决策的影响因素、决策原因等关键信息，保障弱势一方有获取更多信息的途径与权利，促使双方在信息获取方面实现相对平衡。我们可以从现行法律中发掘与之相似的法律规定来证明。例如保险合同具有高度的信息不对称性，因此法律规定保险公司必须在符合最大诚信原则的基础上，主动履行告知义务。而在商业领域的算法决策中，算法完全处于一种不透明的状态，在此情况下，算法控制者应当依据算法决策相对人的请求履行告知义务，对算法决策的具体问题进行解释。根据"举轻以明重"的原则，算法解释义务由处于信息优势地位的算法控制者承担自然具有正当性和合理性。[6]另外，从解释成本的角度进行考虑，由算法控制者来对算法进行解释的成本相对来说是较低的。算法控制者获取算法系统的相关数据的成本是最低的，"信号发送"的成本与算法相对人相比也更低。在当前情况下没有相关制度予以明确的背景下，算法解释由算法相对人提起，由算法控制者进行解释的成本是最低的。

（二）算法解释权有助于缓和算法歧视，保障公民的平等权

平等作为一种价值观念最早可以追溯到古希腊时期，而将平等权以法律的形式明确规定并赋予全体公民则最早是在1789年法国颁布的《人权宣言》中。历经数百年的发展，如今世界各国大多已将平等权以宪法的形式明确赋予全体公民，我国自

---

5. 张维迎：《博弈论与信息经济学》，上海人民出版社2012年版，第57页。
6. 张凌寒：《商业自动化决策的算法解释权研究》，《法律科学》2018年第3期，第65页以下。

然也不例外。[7]我国《宪法》第33条规定法律面前人人平等，第4条规定了民族平等，第48条规定女子享有与男子平等的权利。从上述条款可以看出，我国宪法不仅规定了普遍意义上的平等权，还以单独的条文规定了民族平等和男女平等，足见我国宪法对于公民平等权的重视。如上文所述，算法时代的到来带来了新的不平等，并且这种不平等更加隐秘和难以规制。上文所举案例多为国外发生的算法歧视案件，中国目前鲜有此类案件报道，但这并不意味着中国没有算法歧视情况出现。中国鲜有报道，一是因为我国人工智能起步较晚，二是因为我国在该领域的立法较为欠缺，三是因为我国民众的法律意识还需要进一步强化。但是可以相信，在人工智能技术继续深入发展的大背景下，我国的算法歧视问题也会逐渐显现。所以我们需要通过算法解释权的设立来抑制算法歧视，保障宪法赋予公民的平等权。通过算法解释权的设立，在一定程度上改变算法设计的效率导向，促使算法设计者设计出更能体现社会普遍价值观的算法系统；同时也对算法使用者提出要求，确保其所使用的算法系统没有输出偏见与歧视。

（三）算法解释权有利于算法决策过程符合正当程序的要求

算法社会已经到来，算法影响着社会生活的方方面面。对于每一个处于算法社会中的公民而言，算法都处于一种实质上的支配和控制地位。所以有学者认为，算法系统的控制者实际上拥有类似于国家公权力的算法权力，决定着人们的选择空间以及可能得到的结果。笔者认为，任何权力机构天生都有败坏的倾向，绝对的权力导致绝对的腐败，如果权力无法得到有效监督就会导致权力的滥用。所以任何权力的行使都必须要符合社会道德的要求，而社会道德中必然包含正当程序的要求，即权力的行使必须符合正当程序的要求。算法权力作为一种准国家公权力，自然也应当受到正当程序的约束。[8]但问题在于，"算法黑箱"的存在导致外界无法对算法的决策过程进行有效监督，算法决策过程是否符合正当程序的要求是未知的。算法解释权则可以在一定程度上解决这一问题，通过增强算法的透明性以及对算法决策结果的解释，可以使外界对算法决策的运行过程有进一步的了解，保障算法相对人的正当程序权利，并对算法决策过程进行监督，促使算法决策过程符合正当程序的要求。

---

7. 崔靖梓：《算法歧视挑战下平等权保护的危机与应对》，《法律科学（西北政法大学学报）》2019年第3期，第29页以下。
8. 陈景辉：《算法的法律性质：言论、商业秘密还是正当程序？》，《比较法研究》2020年第2期，第120页以下。

（四）算法解释权能够为公民提供权利救济路径

如上文所述，算法的不透明性、复杂性等导致算法相对人在权利受到侵犯时的救济权无法有效行使。而算法解释权可以通过降低算法的复杂性、增强算法透明性来增强算法的责任性，进而实现对于算法相对人救济权的保障。首先，算法解释权通过增强算法的透明性来增强算法的责任性，进而保障公民的救济权。关于提高算法透明性的问题，许多学者是持反对意见的，他们认为算法透明并不能起到规制算法的作用，并且会影响算法决策的效率和算法控制者的竞争力，同时还会面临与知识产权的冲突问题。笔者认为这些学者的反对意见是有一定道理的，所以笔者反对绝对的算法透明。而反对绝对的算法透明并不意味着对于算法解释权的反对。算法解释权并不追求算法的绝对透明，而是在合理保障相对人的合法权益的基础上对于算法的适度的透明。算法解释权通过对算法系统的运行原理的解释、特定算法决策过程、影响因素等方面的描述以及特定算法决策对算法相对人可能产生的不利影响的解释说明，提高算法透明度的同时，降低普通民众理解算法的难度，从而提升算法的可责性，进而为算法相对人救济权的实现提供可能。同时，算法解释权不仅能够通过提高算法透明度的方式来保障算法相对人的救济权，算法解释权本身在某些情况下就可以理解为一种救济权。也就是说，算法解释权这一权利的设立本身就为算法相对人对自身权利进行救济提供了新的路径。当算法相对人认为自己的合法权益可能受到算法决策的不利影响时，算法相对人向算法控制者提出对算法系统进行解释，要求算法控制者说明算法相对人的合法权益是否因算法决策而受到损失，并进而要求算法控制者更改、删除算法程序，退出算法决策以及赔偿损失。在当今法律框架下，算法解释权的设立可以在一定程度上解决算法相对人在权利受损后无法得到救济的窘境，这对于进一步保障公民的知情权、平等权、隐私权、财产权等合法权益具有重大意义。

三、算法解释权的解释标准

对于算法解释权的解释标准问题，笔者的观点可以概括为在遵循可理解性的基本原则的前提下，以适用易读性标准为原则，以反设事实标准为例外。

（一）算法解释的基本原则

首先，对于算法的解释应当遵循的一个基本原则就是，对于算法的解释应当具有可理解性。这一基本原则可以在欧盟的《一般数据保护条例》中找到依据,该条例第12条第1款规定控制者应当以简洁易懂的形式以及清晰平白的语言来提供相关条款所规定的信息和交流。我们知道,算法是一种极其复杂而专业的技术问题,并且如今的许多算法还具有自主学习的功能,因此即使是专业的算法科学家也很难对算法的工作机制或者是源代码进行完全的理解,更遑论对算法毫无理解的普通民众。所以,算法的解释不应当仅仅是对算法源代码的公开或者是对技术细节的分析,这也会涉及算法解释与商业秘密、知识产权的冲突问题,算法解释最重要的一点在于使受到算法不利决策影响的相对人清楚算法做出此种决策的原因。因此,对于算法的解释最重要的就是可理解性,即算法解释的义务主体应当以通俗易懂的语言对算法做出如此决策的原因、影响因素等内容向相对人进行阐释,而不能以晦涩难懂的专业术语故弄玄虚、蒙混过关。

(二)算法解释的具体标准

关于算法解释的具体标准,目前学界主要有易读性标准、反设事实标准和可验证标准三种。目前来看,算法解释权的现有立法如欧盟的《一般数据保护条例》更倾向于使用易读性标准,即算法解释的义务主体对于算法的解释不应当仅仅是将影响算法做出决策的相关因素进行公布,而且对于相关因素的公布必须使用易于相对人理解的方式。此种标准满足了上文所提到的算法解释的可理解性的基本原则,又对于算法解释的义务主体提出了较高的义务要求,更有利于处于弱势地位的相对人的权利的保护。但是,由于算法的复杂性等问题,这种标准的成本比较高,而且并非所有对于算法的解释都能达到这一标准,这一标准并不是所有情况下都能适用,需要考虑技术难度以及成本的问题。于是学者又提出了反设事实标准,该标准仅要求数据控制者提供和披露满足反设事实假设相关的变量信息。[9]通过向相对人告知哪些因素与算法决策所产生的结果具有因果关系来向相对人阐明某个因素是否对决策结果产生了影响,以此使得相对人理解对其不利的决策是如何做出的。可以说,反设事实标准在一定程度上满足了上文所说的算法解释的可理解性的标准,并且该标准较易读性标准而言,成本和技术难度都更低。最后是可验证标准,一些技术专家认为,由于目前对于算法进行深入解释的技术尚不成熟,如果能够重复对算法所做出的某一决策进行验证,那么这种情况也可以认为是对算法进行了解释。这种标准相比于前两种标准技术难度和成本都较低,但是对于算法的解释程度以及是否能够

---

9. 张欣:《算法解释权与算法治理路径研究》,《中外法学》2019年第6期,第1425页以下。

对算法不利决策相对人的合法权益提供充分的保护存在疑问。三种标准成本各异，收益也各不相同，在不同情况下应当适用不同的标准。

笔者认为，在当前情况下，对于这三种标准的适用应当以易读性标准为原则，以反设事实标准为例外。即原则上应当适用易读性标准，在满足某些条件的情况下适用反设事实标准。对于适用反设事实标准的条件，我们可以类比2020年发布的《信息安全技术个人信息安全规范》中第8.7 d）条的规定，该规定指出信息控制者如果因成本高额或者存在其他困难而无法满足信息主体的请求时，应当向其提供替代方法。此规定中提到适用其他替代方法的条件有两点，一是需要付出高额成本，二是存在其他显著困难。所以对于算法解释权的例外标准的适用，笔者以上述条款为参考，提出不适用易读性标准（例外标准）的条件应包括但是不限于以下两点：第一，适用易读性标准确有技术困难无法实现；第二，适用易读性标准的成本与收益差距极其悬殊，即适用易读性标准进行算法解释的成本与所保护的算法相对人的权利之间的差距极大。当某一具体个案满足上述两个条件之一时，可以允许算法控制者降低算法解释标准，适用反设事实标准。但是对于具体个案是否满足上述两个条件应当由专门的审查机关进行审查，而不能由算法控制者决定，以防止算法控制者为降低标准弄虚作假欺骗算法决策相对人。对于适用反设事实标准的条件，第一条即确有技术困难更多涉及的是技术问题，本文作为一篇法学论文在此不过多展开。而第二条成本与收益差距悬殊则涉及算法解释权与商业秘密和知识产权的冲突问题。以保护商业秘密或者知识产权为由而拒绝对算法进行解释的行为自然是不被允许的，但是某些情况下算法解释与商业秘密或知识产权的冲突也是客观存在的问题。在当今世界各国，算法系统由于其极强的技术性而被各企业视为商业机密，算法解释权的设立则会在一定程度上对这种商业秘密产生冲击。在此情况下，我们就要对两种利益进行权衡，即考虑是商业秘密更为重要还是相对人的合法权益更为重要。显然，在大多数情况下，我们认为相对人的合法权益的优先程度明显高于商业秘密。所以大多数情况下，我们不允许以保护商业秘密为借口拒绝对算法进行解释的行为。但在某些特殊情况下，例如算法决策仅仅侵犯了某一个人或几个人的利益且程度较轻，我们可以降低算法解释标准适用反设事实标准或者是仅向该个体进行解释而不进行公开并且要求其签署保密协议，禁止其向外界透露的方式解决。[10]

---

10. 姜野：《算法的规训与规训的算法：人工智能时代算法的法律规制》，《河北法学》2018年第12期，第142页以下。

四、我国算法解释权的构建路径

随着算法决策对于社会产生的危害日益显现,欧美一些国家已经就算法的规制进行了一定程度的立法探索。例如欧盟的《一般数据保护条例》(GDPR)、美国的《信贷机会均等法》(ECOA)与《公平信用报告法》(FCRA)等都在一定程度上承认了算法解释权的存在。我国的《信息安全技术个人信息安全规范》第8.7 a)条规定,"在验证个人信息主体身份后,应及时响应个人信息主体基于8.1~8.6提出的请求,应在三十天内或法律法规规定的期限内作出答复及合理解释,并告知个人信息主体外部纠纷解决途径"。笔者认为,可以将该条款理解为个人信息安全方面的算法解释权的规定。但总体来说,我国对于算法解释权的立法还不能满足当前算法规制的要求,所以当前阶段我国在算法规制领域的主要任务就是制定较为完备的算法规制方面的法律。笔者将根据上文对于算法解释权的分析以及对欧美等国立法的借鉴,结合当前我国有关立法现状对中国未来对于算法领域的立法提出几项建议。

(一)为保障算法解释权的实施,要明确相关主体的义务

权利与义务是不可分割的,无义务则无权利。某一主体权利的实现有赖于其他主体义务的履行。例如,人的生命权的保障依赖于其他主体不得侵犯他人生命权的义务的履行。算法解释权亦是如此,法律赋予算法相对人算法解释权的同时,自然也应当对相关主体的义务加以明确,以确保相对人算法解释权的实现。笔者认为算法解释权的义务主体应当包括算法系统的设计者和控制者以及算法监管机构。

首先,在算法设计者和控制者的层面,我们可以类比我国2020年颁布的《信息安全技术个人信息安全规范》的规定。该规范第7.7条对个人信息控制者在使用完全自动化的算法决策系统时在事前、事中、事后的义务加以规定。我国未来算法解释权的立法可以对该规定予以借鉴,笔者认为算法设计者和控制者的义务应当包括以下几点。第一,在算法设计阶段,应当对算法设计者施加相应的注意义务和审查义务。这种注意义务具体包括以下两个方面:一方面,算法设计者应当确保对算法设计之初所输入的原始数据不应包含种族歧视、性别歧视等方面的因素,以防止"偏见进则偏见出"这种情况的发生;另一方面,算法设计者在算法设计过程中和算法设计完成后都应当对算法是否有缺陷进行审查,以确保其所设计的算法程序不会在运行过程中对算法相对人的意思自由、公民的基本合法权益以及社会的公共秩

序造成损害。[11]第二，在算法的运行过程中，算法控制者应当定期对其算法系统进行审查，以确认其所控制的算法是否在输出歧视和偏见，是否会对算法相对人的合法权益造成损害。随着科技的发展，许多算法已经具备了自主学习的能力，所以即使算法在设计完成时不存在问题，也很难保证其不会在使用过程中通过自主学习而受到外界信息的不良影响而产生算法偏见或算法歧视。例如微软在2016年推出了聊天机器人Tay，在设计时设计师并未向该程序灌输性别歧视、种族歧视等方面的内容，但是在其与用户聊天的过程中受到了用户的不良影响，发布不到24小时就变成了一个到处散播种族、性别歧视言论的程序而被紧急下架。[12]第三，算法控制者应建立投诉管理机制和投诉跟踪流程，并在合理的时间内对投诉进行响应。第四，在算法决策产生的结果对某些算法相对人产生了不利影响的情况下，算法控制者以及设计者负有向算法相对人进行算法解释以及后续的删除数据、更改程序以及赔偿损失等方面的义务。

其次，为保障算法解释权的监督和救济途径，要明确算法监管主体的职能。欧盟的《一般数据保护条例》中明确规定了监管主体的义务和权利。本文基于对欧盟立法的借鉴并结合我国国情，提出我国的算法监管机构的职能大致应包括以下内容：第一，建立申诉机制，并对算法相对人所提起的申诉进行及时的处理；第二，对算法设计者和控制者进行监督，以确保其义务的切实履行；第三，对算法设计者和控制者提出的适用较低解释标准的理由进行审查；第四，在法律规定的框架内对算法解释权以及算法控制者的义务等细则进行完善。

（二）要明确算法解释权的适用时机和内容

欧盟的《一般数据保护条例》第13、14条赋予了算法相对人事前阶段的知情权，第15条赋予了算法相对人事中阶段的访问权，背景引言第71条的算法解释权则关注算法决策的事后阶段，由此构建了覆盖算法决策事前、事中、事后的相对人权利保护体系。该体系虽然看似全面，但是存在各条文所赋予的权利的适用边界不清、算法决策相对人无法合理准确地使用这些权利来保障自己的合法权益等问题。[13]所以我国在进行算法解释权立法时，要明确算法解释权的适用时机以及不同

---

11. 杜小奇：《多元协作框架下的算法规制》，《河北法学》2019年第12期，第176页以下。
12. 卜素：《人工智能中的"算法歧视"问题及其审查标准》，《山西大学学报（哲学社会科学版）》2019年第4期，第124页以下。
13. 崔靖梓：《算法歧视挑战下平等权保护的危机与应对》，《法律科学（西北政法大学学报）》2019年第3期，第33页。

适用时机算法解释的内容不同。所谓算法解释权的适用时机就是算法解释权应当在算法决策过程的哪一阶段提出，是算法决策开始之前还是算法决策的过程中或是算法决策完成之后，或者是可以通过立法时的精细化设计确保各个阶段算法相对人都可以提起算法解释请求权。笔者认为我国在算法解释权立法时可以探索建立覆盖算法决策全过程的算法解释权，即在算法决策的事前、事中和事后阶段，算法相对人都可以提起算法解释权。毕竟算法相对人不仅对算法知之甚少，也少有法律专家，所以要求算法相对人在算法决策的不同阶段使用不同的权利来保障自身合法权益并不现实，我们可以尝试将事前阶段的知情权、事中阶段的访问权的部分内容整合到算法解释权中，从而更好地保障算法相对人的合法权益。当然，将知情权、访问权部分内容予以整合并不意味着算法相对人不再拥有知情权和访问权，二者并不存在冲突。如果算法相对人在各个阶段都可以提起算法解释权，那么又会面临一个新的问题，即是否要对算法相对人提起算法解释权的次数进行限制，以防止算法相对人多次恶意提请解释。笔者认为这一问题可以参考《信息安全技术个人信息安全规范》的相关规定，该规范第8.7 c）条规定，个人信息控制者对于信息主体的合理请求，原则上不收取费用，但是同一时期多次提起请求的可以酌情收取成本费用，即对算法相对人提请解释的次数不做法律上的限制，但是同一阶段多次提请解释的，解释成本由算法相对人承担。

在解决了何时可以提起算法解释权的问题之后，我们就需要对各个阶段的算法解释权的内容予以明确，提起的时机不同，解释的内容自然也有所差异。笔者认为，事前阶段解释的内容大致应当包括：算法系统的运行逻辑和功能、算法决策对算法相对人可能产生的影响、收集个人信息的范围和目的以及使用方法、投诉和申诉渠道等方面。事中阶段内容应包括收集的个人信息是否按照约定目的使用、预期后果等方面。事后阶段应包括具体决策结果产生的原因、影响因素、是否存在人为干预等方面。

（三）明确算法解释权的适用范围和适用对象

首先要明确的是算法解释权的适用范围问题，即算法解释权是否适用于人机结合的算法决策领域。众所周知，如今的算法系统主要包括两大类：完全自动化决策的算法系统和人机结合的算法系统。两者的区分标准在于算法的决策过程中是否需要人类的实质性的参与。通过对欧盟的《一般数据保护条例》的分析可以看出，欧盟所设立的算法解释权目前来说仅仅适用于基于自动化决策的算法系统，而对于算法作为辅助决策系统的人机结合决策的算法系统则并未涉及。欧盟这种审慎的立法态度体现了其立法机关在社会发展和权利保护之间的妥协。我国在未来如果要设立算法解释权时也要面临这一问题，如果将算法解释权的适用范围覆盖到人机结合的算法系统则可能会由于适用范围过大而阻碍人工智能领域乃至于整个社会的发展；如果像欧盟那样将算法解释权的适用范围仅限于完全自动化决策的算法系统，那么人机结合算法系统所出现的侵犯公民合法权益的问题又如何调整？这一问题需要立法者结合本国人工智能的发展状况以及对社会发展与权利保护二者进行审慎的权衡之后做出决定。

其次要明确的问题是算法解释权的对象是具体的算法决策还是算法系统，即算法决策相对人在要求对算法进行解释时，解释的对象是对相对人的合法权益造成影响的具体决策还是整个算法系统。欧盟的《一般数据保护条例》中所提到的解释内容包括算法决策的重要性、逻辑以及该算法决策可能对个人产生的结果等。但对于算法解释的具体对象是算法系统还是具体的算法决策则并未提及。这种立法模式看似全面，实际上缺乏对于实践的具体的指导作用，因此我国在立法时要明确算法解释权是适用于算法系统还是具体的算法决策，或是具体情况具体分析，在不同的情况下解释对象可以有所不同。如果将算法解释权的对象确认为算法系统，那么解释的内容应当包括算法系统的某些功能信息。这些信息包括但不限于系统的需求规范、预定义模型、训练参数、输入数据摘要、运行逻辑、模型测试、训练或者筛选的相关信息等。如果将算法解释权的对象确认为具体的算法决策，则应当对该具体决策产生的因果关系、原则等问题进行解释。如果立法者将算法解释的对象确认为二者兼有的模式，那么立法者则需要以精细化的场景设置确定何种情况下适用何种解释对象。

（四）当前阶段，我国尚不需要制定单独的算法规制法律

经济基础决定上层建筑。作为上层建筑的法律自然应当适应社会的发展状况。目前来看，我国在人工智能领域的发展较欧美国家还有一定的差距，距离西方某些学者所说的算法社会还有一定的距离。法律具有滞后性和相对稳定性。超越社会发展水平的立法必然导致法律的不稳定，最终危及中国特色社会主义法治国家的建设。随着我国人工智能的发展水平不断提高，等各种问题不断显现时再制定专门的算法规制法律也为时不晚。所以笔者认为当前情况下算法解释权的立法可以考虑在《网络安全法》中单列一章，以满足当前情况下我国的算法规制要求。

五、数字技术与部门法

5. Digital Technology and Sector Law

论脑机接口引致风险的法律控制

余 涛[*]

(东南大学,江苏南京,211189)

摘 要:脑机接口是以脑皮层中的神经元所产生的电流为媒介,在脑与外部设备之间创建的直接连接,从而实现脑与设备之间信息交换的技术。单向脑机接口所引致的是传统风险,主要是指脑机接口产品或服务对使用者物质性人格权和个人信息权造成的损害。双向脑机接口所引致的是新型风险,主要包括对人的主体性的颠覆和对实定法体系与规则的颠覆。既有的实定法体系与规则能满足人们对传统风险进行控制的需要。对新型风险的控制可以通过如下途径实现:在法律创制上,法律创制者应从规则的人类中心主义过渡到价值的人类中心主义;在法律适用上,裁判者应从司法克制主义立场转变为司法能动主义立场;在知识更新上,人们应放弃条状学科主义,改用块状知识主义。

关键词:单向脑机接口 双向脑机接口 传统风险 新型风险 人类中心主义

Layered Legal Response to the Risks Elicited by Brain-Computer Interface

Abstract: Brain-computer interface (BCI) is a direct connection between the brain and external devices, which is mediated by the current generated by neurons in the cerebral cortex, to realize the information exchange between the brain and devices. The risks elicited by the BCI could be categorized into the conventional one, which refers to the damage caused by BCI products to users' material personality right, right to privacy, right to personal information, and mental distress caused by the infringement of the afore-

---

[*]**基金项目**:国家社会科学基金项目"新《证券法》实施背景下存托凭证信息披露规范的适用研究"(编号:20CFX049);中央高校基本科研业务费专项资金项目"自愿性信息披露规范的适用研究"(编号:2242021S20010)。

作者简介:余涛,法学博士,东南大学法学院讲师、东南大学人民法院司法大数据研究基地研究人员。

mentioned rights, and novel one, which consists of the subversion of human subjectivity and that of positive laws. Existing laws, namely the rules concerning special torts and general tors prescribed by the Civil Code and other legislations, can contain the traditional risks. As for the control of novel risks the following should be emphasized: a) In terms of legal creation, lawmakers should transit from the anthropocentrism of rules to the anthropocentrism of value; b) In regard of legal application, the judges should change from the standpoint of judicial restraint to that of judicial activism; c) As for knowledge renewal, we should emphasize the significance of interdisciplinary.

Key Words: BCI, conventional risks, novel risks, positive laws, anthropocentrism

一、问题的提出

2021年4月9日，美国著名企业家埃隆·马斯克（Elon Musk）旗下的脑机接口创业公司NeuraLink发布的一段视频显示，科学家们用无线植入方式在一只名为Pager的猕猴脑中植入脑机芯片，让猕猴利用意念去控制光标，进而实现对电子游戏程序的操作。[1]这一消息再一次引发了社会各界对脑机接口的热议。事实上，相较于很多新技术来说，人类对脑机接口的研究并不算太晚。早在20世纪70年代，人类就已经涉足这一领域。1978年，有科学家将慢性记录微电极植入三只麦卡猴的上臂中央前回区，以监测运动皮层神经元对运动的控制情况。研究发现，猴子能够很好地控制皮层神经元的放电频率，并根据视觉指令从一个频率迅速转换到另一个频率。[2]该研究对人类理解神经元工作机理奠定了重要基础，它为人类利用神经元工作机理来识别、恢复、强化人类在视觉、听觉、运动、认知等领域的能力提供了可能。2002年，一名叫Jens Naumann的盲人接受了双侧皮质植入手术。在这个手术中，一系列电极被植入Jens的视觉皮层，借助计算机处理器和微型摄像机，他能够看到光的感觉（亦称"光斑"）。这意味着，Jens在一定程度上恢复了视力。[3]科学家还通过功能性磁共振成像（Functional Magnetic Resonance Imaging，fMRI）技术，

---

1. 《马斯克脑机接口公司：猴子如何用思维打电脑游戏》，https://www.163.com/tech/article/G74T6VO100097U7T.html，2021年4月11日最后访问。
2. Schmidt, E. M., McIntosh, J. S., Durelli, L., et al. (1978). Fine control of operantly conditioned firing patterns of cortical neurons. Experimental Neurology, 2, 349-369.
3. Jens Naumann——KEYNOTE SPEAKER - Research and Technology, https://www.jensnaumann.green-first.com/，2021年5月11日最后访问。

让处于植物人状态的患者回答"是"或"否"的问题,以实现外界与该患者的对话。[4] 20世纪90年代后,随着包括神经科学、脑科学、医学、计算机科学在内的各种科学取得的巨大进步,人类对脑机接口的研究也进一步加速,研究的目标也越来越宏伟。比如,2019年6月3日,美国五角大楼宣布,其正在着手研究下一代非手术神经技术(N3)项目。该项目的内容之一是,它将与巴特尔纪念研究所、卡内基梅隆大学、约翰斯·普金斯大学应用物理实验室、帕洛阿尔托研究中心(PARC)、莱斯大学和Teledyne科技等研究机构合作,致力于开发高分辨率的双向脑机接口,以实现人脑与机器之间的信息流动与共享。[5] 诸如此类的技术研发和应用实例还有很多。

不过,在憧憬脑机接口为人类社会带来便利的同时,我们也应认识到它可能给人类社会带来巨大风险。比如,为了脑机接口能够正常、高效工作,我们需要在人的大脑中安装脑机芯片,而这可能会引发脑组织损伤。因为大脑芯片种植不可避免地要切断毛细血管和细胞外基质,破坏神经元和支持性脑细胞。而且,植入后电极移动时产生的"微运动"也可能会引起慢性炎症,引发脑组织的坏死[6],进而危及人的生命安全和身体健康。又如,脑机接口技术的发展,在很多场景下会不可避免地引发人到底是什么的疑问,很多针对人设立的法律规则都将变得难以适用。假设一个战斗人员通过脑机接口技术使自己变得无比强大,那么他在性质上到底是一个人、一种武器,还是一种作战方法?[7] 如果把他看成是人,那他又具有了超出常人的攻击能力和危险性;如果将其看成是武器,那么该战斗人员又与生物学意义上的人并无本质区别。再如,在双向脑机接口技术实现后,人类的身体和思想就能实现分离。当一个人不喜欢自己的思想时,他可以修改自己的思想,购买甚至是盗窃别人的思想;当一个人不喜欢自己的身体时,他也可以租借或者盗窃别人的身体,以别人的身体来承载自己的思想。这种身份修改或身份盗窃在双向脑机接口时代将变得

---

4. Can We "Talk" to Vegetative Patients Via fMRI?, https://www.popularmechanics.com/science/health/a8486/can-we-talk-to-vegetative-patients-via-fmri-14733177/, 2021年5月11日最后访问。

5. Six Paths to the Nonsurgical Future of Brain-Machine Interfaces, https://www.darpa.mil/news-events/2019-05-20, 2021年4月11日最后访问。

6. Chan, E. (2007). The food and drugs administration and the future of the brain-computing interface: Adapting FDA device law to the challenges of human-machine enhancement. Journal of Computer & Information Law, 1, p. 136.

7. Liivoja, R. and Chircop, L. (2018). Are enhanced warfighters weapons, means, or methods of warfare?. International Law Studies, 94, pp. 162-185.

极为平常。[8]由此引发的一系列法律和伦理问题也将变得常见。更有甚者，思想和身体分离可能会推动人类向超人类（transhumanist）发展——人类的思想可以被植入机器，而机器又是永生不灭的，最终会催生出超人类的博格人（Borg）。[9]博格人的出现将使如今的人类被矮化为生命向超人类进化过程中的一个节点。如果人类只是向博格人进化的一个阶段，那么人类所尽力追求并维持的价值又有什么意义？诸如此类的问题实在是不胜枚举。

虽然，我们将脑机接口可能引发的风险一一列举出来是不现实的，但可以确定的是脑机接口的出现，"对当下的伦理标准、法律规则、社会秩序及公共管理体制带来一场前所未有的危机和挑战"[10]。为了应对脑机接口带来的危机和挑战，我们有必要对脑机接口引致的风险及其控制进行研究。脑机接口引致风险对人类社会的挑战是全方位、颠覆性的，故而本文将采取一种宏观性、基础性的立场来思考这一问题。后文结构如下：第二部分界定了脑机接口的概念、类型以及引致风险的类型，目的是明确本文的研究对象和论述语境；第三部分探讨了在实定法框架下对脑机接口引致的传统风险的控制；第四部分从理念和制度的视角分析了脑机接口所引致的新型风险；第五部分从法律创制、法律适用和知识更新的角度探讨了控制脑机接口引致的新型风险的方案；第六部分为结语。

二、脑机接口及其类型的界定

（一）脑机接口的概念解析

脑机接口（brain computer interface，BCI），也被称为脑机接口技术，是指以脑皮层中的神经元所产生的电流为媒介，在脑与外部设备之间创建的直接连接，从而实现脑与设备之间信息交换的技术。[11]我们可以将脑机接口这一概念进一步解析如下。

---

8. Lamkin, M. (2016). Regulating identity: Medical regulation as social control. Brigham Young University Law Review, 2, pp. 521-522.
9. McGee, E. M. and Maguire, G. Q. (2007). Becoming borg to become immortal: Regulating brain implant technologies. Cambridge Quarterly of Healthcare Ethics, 3, pp. 291-300.
10. 吴汉东：《人工智能时代的制度安排与法律规制》，《法律科学（西北政法大学学报）》2017年第5期，第130页。
11. 关于脑机接口的工作原理，可参见 Shih, J. J., Krusienski, D. J. and Wolpawc, J. R. (2012). Brain-computer interfaces in medicine. Mayo Clinic Proceedings, 3, pp. 268-279.

1.脑机接口中的"脑"是指神经系统

脑机接口中的"脑"是指以碳元素为有机物质基础的碳基生命的大脑，而大脑是所有脊椎动物和大部分无脊椎动物位于头部的神经系统中心。在生物学上，神经系统分为中枢神经系统和周围神经系统，前者包括脑和脊髓，后者包括脑神经和脊神经。从当前的技术水平来看，脑机接口中的"脑"主要是指中枢神经系统。随着脑机接口技术水平的进一步发展，这里的神经系统范围可能会进一步扩大。不过，不论未来技术如何发展，脑机接口中的"脑"都是指神经系统。

2.脑机接口中的"脑"主要是指人脑

在神经科学实践中，脑机接口中的"脑"的主体包括人、动物等不同类型的碳基生命体。比如，作为脑机接口形式之一的脑电图技术，它所作用的对象主要是人类的大脑。前文所提及的Pager通过意念玩游戏的例子中，脑机接口技术作用的对象就是动物的大脑。神经科学实践之所以利用动物来研究脑机接口，主要原因是避免风险和伦理问题。本文主要目的是探讨脑机接口对人类带来的风险，故而本文意义上脑机接口是指作用于人类大脑的技术。

3.脑机接口中的"机"是一种关键技术设备

脑机接口中的"机"是部分或全部具备读取、接收、运算、传输、存储"脑"通过神经元放电传递出来的信号功能的设备。通常来讲，"机"具有广义和狭义两种含义。广义的"机"包括所有具备前述功能的设备。比如，在前文提及的Pager打游戏的例子中，大脑芯片、无线电信号传输系统、接收Pager脑神经元放电的器件、呈现电子游戏的电脑等，都属于脑机接口中的"机"。狭义的"机"主要是指具有前述功能的关键技术设备。比如，被植入Pager大脑中的大脑芯片。实践中，往往只把整个技术设备系统中最为关键的部分看成是"机"。本文对"机"的理解也采取狭义概念。

（二）脑机接口的类型界定

1.以是否侵入人脑为标准，划分为非侵入式脑机接口和侵入式脑机接口

学者们根据研究的需要，将脑机接口分为不同的种类。比如，有学者将脑机接口分为非侵入式脑机接口（non-invasive BCI）、脑电图交流式脑机接口（EEG-based communication BCI）、功能磁共振成像式脑机接口（fMRI-based communication BCI）和侵入式脑机接口（invasive BCI）。[12]最初的脑机接口主要是指非侵入式脑机接口，比如脑电图技术。然而，由于受硬脑膜、颅顶骨、皮肤等人体器官、组织的阻隔，大脑皮层所发出的神经信号会被削弱，影响技术设备对大脑神经信号的准确抓取。这使得非侵入式脑机接口无法满足对大脑信号精度和强度要求更高的场景需要，于是神经科学技术实践就发展出了半侵入式脑机接口和侵入式脑机接口。所谓半侵入式脑机接口，是指有一部分核心技术设备被植入大脑皮层，另一部分不植入大脑皮层的脑机接口技术；侵入式脑机接口，是指将核心技术设备完全植入大脑皮层的脑机接口技术。已有实践表明，在脑机接口技术所能获取的大脑信号强度和精度方面，非侵入式脑机接口、半侵入式脑机接口、侵入式脑机接口呈依次递增趋势。基于对脑机接口实践的总结，当前对脑机接口的常见分类就是非侵入式脑机接口、半侵入式脑机接口和侵入式脑机接口。然而，这种分类对我们在实定法框架下研究脑机接口技术引发的法律风险没有太大意义，主要原因是半侵入式脑机接口和侵入式脑机接口虽然具有技术上的区分意义，但是却无法区分它们在实定法框架中对人脑或者人身带来的风险。实际上，半侵入式脑机接口和侵入式脑机接口对人脑或人身的危害可能是类似的。因而，本文以脑机接口技术是否侵入人脑为标准，将之分为非侵入式脑机接口和侵入式脑机接口。

非侵入式脑机接口和侵入式脑机接口的区分意义在于，非侵入式脑机接口既不会对人脑形成物理性损害，又不会对人造成精神性损害；相反，侵入式脑机接口不仅必然会对人脑造成物理性损害，而且可能会对人造成精神性损害。比如，侵入式脑机接口所植入的芯片会引起大脑的慢性炎症，破坏脑部神经系统等。[13]人的大脑遭受损害之后，又会面临精神痛苦，进而对人造成精神性损害。基于是否造成损害以及损害内容的不同，脑机接口产品或服务的使用者（以下简称使用者）就可以基于此种损害，对产品或服务的提供者（以下简称提供者）主张侵犯其物质性人格权的诉讼，也可以主张提供者进行精神损害赔偿。在非侵入式脑机接口中，则不会产生此类与侵犯物质性人格权有关的纠纷，也不存在精神损害赔偿纠纷。

---

12. Lawrence, C., Shapiro, Z. E. and Fins, J. J. (2019). Brain-computer interfaces and the right to be heard: Calibrating legal and clinical norms in pursuit of the patent's voice. Harvard Journal of Law & Technology, 1, pp. 173-179.
13. Chan, E. (2007). The food and drugs administration and the future of the brain-computing interface: Adapting FDA device law to the challenges of human-machine enhancement. John Marshall Journal of Computer & Information Law, 25, p. 136.

2. 以"脑"与"机"之间的信息流向为标准,划分为单向脑机接口与双向脑机接口

脑机接口的目标是实现"脑"与"机"之间的信息交换。这种交换可能是单向的,也可能是双向的。以"脑"与"机"之间的信息流向为标准,可以将脑机接口分为单向脑机接口与双向脑机接口。所谓单向脑机接口是指,信息从脑端单方向地传输至机端。在单向交换中,"脑"处于主动地位,"机"处于被动地位。所谓双向脑机接口是指,信息既可以从脑端传输至机端,也可以从机端输入脑端。在双向交换中,"脑"与"机"彼此都可能处于主动地位和被动地位,双方都可以控制彼此。当前的脑机接口技术,还主要停留在较低水平的单向交换阶段。比如,猕猴 Pager 通过意识控制光标玩游戏,就是一个典型的单向交换脑机接口例子。如果前文提到的双向脑机接口项目 N3 能顺利实现预定研究目标,那么这将把脑机接口技术推向一个前所未有的高度。那时,人类的大脑可以被重新创造,人类的思想可以被复制到另一种媒介,其他媒介上的思想也可以被复制到人类大脑中。从发展趋势上看,双向脑机接口是未来的发展方向。

单向脑机接口与双向脑机接口的区分意义在于,在单向脑机接口中,大脑不会被外界传入的神经信号所伤害,大脑中既有的信息也不会被外在的技术设备所读取,因而也就不存在侵犯使用者精神隐私(mental privacy)的情形。相反,在双向脑机接口中,大脑需要接收来自外界的神经信号,受限于生物兼容性以及神经信号内容的适当性,大脑的神经系统可能被这些神经信号所伤害;而且,大脑芯片可能还会主动读取人脑中具有隐私性的信息,进而侵犯使用者的精神隐私等。这意味着在双向脑机接口中,既可能存在因生物不兼容等因素引发的物理性损害,也可能存在因物理性损害而引发的精神痛苦(即传统意义上的精神性损害),还可能存在对侵犯精神隐私等新类型的损害。总之,在单向脑机接口中,不存在物理性损害和精神性损害;在双向脑机接口中,既可能存在物理性损害,又可能存在精神性损害,还可能引发这两种损害之外的其他类型的风险。

(三)脑机接口引致的风险类型:传统风险与新型风险

通过前文对脑机接口的分类可知,不同类型的脑机接口所引发的风险不一样。具体来说:①非侵入式脑机接口,既不会产生物理性伤害,又不会产生精神性伤害;②侵入式脑机接口,可能会产生物理性伤害和精神性伤害;③单向脑机接口,既不会产生物理性伤害,又不会产生精神性伤害;④双向脑机接口,不仅可能产生物理性伤害和精神性伤害,还可能产生新类型伤害。从实践层面来看,脑机接口产

品或服务，无非就是非侵入式脑机接口、侵入式脑机接口、单向脑机接口和双向脑机接口两两组合。由此便形成了四种风险类型组合。具体来说：①当非侵入式脑机接口与单向脑机接口结合时，二者既不会产生物理性伤害，又不会产生精神性伤害；②当非侵入式脑机接口与双向脑机接口结合时，因为非侵入式脑机接口既不会产生物理性伤害，又不会产生精神性伤害，故而二者结合后的风险便是双向脑机接口引发的风险，也即不仅可能产生物理性伤害和精神性伤害，还可能产生其他新类型的伤害；③侵入式脑机接口与单向脑机接口结合时，因为单向脑机接口既不会产生物理性伤害，又不会产生精神性伤害，所以二者结合的风险是由侵入式脑机接口引起的，即可能会产生物理性伤害和精神性伤害；④当侵入式脑机接口与双向脑机接口结合时，二者都可能会产生物理性伤害和精神性伤害。而且，双向脑机接口还可能产生新类型伤害。由此，脑机接口的风险类型可如表1所示。

表1 脑机接口的风险类型

	单向脑机接口	双向脑机接口
非侵入式脑机接口	既不会产生物理性伤害，又不会产生精神性伤害	不仅可能产生物理性伤害和精神性伤害，还可能产生新类型伤害
侵入式脑机接口	可能会产生物理性伤害和精神性伤害	不仅可能产生物理性伤害和精神性伤害，还可能产生新类型伤害

通过表1对风险的简单归类，我们可以把脑机接口引致的风险归为两类：其一，传统风险，意指对使用者造成的传统意义上的物理性伤害和精神性伤害；其二，新型风险，意指传统风险所无法涵盖的伤害，比如对意识隐私的侵犯、对人的物化等。当前人类社会的脑机接口技术，尚主要停留在"侵入式－单向"脑机接口阶段，在这一阶段脑机接口引发的风险主要是传统意义上的对使用者的物理性伤害和精神性伤害。

三、对脑机接口引致传统风险的控制

（一）控制脑机接口引致传统风险的一般思路

因为脑机接口引致的传统风险与人类社会已有的其他风险并无本质区别，所以控制脑机接口引致传统风险的一般思路和对传统风险的控制也无区别。具体来说，这些思路包括以下几种。

1. 对实定法规范的遵从

规范是指"一种以特殊方式与特定社会事实相对应的指令","这一定义能充分满足这样一些用法,据此规范可以被遵从或遵守,被感到有约束力,在逻辑上与其他规范相互关联因而两者一起构成一个规范体系"。[14]对控制脑机接口引致传统风险的控制,必须在实定法规范之下来探讨,不能因为脑机接口的创新性而否定实定法规范的效力,从而滑入法律虚无主义。

2. 对形式理性的尊重

法律是在基础规范统领下的不同层级的规范体系[15],具有可被认知与评价的形式理性。当然,法律的形式理性并不是指法律沦落为一种纯粹关乎逻辑推理的概念计算,而是说法律是一套受目的统领的规则体系。我们基于对规则体系、规则结构的解构,就可以实现对人类行为的可预期的建构。对脑机接口引致传统风险的控制,不能落入没有原则的实质理性考量的泥淖之中,用科技创新的修辞来掩饰对法律形式理性的破坏。

3. 对法律思维的依规

法律思维是法律共同体围绕着法律教义而生的特定理性认识或者理性认识的过程。它具有以权利义务为线索、普遍性优于特殊性、合法性优于客观性、形式合理性优于实质合理性、程序问题优于实体问题和理由优于结论的特征。[16]法律思维排斥无原则的后果主义考量和夸大"超越法律"的功能[17],目的是维持法律和规则之治的本质。当前脑机接口的创新还未达到颠覆性的程度,对其引致的传统风险的化解依然需要遵循法律思维的要求。

总之,控制脑机接口引致传统风险的一般思路就是规则之治,其基本价值取向是实现并维持法的稳定性和可预测性,以此来限制公权力的恣意,保护个人本位的私权利。

---

14. [丹麦]阿尔夫·罗斯:《指令与规范》,雷磊译,中国法制出版社2013年版,第104页。
15. [奥]凯尔森:《法与国家的一般理论》,沈宗灵译,商务印书馆2013年版,第193页。
16. 郑成良:《论法治理念与法律思维》,《吉林大学社会科学学报》2000年第4期,第7页以下。
17. 孙笑侠:《法律人思维的二元论:兼与苏力商榷》,《中外法学》2013年第6期,第1106页以下。

（二）控制脑机接口引致传统风险的具体路径

1.传统风险包括对物质性人格权和个人信息权的侵害

在民事法律框架中，提供者所侵害的对象主要是使用者的人格权。通常认为，人格权可以分为物质性人格权和精神性人格权。物质性人格权是指自然人对其生命、身体、健康等物质性人格要素享有的不可转让的支配权；精神性人格权是指不以具体的物质性实体为标的，而以抽象的精神价值为标的的不可转让的人格权。[18] 对物质性人格权造成的损害是物质性损害，对精神性人格权造成的损害是精神性损害。我国《民法典》既规定了物质性人格权，又规定了精神性人格权。《民法典》第990条第1款规定："人格权是民事主体享有的生命权、身体权、健康权、姓名权、名称权、肖像权、名誉权、荣誉权、隐私权等权利。"根据理论上的分类，本款中的生命权、身体权和健康权属于物质性人格权，姓名权、名称权、肖像权、名誉权、荣誉权、隐私权等属于精神性人格权。[19]

在脑机接口语境中，不难理解的是，提供者可能对使用者的物质性人格权造成损害。提供者显然不会对使用者的姓名权、名称权、肖像权、名誉权、荣誉权等精神性人格权造成损害。值得探讨的是提供者是否会对使用者的隐私权造成损害。《民法典》第1032条第2款规定："隐私是自然人的私人生活安宁和不愿为他人知晓的私密空间、私密活动、私密信息。"这意味着隐私权主要跟使用者的私人生活安宁有关，本款中的"私密信息"也应当被解释为跟使用者私人生活安宁有关的不想为外人所知的信息。脑机接口所威胁的不会是使用者的私人生活安宁，而是使用者的个人信息安全。因而，脑机接口不会对使用者的隐私权造成损害。不过，《民法典》第六章将隐私权和个人信息保护（个人信息权）编排在一起进行规定，这意味着立法者认为隐私权和个人信息保护在权利属性上相同或相似。既然隐私权属于精神性人格权，那么个人信息保护所保护的利益或者个人信息权也应当属于精神性人格权的范畴。而脑机接口可能会对使用者的个人信息造成损害，自然也就属于对使用者的精神性人格权造成了损害。

总之，脑机接口所引致的传统风险括物质性损害和精神性损害两类。物质性损害主要是指脑机接口对使用者的生命权、身体权和健康权造成的损害；精神性损害主要是指脑机接口对使用者个人信息权造成的损害。

---

18. 王利明：《人格权法》，中国人民大学出版社2021年版，第18页。
19. 王利明等：《民法学》，法律出版社2020年版，第885页。

2. 实定法框架下的风险控制思路

当脑机接口对使用者的物质性人格权和个人信息权造成损害后，使用者是按照一般侵权的路径主张权益，还是按照特殊侵权的方式主张权益，对使用者影响巨大。如果按照一般侵权的路径主张权益，使用者必须对提供者的主观过错、侵权行为、损害后果和因果关系四个构成要件逐一进行证明。但凡有任何一个构成要件不满足，使用者都将败诉。如果按照特殊侵权的路径主张权益，那么使用者往往只需要证明提供者存在侵权行为以及其本人遭受了损失。因为在提供者的主观过错方面，往往适用的是无过错责任；在因果关系方面，往往通过举证责任倒置的方式，推定因果关系成立，由提供者证明因果关系不成立。有学者观点更为鲜明，认为"人格权请求权的功能主要在于预防损害事实的发生，此与作为侵权责任法上的债权请求权的主要功能在于填补损失是不同的，所以人格权请求权的构成要件与侵权责任的构成要件是不同的，前者既不需要侵害行为人的主观过错，也不需要客观上的实际损害或损失，权利人即可行使人格权请求权，而作为侵权责任的请求权，欲使行为人承担侵权责任，必须符合主客观的构成要件"[20]。这似乎是说，在人格权侵权之诉中，被侵权人也不需要承担"客观上的实际损害或损失"的证明责任。不论如何，一般侵权的救济路径和特殊侵权的救济路径对使用者具有完全不同的意义。

既然如此，脑机接口产品对使用者的侵害，到底是构成一般侵权还是特殊侵权呢？这既取决于被侵害的权益类型，又取决于脑机接口被使用的具体语境。从被侵害的权益类型来看，脑机接口对使用者个人信息权的侵害更可能构成一般侵权，而其对使用者物质性人格权的侵害主要属于特殊侵权。这主要是因为在我国《民法典》的规范中，只有侵犯物质性人格权的行为才可能构成特殊侵权，侵犯精神性人格权（个人信息权）的行为则难以构成特殊侵权。不过，如果将侵犯精神性人格权等同于一般侵权，又可能造成使用者难以证明提供者主观过错的情况。在法律适用过程中，宜将提供者的主观过错理解成无过错责任或者过错推定责任。

从当前脑机接口使用的场景来看，脑机接口的医用化是最为常见的场景，它主要被用于治疗疾病或者恢复人体的某种功能。在此场景中，脑机接口对使用者的侵害主要会构成特殊侵权，有可能构成医疗器械致害责任。《民法典》第1223条第1句规定："因药品、消毒产品、医疗器械的缺陷，或者输入不合格的血液造成患者损害的，患者可以向药品上市许可持有人、生产者、血液提供机构请求赔偿，也可

---

20. 张卫平：《民法典人格权编几个重要理论问题评析》，《中外法学》2020年第4期，第905页。

以向医疗机构请求赔偿。"适用本句规定的关键在于将脑机接口产品解释成"医疗器械"。在我国实定法体系下，将脑机接口产品解释成"医疗器械"并不存在障碍。国务院2021年通过的《医疗器械监督管理条例》并未对"医疗器械"进行定义，这意味着凡是在功能上能够诊断、预防、监护、治疗或者缓解疾病、伤情的软件、硬件属于医疗器械。因而，脑机接口产品也可能是医疗器械，基于此便可能产生医疗器械致害这一特殊侵权。

当然，随着脑机接口技术的进一步发展，其应用场景超出了医用化需求，脑机接口产品发展成为一种替代、强化人身某种功能的产品后，它就可能产生产品责任。主要原因有以下两方面。一方面，脑机接口产品是劳动所创造的生活资料，在脑机接口产品日益生活化、日常化之后，它与其他产品一样，都是人们进行正常生活所需的生活资料。我国2018年修正的《产品质量法》第2条第2款规定："本法所称产品是指经过加工、制作，用于销售的产品。"该款对"产品"的功能界定在于它是被"销售"的。从企业的角度看，这里的"销售"是指实现企业生产成果的活动，这是一种典型的商业现象。将来的企业生产脑机接口产品，可能就像现在的企业生产电脑一样。从使用者的角度看，被"销售"的脑机接口产品就是为了满足人们的日常生活需要。将来使用者购买脑机接口产品，就像他们现在购买电脑一样。既然脑机接口产品和其他产品在产品内在特性上具有一致性，那么脑机接口产品也将和其他产品一样产生产品责任。另一方面，作为软件技术系统的脑机接口产品具备被认定为"产品"的实践理性。因为既有的司法判例将支持我们将脑机接口产品认定为产品质量法中的产品。比如，在北京北信源自动化技术有限公司、上海林皓网络技术有限公司诉金信证券有限责任公司东阳吴宁西路证券营业部产品责任纠纷抗诉案中，受害人因杀毒软件的生产者、销售者未告知、警示杀毒软件对内存有很高的需要，从而遭受损害。受害人据此要求被告承担产品责任，法院支持了受害人的主张。[21]脑机接口在本质上是一种软件技术系统，与杀毒软件在本质上具有相似性，故而脑机接口产品可能也会产生产品责任。

即便是脑机接口严重地损害了使用者的生命和健康，需要动用刑事法律对其中的法律关系进行评价，当前的刑事法律规范仍然能够满足需要。因为刑法是规范性的，也就是说，刑法所规定的刑事责任标准独立于任何外生的法律而存在，所以脑机接口对长期确立的法律规范不会有什么影响。[22]在刑事法框架下，在脑机接口对

---

21. 程啸：《侵权责任法》，法律出版社2020年版，第492页。
22. White, S. E. (2008). Brave new world: Neurowarfare and the limits of international humanitarian law. Cornell International Law Journal, 41, p. 202.

人的生命和健康侵害，最可能构成的是《刑法》第4章中侵犯公民人身权利的犯罪，具体包括故意杀人罪（《刑法》第232条）、过失致人死亡罪（《刑法》第233条）、故意伤害罪（《刑法》第234条）和过失致人重伤罪（《刑法》第235条）。至于在脑机接口语境中，到底如何认定故意、过失、杀人行为、伤害行为等，完全可以依据现有的刑法理论进行判定。当然，作为"保障法""最后法"的刑法在观照社会现实时，主要在其他部门法之后慎重表态。[23]

综上可知，包括民事法律和刑事法律在内的实定法规则，完全有能力对脑机接口所引致的传统风险进行控制。当脑机接口产品损害了使用者的个人信息权时，使用者需要按照一般侵权的路径主张权益，但宜将提供者的主观过错解释成无过错责任或者过错推定责任；当脑机接口产品被主要用于医用场景中时，脑机接口产品属于医疗器械，进而可能引发医疗器械致害，使用者可以以医疗侵权的路径主张权益；当脑机接口产品突破了医用范围而变得生活化时，脑机接口产品属于《产品质量法》中的"产品"，进而可能引发产品致害，使用者可以以产品责任的路径主张权益；当脑机接口产品严重地损害了使用者的生命和健康需要做权利义务的划定时，我们应依照现有的刑法理论进行判定。

四、脑机接口引致的新型风险的界定

随着脑机接口技术发展到双向脑机接口阶段，它将引发一系列超出我们现行法评价或应对能力的新型风险。我们可以从相对宏观的理念视角和相对微观的制度视角来审视脑机接口所引致的新型风险。

（一）理念视角：双向脑机接口对人的主体性的颠覆

双向脑机接口的典型特征是"脑"和"机"的信息可以实现共享，并能控制彼此。最终的结果可能会是，作为碳基体的"脑"和作为硅基体的"机"相混合，形成无法区分的人机混合体。[24]当人身与机器不可分割时，人的主体性便不复存在。具体来说，表现为以下几点。

---

23. 冀洋：《人工智能时代的刑事责任体系不必重构》，《比较法研究》2019年第4期，第136页。
24. Chan, E. (2007). The food and drugs administration and the future of the brain-computing interface: Adapting FDA device law to the challenges of human-machine enhancement. John Marshall Journal of Computer & Information Law, 25, p. 135.

1.人将失去自我意识

"行星上的智慧生物当他开始思索自身存在的道理时,他才算成熟。"[25]这意味着自我意识是人类从类人猿进化成人类的标志。在双向脑机接口中,人与人之间、人与机之间、机与机之间都会被通过各种技术手段链接起来。人与人之间会形成脑联网(Brainternet)或者身体互联网(Internet of Bodies),机与机之间又会形成机联网[26],脑联网(身体互联网)与机联网之间又会形成人机网。在整个人机网中,人的大脑甚至是整个人身,只是这个网络中的一个节点。[27]人脑所形成的意识可以被他人所提取,本人也可以提取他人的意识。随着人机的结合,真实世界和虚拟世界之间的界限将变得模糊,不断与集体联系在一起的自我将被改变。[28]而且,博格式的集体思维(Borg-type collectivity)[29]或蜂群思维(hive mind)[30]的出现,将使个人身份不复存在,同化则是唯一的结局。此时,人将失去专属于自己的意识。在人失去自我意识的情况下,受人类意识支配的行为也不复存在,因为人类行为是由理智发起并以意指为指导的动作[31]。如果没有人类行为的存在,那么法律也就失去了规制的对象。当法律规制的对象不复存在时,我们当前的法律体系要么应被重构,要么应被废弃。

2.人将被物化

按照传统的理解,人在自然界中是处于主体地位的。正如赫胥黎所说的:"目前人类就好像是站在高山顶上一样,远远超出他的更为低等的同伴们,并且通过反思褪去他那粗野本性,从真理的无限源泉中处处放射出光芒。"[32]当今法律体系也正是建立在对人这一主体地位的尊重与确认的基础上的。其典型表现是,一方面,虽

---

25. [英]理查德·道金斯:《自私的基因》,卢允中等译,中信出版社2012年版,第2页。
26. Matwyshyn, A. M. (2019). The Internet of bodies. William and Mary Law Review, No.1, p. 81.
27. Eden G. W. (2020). Targeting Mr. Roboto: Distinguishing humanity in brain-computer interfaces. Military Law Review, 2, p. 13.
28. White, S. E. (2008). Brave new world: Neurowarfare and the limits of international humanitarian law,. Cornell International Law Journal, 1, p. 198.
29. Liberati, N. (2020). The Borg-eye and the We-I. The production of a collective living body through wearable computers. AI & Society, 35, pp. 39-49.
30. Fekete, T., van Leeuwen, C. and Edelman, S. (2016). System, subsystem, hive: Boundary problems in computational theories of consciousness. Frontiers in Psychology, 7, pp. 1-17.
31. [德]塞缪尔·普芬道夫:《人和公民的自然法义务》,鞠成伟译,商务印书馆2010年版,第61页。
32. [英]赫胥黎:《人类在自然界的位置(全译本)》,蔡重阳等译,北京大学出版社2010年版,第62页。

然法律主体不限于人,但是法律客体却往往将人排除在外;另一方面,即便人(包括人身和人格)是人格权的客体,这也是为了保存人之为人的目标而存在的。[33]在双向脑机接口中,人不可避免地会被工具化。比如,如果在一个士兵的脑袋里植入脑机接口产品,使其变得强大且具有攻击性,那么此时该士兵本身就可能异化为一种武器。[34]此时,该战士就异化成战争工具,成了一个可以被人类消灭的武器。[35]在类似的场景中,人将彻底沦落为物,人也因此从主体异化为客体[36],当今法律体系所遵从的主客体关系也将被倒悬。[37]

3. 人将会失去生物性

在双向脑机接口使人体与网络相连时,我们不得不思考的一个问题是:人体是一个需要保护和保存的生物构造,还是仅仅为一个过时的"操作系统"或"平台"?[38]这个问题在一定程度上也是人被物化的延伸,但是它与人被物化的不同之处在于,作为物的人身是没有思想的,而"操作系统"或"平台"却能够吸收、存储甚至是产生思想,进而可能会催生一种超人类的新物种出现。[39]彼时,人将会彻底失去生物本性[40],成为一个不惧生老病死,只需不断改造、更新身体软件和硬件的一种长生不老的存在。然而,这与作为生物性的人是相悖的。因为在人类进化的链条上,从第一批类人猿开始,每一代类人猿都在其有限的生命内进行着接力赛。"历经上千代,他们出生,不加节制地繁殖,然后死去——与猛犸、野牛、狮子、鬣狗一道,以同样的方式求生。"[41]正是因为"原始人首先爱的是他的生命,他首先关心的是他的生存"[42],所以他们在进化时会像其他物种一样,尽可能地传递保存本物种的自私基因,进而促使人类形成社会、创造规范。博格人的出现,完全摧毁了人的生物性,因此而形成的社会与规范也随之被摧毁。

---

33. 张文显:《法理学》,北京大学出版社2018年版,第158页。
34. Heather, Dinniss, A. H., Kleffner, J. K. (2016). Soldier 2.0: Military human enhancement and international law,. International Law Studies, 92, p. 438.
35. Commander Guy W. Eden, Targeting Mr. Roboto: Distinguishing humanity in brain-computer interfaces. Military Law Review, 2, p. 28.
36. 汪习根:《论民法典的人权精神:以人格权编为重点》,《法学家》2021年第2期,第6页。
37. 张文显:《"未来法治"当为长远发展谋》,《新华日报》2018年12月4日,第15版。
38. Matwyshyn, A. M. (2019). The Internet of bodies. William and Mary Law Review, 1, p. 165.
39. McAllister, A. (2019). Cybernetic enhancement of soldiers: conserving hors de combat protections for combatants under the third Geneva Convention. Journal of Law & Cyber Warfare, 2, p. 71.
40. 周圣:《科幻影视昭示的未来法学发展趋势》,《人民法院报》2020年2月21日,第5版。
41. [英]赫胥黎:《进化论与伦理学(全译本)》,宋启林等译,北京大学出版社2010年版,第80页。
42. [法]卢梭:《论人与人之间不平等的起因和基础》,李平沤译,商务印书馆2015年版,第87页。

（二）制度视角：双向脑机接口对实定法体系和规则的颠覆

从一般意义上说，部门法就是建立在人的自主性理论之上的。既然人的自主性被双向脑机接口给颠覆了，那建基于其之上的部门法体系自然也就不复存在了。双向脑机接口对实定法体系和规则的颠覆主要表现在以下几点。

1. 脑机接口掏空了以缺乏相应"行为能力"为前提的部门法基础

"法律面前人人平等"是一般的法律原则。它决定了人类在一般情形下不会根据身份进行立法。不过，在特殊情况下，需要对特殊人群进行特殊保护时，就需要身份性的立法。通常来说，身份性的立法的原因之一是某些主体缺乏相应的行为能力。比如，我国2020年修订通过的《未成年人保护法》第2条规定："本法所称未成年人是指未满十八周岁的公民。"法律之所以要对未成年人进行特殊保护，是因为立法者推定受限于主客观因素，未成年人在心智等方面尚未成熟，无法以自己独立的行为去取得权利和承担义务。脑机接口的出现，完全可能打破立法者这种假设。在双向脑机接口中，未成年人可以复制或移植成年人的精神状态，进而使自己成为一个完全民事行为能力人。如果未成年人通过脑机接口产品使其获得了与成年人一样的甚至是更好的精神状态，那么就不应当对未成年人进行特殊的保护。又如，我国2012年通过的《精神卫生法》的目标之一是"维护精神障碍患者的合法权益"。该法第68条、第69条、第70条等都是对精神障碍患者提供倾斜保护的实定法依据。对精神障碍患者实施特殊保护的基本理由也是他们缺乏必要的行为能力。同样地，如果精神障碍患者也使用了脑机接口产品，使其精神状态恢复或增强，那也就没有必要对他们提供倾斜保护了。

2. 脑机接口侵蚀了以人体组织、功能是否健全为前提的部门法的基础

以人体组织、功能是否健全为前提的法律也是"法律面前人人平等"原则的例外。其目的也是对特定的群体进行实质性的扶持，以使这些主体与其他人体组织、功能健全的主体达致实质上的平等地位。比如，世界各国的残疾人保障法就是这类典型的法律。残疾人保障法的各种制度规则都建立在对"残疾人"的概念界定上。然而，脑机接口对"残疾人"概念的界定提出了挑战。我国2008年修订通过的《残疾人保障法》第2条第1款规定："残疾人是指在心理、生理、人体结构上，某种组织、功能丧失或者不正常，全部或者部分丧失以正常方式从事某种活动能力的人。"这个定义的核心是人体某种组织、功能的丧失或不正常。当一个人的脑功能丧失或不正常时，他当然属于前款所指的残疾人，且该人在用脑机接口产品取代其缺乏正

常功能的脑组织后，他依然是残疾人。按理说，该人越多地用脑机接口产品升级替换其身体部位，他的残疾就越严重，也越应该受到《残疾人保障法》的保护。但讽刺的是，该人的能力却因为他不断更换身体部件而变得越来越强大。[43]如此的后果是，《残疾人保障法》所保护的是一个能力越来越强的人，而这类人事实上又是不需要被倾斜保护的。这就意味着《残疾人保障法》赖以存在的"残疾人"概念需要被重新界定[44]，建立于"残疾人"概念基础上的所有规则体系也都应被重构。

3. 脑机接口消解了以人格和财产区分的法律制度基础

为了突出人的尊严，保护人的价值，现代法律制度都严格区分了人格与财产，分别构建了不同的法律制度，对人格权益进行优先保护。比如，我国《民法典》单设人格权编，秉持以人格尊严为中心的价值理念。[45]正是这种将对侵害人格与侵害财产相区分的做法，使得我国在人格权种类、行使规则和保护方法方面都实现了创新，走在了世界的前列。[46]同样地，我国刑法也对人格与财产采取了不同的保护态度。在精神气质上，人性民法已经对物性刑法有了人文化成的影响，物性刑法中的人文印记和人性体现度也越来越强。[47]然而，脑机接口使人机一体化之后，人脑和机器之间将没有区别。如果说，侵权人对人脑或者机器造成了损害，那么这种侵害到底是侵犯了人格，还是侵犯了财产，将变得模糊不清。[48]在现行法律框架下，我们很难说对机器的侵犯属于对人格的侵犯，也很难说对人脑的侵犯是对财产的侵犯。因此，脑机接口消解了区分人格和财产的意义，建立在人格与财产相区分的基础上的制度也因此被消解。

4. 脑机接口动摇了以心物二元论为基础的法律规则

心物二元论认为，"在精神和肉体之间有很大的不同，因为肉体就本质来说总是可以分割的，而精神是完全不能分割的"[49]。肉体的活动遵循物理原理，心灵的

---

43. Bockman, C. R. (2010). Cybernetic-enhancement technology and the future of disability law. Iowa Law Review, 95, p. 1337.
44. Lee, K. S. and Read, D. W. (2018). Technology-enhanced employees and the Americans with disabilities act. Journal of High Technology Law, No. 2, p. 238.
45. 王利明：《民法典人格权编的亮点与创新》，《中国法学》2020年第4期，第5页。
46. 杨立新：《我国民法典人格权立法的创新发展》，《法商研究》2020年第4期，第31页。
47. 刘艳红：《人性民法与物性刑法的融合发展》，《中国社会科学》2020年第4期，第120页以下。
48. See Sullivan, C. A. (2018). Going out on a limb: Advocating for enhanced legal protections for advanced prosthetic limbs. Suffolk University Law Review, 51, p. 670.
49. [法] 勒内·笛卡尔：《第一哲学沉思集》，吴崇庆译，台海出版社2016年版，第118页。

活动则遵循精神原理。[50]现代的很多法律制度都是建立在心物二元论基础之上的。比如，在侵权责任中，行为人的过错是侵权责任得以成立的要件之一。而过错是行为人在主观上有无不注意的心理状态[51]，被侵权人难以对此加以证明。于是，在特定条件下，便有了保护被侵权人的无过错责任或者过错推定责任。脑机接口的出现则可以使遵循精神原理的过错判定规则变为遵循物理原理的证明规则。因为精神的事物被物理化后，侵权人的思想意识就成了一种客观的存在。侵权人规范性的主观状态因而也就变成了描述性的客观事物，极具规范性特色的无过错责任或者过错推定责任便没有必要存在了。又如，我国《民法典》在侵权损害赔偿制度中专门规定了精神损害赔偿，其哲理基础就在于心物二元论，尤其是突出对"心"的保护要优于对"物"的保护。因为在《民法典》中，"关于侵害人身权益造成财产损失的赔偿额确定的规定以及精神损害赔偿规定被往前提，体现了侵权责任编对人身权益的优先保护"[52]。当脑机接口使心物一体时，这种对人身权益优先保护的制度就可能需要被重新设计。

五、对脑机接口引致新型风险的控制

就目前来看，脑机接口引致的新型风险尚是一个未来概念，它会不会出现还不一定。对于这种不一定出现的风险进行控制似乎是没有意义的臆想。但是，脑机接口引致的新型风险尚不存在，并非这些风险毫无现实根基，而是说这些风险是现有事物的未来形态。[53]而且，一旦这些风险现实化，人类将面临毁灭性的灾难。因而，我们有必要未雨绸缪，去研究对脑机接口引致新型风险的控制方案。本文认为，这些方案大致应包括如下内容。

（一）在法律创制上：从规则的人类中心主义到价值的人类中心主义

在科技高速发展的时代，法律、行政法规、规章等规范性文件（以下统称为法律）的滞后性问题显得更加突出。为此，有学者建议我们提高立法效率和增强法律的前瞻预见性。[54]要实现这两个目标，我们就应把创制法律的思想从规则的人类中

---

50. 施璇：《"实在的区分"：笛卡尔的心物区分学说辨析》，《复旦学报（社会科学版）》2014年第5期，第58页。
51. 杨立新：《侵权责任法》，法律出版社2020年版，第78页。
52. 张新宝：《侵权责任编：在承继中完善和创新》，《中国法学》2020年第4期，第111页。
53. 张本才：《未来法学论纲》，《法学》2019年第7期，第4页。
54. 吴志攀：《"互联网+"的兴起与法律的滞后性》，《国家行政学院学报》2015年第3期，第42页。

心主义更新到价值的人类中心主义上来。贝卡里亚说过:"法律不惩罚意向。"[55]这句话道出了法律规制的对象是人类的行为而非思想。因为思想是主观的,而行为是客观的。对客观的行为进行规范才是可能的和有效的。"法律只要求人们按照其要求实施行为或者不实施行为即可,而没有必要过问人的思想。"[56]众所周知,法律规制的行为(法律行为)是能引起法律关系产生、变更和消灭的人的有意识的活动。它包括两个要件:其一,它是人们有意识的活动;其二,它是外部表现出来的作为或不作为,而非人们的心理活动。现代法制秩序都是建基于对法律行为的前述理解基础上的。为了不使法制秩序陷入一种超越时空的泛泛探讨,人们又进一步将对法制秩序的思考限定在特定时空范围内正在生效的法律上,由此便产生了实在法概念。正是由于法律调整对象的客观性,理论家们把实在法看成是一种具有价值中立特色的规范体系。比如,有学者认为,实在法是"一件没有意志的、随时可以适用的武器,无论对于狂热的暴君还是对于聪明的立法者都是如此"[57]。这种客观的科学体系对控制人类社会权力的恣意,保护私权起到了不可替代的作用。可以说,建立于人类有意识行为的现代法治,其根本任务就是使人类受到客观规则的支配,并用客观规则来评价受人类意识支配的行为。马克斯·韦伯曾说:"在今天,政治人和经济人可以毫不顾忌别人的身份、无视好恶、没有爱憎、不以个人偏好、因而不必讨人欢心地彻底履行自己的义务,完全按照职业所要求的非人格义务,而不是根据任何具体的私人关系行事。如果他在尽可能按照现代权力体系的理性规范行事,他就是最好地履行了自己的责任。"[58]本文把这种着眼于人类有意识行为的规则之治称为规则的人类中心主义。

当双向脑机接口进入人类生活后,我们所追求的规则的人类中心主义会被架空。因为要开展使人的行为服从于规则之治的事业,必然需要信奉这样一种观念,即人是或者能够变成一个负责的理性行动主体,能够理解和遵循规则,并且能够对自己的过错负责。[59]这种信念暗含两方面的前提性要求:其一,主体必须是人;其二,必须是受人类意志支配的行为。如前所述,双向脑机接口既可能使人沦落为物,又可能使行为缺乏人类自主意识的控制。也就是说,在双向脑机接口情况下,

---

55. [意]切萨雷·贝卡里亚:《论犯罪与刑罚(增编本)》,黄风译,北京大学出版社2014年版,第107页。

56. 张明楷:《刑法格言的展开》,北京大学出版社2013年版,第201页。

57. [德]尤利乌斯·冯·基尔希曼:《作为科学的法学的无价值性——在柏林法学会的演讲》,赵阳译,商务印书馆2016年版,第28页。

58. [德]马克斯·韦伯:《经济与社会》(第一卷),阎克文译,上海人民出版社2019年版,第892页。

59. [美]富勒:《法律的道德性》,郑戈译,商务印书馆2005年版,第188页。

根本不存在人类所追求的规则之治的基础。而且，随着神经科学家开发出更客观的识别和评估情感伤害的方法，法律对待情感伤害和身体伤害的区别将会减少[60]，思想和行为会出现混同，法律所规制的对象将由行为扩展至思想。在人类规则中心主义的前提不复存在或者法律调整对象被改变的情况下，人类规则中心主义的法治也将不复存在。然而，这也并非意味着我们就应该顺应脑机接口对人类社会的这种颠覆性影响，放任脑机接口对人类主体性的侵蚀。事实上，我们应从两方面来理解规则的人类中心主义。一方面，作为价值论的规则的人类中心主义。这是规则的人类中心主义的隐性要求，它要求规则之治贯彻人类社会的基本价值，重视人之所以为人的基本权利。另一方面，作为方法论的规则的人类中心主义。这是规则的人类中心主义的显性要求，它要求规则之治具有相对的价值中立性，将人类行为纳入相对客观的分析框架中，对人类行为进行程式化分解与评价，控制恣意对个人权利的侵害。脑机接口对规则的人类中心主义前提的颠覆，应当被理解为它仅仅是对作为方法论的规则的人类中心主义的颠覆。不管脑机接口如何发展，作为价值论的规则的人类中心主义仍应被坚持，因为"人间最高贵的事就是成为人"[61]。因而，对脑机接口引致风险的控制，在制度构建的取向上应从规则的人类中心主义过渡到价值的人类中心主义。

价值的人类中心主义的核心要求是承认并维持人的主体性，维护人的尊严。这一要求已经通过人格权制度广泛体现在人类社会的法律制度中，可以说，对人的主体性和尊严的维护就是指对人格权的维护。我国《宪法》第38条第1句规定："中华人民共和国公民的人格尊严不受侵犯。"这被认为我国宪法上的人格权。[62]我国《民法典》中的人格权编则是对宪法上的人格权的具体化。价值的人类中心主义在脑机接口领域有两方面的作用：一方面，价值的人类中心主义构成了脑机接口技术创新发展的最高价值目标；另一方面，价值的人类中心主义构成了人类控制脑机接口引致风险的最低价值基准。在脑机接口所致风险无法被具体化的当下，价值的人类中心主义的最低价值基准意义更应被强调，即我们应当尽量预测脑机接口可能引发的最坏风险，以此作为我们控制脑机接口引致风险的逻辑起点。此时，我们应谨记习近平总书记的教诲："坚持底线思维，增强忧患意识，提高防控能力，着力防范化解重大风险"[63]。当然，价值的人类中心主义所要求的底线思维并非抽象地把

---

60. Kolber, A. J. (2014). Will there be a neurolaw revolution? Indiana Law Journal, 89, p. 845.
61. ［德］黑格尔：《法哲学原理》，范扬、张企泰译，商务印书馆1961年版，第52页。
62. 林来梵、骆正言：《宪法上的人格权》，《法学家》2008年第5期，第61页。
63. 《坚持底线思维，着力防范化解重大风险（2019年1月21日）》，http://www.qizhiwang.org.cn/n1/2020/0818/c433558-31826926.html，2021年4月18日最后访问。

所有类型的人格权都作为对脑机接口引致风险进行控制的底线，而是应当把人的生命权、身体权和健康权作为风险控制的底线。因为离开了生命、身体或者健康，人将不复存在，人的精神性人格权也将不复存在。

（二）在法律适用上：从司法克制主义到司法能动主义

司法权的典型特征是"消极处事，超然待物"[64]。这既是权力分立的结果，也是限制恣意的需要。司法克制主义与司法能动主义都在不同程度上体现着司法权的前述特征，二者的区别在于前者主张法官应该严格遵守实定法规则（包括成文法、先例、习惯等各种法的渊源）进行司法裁判，而后者则认为法官可以超越实定法规则进行后果考量，以免造成不良的社会后果。可见，司法克制主义与司法能动主义区分的关键在于二者对待实定法规则的态度，或者说法官是否具有造法的权力。我们对司法克制主义与司法能动主义不能做极端化的理解。因为任何司法裁判既是实定法规则被具体化的结果，也是掺杂法官个人价值判断的结果。我们也不能在一般意义上空泛地比较二者的优劣长短。因为司法克制主义和司法能动主义有着各自的作用场域，二者适用的情形是一种历时性关系而非共时性关系。具体到脑机接口语境中，司法克制主义和司法能动主义分别主要适用于单向脑机接口和双向脑机接口。

在脑机接口语境中，法律适用起始于单向脑机接口所引致的传统风险。单向脑机接口是脑机接口发展的初级阶段，它并不会对人类社会的实定法规则体系造成颠覆性影响，实定法规则仍然可以适用。此时，适用法律时依然应遵循司法克制主义的要求。不过，这是否意味着对于双向脑机接口所引致的风险进行控制时，我们就应当脱离实定法的束缚，坚持司法能动主义呢？非也。因为脑机接口的发展是一个从低端到高端的循序渐进的过程，我们所预测的新类型风险或者未来事实并不会毫无征兆地突然出现。比如，有学者预测未来人们可能会利用脑机接口技术提高和增强人类能力；可能会克隆自己，并利用脑机接口技术在克隆的人体内植入载有上传自己的记忆、情感和克隆人来源的知识的芯片，从而获得永生；脑机接口与机器的深度融合有可能淘汰人类本身，或者目前的人类只是进化过程中的一步；等等。[65] 面对这些预测事实，实定法当然是发挥不了作用的。但是，学者的这种想象式预测并不会突兀地出现，从现有的脑机接口技术，到可能引发新型风险的脑机接口技术之间，一定会有一个过渡地带。在这个过渡地带，实定法规则与脑机接口实践之间

---

64. 孙笑侠：《司法权的本质是判断权——司法权与行政权的十大区别》，《法学》1998年第8期，第34页。
65. McGee, E. M. (2007). Should there be a law? Brain chips: Ethical and policy issues. Thomas M. Cooley Law Review, 24, p. 82.

可能会出现一定的紧张关系，出现实定法规则滞后于实践的需要的情况。此时，正是司法能动主义大显身手的时机。

具体来说，裁判者在适用法律时应对实定法规则进行更多的目的性考量，用实定法规则的目的缝合规则文义与实践之间的空隙。在方法论上，可供裁判者选用的方法有目的解释、类推适用、目的性限缩、目的性扩张、法的创造等。裁判者在用这些方法时，可以依照实定法目的，发表一些控制过渡地带存在的风险的原则性意见，为后续的司法裁判甚至是规则创制积累经验和指明方向。由于单向脑机接口向双向脑机接口的过渡地带所致风险极可能比单向脑机接口所致风险的危害要大，在控制脑机接口所致风险时，我们应当将防控重心转移到对接驳地带风险的识别与控制上来。防控重心的转移要求法律适用的指导理论从司法克制主义转变为司法能动主义。

在美国，脑机接口语境中的司法能动主义早已存在。在1992年发生的People v. Weinstein案中，法官重点探讨的问题之一就是单向脑机接口证据的确认与采纳。本案中，Herbert Weinstein被指控谋杀了他的妻子Barbara。但是辩护律师称，Weinstein患有精神疾病，因而他对谋杀行为不负刑事责任。[66]为了支持这一辩护，律师提供了包括通过正电子发射断层扫描（PET）获得的Weinstein的大脑扫描和他的自主神经系统的皮肤电导反应（SCR）测试结果。这两种技术就属于典型的非侵入式且单向传输的脑机接口。PET扫描的目的是让神经学家和精神病学家能够研究描绘Weinstein大脑各个区域的代谢功能的图像。具体做法是，专家们在每次扫描前几分钟，会向Weinstein体内注射一种叫作 ^{18}F-氟代脱氧葡萄糖的放射性物质。Weinstein的大脑在代谢过程中会释放出这种放射性物质。专家们再利用精密的检测设备捕获被释放出来的放射性物质，并据此绘制出Weinstein大脑各个区域的代谢功能的图像。PET扫描结果显示，Weinstein蛛网膜内长了一个囊肿，而且囊肿附近和囊肿对面的大脑区域存在代谢失衡。SCR测试的目的是利用自主神经系统的测试结果来判断大脑额叶中是否存在病变。SCR测试的基本方法是，给被测者展示从平静到震惊的各种情绪场景的照片，然后捕获被测者的皮肤电反应，根据皮肤电反应的情况来判断被测者大脑额叶中是否存在病变。SCR测试结果显示，Weinstein的大脑额叶中存在病变。辩护律师认为，Weinstein蛛网膜囊肿和大脑额叶病变可以被用来支持Weinstein患有精神疾病的结论。然而，检方认为根据弗赖（Frye）标准，PET扫描和SCR测试技术作为脑异常诊断设备还没有被证明足够可靠，不足以保证在刑事案件的审判中接受这类证据。本案法官则将讨论的重心限制在蛛网膜囊肿上，要求精

---

66. 参见People v. Weinstein, 591 N.Y.S.2d 715, 715 (1992).

神病学专家阐释蛛网膜囊肿与暴力倾向或者精神病之间的关系。不过专门家对此却无能为力。[67]进而，法院也就拒绝依据Weinstein蛛网膜囊肿来认定Weinstein患有精神疾病。

本案法官虽然拒绝了将蛛网膜囊肿视为Weinstein患有精神疾病的证据，但是法院确立了将神经科学引入法学（主要是指证据法学）的一般原则：①不符合弗赖（Frye）标准的科学证据，在判断被告人是否患有精神问题上仍可能满足可接受性的要求；②存在精神疾病或者综合征或者人类行为理论的有效性，必须在精神病学、心理学领域得到普遍认可，专家方可在庭审作证时讨论；③如已获得普遍接受，则必须允许精神病专家陈述诊断结果，并就认定被告患有或不患有精神疾病做出合理解释；④关于PET扫描和SCR测试结果的证词是可以接受的。[68]这些一般原则为后续法院思考类似问题指明了方向。本案法官所坚持的能动主义司法态度可以成为我们学习并贯彻司法能动主义的样板。

（三）在知识更新上：从条状学科主义到块状知识主义

人类社会发展的一条重要线索是社会大分工的逐步深化。恩格斯认为，原始社会后期人类社会相继出现了畜牧业与农业的分工，手工业与农业相分离、商业与手工业相分离是人类社会发展中具有标志性的文明形态。[69]人类社会分工逐步深化体现人类生活的方方面面。比如，在地理空间方面，存在城市和农村的分工。"原则上说，商业、手工业以及政治、宗教与经济指挥智能，都属于城市一方"，农村则种植粮食和瓜果蔬菜。[70]在经济活动方面，"一个以经济考虑为取向的群体中的所有社会行动类型，以及所有具有经济意义的联合体关系，都会在某种程度上涉及有助于生产的、特定模式的人的劳务分工与组织"[71]。在知识类型方面，存在自然科学与社会科学等的分工。波普尔曾经以"俄狄浦斯效应"为标准，对自然科学与社会科学进行区分。[72]康德、李凯尔特、狄尔泰等哲人采用类型学的方法，对自然科学

---

67. BEOS Test: A Defendant's Nightmare，https://scholarship.shu.edu/student_scholarship/1062，2021年5月11日最后访问。
68. 参见People v. Weinstein, 591 N.Y.S.2d 715, 715 (1992).
69. 孟睿：《恩格斯的文明观及其当代价值论析》，《社会主义研究》2020年第4期，第50页。
70. ［法］费尔南·布罗代尔：《十五至十八世纪的物质文明、经济和资本主义》，顾良、施康强译，商务印书馆2017年版，第598页。
71. ［德］马克斯·韦伯：《经济与社会》（第一卷），闫克文译，上海人民出版社2019年版，第266页。
72. 杨渝玲：《波普尔的情境逻辑：经济学的一种解释进路——兼论自然科学与社会科学的统一》，《江汉论坛》2020年第8期，第24页。

与社会科学区分及体系化构造更是进一步推动了这两种科学的发展。[73]我们现在所熟知的学科,也是人类社会知识分工的结果。分工之所以能够促进人类社会的进步,或多或少都是出于如下原因:其一,每人专司一职操作娴熟程度获得提高;其二,节省了由一个工种转换到另一个工种所花费的时间;其三,发明了许多方便和节省劳力的机器,因而使一个人可以做多人的工作。[74]因为分工强调类型之间的区别,所以经由分工而来的类型之间天然地就具有类平行线意义的条状秩序。在这个意义上,分工的结果就是人类社会方方面面的条状化。由于学科是建立在知识分工基础上的一种知识体系或教学科目[75],它也不可避免地呈现出条状化的特征。

不过,虽然社会分工在很大程度上推动着人类社会发展,但是它的深入发展也可能会阻碍人类社会的进步。这主要是因为人类社会是一个相互连带的整体,仅从线性视角有可能会人为割裂社会的整体性,造成"条"与"条"之间的知识壁垒,使人类无法再认识"条"与"条"所组成的整体。早在100多年前,条状分工所引起的知识壁垒问题就遭到了哲人们的无情讽刺。有思想家对此批判道:"厨师的手艺很快就会发展到煎鲇鱼的不会煎鲤鱼这种地步。正是这些鲤鱼厨师和鲇鱼厨师组成了许许多多的学者的特殊集团,在这些集团中创造着各种各样的词典、图表和观测,以及需要长期的耐性和僵死的灵魂才能办到的一切。"[76]马克斯·韦伯也深刻地指出:"随着不可避免的专业化和理智化的过程,主要作用于物质领域的进步,也将精神的世界割得七零八落;生活领域的被分割,进而使普世性的价值系统分崩离析,信仰的忠诚被来自不同领域的原则所瓜分,统一的世界于是真正变成了'文明的碎片'。"[77]"条"与"条"之间的知识壁垒所带来的危害在脑机接口技术极速发展的当下变得更为现实与紧迫。比如,在刑事诉讼中,通过脑机接口技术所获取的结果可能会被视为一种新的证据类型,但是受限于知识壁垒,通过脑机接口技术所获取的结果作为证据的合法性会引起各方当事主体的激烈争论,法院往往会采取回避的态度来对待这些事物。在前文提及的 People v. Weinstein 案中,法官所提出的将神经科学引入证据法学的一般原则,实质上就是在学科壁垒的制约下,法院所做的一种权宜性选择。

前述分析表明,在人类社会步入包括脑机接口、人工智能、基因编辑、神经科

---

73. 王赟:《自然科学与社会科学:历史方法的必要性》,《广东社会科学》2021年第1期,第196页以下。
74. [英]亚当·斯密:《国富论》,谢祖钧译,商务印书馆2007年版,第5页。
75. 邵玲芝等:《多种学科分类标准在高校运行中的应用、冲突及其治理》,《江苏高教》2020年第8期,第22页。
76. [俄]赫尔岑:《科学中华而不实的作风》,李原译,商务印书馆1962年版,第56页。
77. [德]马克斯·韦伯:《学术与政治》,冯克利译,商务印书馆2018年版,代译序部分第4页。

学、自动化等深度融合的第四次工业革命之际[78]，以知识分工为基础的条状学科主义可能走向知识管理与知识创新的反面。此前已有很多学者对条状学科主义所带来的学科与学科之间的间隙、裂缝甚至断层等问题进行了有益思索，并提出了相应的解决方案。比如，在法学领域，为了克服法学二级学科之间的壁垒问题，学者们提出了"行业法"方案[79]和"领域法"方案[80]等。不过，为了控制脑机接口所引致的新型风险，仅仅在法学学科内部进行二级学科的整合是远远不够的，因为解决这一问题需要众多一级学科之间进行深度融合。好在我国在以知识为中心的跨学科整合方面，已经迈出了实质性的步伐。比如，2020年11月3日我国教育部新文科建设工作组发布了《新文科建设宣言》，强调将来的文科建设将"积极推动人工智能、大数据等现代信息技术与文科专业深入融合，积极发展文科类新兴专业"，以"实现文科与理工农医的深度交叉融合"[81]。按照《新文科建设宣言》的规划，我们将来就有可能积累控制脑机接口引致的新型风险的多学科知识需要。总之，我们应当从条状学科主义过渡到以知识整合为基础的块状知识主义，围绕脑机接口这个知识领域，将与之有关的认知科学、神经工程、神经科学、医学、计算机科学、法学、伦理学等不同学科整合起来，去认识、理解和控制脑机接口所引致的风险。

六、结语

正如苏力教授所说的，"法学是一个比较保守的学科。法律的基本功能是保持社会秩序和行为规则不变，……即使有变化，法律也是力求在保持现状的基础上有节制的、因此是人们可以有预期的发展。法学从来就不是以其新颖、玄妙、想象力而获得人们的青睐，而是以它的熟悉、便利和重复性而与人们相伴相随"[82]。在研究脑机接口引致的传统法律风险的控制时，起始性的立场应当是顺应法律的保守性，认清脑机接口研究中的修辞表达，拒绝对脑机接口引致风险进行想象式发挥[83]，避免脑机接口的法律问题研究滑入"既要促创新，又要防风险"的无原则的价值折

---

78. Pauwels, E. and Denton, S. W. (2018). The Internet of bodies: Life and death in the age of AI. California Western Law Review, No. 1, p. 221.

79. 孙笑侠：《论行业法》，《中国法学》2013年第1期，第53页以下。

80. 刘剑文：《论领域法学：一种立足新兴交叉领域的法学研究范式》，《政法论丛》2016年第5期，第3页以下。

81. 《〈新文科建设宣言〉正式发布》，https://www.eol.cn/news/yaowen/202011/t20201103_2029763.shtml，2021年5月8日最后访问。

82. 苏力：《反思法学的特点》，《读书》1998年第1期，第23页。

83. 冀洋：《人工智能时代的刑事责任体系不必重构》，《比较法研究》2019年第4期，第136页。

中论调之中，进而出现空洞式的政策呼吁和肤浅的对策论，甚至出现法律虚无主义。

法律的保守性特点意味着，我们在思索对脑机接口引致风险的法律控制这一问题时，逻辑起点在于实定法体系，而实定法的适用又以现实化的风险为基础。因此，我们要做的首要工作是谨慎识别哪些是传统风险、哪些是新型风险，对不同类型的风险采用差异化的防控策略。具体来说，脑机接口引致的风险大概有两类：一类是传统风险，包括脑机接口产品或服务对使用者物质性人格权和个人信息权的侵害，实定法规则完全可以满足对这类风险的控制需求；另一类是新型风险，包括脑机接口产品在理念上和制度上对现有实定法体系的颠覆。我们应从规则创制、法律适用和知识更新等多角度去发掘对新型风险的防控方案。

用法律的方式控制社会风险是人类社会的永恒话题。任何风险控制方式，在本质上都是法的安定性与社会变动性之间博弈的结果，只不过脑机接口等科技的快速发展，使得这种博弈变得更加激烈。越是在博弈激烈的时候，我们越应当坚持最根本的价值指导——那就是保持人的主体性地位，维持人的基本尊严。因为不论脑机接口技术如何发展，无论其可能给我们带来何种便利或风险，"我们真正继承的是塑造和完善自身的能力，使自己不成为奴隶，而成为命运的主宰"[84]。

---

84. ［美］斯塔夫里阿诺斯：《全球通史：从史前到21世纪（上）》，吴象婴等译，北京大学出版社2012年版，第44页。

在线庭审对诉讼程序的冲击及反思

胡昌明*

(中国社会科学院法学研究所,北京,100720)

摘　要:近年来,随着信息技术的发展,互联网被逐步引入诉讼,司法从剧场化向网络化转型。司法的网络化对诉讼程序产生了深刻的影响,不仅打破了诉讼必须在法庭这一场域进行的传统形式,而且在证据采集和证明、诉讼材料送达和庭审笔录形式等方面发生了重大变化。这使得当事人参与诉讼更加便捷,民事诉讼程序更加简洁、实用,也使得司法更加贴近民众,实现了司法祛魅。但是,司法的网络化进程并非完美,我们在看到在线诉讼模式优势和应用前景的同时,也应该保持冷静和理性,在在线诉讼中尽可能平衡各项诉讼价值、平等保护各方当事人利益,对在线诉讼的适用范围加以限制,避免司法从网络化跌入"广场化"的泥淖。

关键词:民事诉讼　诉讼程序　在线审理　司法网络化　司法剧场化

The Impact and Reflection of Electronic of Online Trial on Litigation Procedure

Abstract: In recent years, with the development of information technology, the Internet has been gradually introduced into litigation, and the "theater of justice" has gradually transformed into the "network of justice". The networking of justice has had a profound impact on the litigation process, not only breaking the inherent pattern that litigation must be conducted in the courtroom, but also having an important impact on the collection and proof of evidence, the service of litigation materials and the form of court records. The networking of justice makes it more convenient to participate in litigation, more concise and practical litigation procedures, and also brings justice closer to the

---

*基金项目:北京市习近平新时代中国特色社会主义思想研究中心项目、北京市社会科学基金项目"新时代中国特色社会主义法治体系建设的理论和实践研究"(编号:18ZDL18)的阶段性成果。
作者简介:胡昌明,中国社会科学院法学研究所副研究员。

people and realizes the dispelling of justice; although the networking of justice has a wide range of application prospects, if it is abused, it may damage the litigation rights and interests of the parties, and even violate the value of litigation. Therefore, online litigation should balance the value of litigation as far as possible, protect the interests of all parties equally, and regulate the scope of its application, so as to avoid "judicial networking" from falling into the quagmire of "judicial squareization".

Key Words: civil litigation, online litigation, judicial networking, judicial

舒国滢教授曾经用司法的广场化到司法的剧场化来指称司法从前现代到现代的转变。在这一转变中，司法剧场化内化了人们的理性精神和品质，凸显了程序和秩序观念，促成了法律活动的技术化和专门化。[1]

当然，在克服司法广场化狂热、非理性特征，构建司法活动专业性的同时，司法剧场化也带来了高昂的司法成本，增加了民众参与的难度，使得参与者之间变得疏离。在司法剧场化的场景下，诉讼参与人虽然完全尊重法律，但是这种尊重可能永远不会是基于亲近感的尊重，而是一种"保持距离"的尊重。[2]

随着信息技术的兴起，越来越多的科技元素被引入法院和司法庭审中。各级法院全面推进电子诉讼，100%的法院实现网上立案、缴费、电子送达三类应用。截至2019年，全国已建设科技法庭38068个，特别是智能手机的普及、5G的探索、互联网法院的成立，使得司法的网络化从设想走向现实。2020年，突如其来的疫情使得很多社会、经济活动受到阻碍，诉讼活动也不例外。为了缓解无法面对面进行诉讼与案件审限之间的张力，我国法院借助近年来新技术和智慧司法的建设，在疫情期间纷纷开启网络化诉讼模式，越来越多的诉讼环节从线下转移到了线上。数据显示，疫情期间，在线诉讼成为一些法院的主要诉讼模式，例如，深圳市龙华区人民法院速裁庭运用"深圳移动微法院"开庭数占全院81%。[3]遑论前两年成立的杭州、北京、广州三家互联网法院，其在线庭审率都在90%以上。[4]可见，在线诉讼已逐步成为中国司法一种全新的审判模式。

网络化诉讼模式在把司法从法庭这一固定场所解放出来，搬到网络空间的同

---

1. 舒国滢：《在法律的边缘》，中国法制出版社2000年版，第94页。
2. 上引舒国滢书，第97页。
3. 肖波、徐全盛：《深圳"智慧引擎"启动在线诉讼》，《人民法院报》2020年4月21日，第8版。
4. 陈甦、田禾：《中国法院信息化发展报告No.4（2020）》，社会科学文献出版社2020年版，第318页以下。

时,也在悄然改变几十年来司法剧场化下逐步形成的一些诉讼规则,在一定意义上削弱了司法剧场化的符号意义,对传统的法律诉讼程序产生了一定的冲击。作为一个新生事物,在线诉讼的利弊得失远未得到深入的解剖,由此可能引发公众对网络化司法模式的质疑,动摇司法的理性与秩序,甚至有在网络上形成司法的广场化的危险,实在不可小觑!在在线审理的案件类型中,民事案件使用最广、占比最大,本文就以在线诉讼方式对民事诉讼[5]的影响展开论述,以期为未来在线诉讼的发展提供借鉴。

一、司法"网络化"对诉讼程序的影响

司法的网络化模式打破了法庭这样一个物理空间。从空间来说,从法庭这样一个相对封闭的场域,转移到网络这样一个相对开放的场域;从当事人心理来说,法庭对于当事人是一个陌生的环境,当事人会相对拘谨,但是当法庭搬到网上,当事人置身于自己的办公室或者家中,在自己的私人场所内,他们的心情会相对放松,也将更加随意。由此,司法网络化在使得司法更加亲民的同时,也会带来传统诉讼程序的改变,对庭审秩序的维护、证据形式、认证方式、送达方式以及庭审笔录都产生一系列深刻的影响。

(一)庭审秩序失范

司法从"广场"进入"剧场"后,法官作为庭审的主持人,在法庭这一场域内对于庭审秩序和当事人的行为通常具有较强的掌控能力。但是,法庭从线下搬到线上后,法官对庭审秩序的维护更加困难,存在庭审秩序失范的隐患。其一,庭审庄严肃穆的氛围消失。虽然仍然是庭审,仍然面对法官和对方当事人,但是"网络化"庭审中,原来由法台、国徽、法槌、法袍、审判席等构成的司法场域一定程度上被消解,无法像法庭中那样营造出法律的神圣性和权威性。同时,在网络庭审中,《人民法院法庭规则》要求的"审判人员进入法庭以及审判长或独任审判员宣告判决、裁定、决定时,全体人员应当起立"等司法仪式无法举行,也将进一步削弱法官的权威性。其次,违反法庭秩序的行为更难以被察觉和纠正。虽然线上庭审规则要求诉讼参与人能够将头面部完全显示在视频画面的合理区域,但是由于视频

---

5. 不是说司法的"网络化"不会对刑事审判产生影响,而是在目前的民事审判中在线诉讼运用最为广泛,根据《最高人民法院关于新冠肺炎疫情防控期间加强和规范在线诉讼工作的通知》第八条,刑事案件在线庭审目前仍在探索阶段有一定的限制,尚不能全面推行。

画面、角度有限，法官无法看到当事人身体全貌，也无法看到镜头外的其他动作和行为[6]，因此，增加了当事人从事违反法庭秩序，甚至损害诉讼程序行为的风险。例如，未经法庭允许录音录像，庭审时与私下向他人寻求帮助，或者允许甚至唆使证人旁听庭审，以获得对己方有利的证人证言等。但是，由于不在同一个物理空间内，也无法得到司法警察的辅助，法官想要发现和纠正这些违法行为势必更加困难。最后，庭审的流畅性可能会降低。一方面，由于网上庭审高度依赖网络环境，而法庭并不能保证所有当事人都具有良好的网络环境来实时传输声音和图像，在在线审判过程中，掉线、卡顿、图像和声音不清晰等现象难以避免；另一方面，由于当事人的环境空间不受法官控制，当事人无论在办公场所还是家中开庭，庭审中出现被意外打扰的可能性也更大，庭审的不可控性更高。这些问题在一般的视频交流中问题并不突出，但是在庄严的法律庭审中出现，轻则严重干扰庭审的流畅性，重则影响当事人诉讼权利的平衡保障。

（二）证明方式剧变

这主要表现在两方面。其一，证据形式差异大。在传统的诉讼模式中，不管是书证、物证还是视听资料，甚至电子数据，都是通过邮寄或者当面方式提交给法庭。质证过程也是在法官或者法官助理主持下，与对方当事人面对面进行的。然而，在线诉讼时，主要的证据形式是电子证据，这些以电子方式呈现的证据需要通过网络传输给法院，如果这些证据原来是纸质的书证、鉴定意见、勘验笔录等线下证据，就需要当事人"通过扫描、翻拍、转录等方式进行电子化处理后上传至诉讼平台"[7]。一些必须要核对证据原件的案件，则不适宜在线庭审。

其二，证据真实性的证明方式发生变化。正是在线诉讼与线下诉讼证据形式的差异带来了证据真实性验证方式的差别。真实性是诉讼中当事人质证的重点环节之一。在传统诉讼中，往往通过原件与复印件的比对、证人证言、公证认证或鉴定机构出具的鉴定报告等方式来确认证据的真实性。但是，虽然电子证据已经被《民事

---

6. 广州互联网法院一名被告的律师庭审后发文，声称自己"给足了法院面子，上身穿得多正式"，并配了一张照片。照片显示，这名律师在家里"出庭"时，上半身穿着黑色衬衫和淡蓝色西装外套，下半身却只有一条短裤加拖鞋。参见章程等：《广州互联网法院以问题为导向 探索网络空间治理现代化的"广互方案"》，《广州日报》2019年12月3日，第A3版。

7. 《最高人民法院关于互联网法院审理案件若干问题的规定》第九条规定："互联网法院组织在线证据交换的，当事人应当将在线电子数据上传、导入诉讼平台，或者将线下证据通过扫描、翻拍、转录等方式进行电子化处理后上传至诉讼平台进行举证，也可以运用已经导入诉讼平台的电子数据证明自己的主张。"

诉讼法》所接纳，但是电子数据本身具有容易篡改、不稳定等的特征，证据的真实性容易受到对方当事人的质疑，证据采信率通常较低。而在在线诉讼中，证据主要通过电子数据方式呈现，电子证据的真实性问题已然成为诉讼能否进行，裁判如何判断的根本问题。

由于在线诉讼涉及的电子数据数量庞大，如果对其真实性的审查判断仍然依靠传统的鉴定、公证程序，不仅会增加当事人的诉讼成本（特别是在一些标的额不大的网络侵权案件中，司法鉴定的费用甚至有可能远超诉讼标的额），还将延缓诉讼进程，严重影响司法效率；如果直接由法官判断采信，则又往往超出法官裁判能力范围，带来一定的道德风险。

因此，2019年，最高人民法院修订了2001年颁行的《关于民事诉讼证据的若干规定》，此次修订最突出的特点之一就是完善了电子数据的认证、质证规则，特别是增加了电子数据真实性的判断手段，如"由记录和保存电子数据的中立第三方平台提供或者确认"；对于电子数据当事人可以通过"电子签名、可信时间戳、哈希值校验、区块链等证据收集、固定和防篡改的技术手段或者通过电子取证存证平台认证"。通过区块链等技术手段保证电子证据的真实性，改变了传统线下诉讼的证据证明方式。

（三）送达方式切换

送达虽然并非诉讼法学关注和讨论的焦点，但确实是民事案件进入诉讼后的第一个环节，关系到诉讼效率和程序的公正，而且"送达难""送达累"和"送达乱"始终是困扰各级法院特别是基层法院的难题。[8]2012年修正的《民事诉讼法》将传真、电子邮件等电子送达方式纳入法律，使得民事诉讼送达方式更加多元。这一修改也使得在线诉讼更加顺畅和便捷。线下诉讼时，送达的材料通常都是纸质材料，主要采用直接送达、邮寄送达、公告送达等方式进行送达，有时也会采用委托及留置送达和转交送达。在线诉讼中，起诉状、证据等诉讼材料，法院的诉讼文书（传票、应诉通知书等）都以电子方式呈现，因此，电子送达遂成为在线诉讼案件的主要送达方式。但与其他送达方式相比，电子送达在具有成本低、效率高等优势的同时，也具有一些局限性。一是法律规定电子送达需要经受送达人同意，那么一些下落不明，或者故意通过躲避送达来达到拖延诉讼或者逃避责任等目的的当事人就会"不同意"电子送达；二是法律规定电子送达的诉讼文书有一定的限制，判决书、

---

8. 郑旭江：《互联网法院建设对民事诉讼制度的挑战及应对》，《法律适用》2018年第3期，第12页。

裁定书、调解书尚不能适用电子送达方式"；三是在受送达人同意电子送达但未主动提供或者确认电子地址时，如何确认受送达人是否收讫送达，从而确定送达的效力仍然存在争议；四是电子送达渠道多样可能造成混乱，目前，法院的电子送达可能通过中国审判流程信息公开网、全国统一送达平台、即时通讯工具等多种方式进行，由此可能造成分散送达或者多头送达，甚至引起当事人对法院送达公信力的质疑。

（四）庭审笔录改革

庭审笔录是关于法院、当事人、诉讼参与人在庭审中实施诉讼活动的法定证明文书，是法院依法做出裁决的重要依据，也是社会监督审判、监督法官公正司法的有效方法。[10]因此，庭审笔录对于审理和裁判都具有重要价值，但是《民事诉讼法》对庭审笔录的规定只用了一个条文，过于简单和概括。在传统线下诉讼中，法庭笔录一般由书记员完成，在庭审结束后，审判人员、书记员、当事人和其他诉讼参与人在阅读后均应签名或者盖章。在在线诉讼中，庭审笔录的形式也发生了重大变革。首先，在线诉讼中，审判人员、书记员、当事人和其他诉讼参与人通常通过法院诉讼平台的电子签名系统签署庭审笔录；其次，由于最高人民法院要求对包括在线庭审在内的所有庭审获得全程进行录音录像，书面庭审笔录的重要性下降，在当事人对庭审笔录存在异议的情况下，司法解释规定，"以庭审录音录像记载为准"。甚至在小额诉讼程序、简易程序案件中，庭审录音录像已经完全替代庭审笔录。[11]庭审笔录在在线诉讼中的重要性已经不复存在。最后，即使在保留传统纸面庭审笔录的法庭中，庭审笔录也面临着深刻的变化。随着语音转化能力的提升，越来越多的庭审笔录从书记员记录转变为由语音识别功能自动识别、同步转换。在一些试点法院，语音识别不仅正确率高，"已实现普通话庭审笔录完整度接近100%，即使是带有口音的普通话语音识别正确率也能达到90%以上"，而且能够有效提升审判效率，"庭审时间平均缩短20%～30%，复杂案件庭审时间缩短超过50%"[12]，能够有

---

9. 这点在《最高人民法院关于互联网法院审理案件若干问题的规定》中已经有所突破，该规定第十五条第三款规定"经告知当事人权利义务，并征得其同意，互联网法院可以电子送达裁判文书"。
10. 陈卫平：《论庭审笔录的法定化》，《中外法学》2015年第4期，第914页。
11. 《最高人民法院关于人民法院庭审录音录像的若干规定》第八条规定"适用简易程序审理民事案件的庭审录音录像，经当事人同意的，可以替代法庭笔录"。
12. 中国社会科学院法学研究所法治指数创新工程项目组：《中国法院"智慧审判"第三方评估报告（2018）》，载陈甦、田禾：《中国法院信息化发展报告No.3（2019）》，中国社科文献出版社2019年版，第54页。

效克服书记员输入效率低导致庭审暂停的现象。因此，存在自动生成庭审笔录替代传统书记员进行庭审笔录的趋势。

二、司法网络化在诉讼中的效用

（一）提升程序便捷性

司法网络化对民事诉讼的重塑首先体现在提升了程序的便捷性。一是当事人参与诉讼更加方便。相对于线下庭审，线上庭审对于当事人而言显然更加便捷。司法的网络化基本上实现了诉讼参与人只要有网络，有一台电脑甚至有一部智能手机，即便未离开家半步，也可以在网络上完成从立案、举证、开庭到最后执行的整个诉讼过程。二是降低了诉讼成本。司法活动本身成本非常高，既包括法院为了维持司法运行所付出的成本，也包括当事人的诉讼成本。从法院角度而言，大量案件从线下搬到线上，可以减少法庭数量，缩小法庭规模，同时大量电子文档的实施也节约了存储空间和办公文印费用；从当事人角度而言，减少了跑法院的次数也就降低了相应的交通费和时间成本，这对于异地诉讼成本的降低作用尤其不容小觑。三是提高了司法效率。由于网络庭审前，法院已经在线完成信息核对、情况告知以及证据交换等工作，以及采用了全程录音录像和语音识别系统替代传统的庭审笔录，网络庭审的程序更加简洁，效率大幅提升。《中国法院的互联网司法》白皮书显示，截至2019年10月31日，杭州、北京、广州互联网法院在线庭审平均用时45分钟，案件平均审理周期约38天，比传统审理模式分别节约时间约3/5和1/2。[13] 三家互联网法院人均结案数量均为700件以上，比其他法院高出数倍。

（二）简化诉讼流程

在线下诉讼过程中，法官与当事人面对面机会少，庭审几乎是双方直接进行沟通交流的唯一场景，所以大量的信息交互都集中在庭审过程中。为了保证当事人充分表达和信息充分沟通，诉讼程序十分烦琐，庭审被人为地拉长。像戏剧中的表演活动一定要按照固定的程序（程式）进行，由"序幕""高潮"和"尾声"诸部组成一样[14]，正式的线下庭审，也必定要经过合议庭进入法庭、全体起立、法官敲击

---

13. 中华人民共和国最高人民法院：《中国法院的互联网司法》，人民法院出版社2019年版，第6页。
14. 舒国滢：《"司法的广场化"到"司法的剧场化"——一个符号学的视角》，《在法律的边缘》，中国法制出版社2000年版，第94页。

法槌宣布开庭、当事人身份核实、权利义务告知、宣示庭审纪律等"序幕",法庭调查与法庭辩论等"高潮",当事人最后陈述等"尾声"部分,这些环节虽然保证了法律程序的完整性,保障了当事人的诉讼权利,但是对于大量简易案件而言,程式化的程序过于烦琐。在庭审过程中,当事人陈述、法庭调查与法庭辩论部分中,大量的意见不断重复出现,往往导致庭审拖沓、冗长、低效。在在线庭审中,开庭前已经在线完成的当事人身份核实等环节可以不再进行,庭前完成证据交换后,没有争议的证据可以不再质证,当事人陈述、法庭调查、法庭辩论等庭审环节可以合并进行。[15]这一规定显然体现了法院强烈的实用主义倾向,简化后的法庭庭审根据案件不同的情况和复杂程度,诉讼程序会体现出繁简不同的差异。例如,对于简单的民事案件,庭审可以直接围绕诉讼请求或者案件要素进行。[16]又如,事实清楚、权利义务关系明确的简单民事案件,即使需要进行公告送达,仍可以适用简易程序等。[17]这些对《民事诉讼法》有所突破的规定,其实更加符合司法实践的需求。也就是说,在在线诉讼中,当事人对简单案件诉讼效率的要求有可能得到更加有效的保障,同时也会因案制宜,保证普通案件、疑难复杂案件经历完整的诉讼程序。

(三)实现司法祛魅

现代社会之所以将司法从"广场"搬到"剧场",是因为司法审判是一个理性活动的过程,需要充分调动法官专业化的知识来处理眼前的纠纷,这就需要创造一个相对安静、独立的空间,"以防止法庭之外和之内的各种'嘈杂的声音'对庭审活动可能造成的干扰"[18]。但是严格的司法剧场化在凸显法定程序、法庭秩序的同时,也给司法增添了"神秘色彩",造成了大众对于司法的隔阂和疏离;法袍、法台和法槌等器物在增加法庭威严的同时,也会给参加庭审的当事人,特别是不经常参加的"生疏当事人"[19]产生较大的精神压力。对于这些当事人而言,法律令人难以理喻、隐蔽晦暗、"矫揉造作",这使得司法愈来愈失去可触及性和亲近感。而

---

15. 《最高人民法院关于互联网法院审理案件若干问题的规定》第13条。
16. 《最高人民法院关于互联网法院审理案件若干问题的规定》第13条第3项。
17. 《最高人民法院关于互联网法院审理案件若干问题的规定》第18条。
18. 舒国滢:《在法律的边缘》,中国法制出版社2000年版,第94页。
19. 笔者在以往的司法审判经历中发现,根据诉讼参与人对司法熟悉程度可以分为"生疏当事人"和"熟络当事人"两类,前者包括对法律不熟悉或者不太熟悉,首次或者偶尔参加诉讼的当事人,他们缺乏诉讼技巧,对诉讼和庭审缺乏认知,在诉讼中往往处于不利地位;后者包括律师、法律工作者等专业法律人士以及经常参加诉讼的当事人、代理人,他们精通法律,熟悉诉讼技巧,对庭审过程驾轻就熟,往往会利用自己的专业优势在诉讼中取得优势地位。诉讼参与人对司法的熟悉程度对诉讼的过程和诉讼的结果,都会产生一定影响。

"网络司法"则拉近了法官与诉讼参与人之间的距离,双方当事人和法官出现在同一个画面屏幕中,地位更加平等,更容易"面对面"地看清楚对方的微表情,双方在空间上虽然相距甚远,但是网络拆解了法庭内部的物理屏障,也一定程度上消解了法官与当事人之间的心理隔阂,反而使得双方的心理距离更加贴近。将法官从高高的法台上拉到当事人身旁,一定程度上实现了司法的祛魅,消除了司法剧场化可能出现的"异化"倾向,特别是对于"生疏当事人"而言,更容易占据相对平等的地位,未免不是件好事。

三、司法网络化的限度和纠偏

司法"网络化"使得诉讼更便捷,程序更简便,司法更亲民。司法网络化的成效在中国三家互联网法院得到了较好的体现,截至2019年10月31日,杭州、北京、广州互联网法院共受理互联网案件118764件,在线立案申请率为96.8%,全流程在线审结80819件,一审服判息诉率达98.0%,审判质量、效率和效果呈现良好态势。[20]

在疫情期间,互联网司法发挥了更加重要的作用。数据显示,2020年2月3日至3月31日,全国法院网上立案70.6万件;网上开庭15万件,同比增幅453.3%;网上调解案件30.2万件,同比增幅89.1%。[21]由此,在线诉讼模式获得一片赞誉。但是,我们在看到在线诉讼模式优势和应用前景的同时,也应该保持冷静和理性,毕竟这一诉讼模式还在初试阶段,相关的技术、法律配套尚不健全,在全面铺开前有必要对在线诉讼可能存在的问题进行预判,从而避免司法网络化的滥用,损害当事人的诉讼权益,甚至违背诉讼的公正性、程序性要求,从而破坏司法公信力。

(一)避免司法跌入广场化泥淖

司法网络化是诉讼现代化"枝头"长出的一个"新芽",自诞生以来就是对司法剧场化模式的一种发展。这种新模式的生发有现代科技发展的助推,也带着修正传统诉讼模式弊端的基因,但是司法的网络化对司法剧场化的拓展应当是建设性的,而非颠覆性的。司法网络化的发展有助于克服司法剧场化过于程式化,甚至形式化、烦琐化的倾向,调整其造成的法官高高在上、与当事人之间过分隔阂与疏离的情形。但是,在运用在线诉讼方式克服司法剧场化弊端的同时,要避免司法从一

---

20. 中华人民共和国最高人民法院:《中国法院的互联网司法》,人民法院出版社2019年版,第6页。

21. 孙航:《疫情防控期间智慧法院建设成果红利充分释放》,《人民法院报》2020年4月15日,第1版。

个极端走向另一个极端,即又回到司法广场化的泥淖中。一是中国司法文化中一直残存着广场化的基因,从古代的"游街示众"到20世纪六七十年代的"批斗大会"、80年代的"公判大会",直到1988年,对所有已决犯、未决犯以及一切违法的人一律不准游街示众的规定才正式出台。2003年,最高人民法院再次明确规定不准公审公判,坚决反对集中宣判和执行。[22]但是即使进入21世纪后,中国各地仍然不乏公判大会的身影。[23]中国的司法传统一直对广场化司法情有独钟,习惯于借助于广场的力量去扩大司法审判的社会效果,教育最广大的人民群众。我国第一部《刑事诉讼法》是1979年通过的,而《民事诉讼法》更是迟至1991年才颁布,因此,中国司法在避免过度剧场化的危害时,更应警惕司法广场化的阴霾。二是司法网络化本身意味着打破法庭物理空间束缚、简化诉讼程序、拉近法官与当事人的距离,加之大量在线诉讼直接接入庭审直播网,有相当数量的网民旁观,不仅容易激发代理律师在镜头前使用煽动性语言的表演欲,也可能会使法官无法心无旁骛地专注于审判,这些都与司法的广场化特征类似,很有可能破坏经过几代法律人努力,才逐步建立起来的程序性、专业化的审判模式,影响法庭威仪,有损司法权威[24],因此尤其值得警惕,并应通过制定一定的法律法规以及技术手段竭力避免。例如,应当修改《人民法院法庭规则》,规定除特殊情况外,在线庭审时,法官必须在法庭内进行庭审,法官、律师等专业人士必须穿制式服装,当事人在线庭审的空间必须保证安静和相对封闭,衣着得体,不得大声喧哗、不得随意走动、不得录音录像、不得允许证人旁听,对于违反规定的,应当设定关闭声音通道、训诫、罚款,乃至司法拘留等处罚措施。

(二)应当平衡民事诉讼各项价值

司法网络化对于提升司法效率、降低诉讼成本的作用毋庸置疑,在民事诉讼案件数量仍在不断攀升的当下,司法网络化无疑能够缓解中国司法资源捉襟见肘的燃

---

22. 1980年实施的《刑事诉讼法》规定执行死刑不应示众。1988年,《关于坚决制止将已决犯、未决犯游街示众的通知》明确规定:不但对死刑罪犯不准游街、示众,对其他已决犯、未决犯也一律不准游街、示众。1992年,《关于依法文明管理看守所在押人犯的通知》,再次强调禁止搞任何变相的游街、示众。2003年,最高人民法院公布的《关于推行十项制度切实防止产生新的超期羁押的通知》中又明确规定不准公审公判,坚决反对集中宣判和执行。
23. 黄振睿:《崇左公开宣判毒品犯罪案件》,《人民法院报》2015年6月27日,第6版;《广东万人公开宣判大会现场:5名毒枭被立即处死》,http://politics.people.com.cn/n/2015/0627/c70731-27216147-4.html,2020年6月16日最后访问。
24. 斑斓君:《美最高院首试"电话"庭审,全球互联网司法下步走势如何【斑斓·观世】》,载微信公众号"法影斑斓",2020年5月7日。

眉之急，也顺应了世界诉讼发展的潮流。然而，高效率和低成本绝对不是诉讼唯一的价值取向，甚至也不应将其作为最重要的价值。对科技手段的追求不能忽视程序正义的初衷，相对于单纯的技术应用，对当事人诉讼权利与实体权利的保护更为重要。[25]司法首先要遵循的本质属性是公平正义。不管采用哪种诉讼形式，司法应当平衡各项诉讼价值，特别是优先将公正作为诉讼的终极价值。

司法网络化如果在增进司法效率的同时，没有减损其他司法价值，没有妨害司法公正，形成了帕累托最优，那么这种诉讼形式显然毫无争议。但是，反之，如果司法网络化虽然提升了效率，但是减损了当事人的权利保障或司法的权威和公平正义，那么则应充分权衡这一形式的利弊得失，放弃在线诉讼或者仅在部分流程、部分案件适用在线方式，在其他环节和案件中保留线下诉讼方式。

围绕司法网络化的各种争论中，争议最大的恐怕就是异步审判了。所谓异步审判，乃是与同步审判相对而言，是指包括法官和当事人在内的程序参与人之间，非但不必相聚一室进行诉讼活动，甚至可以不在同一日期做出各自的诉讼行为，程序参与人在意见表达上，可以有时间上的延后间隔，一方表达后，他方无须立即做出回应，而在其后的一定时间之内（例如24小时或48小时）表达亦为有效。[26]异步审判的优势在于给予当事人最大限度的便利，满足了当事人随时随地诉讼的需求，但是其缺陷也是显而易见的。

第一，彻底打破了诉讼的场域，庭审过程被彻底解构。如果说从司法的剧场化到司法网络化的变迁，只是降低了庭审的严肃性，让诉讼变得更加亲民的话，那么从同步审判到异步审判，就是彻底解构了诉讼程序。在异步审判中，当事人对于法官提问的答复、质证意见、辩论意见等都可以不在同一时间内做出。如此一来，首先，诉讼的连贯性被打断和打乱，造成诉讼过程可能被人为拉长；其次，取消了法庭这样一个专门的场景和集中的庭审时间，没有庭审的"广场"，更没有"剧场"，取消了所有的诉讼仪式，当事人自然无法感受到诉讼的严肃性，对诉讼的态度变得不以为然，削减了司法的权威；更重要的是，不需要同步答复的情况下，当事人必然会字斟句酌，选择最有利于己方的答复，还可能寻求第三方帮助，甚至直接由专业人士代为回答，这些直接违反了民事诉讼法的行为对保护对方当事人利益、维持司法公正造成极大的冲击。而对此，法官却无法知晓、无从处罚。

第二，违背了直接言词原则。直接言词原则的核心是法官自己审理，自己判决，法官亲历庭审，法官、当事人以及其他诉讼参与人以口头的方式进行诉讼活

---

25. 王福华：《电子诉讼制度构建的法律基础》，《法学研究》2016年第6期，第94页。
26. 《杭州互联网法院涉网案件异步审理规程（试行）》，《杭州互联网法院诉讼规则汇编》，第19页。

动。在在线诉讼情况下，法官还是自己审理自己判决，法官通过信息通信技术进行证据调查，当事人以及其他诉讼参与人通过信息通信技术进行口头陈述。[27]因此，在本质上，在线诉讼与线下并没有差别。不过，在异步审判中，法官与当事人，当事人与当事人，当事人与证人、鉴定人等在诉讼中都无须面对面交流，可以说异步审判直接否定、颠覆了直接言词原则。

第三，事实真相难以查清。一方面，虽然《民事诉讼法》对作伪证予以严厉的处罚，但在法庭上，谎言、作伪证的现象并不鲜见。在采用异步审理的案件中，不需要即刻回复法官和对方当事人的提问，可以经过充分思考后再做回答，发现和排除伪证的难度必然会加大，尤其在证人作证环节，当事人和证人之间串通作伪证的可能性也会增加[28]。另一方面，由于庭审并不是连续进行，对于法官和对方当事人的提问，一方当事人可能回避，也可能忘记回应，还有可能在时限结束前突击回复，减少对方的辩驳机会，总之，没有"面对面"质证，难以确保法官准确判断当事人陈述和证据的真实性[29]。

由上可知，异步审判这一在线诉讼的创新模式过分追求诉讼中便利当事人参加的价值取向，而突破了诉讼的基本原则，损害了其他诉讼价值，在妥当性上似有探讨空间。因此，在司法网络化时，不能为了标新立异，或者过分追求某一种价值而忽视其他价值，特别是对当事人权利的保护以及对司法公正的追求，否则有可能违背了改革的初衷。

（三）平等保护各方当事人的利益

电子诉讼能否实现程序上的平等，在很大程度上取决于其能否克服"数字鸿沟"造成的障碍。[30]虽然在某种意义上，司法网络化并不必然导致权利保护的失衡，相对于线下司法中可能出现一方当事人聘请两名专业律师，并邀请众多亲友旁听以助声威，而另一方只有孤零零一名当事人参加庭审的情况，网络世界反而给人带来众生平等的错觉。但是，在网络化的司法环境中，当事人对网络的熟悉程度各不相同，各方当事人运用网络的能力千差万别，甚至硬件设备也相去甚远，这些差异导致"数字鸿沟"无法完全消除。司法网络化放大了这种诉讼中的不平等，特别是双

---

27. 刘敏：《电子诉讼潮流与我国民事诉讼法的应对》，《当代法学》2016年第5期，第18页。
28. 段厚省：《远程审判的双重张力》，《东方法学》2019年第4期，第106页。
29. 斑斓君：《美最高院首试"电话"庭审，全球互联网司法下步走势如何【斑斓·观世】》，载微信公众号"法影斑斓"，2020年5月7日。
30. 王福华：《电子诉讼制度构建的法律基础》，《法学研究》2016年第6期，第91页。

方当事人网络运用能力相差悬殊时，对熟悉互联网环境、熟练掌握互联网技术的大公司或专业的诉讼代理人而言，借助网络可以更加方便快捷地调用互联网上的各类资源、采集固定诉讼证据；而对生疏的当事人以及对网络环境不熟悉的当事人而言，他们本身疏于在互联网上进行沟通交流，更加难以充分、流利、全面地表达诉讼观点，遑论采集证据、合理运用诉讼技巧了。因此，网络诉讼规则应当平等保护各方当事人，尤其是弱势一方当事人的权利。

一是保障当事人对诉讼和庭审形式的选择权。在线诉讼给当事人提供了一种在传统线下诉讼之外的参与诉讼的途径，其目的是便于当事人参加诉讼，因此，应当制定相应的诉讼规则，明确人民法院可以引导当事人采用在线方式参与诉讼，但是如果有其中一方或者多方当事人因为年龄、对网络的熟悉程度、硬件条件等因素，不同意部分环节或者全部环节在线进行的，不得出于工作便利、完成考核指标等原因强制当事人采用在线方式进行庭审、送达等诉讼程序。

二是网络诉讼平台应当便于普通当事人参加诉讼。目前，虽然《最高人民法院关于互联网法院审理案件若干问题的规定》规定，互联网法院应当建设互联网诉讼平台，作为法院办理案件和当事人及其他诉讼参与人实施诉讼行为的专用平台。但是，中国各级各地法院提供的在线诉讼平台非常多。例如，上海高级人民法院发布的网上诉讼指南表明，上海法院的网上诉讼通道就有5种之多。[31]虽然其后提供了详尽的流程操作指南，但是当事人通常没有时间和耐心阅读几十页的指南。因此，首先应当统一全国各地法院的网上诉讼入口。此外，这个互联网诉讼平台应当尽量简便和人性化，便于当事人登陆、验证和操作。对于诉讼能力较弱的当事人，法院还应当在诉讼前提前进行沟通、指导。

三是通过制定规则平衡双方的举证能力。在民事诉讼中，一般遵循"谁主张，谁举证"的原则，但是，在在线诉讼中，相当一部分的电子数据类型的证据被第三方数据持有者、第三方数据服务提供商持有，这时，应当允许法院依申请或者主动予以调取，有学者认为"应当由民事诉讼法及相关司法解释、电子商务法等规定为是平台应当承担的公法上义务"[32]，以平衡弱势一方当事人的诉讼能力。

---

31. 分别是①通过上海市高级人民法院官网（www.hshfy.sh.cn）进入上海移动微法院；②使用上海"一网通办"（zwdt.sh.gov.cn）提供的诉讼服务；③手机下载"随申办市民云"app，使用其中的诉讼服务功能；④"上海法院12368"公众号，关注后使用其提供的诉讼服务；⑤在微信小程序搜索"上海移动微法院"，使用小程序提供的诉讼服务功能。

32. 洪冬英：《司法如何面向"互联网＋"与人工智能等技术革新》，《法学》2018年第11期，第180页。

（四）对在线诉讼的范围保持警惕

早在十几年前，德国学者便预言，电子诉讼将以极不平衡的程度波及法庭诉讼程序，包括诉讼形式、法律人和诉讼当事人的行为方式以及复杂多样的诉前程序、诉中程序和诉后程序。[33] 而近年来，中国法院对在线诉讼适用的广度和在线诉讼发展的速度前所未有。从世界各国来看，不同国家使用电子诉讼的范围不太一样。韩国的电子诉讼适用范围较广，扩展到普通民事案件、专利案件、行政案件、家事诉讼、破产案件和保全案件；英国则将电子诉讼作为海事法院、商业法院、科技和建筑法院的审理程序。[34] 但是，各国立法例中相似的一点就是对在线诉讼适用的范围进行了一定的限制。目前，我国《关于互联网法院审理案件若干问题的规定》通过对互联网法院管辖范围的规定，对适用于在线案件的范围进行了一定的规制。但是，由于疫情的发生，在线诉讼在中国法院的适用远远超出了三家互联网法院。2020年，最高人民法院在工作报告中提到，疫情防控期间，全国法院网上立案136万件、开庭25万次、调解59万次、电子送达446万次。[35] 这显然与2020年2月最高人民法院下发的《关于新冠肺炎疫情防控期间加强和规范在线诉讼工作的通知》有密切关系。该通知规定"民商事、行政案件一般均可以采取在线方式开庭"，最高人民法院显然对疫情期间的在线庭审采取了积极鼓励的态度。

在线诉讼虽然存在诸多优势，也代表着未来诉讼的发展方向，但切不可操之过急，不能在法院的硬件、当事人的接受程度等各方面条件尚不具备时全面推行，而应根据案件的类型、复杂程度等具体情况，当事人的数量与意愿，各方的技术能力等确定适用在线诉讼的类型。这主要有以下几点原因。一是中国诉讼环境的多元性。一方面，中国不仅有北上广深这些大城市，也有广阔的西部和农村地区，在东部发达地区的大城市，大部分人已经适应了"线上生活"，不管是出行、购物还是支付都离不开网络，但是，中国也"有6亿中低收入及以下人群，他们平均每个月的收入也就1000元左右"[36]，他们不熟悉网络，甚至平时可能根本没有使用过智能手机；另一方面，东部地区与中西部地区法院的硬件设施也存在巨大差异，据统计，在中级法院与基层法院之间三级网平均带宽为375.5兆，其中最高达到2000兆，

---

33. ［德］Peter Gilles：《德国民事诉讼程序电子化及其合法化与"E-民事诉讼法"之特殊规则》，张陈果译，载《民事程序法研究》（第3辑），厦门大学出版社2007年版，第308页。
34. 王福华：《电子诉讼制度构建的法律基础》，《法学研究》2016年第6期，第94页。
35. 《最高人民法院工作报告——2020年5月25日在第十三届全国人民代表大会第三次会议上》，https://www.court.gov.cn/zixun-xiangqing-231301.html，2021年11月4日最后访问。
36. 《李克强总理出席记者会并回答中外记者提问》，《人民日报》2020年5月29日，第1版。

最低仅为14兆，带宽不足则难以保障在线诉讼的连贯性和清晰度。二是案件类型的多样性。这一方面体现在诉讼发生场景不同，对于互联网上发生的纠纷，通过司法网络化方式，从证据采集、质证到判决，典型的如在电商购买商品产生产品质量纠纷，网络司法方式最为快捷、便利。但是如果本来是一个传统面对面交易产生的纠纷，所有证据都是纸质证据，甚至是口头证据，那么，在线诉讼时，还需要将所有的证据材料扫描电子化，并使之符合规定的像素、顺序等严格的要求，那么对于当事人来说就不会体会到便捷。另一方面，在民事诉讼中，不同案由案件存在显著差异，除了大量合同纠纷外，还有不少涉及人身权的纠纷，如侵权纠纷、婚姻家庭纠纷、继承纠纷。在这些纠纷中，当事人的关系距离更近[37]，面对面的诉讼除了化解纠纷外，还客观上给当事人，特别是受害方提供了一个情绪宣泄的途径，有的时候情绪的抒发能够有助于调解[38]，而且有经验的法官也能够通过这种当事人情绪的自然流露辨明事实真伪，决定最后的裁判结果。

因此，应当尽快制定规范性文件，明确可以适用及排除适用在线诉讼的案件类型、诉讼环节，防止在线诉讼过多、过滥使用，最后损害当事人利益和程序公正性。在不同的纷争中，人们对诉讼的在场性和仪式感也会有不同的需求。[39]例如，在诉前和诉后的程序性环节，如通知、送达等环节，可以鼓励使用在线方式完成；在庭审环节，则应更加谨慎，根据案件情况具体分析。在诉讼标的额小、法律关系简单、案件事实争议不大的案件中在线诉讼应当优先适用，这些案件中当事人的权利义务比较明确，当事人诉讼目的主要是追求快速解决纷争，其对诉讼效率的追求，要优于对诉讼的在场性与仪式性的追求。[40]在线诉讼对当事人权利影响不大；同时，在大标的案件、人身权纠纷、婚姻家庭纠纷、案情复杂以及事实争议大的案件中，适用在线诉讼则应格外谨慎，这类案件有些是证据繁多，有的是当事人众多，只有在实体法庭的剧场化场域中，才能保证诉讼程序的完整性以及当事人的充分表达，有利于司法公正，也有利于提高案件的调解率。

---

37. 社会学中将"（人们）相互介入彼此生活的程度"称为关系距离，人们间相互交往的范围越大、频率越高、时间越长，则关系距离越近。参见［美］布莱克：《法律的运作行为》，唐越、苏力译，中国政法大学出版社2004年版，第47页。
38. 陈凤：《正义之槌在"云端"延伸——上海法院持续推进在线庭审常态化》，《人民法院报》2020年5月7日，第1版。
39. 段厚省：《远程审判的双重张力》，《东方法学》2019年第4期，第110页。
40. 同上注，第110页。

四、结语

从全球范围来看,电子诉讼已经成为势不可当的世界潮流。[41]近年来,中国的司法网络化从无到有,从几家互联网法院到全国各地法院推行,取得了长足的进步,在提高诉讼效率、为当事人提供司法便利,探索崭新的诉讼模式方面取得了举世瞩目的成绩。由于中国电子商务比较发达,当事人对网络诉讼接受度高,人民法院也对信息化持比较开放的态度,近年来积极推进信息化、网络与诉讼的结合,这一切都有利于中国法院率先尝试司法网络化的模式,甚至引领世界诉讼之先。

但是,我们在积极探索司法网络化的同时,要注意在线诉讼模式所改变的不仅仅是有形的法院,更多的是传统诉讼程序规则,进而对传统程序法理带来前所未有的挑战。在线诉讼作为一种新型诉讼模式,在制度层面还存在部分规则不明确、标准不清晰、程序不统一等问题。[42]关于在线诉讼方式,最高人民法院虽然出台了《最高人民法院关于互联网法院审理案件若干问题的规定》,但是该规范性文件的规范对象只是互联网法院,对于其他法院能否参照使用并不明确。另外,在疫情防控期间,最高人民法院还印发专门的司法文件,各地方法院也根据自身的审判要求出台了一些规范性文件[43],但是这类文件很多法律效力等级不高,能否通过其突破《民事诉讼法》这一基本法律的规定还存在一定的争议。此外,由于没有其他法域相关司法的经验,我们的互联网司法犹如在一篇处女地中拓荒,尤其应当谨小慎微。因此,我们在适用在线诉讼时,应当更加保守一点,在遵循司法规律、严守正当程序原则、确保诉讼的严肃性和规范性[44]的基础上寻求突破,而且将在线诉讼严格控制在法律、司法解释限定的范围内,不应全面否定原来司法剧场化模式下建立起来的诉讼规则和价值追求。未来,网络化的司法模式在很大可能上也不是对司法剧场化的一种替代,而是形成两套并行不悖的诉讼模式,它们可能会在不同类型的案件中适用线上司法和线下司法两种不同规则,让我们拭目以待!

---

41. 刘敏:《电子诉讼潮流与我国民事诉讼法的应对》,《当代法学》2016年第5期,第14页。
42. 孙航:《最高人民法院印发通知要求各级法院加强和规范疫情防控期间在线诉讼工作》,《人民法院报》2020年2月19日第1版。
43. 如重庆市高级人民法院的《关于规范在线庭审活动的工作规则(试行)》,广东省高级人民法院、省司法厅、省律师协会联合发布的《关于在新冠肺炎疫情防控期间加强和规范在线诉讼的意见》等。
44. 孙航:《最高人民法院印发通知要求各级法院加强和规范疫情防控期间在线诉讼工作》,《人民法院报》2020年2月19日,第1版。

刑民交叉视野下网络虚拟财产的权利性质及其展开

沈 娜*

(中南财经政法大学法学院,湖北武汉,430073)

摘 要: 网络虚拟财产是指在网络空间内存在的具有财产性的电磁记录,主要包括虚拟货币、虚拟物品、账号信息等。网络虚拟财产具有虚拟性、可支配性、财产性的基本特征,具有一定的使用价值和交易价值。对于网络虚拟财产的权利属性,"物权说""知识产权说"和"无形财产说"均存在问题,应予批判;而"债权说"具有合理性,应予提倡。基于此,窃取网络虚拟财产的行为应以计算机犯罪而非盗窃罪定罪处罚。

关键词: 刑民交叉 网络虚拟财产 债权说 盗窃罪 计算机犯罪

The Right Attribute and Expansion of Network Virtual Property from the Criminal and Civil Perspective

Abstract: Network virtual property refers to the electromagnetic records with property in network space, mainly including virtual currency, virtual items, account information and so on. Network virtual property has the basic characteristics of virtuality, controllability, and property. It has clear rights attributes, and it is necessary to protect it legally. Regarding the rights attribute of the virtual property on the network, the "property rights theory", "intellectual property rights theory" and "intangible property theory" all have problems and should be criticized; while the "debt theory" is reasonable and should be advocated. On the basis of determining the nature of its claims, the theft of virtual

---

*基金项目:国家社科基金中华学术外译项目"中华人民共和国刑法的孕育诞生和发展完善(德文版)"(编号:17WFX009)的阶段性研究成果。

作者简介:沈娜,中南财经政法大学法学院硕士研究生。

property on the network should be convicted and punished by computer crime rather than larceny.

Key Words: intercross of criminal law and civil law, network virtual property, debt theory, larceny, computer crime

---

随着计算机和网络技术的发展，网络虚拟财产在网络中稳定"存在"，人们对网络的依赖程度使网络虚拟财产渐渐成为人们生活中不可或缺的组成部分。然而，在理论与实务两端，对于网络虚拟财产的权利属性争议，势必掣肘相关制度的有效建构。鉴于此，本文以刑民交叉为视角，拟对网络虚拟财产的法律属性进行展开分析，以期为网络虚拟财产的法律保护提供有益参考。

一、问题的提出

伴随着互联网技术的研发和推广应用，如何规制其带来的一系列法律问题是传统的法律制度面临的一大挑战。在民事争议中是以侵权纠纷或者合同纠纷定性，在刑事领域，网络虚拟财产性质的界定更是对处理非法获取网络虚拟财产行为定罪量刑的关键所在。从我国现有的法律规范来看，《民法典》第115条规定了"本法所称物，包括不动产和动产。法律规定权利作为物权客体的，依照其规定"，可见现存立法对此类特殊财产并无明文规定，因此学界不免对此存在诸多争议。近年来主要出现了"物权说""债权说""知识产权说""新型财产权说"等理论。

现存的法律条文无法消除对网络虚拟财产性质的争议，相应地，司法机关在处理相关纠纷时存在难以准确判断案件性质并做出适当裁决的尴尬情形。一方面，各地区人民法院对同类案件在立案时存在着违约案由和侵权案由并立的现象，进而导致了分别适用《民法典·合同编》或《民法典·侵权责任编》进行裁判的情形，并最终会出现同案不同判的裁判结果；另一方面，对于非法获取网络虚拟财产的行为，存在着以侵犯通信自由、盗窃罪和计算机犯罪等多种处理方式，不同地域、不同级别的司法机关处理方式有所不同甚至相差很大，上级司法机关推翻下级司法机关的意见和裁决屡见不鲜。可见，对于此类案件司法实践在定罪处罚上长期难以统一，过多的争议使得司法裁决的既判力难以维护。由此，明确网络虚拟财产的权利属性，进而探讨窃取、诈骗等非法获取网络虚拟财产行为对解决这一实践问题具有重要的研究意义。

二、刑民交叉的框架界定

（一）刑民关系的观点争议

不同部门法之间不可避免地存在同时对同一行为类型做出规制的情形，具体体现为"刑民交错""民生刑法"的现象逐渐增多，而对法律概念的解释的确定又会直接影响到被评价的行为能否符合构成要件，继而影响判断该行为是否具有构成要件所昭示的违法性。因此，有关法概念的解释仍是法律适用中的重要命题，就刑民关系而言，刑法的解释是应与民法保持独立还是应与民法保持一致，在刑法理论上一直存在着刑法独立性说与刑法从属性说的争论。[1]刑法独立性说认为，刑法应独立于包括民法在内的其他部门法，独具制裁手段和制裁对象；而刑法从属性说则主张，刑法应是从属于民法以及其他部门法的法律，其作为"保障法"或"补充法"，没有自身的禁止性规范，仅有刑事制裁这一部分才真正属于刑法内容。那么，依据刑法独立性说，刑法概念的解释完全可以脱离民法，仅从自身目的和规范出发；反之，依据刑法从属性说，刑法用语的解释应当与民法保持一致，或者至少应以民法解释为依据。

两者相较而言，刑法独立性说观点从法概念应符合法目的的解释为必要出发，强调基于民刑法目的的差异，对法概念的解释、刑法保护范围的划定及刑事违法性的判断应当更多地关注刑法本身，因而唯有通过坚持刑法的独立性才能实现刑法自身的目的。但时至今日，不论是主张刑法独立性还是刑法从属性，认为刑法相关概念的解释、违法判断与其他部门法完全没有任何关系的绝对独立说和坚持极端从属性观点认为刑法必须遵从民法、行政法违法判断的严格从属性说都难以为继，代之的是刑法相对独立说和缓和从属性说。

（二）刑法从属性说的提倡

罗克辛曾指出，刑法与民法在概念上的明确区别是19世纪法学的重大成就，但就现在而言，我们认为此种严格区别是一个错误的概念，刑与民的再接近实属必要。[2]笔者认为，虽然基于规范对象与规范手段的不同，而区分刑法与民法为两大实体法，各自都有其独立保护的法益，但民法相比于刑法，具有救济的前置性，应当

---

1. 陈兴良：《虚拟财产的刑法属性及其保护路径》，《中国法学》2017年第2期，第156页。
2. 简爱：《从"分野"到"融合"刑事违法判断的相对独立性》，《中外法学》2019年第2期，第434页。

认为其中法律用语的定性和理解对于刑法具有事实上的制约性，故而应依民法对非规范性概念的法律属性进行认定。刑法中，尤其是涉及财产类犯罪的认定需要以民事上关于财产权属的确认为依据。[3]在刑法理解适用、定罪处罚上，除刑法做出明文规定外，尤在某些空白规定的场合应当参照民法的内容及规定，以便于维护法律体系内部的协调性，并兼顾法秩序运行的稳定性、有序性，亦使法律更好地理解与适用。所以，有着合理立论支撑的缓和的刑法从属性说能够较好地实现刑法目的与法秩序统一这一平衡，是笔者认为值得提倡的。刑法和民法在同一法律体系下，一般来说，其价值方向应当是协调一致的，因为同作为调整行为的法律规范，两者内在的精神应当是一致的。[4]因此，论证了关于网络虚拟财产的法律性质应当坚持刑法从属性说，就可以肯定地以刑法对窃取网络虚拟财产这一行为进行评价，应在将网络虚拟财产定性为债权这一基础上定罪量刑，进而其是构成盗窃罪还是计算机犯罪的答案也就清晰了。

三、网络虚拟财产的本体展开

（一）网络虚拟财产的概念

对网络虚拟财产的有效保护，要以对其内涵的准确界定为前提。对此主要存在三种观点：在狭义上，有观点认为，网络虚拟财产通常仅指"网络游戏中玩家所控制的虚拟角色、游戏装备道具以及虚拟游戏货币等游戏中的资料和参数"[5]；在广义上，有学者主张，虚拟财产的外延应扩展到包括"账号、虚拟装备、虚拟货币以及各类用户信息等具有财产性的电磁记录"[6]；亦有论者认为，网络虚拟财产是指"在网络环境下，模拟现实事物，以数字化形式存在的，既相对独立又具独占性的信息资源"[7]。

其中，对于网络虚拟财产内涵的狭义理解，将其限于"网络游戏参数"，显然过于狭隘，毕竟从存在范围上看，虽然网络游戏系网络虚拟财产保护的重点领域，但在事实上，网络虚拟财产并非仅仅存在于网络游戏中。而将网络虚拟财产定性为

---

3. 徐彰：《盗窃网络虚拟财产不构成盗窃罪的刑民思考》，《法学论坛》2016年第2期，第154页。
4. 张建：《刑民交叉案件中的关系分析及处理原则》，《法治论丛》2009年第2期，第121页。
5. 于志刚：《网络空间中虚拟财产的刑法保护》，中国人民公安大学出版社2009年版，第23页。
6. 杨立新、王中合：《论网络虚拟财产的物权属性及其基本规则》，《国家检察官学院学报》2004年第12期，第8页。
7. 林旭霞：《虚拟财产权研究》，法律出版社2010年版，第50页。

"具有财产性的电磁记录"或者"独立又具独占性的信息资源",实际上强调的是网络虚拟财产的不同侧面。"在功能性层面上,'虚拟财产'的概念在民法研究中的功能是作为指代性工具"[8],二者相比较,"电磁记录"更能体现网络虚拟财产的物质载体,对于网络虚拟财产的实质,"财产性"也是比"独立""独占性"更为准确的表达。基于此,笔者认为,所谓网络虚拟财产,指的是在网络空间内存在的,主要包括虚拟货币、虚拟物品、账号信息等在内的,具有财产性的电磁记录。

(二)网络虚拟财产的类型

学者们对于网络虚拟财产的类型存在诸多争议,从逻辑层面看,"虚拟财产"这一概念应以"虚拟"为特征,但"虚拟"不是与一切现实、具体化存在相对的"虚拟",而是至少限定在"存在于计算机数据系统内"这一层面的"虚拟"。笔者认为应将其分为以下三种类型。

1. 账号类的网络虚拟财产

此类的网络虚拟财产主要包括QQ号码、邮箱账号、游戏号等具有身份属性的记录。其实质系通信的服务代码,其表现形式是数字、字母、符号或者其多者的组合,一般由用户向运营商申请,并于用户接受服务协议后,由运营商提供给用户,一组账号结合对应的密码为一个身份,是其给不同用户提供相应网络服务的介质。

2. 物品类的网络虚拟财产

物品类的网络虚拟财产主要表现为游戏装备、道具服化、角色等。此类虚拟物品由用户投入时间和精力进行游戏活动而取得,或者由用户向运营商官方平台购买获得,甚至是用户通过非官方的线上交易市场购买的。通过获取和使用虚拟物品,用户可以满足自己的娱乐需求,然而此类虚拟物品的价值往往因掺杂过多的主观因素而难以确定。

3. 货币类的网络虚拟财产

货币类的网络虚拟财产一般是指Q币、游戏币等。此类虚拟财产由用户从服务商处以固定的价格购买,可用于兑换其他虚拟物品或服务,它在网络中发挥着类似于货币一般等价物的作用。由于此类网络虚拟财产与实际货币之间存在着特定比例的对应关系,并且作为服务商的重要收入来源,非官方的交易市场往往不被允许存在,这类网络虚拟财产的价值具有确定性,不会因人而异。

---

8. 申晨:《虚拟财产规则的路径重构》,《法学家》2016年第1期,第86页。

(三) 网络虚拟财产的特征

1. 虚拟性

虚拟性是网络虚拟财产最为明显的特征。在现实生活中，网络虚拟财产是看不见、摸不着的，这与作为有体物的动产、不动产明显不同，与电、天然气等无体物也存在差异。不论是本地或网络虚拟财产，其实际体现为保存在网络服务器上具有特定性的电磁记录。"因此，虚拟财产被赋予一个重要特征：虚拟财产只存在并依赖于某一特定的在线空间。"[9]对于网络虚拟财产而言，其使用和控制只能在网络的特定领域，一旦离开了互联网平台，网络虚拟财产就无从谈起。因此，网络虚拟财产的真正价值，并非在真实的现实空间中实际存在，而只能借助互联网在网络空间中得以体现。

2. 可控性

网络虚拟财产的虚拟性和网络性，并非意味着对其进行使用和控制不可能，相反，对于网络虚拟财产的有效保护，当然应以其具有可控性或独占性为前提。

要注意的是，这种可控性是一种"受限制的可支配性"，不同于物权人对物权客体的支配。"网络虚拟财产生成于特定运营平台上，其存储也依赖于特定运营平台，因此，用户对网络虚拟财产的支配依赖于平台运营商的运营行为。"[10]对于服务商而言，虚拟财产储存于本地服务器终端，属于本地虚拟财产的范畴，服务商对其进行独占性的控制和处分，并无问题。从用户的角度来看，在接入互联网并获得服务商许可的前提下，其对网络虚拟财产的独占性控制主要是通过网络账号和密码的方式实现的。通过注册用户名的方式获得与身份绑定的账号和密码，网络用户即获得了获取和管理网络虚拟财产的资格和可能；通过购买或其他途径，用户可以在账户中占有和使用网络虚拟财产；通过转让等方法，用户也可将账户中的网络虚拟财产进行处分和收益。可以说，网络账户及其密码既是网络用户占有、管理和控制网络虚拟财产的标志，也是其存储网络虚拟财产的"仓库"，由此，主体对虚拟财产实现了客观的管理可能性。[11]而在网络服务商与其用户之间，用户按照己方意愿使用、交易或放弃虚拟财产，需要网络服务商的配合。也就是说，网络服务商作为网

---

9. 林旭霞：《虚拟财产权性质论》，《中国法学》2009年第1期，第93页。
10. 孙山：《网络虚拟财产权单独立法保护的可行性初探》，《河北法学》2019年第8期，第7页。
11. 张明楷：《非法获取虚拟财产的行为性质》，《法学》2015年第3期，第19页。

络虚拟财产的直接管控者，应按照用户的指示，配合提供可供操作的网络环境，实现用户对于网络虚拟财产的有效支配。

3. 财产性

所谓网络虚拟财产的财产性，是指其能够满足人类的物质需求或精神需求，能够以一定的货币价值予以衡量的性质[12]，亦可将其称作"价值性"或"有价性"。

具体而言，网络虚拟财产的财产价值包含使用价值和交换价值两个方面。其中，使用价值是指人们可以利用其满足自身物质或精神上的需求；而交换价值则表现为，网络虚拟财产的价值可依照一定的一般等价物来衡量。就其价值而言，虚拟货币、游戏装备等网络虚拟财产并非凭空产生，而是通过工作人员的设计、编程等劳动形成的，具备了形成价值的客观基础，认为"虚拟财产不是劳动创造的"恐与事实不符，在虚拟财产的背后，实际上凝结着无差别的人类劳动。诚如杨立新所言，"虚拟财产既可以从游戏开发商处直接购买，也可以从虚拟的货币交易市场上获得，因而虚拟财产已经具备了一般商品的属性，其真实价值是不言而喻的"[13]。就其使用价值来看，虚拟货币类型的虚拟财产可用来购买物品或服务；游戏装备类型的虚拟财产可满足人们的精神和娱乐需求；网络虚拟财产的使用价值由此得以体现。此外，网络虚拟财产的交换价值更是显而易见，其可由用户通过向服务商或第三人直接购买而取得，虚拟财产表现出的可交易性就是对其交换价值予以肯定的结果。[14]可能存在的是，网络虚拟财产的价格容易受到供求关系、主观因素等多方因素的影响，所以可能是"因人而异"的。可是，虚拟财产价格的不确定性或许代表了其交换价值的"波动"，但并非意味着其交换价值的"缺失"。

（四）网络虚拟财产的实质

要探究网络虚拟财产的实质，首先应明确的是，网络虚拟财产与本地虚拟财产的区别。[15]作为虚拟财产的下位概念，网络和本地虚拟财产的物质实体均为数字代码和电磁记录；但区别于本地虚拟财产，网络虚拟财产的典型特征在于其"网络性"，也就是说，网络虚拟财产的管理以互联网的接入和使用为必要条件，或者说，网络虚拟财产的"财产性"只有在特定的网络平台中才能得以体现。进一步看，网

---

12. 周维德：《论网络游戏中的虚拟财产的保护》，《湖北行政学院学报》2004年第6期，第31页。
13. 《央视聚焦：虚拟财产正名 谁偷了屠龙刀？》，https://games.sina.com.cn/newgames/2003/11/11148346.shtml，2023年2月9日最后访问。
14. 陈旭琴、戈壁泉：《论网络虚拟财产的法律属性》，《浙江学刊》2004年第5期，第145页。
15. 参见前引3，徐彰文，第154页。

络与本地虚拟财产的区别，实质在于占有主体的差异：网络虚拟财产对于服务商而言实属本地虚拟财产，其以数字记录的方式存在于服务商的服务器终端，服务商对其行使权利并不以接入互联网为条件；但对于用户而言，如其意欲使用或支配虚拟财产，须由服务商对用户开放权限以及接入互联网，虚拟财产的网络性由此得以体现。因此，对于网络虚拟财产法律保护和权利行使的探讨，主要针对的是使用或支配虚拟财产的网络用户，故"网络虚拟财产"这一概念所指向的权利主体应为网络用户，而非运营商。正是虚拟财产的网络性使得用户对其进行占有和控制有赖于运营商的协助，即权利的行使是对运营商的请求。基于双方这一互动关系，网络虚拟财产的债权性显而易见。

由上述分析可知，网络虚拟财产的实质，是对于用户而言，以网络性为连接，主要包括虚拟货币、虚拟物品、账号信息等在内的，具有财产性的电磁记录。网络虚拟财产具有虚拟性、可控性和财产性的基本特征。基于此，本文进一步展开对于网络虚拟财产法律属性的探析。

四、网络虚拟财产的权利性质

关于网络虚拟财产的权利性质，理论界和实务界众说纷纭。究其要者，主要存在"物权说""知识产权说""无形财产说"和"债权说"等各派观点。可以说，四类学说各有利弊，下面将详细论述上述学说的主要观点和其优缺点，以证支持"债权说"的合理性。

（一）"物权说"及对其的批判

1．"物权说"的内涵

"物权说"主张，应在"物"的范畴内理解虚拟财产。网络虚拟财产应属于无形物，其与一般的有体物之间存在明显的区别，与空气、电流、天然气等无体物之间也存在显著差异，即常见的无体物与有体物之间，只是在存在形态上有差别，但人们对于二者同属于财物并无争议；而游戏装备、虚拟货币等网络虚拟财产不仅在存在形态上是虚拟的、无形的、不可见的，而且就"物"的价值而言，在虚拟财产的电磁记录本质与其物质或精神价值之间，存在着明显的"分离"。虽然如此，鉴于游戏装备、货币等网络虚拟财产系用户付出精力、时间等劳动性投入或者直接通过货币购买而取得的，且获取后用户能够对其享有绝对的支配权，故应将其纳入物权的保护范围，受物权法的调整和保护。[16]

2. 对"物权说"的批判

笔者认为，基于网络虚拟财产的可控性，"物权说"主张以物权对网络虚拟财产进行保护，但此种观点存在一些不合理之处。

其一，物权的效力表现为一种绝对权和对世权，支配权是其唯一本质构成要素。[17]也就是说，物权人要实现其所享有的物权，通过直接支配权利客体就可以了，完全无须他人行为的介入。[18]在物权法律关系中，权利人为行使权利对客体进行占有、适用、收益和处分时，不特定的义务人负有的是消极的不作为义务。而在对网络虚拟财产的支配和使用过程中，网络服务商首要向用户开放权限，使用户有权进入特定的网络区域，并且运营商需要向用户提供保证系统正常运行的网络服务，用户才能够有效管控自己所有的网络虚拟财产。因此，用户对虚拟财产的支配，受制于网络空间和运营商的技术支持，用户对权利的行使实际上要求运营商履行一定的作为义务。用户对虚拟财产的支配事实上有赖于运营商的协助，这一先决条件已然难符合所有权制度的正当性逻辑前提，故虚拟财产权并不符合"可自由支配并实现权利"的物权特性。

其二，就权利的存续期限来看，所有权具有无期性、永续性等特点，其存在"不罹于时效而消灭，也不得预定其存续期间"[19]。所有权除因客体损毁灭失、权利人处分、取得时效等法定事由而消灭外，以永久存续为其本质。但网络虚拟财产的存续明显具有一定的期限，如若运营商将程序停止运行，或者将电磁记录进行删除或更改，又或者因维护而关闭服务器间，用户对于网络虚拟财产的控制和支配将无从实现，而系统运营或电磁修改等事宜，用户并无权真正决定。可见，用户对网络虚拟财产不具有真正意义上的处分权，将其权利性质界定为物权并不合理。

物权效力固然强大，所有权制度也确实能为网络用户提供更充分的保护，但网络虚拟财产在权利支配性、权利内容公示、流转方式和存续上都与传统物权有根本上的区别，因此将网络虚拟财产权和物权这两种差异巨大的权利等同存在明显的法理缺陷。[20]

---

16. 陈云良、周新：《虚拟财产刑法保护路径之选择》，《法学评论》2009年第2期，第145页。
17. 温世扬：《物权理论探索与立法探讨》，法律出版社2010年版，第69页。
18. 梁慧星、陈华彬：《物权法》，法律出版社2016年版，第6页。
19. 上引梁慧星、陈华彬书，第106页。
20. 李岩：《"虚拟财产权"的证立与体系安排——兼评<民法总则>第127条》，《法学》2017年第9期，第149页。

(二)"知识产权说"及对其的否定

1."知识产权说"的内涵

持"知识产权说"的学者主张,虚拟财产是智力成果,因为其具有新颖性、创造性、可复制性等特性以及需要载体,应以著作权加以保护"[21]。根据权利主体的不同,该学说又分为两派:一种观点主张,网络虚拟财产应属于开发商的智力成果,列入知识产权范畴。具言之,应将网络虚拟财产作为知识产权的客体予以保护,开发商享有其著作权,而用户则只享有其使用权,即用户通过游戏积累或购买、赠送等方式获取的,并非对此类数据的独占性所有权,而仅限于使用权。[22]而另一种观点认为,虚拟财产是用户付出了相应劳动而取得的具有创造性的智力成果,因此应将虚拟财产作为玩家享有的知识产权来对待。[23]

2. 对"知识产权说"的否定

考虑到网络虚拟财产的创造性、无形性和可复制性,且需要通过支付对价或付出劳动而获得,"知识产权说"主张在智力成果的意义上理解网络虚拟财产的权利性质。但此种观点也明显存在一些问题。

第一,我国《著作权法》虽然将"计算机软件"明确规定为权利客体,但是,计算机软件的著作权由软件开发商享有和行使,也就是说,开发商创造了角色、形象、装备等具有新颖性、创造性的事物,对通过创作完成的计算机程序整体享有著作权。可是,用户享有权利的账号、物品、装备、货币等网络虚拟财产,本身并非计算机或游戏软件的必要组成,而只是游戏软件的衍生产品。所以,虚拟财产并非开发商对计算机程序享有的著作权的权利客体。

第二,对于网络虚拟财产的获取,网络用户只能根据软件开发商预设的规则进行。而从实质上看,用户获得、转让或丧失虚拟财产,只是开发商在计算机系统中对电磁记录进行相应的修改。对于虚拟财产本身而言,用户无权改变其形态和作用,既然其并非用户创设,也就不可能属于用户应享有权利的智力成果。

第三,对知识产权的保护具有一定的时间性、地域性。各地区对同一内容给予的保护程度有异,同时也对著作权等知识产权的法律保护各自规定了明确的保护期限,例如,我国对著作权财产权利部分的保护限于生前及死后的50年。但网络虚拟

---

21. 前引16,陈云良、周新文,第145页。
22. 齐云:《论虚拟财产之性质》,《云南大学学报》2007第2期,第6页。
23. 前引13,石杰文,第35页以下。

财产的保护期限难以由法律直接规定，而往往视用户的个人情况和运营商的经营状况而定。

因此，既然软件开发商和网络用户均不可能对网络虚拟财产享有知识产权，当然也就不能通过知识产权的进路对其予以法律保护。

（三）"无形财产说"及对其的质疑

1. "无形财产说"的内涵

根据"无形财产说"，网络虚拟财产的存在完全依附于互联网，其作为一种电磁记录的视觉存在与有体物、无体物、智力成果等之间存在明显差异。而其之所以具有价值性，甚至具备了一般商品的使用和交换价值，主要是因为虚拟财产与人们的现实世界发生了关联，用户可以通过付出劳动和金钱等方式来获取虚拟财产。[24] 鉴于网络虚拟财产并非实体物，以其所具有的虚拟特性契合"无形"的概念，应当将其作为一种特殊的无形财产进行法律保护。

2. 对"无形财产说"的质疑

虚拟财产作为新兴事物，的确具有区别于现实财物的典型特征，而网络虚拟财产更是因为互联网的接入而与电磁记录的实体产生了实质的变化。鉴于此，"无形财产说"提出虚拟财产是虽具有客观物性，但无体无形，能独立于主体之外，且具有财产利益的产品。[25] 此种新型财产形式的产生和发展附着于网络空间，其上的财产权超越了传统的财产关系，因此，为了更好地保护该新型财产关系，有必要针对其进行专门的立法举措加以规范。[26]

然而，这一学说尽管考虑到了网络虚拟财产无自然实体的存在形式，也提出了其应受法律保护的诸多理由，但将其笼统地称为无形财产而予以法律保护正是对此学说的疑虑所在。无形财产这一界定过于模糊和宽泛，人们难以对其内涵和外延进行准确界定，对概念的理解也存在不同的观点：一种是指不具备一定形状但占有一定空间或能为人们所支配的物；另一种认为，无形财产就是知识产权；还有一种认为，无形财产是指除对有体物的权利以外的其他权利和利益。[27]这样既缺乏独立的法律地位，也缺乏自身的理论体系和法律规则，以至于难以认定在我国民法体系中

---

24. 前引22，齐云文，第62页。
25. 前引17，温世扬书，第45页。
26. 陈维铨：《虚拟财产权是一种新型财产权》，《学术界》2007第1期，第93页。
27. 刘惠荣、尚志龙：《虚拟财产权的法律性质探析》，《法学论坛》2006第1期，第76页。

的地位。倘若能够在现行制度框架内，发现网络虚拟财产法律保护的可行方式，应属更为现实和可行的方案。而且在法律规定创设之前，对于这类新的无形财产关系将属于的法律规范的空白地带，无法给予恰当保护，故此种观点并不可取。

（四）"债权说"及对其的提倡

1. "债权说"的内涵

持"债权说"观点的学者主张，虚拟财产是提示债权的权利凭证，这种债权债务关系源自用户与服务商之间签订的服务合同关系。[28]具体而言，通过网络虚拟财产的生成、转移和消灭，从而实现对运营商服务的占有，用户可根据自己控制的各种网络虚拟财产，要求运营商提供相应种类的服务。这种权利紧紧依附于网络虚拟财产之上，在此意义上，网络虚拟财产类似于电子化的有价证券，本质上是一种债权凭证。[29]

2. 对"债权说"的提倡

相较于"物权说""知识产权说"和"无形财产说"，笔者认为"债权说"更适于准确界定虚拟财产的法律属性和权利性质。具体理由如下。

第一，网络虚拟财产权利具有明显的相对性。网络虚拟财产权利的产生、行使与灭失，所约束和联系的仅仅是特定的软件服务商和网络用户。用户对于网络虚拟财产的控制和支配，与特定的服务商之间具有直接的对应关系，并不可能在所有服务提供商的网络平台上均被认可，或者在整个网络空间内通用。[30]

用户通过交易或付出劳动取得网络虚拟财产后，其与服务商之间就建立了具有特定权利义务的服务关系，服务商必须按照特定网络虚拟财产所预设的内容提供服务，以供网络用户娱乐或使用。例如，对于拥有某种游戏币的用户，游戏服务商必须提供给用户能利用该种游戏币在游戏平台内进行交易的特定服务；对于拥有游戏"皮肤"或"装备"的用户，服务商应当提供与"商品"说明一致的服务，如美化游戏角色的装扮或者提升攻击力的装备等。

第二，网络虚拟财产权利具有确实的意定性。网络虚拟财产的本质为债权凭

---

28. 王雷：《网络虚拟财产权债权说之坚持——兼论网络虚拟财产在我国民法典中的体系位置》，《江汉论坛》2017年第1期，第125页。
29. 前引27，刘惠荣、尚志龙文，第76页。
30. 周玉斌：《浅议网络虚拟财产的法律性质》，《合肥学院学报（社会科学版）》2006年第8期，第148页。

证,虽然带有一定的物权性质,但因为这一权利凭证的电子化和网络化,此种权利凭证的物权属性被逐渐削弱。根据"物权法定"的基本原则,网络虚拟财产作为债权性权利凭证并不是"物",其物权属性应当被认为"是基于其债权属性产生的,是一种附属性权利"。[31]也就是说,网络虚拟财产的权利凭证不同于票据、仓单、提单、有价证券等实体存在的凭证,因此,将虚拟财产解读为物权客体,实际上忽略了这种凭证所具有的"虚拟性"实质,更多的是对"虚拟财物"的表面理解。网络虚拟财产权利的创设和行使,并不受物权法定原则的约束,权利内容也并非由法律直接规定,而是服务商和用户之间合意设定的产物。

第三,网络虚拟财产的实质在于其背后的"请求权"。网络虚拟财产本质上就是网络服务商为网络用户提供服务的权利凭证。《民法典·合同编》第80条第1款规定:"债权人转让权利的,应当通知债务人。未经通知,该转让对债务人不发生效力。"由于网络虚拟财产这一债权已固化为虚拟财产这一形式,具有了无体但可见的形式,转而为债权转让提供了便利,使得交易双方可以自主转移网络虚拟财产而不必通知服务商或是为其他的意思表示,这时转移的事实上是网络虚拟财产特定服务的占有权,流转的是债权债务关系而非电磁记录的所有权。用户一旦合法取得对网络虚拟财产的控制,就可以要求服务商按照服务合同履行其网络虚拟财产上的相应义务。尽管这一权利凭证以"虚拟物"的形式出现,但其真正价值并非"虚拟物"或"电磁记录"等载体本身,而是权利凭证背后权利主体所享有的权利及所代表的权利内容,即"请求权"。

有学者对"债权说"持否定态度,认为由于债权的相对性,在第三人以不法方式侵害网络虚拟财产时,难以提供像物权那样有力的保护。笔者看来,这一言论批评的是权利人仅能依服务合同要求运营商承担责任,而无法向第三人主张权利。理论上,确实多了一条救济途径,但实际中,第三人在网络游戏中是很难查证的,同时,"第三人侵害债权"以一般侵权行为的构成要件为条件,这在网络中也将面临举证的困难,运营商也不免牵涉其中。因此,直接以运营商未履行合同义务请求其"恢复"网络虚拟财产,在效率和效果上可能更为有力。

总体而言,"物权说""债权说"和"知识产权说"尝试在现有的法律框架内寻求虚拟财产的体系地位,而"无形财产说"则认为只有创设新的权利类型,才能对虚拟财产予以有效的法律保护。实际上,以上所述的四类学说分别侧重网络虚拟财产具有的不同属性,因而产生了观点上的分歧。进言之,"物权说"注重的是网络虚拟财产的独占性或可支配性,"债权说"关注的是网络虚拟财产的主体交互性,

---

31. 刘惠荣:《虚拟财产法律保护体系的构建》,法律出版社2008年版,第88页。

"知识产权说"侧重的是网络虚拟财产这一客体属于创造性的知识产品，而"无形财产说"则突出了网络虚拟财产的虚拟性和网络性。

五、"债权说"的展开——对窃取网络虚拟财产的刑法评价

（一）窃取网络虚拟财产的典型案例

❖ **案例1：曾某峰等侵犯通信自由案**[32]

2005年3月初，曾某峰通过破解腾讯公司离职员工未注销的账号密码，与被告人杨某男合谋窃取他人QQ号出售获利，卖出QQ号约130个，获利61650元。法院没有将QQ号认定为刑法意义上的"财物"，而将其视为仅具有联系功能的通信工具，因而判决曾某峰等人的行为属于通过恶意篡改电子数据侵犯他人通信自由，且情节严重，构成侵犯通信自由罪。此案被普遍认为是网络虚拟财产的第一案，它最终以法院否定虚拟财产具有财产属性而结案。

❖ **案例2：孟某等盗窃案**[33]

2005年6—7月，被告人孟某等人利用互联网作案，通过病毒程序获取登录销售代理商线上充值系统所使用的账号和密码，与他人共同犯罪窃取Q币和游戏点卡后出售，有关被盗的Q币、游戏点卡，共计价值25948.96元。对于本案，法院则认为Q币和游戏点卡属于在网上发行的虚拟货币和票证，是网络环境中的虚拟财产，用户以支付真实货币的方式就能得到网络公司所提供的等值网络服务。该案作为公报案例具有指导意义，其确定了对侵犯虚拟财产的行为按财产犯罪处罚的规则。

❖ **案例3：岳某伟等非法获取计算机信息系统数据案**[34]

2012年10月至2013年4月，被告人岳某伟指使多人用其非法交易获得的密码登录他人游戏账号，窃得相关游戏币7.9亿余个，再通过买卖交易平台进行销赃，得款72万余元。检察院以盗窃罪提起公诉，法院经审理认为被告人利用购得的账号、密码侵入他人计算机信息系统，其所窃取的游戏币属性应当为计算机数据，将虚拟财产解释为"公私财物"缺乏法律依据，故其行为应构成非法获取计算机信息系统数据罪。可以说，本案在裁判理由部分对虚拟财产所进行的否定性论证具有典型意义。

---

32. 广东省深圳市南山区人民法院刑事判决书〔2006〕深南法刑初字第56号刑事判决书。
33. 上海市黄浦区人民法院刑事判决书〔2006〕黄刑初字第186号刑事判决书。
34. 江苏省宿迁市中级人民法院〔2014〕宿中刑终字第0055号刑事判决书。

（二）对"盗窃罪论"的批判

《刑法》第264条规定："盗窃公私财物，数额较大的，或者多次盗窃、入户盗窃、携带凶器盗窃、扒窃的，处三年以下有期徒刑、拘役或者管制，并处或者单处罚金；数额巨大或者有其他严重情节的，处三年以上十年以下有期徒刑，并处罚金；数额特别巨大或者有其他特别严重情节的，处十年以上有期徒刑或者无期徒刑，并处罚金或者没收财产。"据该条罪状规定，盗窃罪的犯罪客体为"财物"。而对于"财物"的范围并无法律规定，网络虚拟财产作为虚拟的债权性凭证能否属于"财物"在理论界和实务界都存在诸多争议。我国《刑法》仅在第92条对"财产"的种类进行了不完全列举，肯定说认为其作为财产性利益属于盗窃罪的适格对象[35]；而笔者赞同否定说，认为作为财产的下位概念，财物的范围要狭于财产，将财物等同于财产是对规范用语的任意解释[36]，这一概念等同于"财物"范围之外但"财产"范围之内。

对于非法窃取行为能否以盗窃罪定罪处罚，更有力的论证应从盗窃罪本身的犯罪构成出发。其犯罪构成简单地来说就是和平的转移占有，即解除原占有，建立新占有的行为范式。对于侵害财物占有的财产罪来说，必须是行为人排除他人对财物的支配而将财物事实上置于自己的支配之下时，才能构成。[37]对于"占有"而言，笔者也同意并不要求必须永久性地在肢体上靠近财物，也不应过分扩张而使其丧失一定意义上的支配关系，从而丧失"占有"这一规范性概念内涵的紧密性。由前述可知，网络虚拟财产的法律属性采用"债权说"更具有合理性，从支配债权这一点难以说通，因为不管是对请求权还是相对人，都无法形成支配关系；且行为对象实际上属于电磁记录。从窃取网络虚拟财产这一行为的实质来看，是终端服务器的电磁记录发生了变化，使其不在原账户而在另一账户显现；从紧密性来说，其占有者应当为运营商，因为终端无疑是运营商的支配空间，电磁记录发生改变仍由运营商占有，不存在"打破—建立"占有的过程，原支配关系未曾改变。

（三）对"计算机犯罪论"的提倡

在实务界迫切需要达成一致做法的情况下，2009年通过的《刑法修正案（七）》中，立法机关为解决这一争议，在第285条第二款新增了非法获取计算机信

---

35. 张明楷：《论盗窃财产性利益》，《中外法学》2016年第6期，第1405页以下。
36. 前引3，徐彰文，第160页。
37. 马寅翔：《占有概念的规范本质及其展开》，《中外法学》2015年第3期，第741页。

息系统数据罪等计算机犯罪类型。此后在最高人民法院研究室出台的《关于利用计算机窃取他人游戏币非法销售获利如何定性问题的研究意见》中，明确表示目前宜以非法获取计算机信息系统数据罪定罪处罚，这一准官方立场确定了将网络虚拟财产作为电磁数据予以保护的司法路径，一定程度上阻断了司法机关对虚拟财产作为财物保护的进路。

应当注意的是，网络虚拟财产兼具"财产性"与"数据性"双重属性，但其本质是电磁数据，无法脱离网络和计算机而存在。窃取网络虚拟财产这一行为也需要借助计算机手段，通常表现为非法侵入计算机、非法破坏系统等方式，嵌合刑法所规定的计算机犯罪各类罪名的构成要件，以计算机犯罪规制更具有合理性。在窃取这一行为下，盗窃罪保护现实社会的财产占有，计算机犯罪保护网络环境的数据秩序，二者并行，保护人们线上和线下的生活安全。尽管计算机犯罪相比于盗窃罪在量刑上更为轻缓，以犯罪构成以及罪刑法定为要求，将窃取网络虚拟财产以计算机犯罪定罪处罚这一刑罚路径，能够做到罚当其罪，而且对于此类犯罪行为及其侵害法益的评价更为全面和典型。

六、结语

随着社会的发展，财产形式在不断地演进，财产权客体由最早期的有体物扩展到无体物。计算机技术的迅速兴起带来的难题，使得传统的财产形式发生了改变，网络虚拟性这一特性的展开引起了人们的关注和讨论。网络虚拟财产依附网络空间而存在，与传统的财产形态相异，但是这些差别并不影响对其本质和权利属性的认定，也不影响通过法律的形式对其加以保护，同时，应由民及刑地认定窃取网络虚拟财产这类犯罪行为，才能给予其刑法上更合理的的保护路径。

六、学术综述

6. Academic Review

2021年"人工智能与司法大数据"国际研讨会综述

汪习根　王文静[*]

（华中科技大学法学院，湖北武汉，430074）

一

当今时代，全球正在昂首迈入数字社会，人类的生产与生活方式正在发生革命性变化，大数据、人工智能为人类带来了共同的机遇与挑战。习近平总书记在第二届世界互联网大会开幕式上指出："纵观世界文明史，人类先后经历了农业革命、工业革命、信息革命。每一次产业技术革命，都给人类生产生活带来巨大而深刻的影响。现在，以互联网为代表的信息技术日新月异，引领了社会生产新变革，创造了人类生活新空间，拓展了国家治理新领域，极大提高了人类认识世界、改造世界的能力。"[1]《中华人民共和国国民经济和社会发展第十四个五年规划和2035年远景目标纲要》第十六章"加快数字社会建设步伐"中专门强调"加强智慧法院建设"，进一步体现了智慧法院建设在国家治理体系和智能能力现代化进程中的重要地位和作用。《法治中国建设规划（2020—2025年）》也强调加强科技和信息化保障，全面建设"智慧法治"，推进法治中国建设的数据化、网络化、智能化，为中国司法领域改革赋能。2021年3月11日通过的《第十三届全国人民代表大会第四次会议关于最高人民法院工作报告的决议》要求"加快建设智慧法院"。最高人民法院周强院长在多个场合都将前沿科学技术与司法改革并称为法官工作的"车之两轮，鸟之两翼"。

2021年5月13日，最高人民法院网络安全和信息化领导小组审议通过《最高人民法院网络安全和信息化领导小组工作报告和下一步工作安排》和《最高人民法院信息化建设五年发展规划（2021—2025）》。最高人民法院周强院长在会上强调，全面深化智慧法院建设，突出司法数据中台、智慧法院大脑的智慧引擎作用，以在

---

[*] 作者简介：汪习根，国家人权教育与培训基地·华中科技大学人权法律研究院院长、华中科技大学法学院院长、教授；王文静，湖北司法大数据研究中心研究员、博士研究生。

1. 习近平在第二届世界互联网大会开幕式上的讲话（全文），新华网，http://www.xinhuanet.com/politics/2015-12/16/c_1117481089.htm，2015年12月16日。

线法院建设为牵引，推进人民法院信息化4.0版建设，促进审判体系和审判能力现代化，推动新时代人民法院工作高质量发展。"十四五"时期，智慧法院的建设重心将从以互联网和数据为中心向以知识为中心转变。随着互联网、大数据、云计算、人工智能等科学技术的迅猛发展，传统的人类社会治理机制与模式受到了极大冲击，司法与法治模式也因此发生改变。

人工智能是未来国家发展、提升核心竞争力的关键，而算法结合大数据的运用是新一波人工智能创新的核心推动力，在使人类生产力得到极大释放的同时，还会让人们的工作以及生活方式发生重要的变化。因此，国家政策及法律必须对此及时呼应，以平衡各方利益。在此背景下，2021年5月，由华中科技大学和湖北省高级人民法院共同主办，华中科技大学法学院和湖北司法大数据研究中心（华中科技大学法学院与湖北省高级人民法院共建）共同承办以"人工智能与司法大数据"为主题的国际研讨会。

2021年"人工智能与司法大数据"国际研讨会采取"线上+线下"相结合的方式，全程同声传译并直播，来自全球的1万余人观摩了会议。本次会议分为校（院长）论坛、主题发言、分论坛、海外专场。主要与会专家包括：最高人民法院信息中心代表张永红，中国司法大数据研究院院长梁新，湖北省高级人民法院党组书记、院长游劝荣，中国工程院院士、华中科技大学校长李元元教授，中国政法大学副校长时建中教授，中国人民大学副校长王轶教授，吉林大学副校长蔡立东教授，清华大学法学院院长申卫星教授，天津大学法学院院长孙佑海教授，华东政法大学数字法治研究院院长马长山教授，北京航空航天大学法学院院长龙卫球教授，四川大学法学院院长左卫民教授，上海交通大学凯原法学院副院长彭诚信教授等数十位国内著名专家，以及来自美国、英国、德国、荷兰、瑞士、丹麦、意大利等国著名大学和研究机构的国际专家。华中科技大学人文社会科学处、人工智能与自动化学院、网络与信息化办公室、医药卫生管理学院、法学院相关负责人与专家参会。本次国际研讨会包括开幕致辞、校长（院长）论坛和四个单元的主题报告，39位中外专家学者在主题报告阶段作了精彩分享或评议。

中国工程院院士、华中科技大学校长李元元教授指出，华中科技大学是国家"211工程"重点建设和"985工程"建设高校之一，首批国家"双一流"建设高校，已构建起理、工、医、管、文、法等齐全的研究型大学学科体系。2021年是华中科技大学法学教育40周年暨法学院建院20周年。学院秉持"创一流、重特色、倡交叉、国际化"的教育理念，逐步建成结构合理、优势突出的办学体系。华中科技大学先后获批"铸牢中华民族共同体意识研究基地"和"国家人权教育与培训基地"

两个国家级文科研究基地以及11个省部级基地,向社会各界输送了4000余名法律人才,其中有"全国五一劳动奖章""全国优秀公诉人"等各类国家级荣誉获得者。他提到,当今世界已进入数字时代,大数据、人工智能为人类带来了共同的机遇与挑战。本次会议汇聚了行业内国际国内知名专家学者,相信经过大家的深入交流,一定能够把握时代热点、回应战略关切、推进学科融合、促进研究创新、取得丰硕成果,为促进数字法治建设、提升司法治理能力贡献更多智慧。

湖北省高级人民法院党组书记、院长游劝荣指出,非常感谢华中科技大学倾全校之力,支持湖北省法院系统进行信息化的改造和智慧法院的建设。随着人工智能、大数据、区块链等科技的迅猛发展,更好更快地推进司法信息化建设,提升审判质量、提升司法服务水平、提升法官生产力的过程中仍面临不少问题、瓶颈和挑战,值得人们思考研究。同时,人工智能、大数据和科技发展,也带来了人文伦理、信息安全等方面的新挑战。全省三级法院的司法实践和案例,是开展司法和社会治理研究的"宝藏富矿",可以为大数据等相关研究提供宝贵的资源。希望通过论坛交流,各位专家学者和法律界同仁,发挥优势、合作交流、共同研究,一起努力推动司法公正,走出一条建设性的科技发展和法治发展的道路,延伸司法职能,推进社会治理,促进国家经济社会高质量发展,让人民群众在每一个司法案件中感受到公平正义。

最高人民法院信息中心副书记、廉政专员张永红代表最高人民法院信息中心对会议的召开表示热烈祝贺,对长期致力于推动司法信息化建设的华中科技大学表示高度赞赏。他指出,人工智能在司法领域的深度应用是实现审判体系和审判能力现代化的必由之路。大数据人工智能时代,要主动运用新技术来破解难题,要以公开、公正、便捷、安全、高效为导向,优化传统的办事办案流程,实现新变革。党的十八大以来,党中央大力推进网络强国、数字中国、智慧社会建设。大家要以习近平新时代中国特色社会主义思想为指导,以全面促进审判体系和审判能力现代化为目标,推动智慧法院的发展,为国家治理体系和治理能力现代化作出更大贡献。

华中科技大学副校长梁茜主持开幕式。他简要介绍了华中科技大学与湖北省高级人民法院签订合作协议,在最高人民法院指导下成立湖北司法大数据研究中心,在智慧司法方面取得的积极进展。他表示,举办本次国际研讨会,是双方携手打造法治理论研究高地的重要举措之一;众多国际国内专家学者围绕"人工智能与司法大数据"展开讨论,对推动我国大数据、人工智能等科技创新成果同司法工作深度融合具有重要意义;期盼各位专家、学者今后多来华中科技大学及法学院做客、指导、交流、合作。

二

在校长（院长）论坛环节，来自著名大学和中国司法大数据研究院的10位著名专家就人工智能与司法大数据问题发表了独特见解。中国司法大数据研究院院长梁新作了以"以数据为基，引科技之智，启司法之慧"为主题的发言。他认为，数字化的升级和智能化的升级转型，已经成为当下最大的热点。时代的发展要求我们加快数字化发展，建设数字中国。智慧法院建设从1.0、2.0到"十三五"期间建成3.0，取得了巨大成就，实现了法院的网络化、阳光化、智能化，这将推进法院业务网上办理实现全流程依法公开，全方位智能服务。要继续加强建设这种真正服务人民群众、服务审判执行、服务司法管理、服务廉政司法的以数据为中心的智慧法院。中国司法大数据研究院是由最高人民法院和中国电子科技集团合资成立的一个专门从事司法大数据研究的专业机构，其使命是成为世界一流的司法大数据的研究者、管理者、服务者，让大数据为司法审判和经济社会发展服务，推进智慧法院建设。他表示，非常热切地希望与各位专家携手共进，让大数据技术真正在司法层面发挥作用，用数字化来推动更高水平的公平正义。

中国政法大学副校长时建中教授以"提升司法数据质量，服务智慧法治建设"为主题进行发言（线上）。习近平总书记提出，"要加快推进政法领域全面深化改革，推动大数据、人工智能等科技创新成果同司法工作深度融合，这是未来的发展方向"。互联网审判是面向未来的审判，法院应当努力满足当事人多元诉讼需求；要积极推进案件繁简分流，不断提升审判质效，助推智慧法院建设和网络法治进程；要强化创新科技的运用，帮助法官减少事务性工作，将更多的时间、精力投入司法为民中。他指出，智慧法院在抗"疫"工作中大显身手，这让大家看到了信息化建设对法治建设的重大意义和价值。同时，技术正不断融入审判实务，释放效能，推动了法学研究、法治建设的观念变化和快速发展。他特别强调，数据的质量会直接影响数字技术应用的效果，司法数据的提质能极大地促进司法工作提质，因此法院要及时总结现阶段司法数据建设中的问题，投身人工智能与网络法学，深入发掘高质量的司法数据，更好地服务于智慧法治建设。

中国人民大学党委常委、副校长王轶教授围绕"认真对待数据"进行主题发言（线上）。他指出，《中华人民共和国民法典》是世界上首部将"数据"作为法律术语的民法典，这传达出了要"认真对待数据"的指引性精神。他的论述主要包括以下三个方面。首先，探讨"什么是数据"。要想认真对待数据，首先要面对的是事实判断的问题,人们需要对信息文明时代背景下的数据概念进行界定,并关注数据的应用所带来的新的法律问题。其次,探究"为什么要认真对待数据"。人类进入信息文明时代之后,大数据的出现和发展重塑了社会结构,改变了社会交往方式,并且提供了新的财富创造方式,因此需要以更加严肃的态度来对待数据。最后,阐述"怎样对数据进行价值判断"。王轶指出,在对数据的应用进行讨论时,除了事实判断,也应该关注价值判断的问题,例如大数据的财产价值分配、相关主体的利益平衡以及如何回应数据垄断的挑战,都是在未来需要进一步解决的问题。

吉林大学党委常委、副校长蔡立东教授作了以"司法人工智能的技术'参差赋权'与以人民为中心"为主题的发言(线上)。他表示,随着信息技术的深度应用、人工智能为司法持续赋能,社会上出现了"技术慕强"和"技术乌托邦"的沉迷心态,这给司法正义和"法律面前人人平等"的原则带来了新挑战。因此,我们要时刻保持对人工智能技术的理性反思。人工智能技术在司法中应当处于辅助地位,这在学界和实务界已经得到确证。从人类的发展史上看,技术必然会给某些群体带来某种程度的伤害,这是人类社会发展进程中不可避免的"生长痛"。由于人工智能技术的赋权梯度和赋权效能均存在差异,在实践中,人工智能技术很好地助力了司法审查和审判,但却不能完全保证所有诉讼参与人的各项诉讼权利能够得到依法行使。智能时代更应该是以人为本的时代。因此我们应该朝着司法程序平等赋权、智能技术平等赋权的方向努力,明确司法智能时代"以人民为中心"的使命,消除数字鸿沟,提升人民群众在司法智能时代中的获得感。

清华大学法学院院长申卫星教授作了以"探索可计算的法律发展道路"为主题的发言(线上)。他详细介绍了新兴学科的计算法学,以及计算法学在国内外的发展情况。他提到,法治教育发展到今天,未来应走向何方是我们面临的共同问题。他分析了当前法律科技研究和法院技术人才现状,认为应该构建交叉融合的计算法学共同体,培养既精通法律规则又熟悉信息技术的复合型法律人才。他特别提到,在法律与计算科学不断相互渗透的背景之下,在计算法学的发展道路上,我们要研究法律知识表示、提高司法数据的利用能力、发展法律可计算建模、创新智慧司法程序、建设未来法律知识中心、培养复合型人才。毕竟,更好的司法接触体验是法律执业者永恒的追求,只有创新司法程序,将司法服务建构于技术之上,才能真正实现司法全流程智能化,而非自动化。

天津大学法学院院长孙佑海教授作了以"运用数字手段适应数字时代的社会治理"为主题的发言(线上)。他认为,在数字技术迅猛发展给人们的生产生活带来巨大便利的同时,也出现了数据滥用、过度商业化、侵犯个人隐私、侵犯知识产权、垄断与损害竞争等侵害人民利益的数据犯罪行为。因此，数字时代的法治机关有责任和义务运用数据手段，推进数据时代法治事业的全面进步，以实现法治工作的现代化。他认为，运用数据手段推进新时代的社会治理、促进法的全面实施，有利于保障人民的权利，有利于完善新时代社会治理，有利于数字经济、数字社会和数字政府的健康发展。他阐述了"一体两翼"的价值论发展格局，提出了法治行动论的五个方面，分别是：运用数字手段促进科学立法、加强行政监管、促进公正司法、提升全民守法意识、提升法治教育水平。

华东政法大学数字法治研究院院长马长山教授作了以"智慧司法的人文底蕴"为主题的发言（线上）。他首先强调了在推进智慧司法建设的进程中，要格外关注人文底蕴和人文精神的体现。他提出了发展智慧司法的四点设想：首先，要坚持以人为本的理念，坚持以人民为中心，让人民享受数字化时代的成果；其次，要防范技术专利中的权力性偏好和价值偏好等潜在的风险，合理部署智慧司法体系；再次，在技术应用中要遵守正当程序，注意和防范新技术的应用对司法程序的影响所带来的风险；最后，确立司法系统自身的监督机制，通过"审计"和"审批"两个维度保障司法的正常运行，不能仅仅维持机械的裁判模式，还要展现人的伦理价值。他指出，随着技术的不断进步与发展，智慧司法是大势所趋，但其发展也存在着不容逾越的边界，其边界即保护人的权利和维护公平正义，因此要呼吁技术向善，在科学理性规则的建构之下注重人文精神的底色。

北京航空航天大学法学院院长龙卫球教授作了以"人工智能司法方法论问题"为主题的发言（线上）。他首先指出，要特别注意目前人工智能在司法领域当中的缺失状态，要更加积极地将人工智能和大数据引入司法领域，这样不仅能够提升工作效率、节约司法资源，也有利于推动司法工作的智能化。接着，他对人工智能和大数据技术的应用进行了辩证分析，提出在大数据的智能科技推动司法进步的同时，要敏锐地注意新技术给司法工作带来了哪些变化以及这些变化是否符合司法工作的本质和特点。他特别强调，人工智能辅助司法是建立在统计学大数据基础上的一个算法模型，要认识到它和基于人类智慧的更加复杂微妙的司法法则存在差异性，因此，需要更加谨慎运用，尤其是医疗、军事等领域，需要人工智能司法的伦理约束。他认为，司法方法论受到样本、开发主体、统计模型的限制，并提出了三个针对性意见：人工智能司法只能作为辅助系统；改进人工智能司法的合理性；改进计算模型的统计方法。

四川大学法学院院长左卫民教授亲临会议现场，以"基于裁判文书网的大数据法律研究：反思与前瞻"为主题进行线下发言。首先，他以自己二十多年的法律数据研究经历介绍了信息时代大数据研究背景,并从数据特征、研究方式、研究者亲历性三个方面详细介绍了大数据的绝对优势。他提到,当下大数据已经出现在社会生活的各个领域,面对研究对象形式上的巨大改变,研究者要及时转变思维和研究方法,更好地利用大数据开展学术研究。接着,他以四川省裁判文书刑事审判率为例介绍大数据的现实运用。他认为目前大数据研究中存在三大问题:数据缺失,深层分析欠缺和理论分析匮乏。他特别强调了合理利用大数据必须要有法律经验,要对研究现象有真实、全面的把握,要超越大数据的浅层信息探寻其深层意义,要看到对立法者、改革者有意义的内容。最后,他指出,要谨慎对待数据,现在谈大数据时代的到来还为时过早,但相信在各位专家学者的共同努力下,大数据发展将会有新的突破。

上海交通大学凯原法学院副院长彭诚信教授对以上嘉宾的发言进行了精彩的评议。21世纪以来,随着信息化和人工智能技术的发展,将人工智能应用于法律领域日渐受到学者关注,作为法律人更要认识到数字司法时代也即将到来。他认为,各位嘉宾对人工智能与大数据的探讨主要集中在三个方面:首先是提升数据的质量,目前大数据在司法裁判当中的应用还存在一些难点,例如通过算法提取准确的法律事实从而进行合理裁判还难以实现,因此如果想要实现真正的同案同判、不同案不同判,就必须提高数据的质量;其次是加强算法研究,不同的算法往往会得出不同的结果,因此在裁判当中要构建统一的算法规则,同时规范算法中的法律与伦理规则,得出更加理想化的结果;最后是要不忘司法公平正义的初心,必须注重人文关怀,将自然人的权利作为核心价值追求。最后,彭诚信教授呼吁进一步推动数据质量的标准化,建立道德算法以及坚持法律公平正义的精神,助推智慧司法的建设。

华中科技大学法学院院长汪习根主持校长(院长)论坛,对论坛进行了简要总结,认为本次校长(院长)论坛的九位主题报告人和点评人都是国内本领域有影响力的专家。大家聚焦数字时代人工智能与司法大数据这一全新议题,从各自的学科领域和研究视角提出了具有创新性、启发性的见解。总体而言,可以归结为三大方面。一是基于人工智能的法律,通过人工智能为法律赋能。人工智能对于提升司法效能具有革命性的意义,如何发挥人工智能技术在实现司法公正中的价值功能是法律与信息技术深度融合必须思考的重点。应当逐步实现从小数据到中数据以至大数据,从人工司法到智能司法再到智慧司法的变革。二是基于法律的人工智能,法律对人工智能具有引导、规制、保障与救济作用。互联网、大数据和人工智能技术本身是中性的,而法律具有明确的导向性和规范性,防止人工智能的负面效应,在本质上涉及法律关系的重组和再造,在这一方面司法不能缺位。三是基于人的法律人工智能,智慧法治的终极价值指向人的主体性,即以人为本和人文主义精神。是人工智能为人类的法律赋能,还是法律的理性为人工智能赋能,是一个极其复杂的问题。但无论如何,科学技术必须把对人的关怀、尊重人格尊严和保障数字人权放在首位,始终遵循以人为本的人工智能法治路线,只有这样,才能实现逻辑与理性、法治与德治、良法与善治的统一。

三

在主题报告环节,华中科技大学法学院教授、司法大数据研究中心首席专家陈起行主持第一单元的研讨。四川大学法学院教授、四川大学"智慧法治"超前部署学科首席专家王竹以"民商事司法裁判知识可计算化的'准三段论'实现路径"为题进行发言。他认为,裁判文书最重要的三个部分为法院根据双方举证认定的案件事实、判决书的说理部分和法院根据法律作出的最终裁判。在法律裁判的"三段论"当中,法律规定是大前提,案件事实是小前提,裁判结果是结论。当下人工智能和大数据已经成为一种司法辅助工具,但王竹教授认为在类案情况下请求权竞合的描绘问题还没有得到解决,他对此进行了深入的研究:首先对具体法律条文的变动与更新进行研究;其次从大量的裁判文书中抽取争议焦点;最后将案情事实、争议焦点与裁判文书中的裁判依据进行结合,从中得出结论。王竹教授谈到,未来将围绕"民商事司法裁判知识可计算化"这一重心在裁判文书的评查、裁判文书的生成以及智能推理技术等方面进一步展开研究。

湖北省高级人民法院信息管理处处长徐光武以"基于司法大数据的人工智能科技对法院工作产生的价值及影响"为题发言。他指出,人民法院自身发展有以下需求:急需提升审判执行智能化来解决人案矛盾;急需借助先进技术来提升审判质效;急需借助先进技术进行司法管理;急需创新便民服务举措为人民群众提供诉讼服务、提升科学决策等。大数据人工智能时代,我们要主动运用新技术来破解难题,要以公开、公正、便捷、安全、高效为导向,优化传统的办事办案流程,实现新变革。因此,人工智能在司法领域的深度应用是实现审判体系和审判能力现代化的必由之路。但如今,该模式仍存在着基础设施建设不够完善、受到体制机制制约、人工智能审判和制度的能动性和创造性不足等局限。对此他表示,应该扩大数据汇集的范围和体量,着力推进人工智能本身的发展,不断引进相关人才。

西安交通大学法学院副教授王玥以"社交平台数据参与立法评估的价值、挑战与应对:基于网信领域法规评估的实证分析"为题发言。她指出,基于大数据的网信领域法规评估是未来制定、执行和完善政策法规以及提高政策质量等方面业务的基础性关键技术。社交平台数据纳入立法评估具有扩充立法评估的数据来源、改善立法评估的数据质量、增强立法评估的预测功能等价值。社交平台数据纳入立法评估主要面临以下挑战：基于社交平台数据立法评估的指标体系构建难度较高；数据分析的颗粒度和精确度有待提升；在对立法的深入与自动化评估分析方面还存在显著不足。她谈到，在实践中，还需要科学审慎地使用社交平台的数据进行评估，更加客观地看待评估结果，认识到人工智能也有局限性。

中国人民大学未来法治研究院副院长、法学院副教授丁晓东对发言人的发言作出评议。他表示，各位发言人分别从自身研究方向和实践的角度对司法大数据进行了分析，听完这些精彩发言后，其对"从实践层面如何发展司法大数据"和"法学研究在其中起到了什么作用"这两个问题有了更深刻的理解。他特别指出，司法大数据在实践中应当只起到搜索引擎和为判决提供建议的作用。司法大数据同时还应该受到法律伦理的规制。其中更多、更深刻的问题仍需要法学研究者来挖掘和解决。

华中科技大学法学院副院长、教授熊琦主持第二单元平行论坛一的主题报告。东南大学社会科学处副处长、研究员王禄生以"智慧法院建设的中国经验及其完善"为主题进行发言。他指出，在顶层设计之下，各级地方法院有充分的改革自主权，呈现出百花齐放的局面，同时，政府对智能技术在司法场景的应用持开放的态度，并且通过多层级的规范性文件予以推动。面对区域协同发展不足、潜在风险评估不足、社会力量整合不足的现实障碍，智慧法院建设的路径优化颇为重要，重点在于打造智慧法院一体化建设模式、推进智慧法院建设中智能技术的再治理、强化智慧法院建设的社会参与，具体表现为引导一批法律科技企业投身于智慧法院的建设与研发，全面强化法学院校在智慧法院建设中的角色，全面吸纳法律职业共同体的参与，壮大智慧司法体系。

北京航空航天大学法学院赵精武老师以"认真对待个人信息的间接识别——以vin码保护为例"为题进行了系统阐述。他指出，个人信息保护与行业发展之间要保持平衡，避免柠檬市场。他认为vin码应该进行场景化的保护，同时，应当结合识别中的简易性要件，将各自收集的车况信息接入统一的车况信息收集系统中。车况数据服务企业可以对收集的车况数据进行二次分析，形成车辆历史报告并向二手车经销企业和经营者提供查询服务，无须经过车主的授权。车况数据服务企业提供的车辆历史报告，不得泄露车主的个人信息；并明确具体的牵头单位，由商务部牵头负责对车况信息的披露进行监管。

北京华宇信息技术有限公司资深技术总监王泽晶以"司法行业AI的现状以及视

频结构化的应用探索"为题进行发言。他主要介绍了司法行业AI在感知领域的现状及未来、视频结构化发展历史与行业应用场景,详细讲解了电子卷宗深度应用、庭审语音识别、视频巡查等技术功能。他总结了当下司法行业AI存在的问题:一是数据质量的参差不齐与海量的人工投入不成比例;二是通用人工智能无法直接落地,需要解决"最后一公里"问题;三是算力局限;四是新技术的长期影响易被低估。他详细阐述了视频结构化中特征提取、信息检索、深度学习的方法,并对这些技术的行业应用场景进行了阐述。

中国政法大学法学院谢远扬老师以"人工智能的民法挑战与回应"为题进行阐述。他指出,人工智能对民法的挑战要内化到民法自身的规范体系之中,归根结底是对传统法律关系构建的挑战,人工智能目前无法挑起承受主体的重担,法律行为应当以当事人的意思表示为核心,人工智能的介入让行为暂时性地脱离了主体的意思表示,可能并非完全符合主体的目的。责任来源于对义务的违反,义务是权利的相对面,权利来源于对法益的支配,责任制度的建构是由具体的法益类型、侵权行为,以及制度目的所决定的。

中国知网法律事业部市场部经理陈嘉茜的发言主题为"人工智能辅助司法裁判的知识库构建"。她指出,走向强人工智能的可能途径表现为类脑计算和知识工程,知识是实现"强人工智能"的重要驱动力。作为一种知识表示方式,知识图谱技术强大的语义处理和互联组织能力为智能应用提供了基础,因此构建大规模的知识图谱是一种现实可行的知识库建设方式。当下,智慧办案辅助系统致力于实现基于案件事实、争议焦点、法律适用的智能推理,在案情特征分析、量刑辅助分析、类案推送、构建基于案件焦点的法律适用知识网络和拓展知识网络等方面表现出色,提升了办案人员对于法律条文、相似案例、专业知识的获取效率与全面性,促进量刑规范化的更好落实。

中国社会科学院法学研究所教授、《环球法律评论》编辑部主任姚佳对上述五位发言人的精彩发言进行了评议。她表示,在讨论人和技术之间的关系方面,可以看到适应能力、参与能力、引领能力三种能力。适应能力是指我们在对新技术的接受呈现出开放式的态度的同时,也要保持着人类理性的判断力,来对技术中隐含的伦理问题进行审查,使各个法律职业共同体都参与到对新技术的讨论中。参与能力要求让技术在司法领域的参与度上升。引领能力要求技术在司法领域起到引领作用。学界、实务界都表现出积极的状态,中国在时代的推动下呈现开放式的状态,同时也保持着人类理性的驱动。司法中对于技术的运用有很强的参与度,也产生了引领与建构的思路,只有具备上述三种能力,我们才能通过技术上全方位的融合,突破技术的束缚，实现人对技术的引领。

第二单元平行论坛二由华中科技大学法学院柯岚教授主持。浙江理工大学法学院副教授郭兵以"人脸识别的法律规制"为题进行主题发言（线上）。他提到，当下社会、学界和官方普遍注意到了人脸识别技术滥用所导致的潜在的个人信息安全风险。虽然在人脸识别的法律规制方面，《个人信息保护法》被寄予了厚望，但目前该法草案仍存在明显不足：一方面，在缺乏具体明确制度约束的情况下，以维护公共安全之名使用人脸识别技术的现象可能仍将持续存在；另一方面，在敏感个人信息处理的限制性立法授权约束下，地方立法在探索规范人脸识别技术处理个人信息的制度设计将会面临挑战。当前，对于人脸识别技术滥用的监管力度仍然存在明显不足，司法规制也明显乏力，这与相应立法存在明显滞后性不无关系。就此而言，《个人信息保护法》及其配套立法的针对性制度设计，或许是强化人脸识别法律规制的重要方向。

中国社会科学院法学研究所助理研究员胡昌明以"从司法的'剧场化'到'网络化'：电子诉讼的冲击与反思"为题进行发言（线上）。他指出，疫情期间互联网诉讼在所有诉讼手段中的比例不断扩大，这在一定程度上疏通了司法的渠道，互联网诉讼越来越成为诉讼模式的重要组成部分。依托互联网技术，互联网诉讼在庭审场域、证据提交及质证、送达方式和庭审记录等方面都展现出了新的变化，这些变化对传统诉讼模式产生了冲击。与此同时，司法网络化便捷了诉讼参与，简化了诉讼流程，实现了司法祛魅，发挥着积极的作用，中国互联网法院的建设也有所成效。他强调，司法网络化建设也需要一些限度和及时的纠偏，要避免司法跌入"广场化"泥淖，注重平衡各项诉讼价值，平等保护各方当事人利益，促进司法网络化的健康发展。

南京信息工程大学大数据法治研究院研究员姜金良以"审判大数据与法官员额配置——以民事案件权重值模型为中心"为题进行发言（线上）。他指出，在司法改革人员分类管理已经完成、员额法官较为稀缺、案多人少矛盾仍旧存在进而加剧资源稀缺的背景之下，对于结案方式、简单批量案件等影响因素和审委会汇报、委托鉴定等可能出现的或有关工作事项，设定对应的浮动权重系数值。对于个案工作量可以根据固定案件权重值、结案方式、浮动权重系数值进行确定，进而确定审判总工作量。法官员额数量即为审判总工作量与法官合理工作量的比值。在具体测算模型推广上，要注重样本采集的科学性以及工作的动态因素。他表示，这一模式有自身的独特优势，但受到许多偶然因素的影响，也有一定的局限性。而立法与实践如何弥补这些缺陷，值得我们深入探讨。

浙江工商大学法学院副教授韩振文以"疑案裁判的立场、法源及其功用——以智慧法院建设为背景"为题进行发言（线上）。他提到，在司法深刻变革、新兴技术不断产生机遇与挑战的时代大背景之下，重新审视司法裁判的立场，对其进行超越与回归，具有重大意义：裁判疑难案件的法源呈现出更大的开放性和包容性，疑难案件的裁判也在不断推动司法治理走上合理发展的道路。他指出，数字治理时代，智慧法院建设也在审判方式、诉讼模式、证据规则等方面力求变革，疑案裁判拟制的法源随之呈现出越来越大的开放包容力。正是疑难案件的审慎裁决，使"疑难案件出坏法"命题得以反转，驱动着司法治理逐步走上良性发展道路，从而获得良法善治。

美国乔治城大学、奥尼尔全球与国家卫生法研究中心博士研究生徐靖仪以"人工智能应用于医疗领域中的法律及伦理问题"为题进行发言（线上）。她指出，人工智能在医疗领域的应用历史较为悠久，但早期技术并不成熟，经过不断的发展，在今天才实现了一定程度的良好应用。而在这一技术中，依然有潜在的偏差性、隐私安全和医患之间的信任难题存在。对此，她提出了以下一些治理模式：确保数据来源的公平性和不同患者获得医疗资源的公平性；提升技术应用的透明度；注重人文精神，明确责任主体，完善规则，提升该模式的可信度。

中国社会科学院法学研究所研究员赵磊对五位发言人的精彩发言进行了评议（线上）。他提到，诸位发言人的发言，回应了人工智能与大数据在当前发展阶段的一些问题，每个人都提出了自己独到的见解。这些话题都值得我们从法学的思维出发进行深入探讨，仔细研究如何合理利用人工智能与大数据，为司法实践赋能提质。

主题报告第三单元的平行论坛一由华中科技大学法学院副院长徐军华教授主持。清华大学法学院助理研究员刘云以"司法数据开放与利用能力的思考"为题进行发言，他指出，司法信息公开应当向司法数据公开转变，司法数据公开应当为科研利用提供专门供给，在司法数据的结构化方向与标注规范方面，共性问题体现为人工智能数据采集与标注成本高、耗时长、流程长、质量参差不齐、管理困难、安全隐患大，且缺乏业内统一应用的标准，标注数据再利用、对外利用能力差。业内处于各自探索的状况，缺乏符合行业应用需要的、科学并且成熟的标准。对策在于共同构建通用法律数据标注手册，明确标注任务、标注颗粒度、标注规则、统一的标注平台。因此，开放的司法数据市场需要进一步发展协同的计算法学知识平台。

科大讯飞股份有限公司湖北分公司副总经理余征的发言主题为"人工智能司法应用的实践与思考"，介绍了"智能辅助庭审"综合运用多项人工智能技术，在庭审时可以做到"庭审进程与文字记录同步"；"庭审进展与证据材料抓取展示同步"，使庭审实质化真正落地见效。人工智能助力以审判为中心的诉讼制度改革落地,更好地发挥庭审关键性作用,让正义以看得见的方式实现;充分发挥其在庭审过程中辅助法官查明事实、认定证据、保护诉权、公正裁判的重要作用。同时,人工智能在司法领域的定位是辅助而不是替代。司法具有其特有的规律和特有的属性,如司法的公正性、公开性、亲历性等,尤其是司法活动的亲历性,决定了办案人员是案件办理的主体,人工智能只能是参与辅助办案。

中国政法大学刑事司法学院郭旨龙老师以"自动人脸识别治安警务的法治文明"为题进行了发言,主要围绕AFR警务的概念、AFR警务的危害、法律的救济、法律的功能进行了阐述。他指出,公民个体在新技术环境中的脆弱性要求在正当程序中承认所涉及的利益和风险,法律的强制作用具有潜在威慑作用,因此具有教育意义,可以促进诸多行为的改变。要传达、肯定、巩固和恢复现有的社会规范、承诺和信念,同时澄清新的规范、承诺和信念,否定、塑造和改变不透明、过度基于AFR的警务亚文化,培养透明、均衡和信任的文化。同时,国家应该培养有安全意识、懂技术的公民与AFR机器/系统协商谈判。

北京法意科技有限公司副总经理陈浩以"基于专家工程和机器学习混合路线的类案系统实践"为题进行了发言,他主要围绕类案检索司法实践实证分析、类案库建设的分层体系、法意类案初步成果进行阐述。他指出,类案分层设计主要包括专家工程汇编裁判规则、裁判规则的机器抽取和人工汇编、争议焦点和裁判规则的机器抽取、案件要素的机器学习标注等。他指出,法意类案初步成果主要表现为类案检索精准、类案检索全面、类案检索要素自动推送、快速定位、类案检索应用方式快速,并结合实际情况分析了类案检索结果的快速应用。

东南大学法学院余涛老师的发言主题为"脑机接口引致风险的法律控制"。他主要围绕脑机接口的概念和类型、脑机接口引致的风险类型、对脑机接口引致传统风险的控制、对脑机接口引致新型风险的控制四个方面进行了系统阐述。他指出,脑机接口中的"脑"是指神经系统和人脑,而"机"则是指一种关键技术设备。他强调,应对脑机接口所引致的风险进行类型化探讨,避免陷入"既要促创新,又要防风险"的肤浅对策论和法律虚无主义的泥淖;对传统风险的控制,应在与人格权、精神损害赔偿等有关的实定法框架下展开,尊重实定法的权威地位,不能对既有法律秩序轻言颠覆;对新型风险的控制,应坚持以人为本,尊重人的主体地位,坚决制止对人的主体地位的颠覆。

上海交通大学凯原法学院副院长彭诚信教授(线上)对五位发言人的发言作出评议。他指出,我们能够在此谈论数据信息,是因为我们已经进入了互联网时代,这同时也表明数据信息对我们的价值将会越来越大。我们在谈论数据信息的利用、开放和保护时，还需要意识到信息开放利用和人类欲望之间的矛盾、信息开放利用和个人隐私的矛盾、国家信息安全之间的矛盾，这些矛盾均需要被正视和解决。他强调，数据信息的隐私安全是数据保护的底线，信息的泄露无法进行事后补救，因此更需要我们提高警惕。我们的价值理念在互联网时代也亟待重构。

第三单元平行论坛二由华中科技大学法学院何士青教授主持。华东政法大学数字法治研究院副院长、副研究员韩旭至进行了以"司法区块链的价值目标及其实现路径"为主题的发言（线上）。在论证了司法区块链的逻辑思路后，他提到，司法区块链的核心价值目标始终是公平正义。同时，司法区块链必须遵守传统的司法价值和人文底蕴。我们可以利用"是否符合以人的权利保障为中心的价值目标""实现相关目标是否有必要采用区块链"等标准去衡量司法区块链的适当性。他强调，司法区块链的发展更应有法律进行引导和规制，坚守司法的初心，把握好司法区块链的尺度，警惕区块链万能主义。

四川大学图书馆副研究馆员张妮以"计算法学——法律与人工智能的交叉研究"为题进行发言（线上）。她表示，无论对此议题持保留态度还是开放态度都有一定的合理性。但需要认识到，我们无法逆转人工智能与大数据在实际生活中得到越来越广泛应用的潮流，我们法律人更应该积极作为，运用法律知识，应对风险与挑战。计算法学也由此应运而生。随后，她深入分析了计算法学的理论基础、研究领域和现实意义。她还指出，在这个技术仍旧不够成熟的阶段，我们需要积极地发现问题，探索前景与出路。

东北林业大学法学院副教授王玉薇进行了题为"智能裁判法律风险的多元规制策略研究"的发言（线上）。她提到，随着智慧法院建设的深入推进，智能裁判成为改革的重要方向和实践场域。但是，智能裁判在提升裁判效能、精准化和可预测化的同时，也隐藏着诸多法律风险，比如智能系统技术逻辑对正当程序价值的减损，算法裁判诱发数字人权保障危机，要素化裁判方式直接消解司法公信力等。为了应对上述风险，必须树立技术性正当程序和数字人权的理念，建构以"人民为中心"的多元司法防控策略，通过个人、算法部署企业和司法机构等的多元协作模式来合理分配智能司法所产生的风险，完善要素化智能裁判的标准、规则与程序，促进智能裁判的规范化发展。

淮阴师范学院法律政治与公共管理学院副教授许健以"构建司法人工智能扫除'网络黑社会'的三要线模型"为题进行发言。崔思琦同学作为代表首先为大家梳理了扫除"网络黑社会"三要线模型的技术路线图，详细阐述了该模型的研究领域及定位。随后深入解释了三要线模型从筛选到构建、从升级到调配、从认定到排除的铺设过程和工作原理,并指出了这一模型在认定中必须面对的风险与挑战。对于该模型的国际化推进,她强调要构筑网络空间命运共同体,在强化国际合作的同时,还要注重完善本国法律制度。但三要线智能模型尚处在理论构建阶段,这一模型认定能否有效便捷、网络数据的获取能否正当合法、人工智能与司法能否协调共进等问题还需要深入探讨。

华中科技大学法学院博士研究生彭艺璇进行了题为"人工智能在ODR(在线纠纷解决机制)领域的理论与实践"的发言。她谈到,科技的发展和计算机性能的不断提高,使得人工智能已经在司法方面取得一定的应用和进展。在此背景之下,法官的角色可能被替代。她介绍了两种常见的ODR应用模式和国内外ODR应用模式的初步成效。尽管人工智能在ODR领域的实践成效卓著,但仍存在着司法大数据不充分、平台的技术性和灵活性不完善、科技易导致裁判不公和审判异化、无法代替法官经验与逻辑有机结合的审判、难以界定责任承担者等弊端。对此她主张,技术的介入应维持司法的独立性与权威性,应保证不削弱法官的主体地位以及应受科技伦理约束及法律规制。

复旦大学法学院葛江虬老师对以上发言人的发言作出评议。他指出,各位发言人的发言可以总结为三个角度。首先,计算法学的一般理论、风险挑战和发展方向;其次,新技术的应用场景和具体应用方法;最后,新技术应用的风险和要应对的问题。他强调,各位发言人都能够冷静且理性地看待人工智能与大数据在司法领域中的应用,这是难能可贵的。而正是法学人这种冷静和理性的态度与智慧,帮助我们避免走上科幻小说中那些不堪设想的危险道路。

国际专场的主题报告由华中科技大学法学院副研究员傅江溪主持。鲁汶大学信息技术和知识产权法中心主任、教授Marie-Christine Janssens以"文本和数据挖掘行为的(欧盟)法律环境"为主题进行发言(线上)。她首先对文本和数据挖掘技术进行了介绍,梳理了数据挖掘的系统操作过程,并指出要从法律和版权的角度来看待AI技术当中的"数据"。接着她分析了欧盟的版权监管框架,阐述了欧盟对文本和数据挖掘的相关立法状况,并指出要尽可能在更高的水平上保护数据库所有者的权利,合法获取数据是数据挖掘的关键所在。在结论部分,Janssens教授谈到,与其他国际参与者相比,欧盟在数据库的访问和使用方面的制度更加严格,这与人工智能系统的发展可能会出现冲突。

阿里巴巴达摩院技术总监孙常龙以"人工智能在司法场景中的应用和挑战"为题进行发言。他首先向大家介绍了机器智能技术五大实验室,包括语音实验室、视觉实验室、语言技术实验室、决策智能实验室和城市大脑实验室。自然语言智能研究实现人与计算机之间用语言进行有效通信。它是融语言学、心理学、计算机科学、数学、统计学于一体的科学,涉及自然语言和形式化语言的分析、抽取、理解、转换和产生等多个课题。其中,自然语言处理研究是实现完整人工智能的必要技术。最后他提出,司法是一个强调规则执行的行业,深度学习存在着不可解释性,我们又应该如何保证算法结果的可解释性?同时司法智能化程度不断提高,这是否限制了法官专业知识的积累?是否让法官对机器产生依赖?这些问题都值得我们进一步思考。

北京大学法学院教授凌斌发表了题为"法律中的差序格局:家庭、亲属和社会关系——基于NLP的文献计量研究"的发言(线上)。他的报告是从费孝通先生的"差序格局"概念出发,从"问题意识""研究方法""法律概念"和"立法化身"四个维度,详细还原了研究的缘起和进程,展示了研究的方法和结论。通过自然语言处理(NLP)对近800部立法的文本分析,描绘了"差序格局"的立法化身,揭示了国家立法中规定的家庭、亲属和社会关系与历史传统及社会生活中的通常认识有很大差别。比如不同法律规定的亲等不同;同一亲属概念在立法上规定的范围不同;法律上的亲属范围与生活中的亲属范围不同;同一部法律中规定了不同的亲属范围。报告还讲述了立法中姻亲地位整体下降、三代以外血亲地位下降、朋友和关系人的地位上升等一些有趣的发现。

东南大学法学院副教授冯煜清以"韧性司法:法官如何回应运动式犯罪打击"为主题做出阐述。他提到,国际学术界对中国司法存在一种偏见,认为司法决策完全被政治压力主导,对于扫黑除恶中法官能否"严守法律政策界限"亦存在质疑。对十余万份刑事裁判文书的数据分析表明,面对政治压力,法官倾向于选择韧性司法的模式,根据政治压力大小及时调适其判罚尺度。在扫黑除恶专项斗争中,法官总体维持了一贯的量刑强度,克制使用更严厉的刑罚。同时,法官更为审慎地使用缓刑,避免与司法政策形成直接冲突。通过韧性司法,法官努力在法律与政治之间寻求平衡。最后他表示,研究结果反驳了部分海外学者的偏见,拓展了我们对政治压力下司法决策的理解。

河南师范大学法学院李飞老师作了题为"人工智能司法中的分类算法:风险、原理与范畴"的发言。他指出,通过机器学习之分类算法,"类案推荐"成为智能司法中同案同判的关键环节。但是,分类算法所包含的分类风险却可能影响司法公正。法学中的分类是一种规范性框架,是对社会秩序、社会价值和社会文化的映射、选择和体现。法律知识的生产和运用内嵌于该规范性框架之中,直接决定案件类型与行为认知,并最终影响司法公正的实现及其程度。在智能司法背景下,为了确保司法模型建构与法律知识提取的有效性和合理性,作为智能司法中法律和伦理的规范重点,分类算法的建构和设计应当注意以下几个关键范畴:司法空间、数据民主、法律分类与性别角色。

爱丁堡大学法学院信息技术和知识产权法中心主任、计算法学教授Schafer Buchard对第四单元司法主题部分的发言进行了点评(线上)。他认为人工智能技术需要遵循一些基本原则:首先是尊重法律,任何使用人工智能的行为都必须尊重法律和其中蕴含的价值观,人工智能系统的开发者在进行设计时一定要重视法律对技术的规制作用;其次是公平分配风险利益原则,每一个技术都同时具有风险和利益,因此要对这些风险和利益进行公示,技术开发者要具备更高的公共道德感;最后是平等诉诸法律原则,即在相关的纠纷中所有人都能平等地寻求法律的裁判,获取相应的法律资源。当下,人工智能技术中蕴含着在一定程度上权力失衡的问题,要用批判性思维来应对这些问题,制定更合理的法律框架。

荷兰特温特工业大学通信科学系助理教授Shenja van der Graaf的发言主题为"价值转移:'平台'时代的治理"(线上),她主要阐述了平台与智慧城市的关系以及人工智能技术在城市发展当中的应用。她开篇就谈到了当下平台与居民生活和城市环境之间的关系日益密切,平台与技术愈发成为城市基础设施、基础服务和公共管理等方面发展的重要驱动力。但与此同时,保证平台数据的合理使用,确保算法的可靠性,平衡平台的商业利益和公共利益等问题也向人们发出了挑战。在智慧城市的概念下,平台涉及多个利益相关者,在数字化管理的发展趋势之下,怎样合理地使用人工智能和各类技术、怎样使公共价值最大化、怎样保障公民的权利是需要进一步探究的问题。

夏威夷大学马诺阿分校通信学院教授、通信与信息科学跨学科博士项目主席Jenifer Sunrise Winter以"个人健康信息的大数据治理和对情境完整性的挑战"为主题进行了发言(线上)。她认为,个人健康信息处于数字化个人健康数据中监管最少的领域,它主要保存在供应商的信息技术基础设施上,而数据由信息技术公司自己来管理。数据治理战略必须平衡多个利益相关者的利益,这些利益相关者在不同的监管要求下会有不同的期望、责任和道德准则。利益相关者在不同的监管制度下运作,会给行为人在选择适用法规上带来困惑。如果不解决这些问题,就会出现监管漏洞,导致个人健康信息被滥用,降低数据使用的潜力。因此法律监管、算法技术和行业自律三者协同作用,可以减少监管之间的冲突,降低经济成本。

米兰大学医学博士、欧洲肿瘤研究所的Filippo Pesapane以"人工智能在放射学医疗设备的应用：欧美的伦理和监管问题"为主题进行了系统阐述（线上）。他认为，人工智能技术为医疗保健提供了一种非常高效的手段，其在生物技术、医药医疗等方面的应用非常广泛，推动了"医疗革命"的进程。然而，为了解决21世纪的最大挑战——慢性疾病的高发和人口老龄化带来的医疗压力，我们需要改善医疗保健的路径，向病人提供护理服务并让他们体验该服务。作为本报告的焦点，医疗技术的阶梯式变化迄今尚未在社会和个人护理领域达到相同的水平。技术带来便利的同时，也伴随着风险，因此需要国际社会共同努力，就如何防范和减轻伤害进行公开、成熟的对话。

哥本哈根商学院数字化系博士 Tara Qian Sun 围绕"医疗保健领域人工智能的自适应源治理"进行了主题发言（线上）。她首先提出，人工智能可以减少医生和护士的工作量，可以帮助医生实现个性化治疗方案的拟定。但是人工智能技术尚且存在着组织、管理、数据、技术、经济、社会、道德方面的七大挑战。医疗保健是一个高度专业化的领域，忙碌的医务人员很难投入足够的时间和资源来形成自愿的人际关系。人工智能供应商和医院之间是长期战略伙伴关系，他们共同开发人工智能医疗服务。建立这种关系后，技术公司通过与医生进行更多的接触，得到医生的经验和更多医疗数据的来源，而医生也可以使用最新的技术。但这种关系的建立，因为联合开发过程中的不确定性和复杂性程度较高，需要双方高度的信赖做支撑。

谢菲尔德大学管理学院数字营销高级讲师 Yichuan Wang 对第四单元健康主题部分的发言进行了点评（线上）。他提到，在医疗卫生领域，有两大问题需要解决：人口老龄化和慢性疾病高发。这两种"风暴"给医疗卫生体系带来了沉重的负担。促进医疗卫生的可持续发展有两种可行的方法，一是倡导政府早期干预，加大资金投入，预防疾病的出现，公民也要注重个人健康；二是技术革新，这涉及人工智能技术的应用，要善用人工智能技术来改善医疗。他认为，要赋予人工智能更多的人性特征，以便更好地将其应用于治疗病患，还可以将人工智能与技术建模结合起来，以及对人工智能的管理模式进行探究，以更好地管理数据并且保护好病患的隐私，这些问题值得进一步探讨。

总之，此次"人工智能与司法大数据"国际研讨会，与会专家们通过展示近期在该领域的研究成果，就相关前沿性问题进行了广泛交流，指明了今后可供研究的方向，以期对人工智能与司法大数据的持续、深入研究产生一定的推动作用。

征 稿 函

随着互联网、大数据、区块链、人工智能等新兴技术的不断发展，人类社会正迈入数字时代。数字技术的迅猛发展和广泛应用在推动社会发展进步的同时，也为法学理论和法治实践的发展带来了前所未有的机遇与挑战。数字中国对法治中国建设提出了更高要求，数字时代的发展急需数字法治保驾护航。计算法学、智能法学、数据法学、数字法学等新兴学科被相继提出，形成新的学科发展与学术争鸣的热点和难点，在国际国内学术界正在引发广泛关注。

华中科技大学法学院是全国最早也是迄今为止唯一一个设置科技法学学位点的单位，至今已有16年的历史，一直居于新技术革命与法律学科交叉融合发展的前沿。2019年9月，由清华大学主导，华中科技大学法学院作为六家发起单位之一，共同成立了中国计算法学发展联盟。2020年8月，华中科技大学与湖北省高级人民法院签署全面合作框架协议，成立湖北司法大数据中心。2021年5月，华中科技大学创设"人工智能与司法大数据"国际研讨会这一学术平台，每年举办一届。以此为基础，为了在理论上超前引导数字社会的革命性发展、全面回应数字法治的实践性挑战，《数字法律评论》应运而生。

《数字法律评论》是华中科技大学法学院、湖北司法大数据研究中心联合主办的以数字法学前沿发展为主题的学术辑刊。《数字法律评论》立足中国现实和实践需要，面向全球和未来发展，聚焦国内外数字法学领域的前沿研究，关注数字法学的跨学科发展，致力于展现数字时代的最新法学理论和法治实践成果，充分彰显国际性、前沿性、创新性和交叉性的特征，着重研究具有中国特色、世界关注的时代前沿问题。《数字法律评论》的创刊恰逢其时、意义重大，旨在为新时代背景下的新法科建设提供前沿阵地，推进建设中国特色的数字法学学科体系、学术体系和话语体系，促进构建中国自主的数字法律知识体系。

《数字法律评论》现面向国际国内学术界和实务界公开征稿，诚邀各界人士不吝赐稿。

一、征稿范围

1.数字法学基础理论研究

2.数字法律前沿问题研究

3.数字经济、数字政府、数字社会的法律理论与实践研究

4.数字法律规范分析

5.互联网法律前沿问题研究

6.大数据法律前沿问题研究

7.区块链法律前沿问题研究

8.人工智能技术的立法、执法和司法应用

9.数字技术与人权发展

10.其他相关论题

投稿论文应围绕主题撰写论文,但不限于上述参考选题,与数字法治相关的调查报告、立法建议、学术论文或译文等均可。文章需论点鲜明,论据充分,论证严谨,逻辑清晰,结构完整,数据准确,图表规范,注释引文无误。

二、原创性要求

投稿论文原则上要求未公开发表在其他期刊上,作者应确保论文的原创性和前沿性,符合学术规范。

三、格式要求

(一)文稿体例

文稿由题目、摘要、关键词、正文和注释构成,需同时提供英文版的题目、摘要和关键词。题目字数10字左右,可加副标题;摘要在300字左右;关键词3—5个。稿件字数一般为1万—2万,尤其欢迎2万字以上长文。

正文采用宋体、五号字、首行缩进两个字符、单倍行距。

(二)基金项目

如果文稿得到基金项目的资助,请在首页下脚注释中标明资助背景,包括基金项目的类别、名称、批准号,感谢语尽量简化。

(三)作者简介

文稿应在文章首页下脚注释按如下顺序标明作者信息:姓名、单位、职称(职务)、学历、研究方向等。作者通常仅标明所在单位及技术职务,同一作者原则上只标明一个工作单位,最多不超过两个。

作者的联系地址、邮编、联系电话、电子信箱等内容放在文末单独附页,不作为文章内容,为方便联系作者使用,应单独统计。

(四)各级标题

文稿标题应层次分明,标题前的数字按不同级别依次使用。文内体例顺序一般采用:一、(一)、1.、(1)、①、A.、a.。其中标题一的样式采用四号、宋体、加

粗、首行缩进两个字符；标题二的样式采用小四号、宋体、加粗、首行缩进2个字符；标题三及以下的标题采用五号、宋体、首行缩进两个字符。

（五）注释体例

具体要求如下。

1.稿件采用脚注

作者用"*"标注，正文采用连续注码，注码放在标点之后（对句中词语加注者除外）。注码用阿拉伯数字标注并放置于方括号内，具体为[1],[2]……全文脚注用小五号字，宋体。

例如，[1]张文显：《构建智能社会的法律秩序》，《东方法学》2020年第5期，第4-19页。

2.引用性注释必须真实、必要

对观点的引用，应注重代表性；对事件、数据的引用，应注重资料来源的权威性。限制对非学术性书籍、非学术性期刊及报纸文章和网络资料的引用。原则上禁止引用未公开发表的资料。非引用原文者，注释前加"参见"。引用资料非来自原始出处者，注明"转引自"。数个资料引自同一出处者，注释采用："前引[1]，某某书，第×页。"或者"前引[2]，某某文。"两个注释相邻的，可采"上引某某书（文）"。引文出自同一资料相邻页者，只注明首页；相邻数页者，注为"第×页以下"。

3.引用书籍的，要标明作者、书名、出版单位、出版年份和页码

作者为两人的，均列明姓名；为三人及以上的，标注为"××（排名首位的作者）等"。作者为机构的，标注机构名。出版单位属两家（含）及以上机构的，分别列明。出版日期仅表明年份。通常不要"第×版""修订版"等。

例如，王利明：《法律解释学导论：以民法为视角》，法律出版社2021年版，第3页。

4.引用译著的，应在作者前括注作者国籍，书名后增加译者

标注顺序为：国籍、作者、书名、译者、出版单位、出版年份和页码。译著本身未标明原著作者国籍，或者未翻译原著作者姓名的，遵照译著。译者为三人或三人以上的，标注为"××等译"。

例如，［美］庞德：《通过法律的社会控制·法律的任务》，沈宗灵等译，商务印书馆1984年版，第27页。

5.引用期刊论文的，要标明作者、文章标题、期刊名及期号、页码

作者为两人的，均列明姓名；为三人及以上的，标注为"××（排名首位的作

者)等"。作者为机构的,标注机构名;为课题组的,标注为"××课题组"。

例如,徐显明:《论坚持建设中国特色社会主义法治体系》,《中国法律评论》2021年第2期,第1-13页。

6.对报纸的引用,一般限于信息类、数据类引用

引用报纸上的资料,应同时注重报纸及所引内容的权威性、严肃性和专业性。引用报纸文章,要注明作者、文章标题、报纸名、日期和版面序号。作者确实不明的,可免于标注。

例如,习近平:《把握时代潮流 加强团结合作 共创美好未来》,《人民日报》2022年9月17日,第2版。

7.对网络资料的引用,一般限于信息类、数据类引用,对由专业机构正式发布的电子期刊或类似网络出版物的引用,不受此限

引用网络资料,要同时注重网站及所引内容的权威性、严肃性和专业性。引用网络资料,要注明文章标题、网址和最新访问日期。

例如,《金融科技创新监管试点报告(2021)》,https://www.163com/dy/article/GCIEUJ5 U05198086.html,2022年5月1日最后访问。

8.外文注释从该文种注释习惯,尽量避免中外文混用

具体英文注释格式见下面例子。

(期刊类)Charles A. Reich. The New Property, 73 Yale Law Journal 733, 737-738 (1964).

(著作类)William P. Alford. To Steal a Book is an Elegant Offense: Intellectual Property Law in Chinese Civilization, Stanford University Press, 1995.p.98.

四、投稿方式

本刊投稿采用电子投稿方式,投稿邮箱为:szflpl2022@163.com。

作者需提交Word版本和PDF版本稿件各一份。编辑部将对论文进行初步审核,初审通过后,将对稿件进行外审,并决定是否录用。本刊不收取审稿费、版面费等任何费用。

五、版权要求

同意《数字法律评论》编辑部在不改变稿件基本观点和实质性内容的前提下,在刊发前对稿件进行加工修改。

Call for paper

As emerging technologies such as the internet, big data, and AI develop, human society is entering the digital era. While the rapid development and extensive application of digital technology promote social development and progress, they bring unprecedented opportunities and challenges to legal theory and practice in terms of the rule of law. Digital China has imposed higher requirements on the construction of the rule of law. The development of the digital age is urgently needed to protect the digital rule of law. Some emerging disciplines such as computing law, intelligent law, data law, and digital law have been successively proposed, and hot issues and difficulties related to new disciplinary development and academic discussions have formed, which is attracting extensive attention from the international and domestic academic communities.

The Law School of Huazhong University of Science and Technology is China's first and sole organization with the awarding power of the postgraduate degree in science and technology law. So far, it has been standing at the leading edge of interdisciplinary research and development involving both new technological revolution and law study for 16 years. In September 2019, led by Tsinghua University, six initiators including Huazhong University of Science and Technology jointly established China Computing Law Development Alliance. In August 2020, Huazhong University of Science and Technology and the High People's Court of Hubei Province signed a comprehensive cooperation framework agreement and established Hubei Judicial Big Data Center. In May 2021, Huazhong University of Science and Technology established an academic platform — the International Seminar on AI and Judicial Big Data. The seminar is held once a year. Digital Law Review was founded based on this at the right moment to proactively lead the revolutionary development of digital society in theory and comprehensively respond to the practical challenges brought by the digital rule of law.

Digital Law Review is an academic periodical theming the leading-edge development of digital law co-sponsored by the Law School of Huazhong University of Science and Technology and the Hubei Judicial Big Data Research Center. Facing global and future development, Digital Law Review focuses on the leading-edge research of the domestic and foreign digital law, pays close attention to the interdisciplinary development of digital law, strives to reveal the latest legal theory and the practice of the rule of law in the digital age, fully manifests the characteristics of digital law, such as internationality, leading-edge quality, creativity and intersectionality, emphasizing the world-leading research of the leading-edge problems of the digital age with Chinese characters based on the reality and practical needs of China. Digital Law Review was founded at the right moment, and it has great significance for developing digital law. It aims to provide a leading-edge research platform for the new law discipline construction in the new age, promote the construction of the discipline, academic, and discourse system of digital law with Chinese characteristics, and facilitate the establishment of China's independent digital law knowledge system.

Now, Digital Law Review openly calls for contributions from international and domestic academic communities and practical circles and hopes that people from all around the world will actively contribute.

Ⅰ. Scope of contributions invited

1. Basic theoretic research of digital law
2. Leading-edge problem research of digital law
3. Research of the legal theory and practice on the digital economy, digital government, and digital society
4. Analyses of digital law norms
5. Research of leading-edge problem of internet law
6. Research of leading-edge problem of big data law
7. Research of Leading-edge problem of blockchain law
8. Legislation, law enforcement, and judicial application of AI technology
9. Digital technology and human rights development
10. Other relevant topics

The contributed papers should focus on their topics. However, the topics are not limited to the above-mentioned ones. All the investigative reports, legislative suggestions, academic papers, or translations related to the digital rule of law are acceptable. The discussion topics of the papers should be distinct, the basis for the argument should be sufficient, the argumentation should be strict, the logic should be clear, the structure should be complete, the data should be accurate, and the diagrams and charts should follow the standard, and the notes and quotations should contain no errors.

II. The originality requirement

In principle, the contributed papers should not have been published in any other periodicals, and the authors should ensure originality and leading-edge characteristic of their papers. The authors should also ensure that their papers conform to the relevant academic standards.

III. The format requirement

(I) The paper format

A contributed paper should consist of a title, an abstract, some keywords, a main body, and some notes. The English title, abstract, and keywords of the paper should also be provided at the same time. The number of the Chinese characters of the title should be about 10, and a subtitle may be appended to the title. The number of the Chinese characters of an abstract should be about 300. The number of the keywords should be 3 to 5. The number of the Chinese characters of a contributed paper is usually 10,000 to 20,000. The contributed paper with more than 20,000 Chinese characters is highly acceptable.

The Song typeface of Font Size 5 should be adopted in the paper. The first line of each paragraph should be indented by two Chinese characters, and the text should be single-spaced.

(II) The fund program

If a contributed paper is subsidized by a fund program, please indicate the subsidy background in a note at the bottom of the first page, including the type, name, and approval number of the funding program. The acknowledgments should be as concise as possible.

(III) About the author(s)

The information about the author(s) should be indicated in a note at the bottom of the first page in the following order: name, sex, organization, professional title (position), academic degree, research direction, etc. Usually, the organization for which the author works and the technical position of the author should be indicated. In principle, one organization or, at most, two organizations could be indicated as one author's organization(s).

The author's contact address, postal code, contact phone number, email, etc. should be included in an independent page attached to the contributed paper, and they are not regarded as any article content. For the purpose of facilitating contact with the author, the information should be separately recorded and registered.

(Ⅳ) Headlines at different levels

The headlines of a contributed paper should have distinct gradations. The numbers before headlines should be successively used according to their levels. The numerical notation systems used before headlines are listed in the following descending order: Ⅰ, (Ⅰ), 1, (1), ①, A, a. The bolded Song typeface of Font Size 4 is adopted in the first level headline, and the first line is indented by two Chinese characters. The bolded Song typeface of Font Size Small 4 is adopted in the second level headline, and the first line is indented by two Chinese characters. The Song typeface of Font Size 5 is adopted in the third level headline, and the first line is indented by two Chinese characters.

(Ⅴ) The format of notes

The specific requirements are stated as follows:

1. Footnotes should be used in the contributed paper. "*" is used to indicate the note about the author. Consecutive note numbers should be used in the main body and placed after punctuations (unless notes are used to explain words). Arabic numbers indicate notes in the main body and should be placed in square brackets. The specific examples are [1],[2]…….

Example: [1] Zhang Wenxian, Legal Order for Building an Intelligent Society, Issue 5 (2020) of Oriental Law, pp.4-19.

2. The quoted notes must be true and necessary. The quoted viewpoints should be representative. When events or data are quoted, attention should be paid to the authoritativeness of the data sources. Nothing should be quoted from non-academic books, non-academic periodicals, newspaper articles, and network data. In principle, it is forbidden to quote materials or data that have not been openly published. If a quoted text is not an original text, "See" should be placed at the beginning of the note. If the quoted data or materials are not from a source, "It is quoted from" should be indicated. If several materials are quoted from the same source, the format "The above Quotation [1], such and such book, Page X" or "The above Quotation [2], such and such article" should be used in the notes. If two notes are next to each other, "the above quoted such and such book (article)" should be used in the latter. If several quoted texts are from some consecutive pages of material, only the first page of the pages should be indicated, and "on Page X and its following pages" should be indicated.

3. If some content is quoted from a book, the author, title, publishing organization, publishing year, and pages of the book should be indicated. If the book is written by two

authors, the names of the two authors should be indicated. If the book is written by three or more authors, "XX (the name of the first author) et al." should be indicated. If the author is an organization, the organization's name should be indicated. If the book is published by two or more organizations, these organizations should be separately indicated. Only the publishing year is used in the publication date. Usually, "the xth edition", "the revised edition", etc. should be omitted.

Example: Wang Liming, Introduction to Law Explanatory Study: Viewing from the Angle of Civil Law, Law Press China, 2021, p. 3.

4. If some content is quoted from a translation, the author's nationality should be placed in square brackets before the name of the author, and the name(s) of the translator(s) should be placed after the book title. The relevant information should be indicated in the following order: nationality, author, book title, translator, publishing organization, publishing year, and the page number. If the author's nationality is not indicated or the author's name is not translated, the information given in the translation should be indicated. If a book or article is translated by three or more people, "translated by XX et al." should be indicated.

Example: [USA] Roscoe Pound, Social Control Through Law, Legal Responsibility translated by Shen Zongling et al., the Commercial Press, 1984, p. 27.

5. If a paper is quoted from a periodical, the author(s), article title, periodical's name, issue number, and page number should be indicated. If the paper is written by two authors, their names should be indicated. If it is written by three or more authors, the format "XX (the first author) et al." should be indicated. If the paper is written by an organization, the name of the organization should be indicated. If it is written by a research group, "XX Research Group" should be indicated.

Example: Xu Xianming, On Adhering to Building a Socialist System of the Rule of Law with Chinese Characteristics, Issue 2 (2021) of China Law Review, pp.1-13.

6. The quotation from the newspaper is limited to the quotation of information and data. If some information or data are quoted from some newspaper, the authoritativeness, seriousness, and specialty of the newspaper and quoted contents should be emphasized. If some information is quoted from an article in a newspaper, the author, the article title, the date, and the page number should be indicated. If the author is unknown, it is not necessary to indicate the author.

Example: Xi Jinping, Grasp the Trend of the Era, Strengthen the Unity and Cooperation and Jointly Build a Beautiful Future, the People's Daily, September 17, 2022,

Edition 002.

7. If some material is quoted from some network, the material is limited to information and data. If an electronic periodical or some online publication similar to it is officially published by a professional institution, the periodical or publication is not subject to limitation. When material is quoted from some network, the authoritativeness, seriousness, and specialty of the website and quoted contents should be emphasized. When some material is quoted online, the author, article title, website address, and latest access date should be indicated.

Example: Report on Financial Technology Innovation and Supervision Pilot Work (2021), https://www. 163com/dy/article/GCIEUJ5U05198086.htm, Last accessed on May1,2022.

8. A foreign language annotation should follow the annotation habit of the foreign language. It should be avoided to use both Chinese words and foreign language words together. As for the specific English annotation format, see the following examples.

Example: (periodicals) Charles A. Reich, The New Property, 73 Yale Law Journal 733,737-738(1964).

Example: (works) William P. Alford. To Steal a Book is an Elegant Offense: Intellectual Property Law in Chinese Civilization, Stanford University Press,1995. p. 98.

IV. Submission methods

An electronic submission method has been adopted as the submission method of the periodical. The email for the submission is: szflpl2022@163.com.

The author needs to submit both a Word version of the contribution and a PDF version of the contribution. The Editorial Department preliminarily reviews the contributed paper. If the paper passes the preliminary review, it will be sent to external experts for review, and whether it will be published or not will be decided. Digital Law Review does not ask for any charge, such as paper review fee and page charge.

V. Copyright requirements

We agree that the editorial Department of Digital Law Review shall process and modify the manuscript before publication without changing the basic ideas and substantive content of the manuscript.